国家出版基金项目
NATIONAL PUBLICATION FOUNDATION

法治中国创新研究
主编 肖金明

法治社会的民间法之维

吕廷君 著

山东大学出版社

图书在版编目(CIP)数据

法治社会的民间法之维/吕廷君著.—济南:
山东大学出版社,2018.12
(法治中国创新研究/肖金明主编)
ISBN 978-7-5607-6263-0

Ⅰ.①法… Ⅱ.①吕… Ⅲ.①习惯—研究—中国
Ⅳ.①D920.4

中国版本图书馆 CIP 数据核字(2018)第 295281 号

责任策划:尹凤桐
责任编辑:谭学秋
封面设计:张 荔

出版发行:山东大学出版社
社 址 山东省济南市山大南路 20 号
邮 编 250100
电 话 市场部(0531)88363008
经 销:新华书店
印 刷:山东新华印务有限责任公司
规 格:720 毫米×1000 毫米 1/16
21.75 印张 342 千字
版 次:2018 年 12 月第 1 版
印 次:2018 年 12 月第 1 次印刷
定 价:32.00 元

总　序

一

前些年，有一部名为《法治中国》的政论片引人注目，它由“奉法者强”“大智立法”“依法行政”“公正司法（上）”“公正司法（下）”“全民守法”六集构成，比较全面地呈现了改革开放以来尤其是党的十八大以来中国法治建设取得的重大成就。如果说这部政论片还有什么需要改善和加强的地方，那就应当是进一步突出宪法在法治中国建设中的基础地位，凸显依规治党和依法执政对于依法治国战略实施的关键作用，强化法治社会理论与实践对于法治国家建设的重大价值，更加完整地表述新时代全面依法治国、建设法治中国战略的内涵和外延。从一定意义上讲，在推进国家治理体系和治理能力现代化进程中，法治中国是一个需要特别涵养的概念，它已经超出了传统的法学和法治知识体系，强烈需要中国法治理论创新、制度创新和实践创新。基于此，法治中国的时代命题似乎还可以更严谨一些，可以完善各集题名为：第一集“奉法者强，尊宪者威”，第二集“依规治党，依法执政”，第三集“科学立法，良法善治”，第四集“严格执法，依法行政”，第五集“公正司法，司法公信”，第六集“全民守法，法治社会”。这不仅可以进一步加强《法治中国》的完整性，更能够在世界视野中深层次地反映法治建设的中国元素、中国特色和中国风格。

“法治中国创新研究丛书”就是这样一部体现法治建设中国元素、中国特色和中国风格的创新性理论成果。该成果以“奉法者强，尊宪者威”为信条，将党内法规与法治建设、科学立法与良法善治、行政创新与法治政府、公正司法和司法公信、法治社会与社会治理等新时代重大理论和实践命题整合为一个研究系列，或以新内容或以新视角，面向更为宏阔和更有深度的法治中国建设伟大实践，在如下几个领域或方向上的学术创新和理论深化取得了重要进展：

一是秉持法治创新的基本理念，确认“政党—国家—社会”的分析框架，基于在党内法治、国家法治、社会法治三条战线上全面推进法治的逻辑认识，以党内法规现象为研究对象，运用一般法学原理和方法探讨党内法规制度的形成和运作；从提升党内法规研究学理化水平、推动党内法规学学科化的角度，系统探讨党内法治的基本范畴和特别逻辑，超越传统法学与传统法治的视野与范式；在考察中国共产党党内法治历史经验的基础上，分析党内法规制度逻辑，研究党内法治实践规律，深化党内法治理论研究，形成“理论—历史—制度—实践”的党内法治研究框架体系。

二是以立法的科学性为基本出发点，以法治运行的逻辑起点——立法现象为主要研究对象，遵循“实践—规律—制度”的分析理路，探讨科学立法的经验与规律，探索完善立法制度体系的机制与路径，致力于深化科学立法研究，推动立法学学科不断成熟发展，全面提升我国立法实践的科学化、规范化与法治化水平；基于为全面依法治国、建设法治中国战略实施提供坚实立法支持与有力法治保障的实际需要，反对立法虚无主义与法律万能主义，坚持用实践的、发展的、全面的眼光认识立法现象，正确处理立法与法治、改革、发展、反腐等重大命题的逻辑关联；在法学学科体系中明确立法学的智识贡献，多维和真实地揭示立法现象的本质与规律，进而检视和构造立法实践的制度依据、行动过程、产出形态、利益方案和表达方式。

三是以人民主体性为根本出发点，以非强制性的行政权力形态——行政软权力为主要研究对象，从功能主义的理论视阈出发探索行政软权力理论形态及其实践经验，以深入推动中国特色社会主义法治政府建设，推动行政程序法制、行政伦理法制和社会价值评价法制的发展，并坚持“法治国家、法治政府、法治社会一体建设”的基本思路，紧扣时代脉搏，关注行政自主领域软权力治理的实践和法治化路径，回应了行政软权力及其法治化的理论难题，构建起一个比较严谨的理论范畴与体系，为行政国时代硬权力治理与软权力治理相结合的现代行政法治提供理论依据，对创新中国行政法理论和完善中国公法学理论体系，具有重要学术价值，对推进全面依法治国、建设法治中国，深入依法行政、建设法治政府，推进新时代国家治理体系和治理能力现代化，具有重大现实意义。

四是将立法、执法与司法确定为法治国家建设的三个基本维度，明确它们对法治国家、法治政府、法治社会一体建设的重要作用，尤其强调司法是制约权力、保障权利实现的最后一道屏障，立基于四十年改革开放宏大背景之下叙事，贯穿“权利与权力之间的制约平衡”基本逻辑，将公正司法置于各种关系之中予以观察和界定，对公正司法的逻辑与路径展开系统的学理阐述，尤其是打破以往仅从司法主体或者司法过程探讨司法公正的传统，更加注重司法公正的实现逻辑及其路径，将司法改革与公正司法紧密相连，以公正司法的目标方向引导司法改革，以司法改革完善公正司法的维护和实现机制，并按照通过司法改革走向司法公正的逻辑进路，重点探讨司法改革的重大现实问题，分析司法改革面临的迷局和存在的隐患，防范司法改革中的“撕布效应”，以及深化司法改革须正确处理的多重关系。

五是遵循国家法与民间法共治的法治逻辑，呼吁关注以社会权利为基础的民间法现象，基于法治社会中民间法与国家法的关系、民间法的现状以及民间法如何回应社会结构变化等多元角度分析，提出“社会三元结构理论”与回应型民间法的一般理论，夯实民间法与法治社会关系的理论基础，阐明民间法对于法治社会建设的重大意义和积极作用，将法治发展的历史视为一部激昂的政治发展史和一部鲜活的社会发展史，表达了法治依赖于有法有治、政治受制于权力博弈、社会常呼唤多元价值的重要观点，强调法治社会需要在一个严谨又不失活力的宪法框架内，促进政府与社会有界、国家与民间相融，发挥国家法、律令法条的宏观框架作用和民间法、社会规范的“生活化”效应，以促成法治与德治相结合、自治与共治相统一的社会样态。

二

法治中国建设的目标指向近代以来中国人民孜孜以求的民族复兴和国家富强。在历史维度上，法治中国建设必须依托党的领导制度和中国特色社会主义制度予以展开，依规治党也好，良法善治也好，政府法治、司法公信、社会法治也好，都是在这一历史维度下法治中国建设的内在要求，是法治建设所不可缺少的中国元素、重要环节和核心内容。

山东大学肖金明教授等所著《党内法治逻辑与范畴》一书，着眼于完善和发展中国特色社会主义制度，建设中国特色社会主义法治体系，建设社会主义法治国家，推进国家治理体系和治理能力现代化的战略目标，依循党领导人民治国理政新理念新思想新战略，以坚持党的领导、人民当家作主、依法治国有机统一为主线，将“坚持依法治国、依法执政、依法行政共同推进，法治国家、法治政府、法治社会一体建设”与依规治党、依法执政、依法治国有机统一连线，主张通过党内法治推进党内治理，通过党内法治联动国家法治，推进党和国家治理体系和治理能力现代化，科学阐释“党的治理现代化—依规治党、法治政党—依法执政、依法行政—依法治国、法治国家—国家治理现代化”的法治中国建设逻辑体系。

该书在分析党内法规的概念与特征、价值与功能、类型与历史、现象与定位等基础上，侧重于探讨党内法治的一般含义与基本逻辑、党内法治体系的基本构成与建设路径，关照党内法规制度创新，形成覆盖党的领导和党的建设各方面各领域的党内法规制度体系，涵盖党内法规运行“制定—实施—监督”程序与机制的各层面全过程，探讨党内法治与国家法治、政党法治与党内法治、党内法治与社会法治、依规治党与以德治党等党内法治重大前沿问题。探究党内法治逻辑与范畴，目的在于深化党内法规的科学研究，推进党内法规学科建设，对实践中的中国法的形态和体系的新变化作出学理阐释，以丰富发展中国特色社会主义公法学知识体系、理论体系和学科体系，创新发展中国特色风格气派的法治知识体系、理论体系和话语体系。

浙江工业大学石东坡教授所著《科学立法规律与机制》一书，以提升立法活动的科学化水平、构建更为完善的立法制度体系为目标，着眼于在新时代的历史方位中进一步加强和改进立法工作，形成完备的法律规范体系，让立法为全面深化改革提供法治动力，为全面依法治国夯实制度基础，致力于完善和发展中国特色社会主义制度，建设中国特色社会主义法治体系，推进国家治理体系和治理能力现代化。

该书以立法实践开篇，以立法科学结章，确立和解析立法的一系列实践范畴和法理范畴，从本质上将立法确认为一种政治、法律的实践活动，主张在“大数据时代”趋势和新科技背景下重构立法调查及其方式方法，深度把握立法需求体系，萃取立法理性、科学立法设计、运用立法评价以求把握立法效果、发挥立法效应，并始终以审议为中心，突出代议民主权利作为立法决定权利（力）的本源性，在宪制前提和共识基础上开展相对充分的博弈，全面、具体、细密地考量各种利益主张、价值分歧与设计方案，为立法需求者供应具有正当性、合法性、可及性、协同性的法律产品，进而通过置身国家和地方立法实践的切进考察，凝练和锻造立法之法理，发展新时代立法实践所需要的具备阐释功能和批判功能的立法学理论、立法学学科和立法科学。

山东大学（威海）门中敬教授所著《行政软权力与法治政府建设》一书，以推进法治政府建设和国家治理能力现代化为目标，以行政软权力治理法治化为主题，基于行政国时代行政职能多元化背景和行政软权力的概念建构，阐释了行政软权力的权力属性及其理论和现实意义，分析了行政软权力的主要特征、价值与功能、内在作用机理等，重塑了行政权的内部构造，并建构起“行政硬权力—行政软权力”的行政权二元构造理论。

该书在行政权的二元构造理论基础上，探讨了支撑行政软权力发挥实际效用的传统伦理文化、现代法治文化和社会制度规范等软权力资源，以及功能主义模式下行政软权力的法律控制模式——一种符合目前中国国情的，以程序主义法范式为主导的，由行政程序法制、行政伦理法制和社会价值评价法制等复合而成的行政软权力规制模式，形成了比较完备的软权力治理及其法治化理论体系，并依循上述思路回顾了改革开放四十年来政府软权力治理的实践历程，总结了软权力治理的重要成就和基本经验，对行政软权力治理的未来进行了展望。

武汉大学秦前红教授等所著《公正司法的逻辑与路径》一书，从制约权力和保障权利两个方面出发，强调多方主体（部门）及多个制度配合对公正司法的重要性，分别探讨了公民权利与公正司法、最高法院与公正司法、司法如何吸纳民意、检察机关与公正司法、监察改革与公正司法、人民监督员制度与公正司法、宪法实施与公正司法等实质问题，尤其强调司法自身的规律性和能动性对公正司法的重大影响。基于司法规律对公正司法的作用，突出了尊重并运用司法规律能力的重要意义，循由司法规律实现社会正义；特别强调程序公正这一司法规律的重要性，认为程序公正是司法公正的前提，并对"司法能动性"消解或挑战司法规律的许多认知进行了深刻反思，通过分析金融危机中司法权的能动性、司法能动与司法节制以及中美司法能动主义比较，阐明了司法能动性对公正司法的作用及其限制。

该书关注公正司法的域外经验，主要选取了美国和欧盟的一些经验样本进行比较分析，着重介绍了美国最高法院通过裁判说明塑造法院权威的方式、《欧洲司法改革报告（2011～2012）》以及域外经验对中国的启示和借鉴意义。

北京市委党校吕廷君教授所著《法治社会的民间法之维》一书，以国家与民间对比视角探讨民间法对于法治社会的意义，强调与国家法相比的民间法更具"生活化"和地方性色彩，基于丰富多彩的民间法现象客观上勾勒出的一幅法治社会的民间法图景，分析了民间法具体的表现形式和民间法中蕴含的权力与权利逻辑，对厘清法治社会中国家法与民间法的权力边界，分析社会权利与国家权力、政治国家与民间社会之间博弈的意义。观察分析法治社会中存在的乡规民约、订婚制度、民间禁忌、谣言规制和民间信仰等不同形式的民间法，发现部分民间法现象的权力向度与规范属性，以及以“微信”中的权利与权力关系为例证，阐释科技发展解构传统社会权力时所带来的民间法的相应变化。

该书特别关注法治社会中民间司法和民间法治文化，分析了民间司法所具有的独特进路和基本原则，尤其是不同于国家司法所体现的更多内心制约和行为自觉，民间司法对于法治社会建设的独特意义；阐释了“价值—理念—思维”多层次的民间法治文化，通过法文化的“软权力”消除民间法治的灰色地带，以及对民间法与国家法互相协调、形成合力共治的法治社会格局的积极作用。

三

改革开放以来，政治经济社会的变化和发展得益于解放思想、经济建设和民主法治。就法治而言，它当然应当与民主联系起来，民主与法治的关系决定着国家制度的质量和治理的水平。改革开放初期提出的“发展社会主义民主，健全社会主义法制”的政治论断写入1982年宪法，至今仍有重大意义。现行宪法第五次修改，新宪法修正案将“社会主义法制”修改为“社会主义法治”，这不仅是再次强调法治超越法制的意义，更重要的是强化民主与法治的关系，这是改革开放四十年后更加突出的事关国家治理现代化的重大命题。

什么是法治？法治当然与人权息息相关，它是权利的可靠保障，规范权力和保障权利，这是千真万确的。2004年的宪法修正案宣告国家的人权立场：国家尊重和保障人权。党的十八大在描述全面建成小康社会的目标时阐述了完整的法治逻辑体系：依法治国基本方略全面落实，法治政府基本建成，司法公信力不断提高，人权得到切实尊重和保障。新时代以来，中国法治的走向受制于两条主线：权利法治需要进一步加强，治理法治需要给予高度关注。人权与善治已经在法治中国建设进程中高度关联,人权思维和善治逻辑将共同决定着中国法治的进程和水平。这无疑对中国法学尤其是公法学提出了时代要求,面向党的十八大以来中国法治理论创新、制度创新、实践创新所带来的中国法体系的显著变化,中国法学需要一次适应新时代需要的根本性变革和重构。

三十年前,苏联法学理论主体影响消沉,西方法学理论多元影响补位,激活了当时处于僵化状态的法学理论体系,实现了改革开放以来中国法学的第一次变革和重构。比较而言,改革开放四十多年后发生的再一次法学变革和重构则更具根本性和革命性,它以治理革命为时代背景,以法治中国建设为现实依托,以法学中国化为根本目标和本质特征,将是中国法学在第一次变革和重构基础上的转型并升级。这也正是"法治中国创新研究丛书"的学术努力方向和学术价值所在。

肖金明

2018 年 12 月

法治社会的民间法图景（自序）

“在民间法的秩序图景中，人们未必一定把法镌刻在青石上、印刷在白纸上，但人们一定会通过日复一日的行为、喜闻乐见的讲说、歌唱、舞蹈等方式，把法铭刻在心底，让法成为人们日常生活的内在规范，而不是其外在强制。”①

我对民间法的学习研究起始于2001年，缘起于我的导师谢晖教授的指导和鼓励，那一年是《民间法》年刊创刊之年，也是山东大学法学院成为国内为数不多的民间法研究重镇的起始之年。2001年至今，已经过去了18个年头，民间法在法学研究中也有了自己的领地，成果也不少。惭愧的是，在这段时间里，我始终把民间法当作自己学术研究的副业来做，虽然一年半载的也有只言片语发表，但民间法始终没有成为我的事业，这可能有些辜负了谢晖老师的期望。搪塞自己的冠冕堂皇的理由是民间法研究离我从事的干部教育培训主业太远，实在无暇顾及，只能有所为有所不为。

扪心自问，对民间法的疏离感与民间法在当代中国法治建设中的可有可无之现状可能还是有一定关系的。在一个理论法学热衷于追逐社会热点难点、热衷于研究法治大问题的时代，研究一个被很多人当作特

① 谢晖：《再论法律的民间叙事》，《甘肃政法学院学报》2016年第1期。

角旮旯的小方向、冷问题，多少有些令人尴尬。在现实中，民间法研究的确是一个难成大气候的小圈子，如论文发表少、论文引证率低、学术会议少，在法学学者知名度、法学论文引证率的排名中，鲜有民间法学者、民间法文章排在前列。离开民间法研究这个“鸡肋”圈子的学者越来越多。

这些都是问题的表象，认真想来，现象和原因错综复杂，概括起来，主要还是功利主义对法学研究的深刻影响。学术研究是学者的职业，职业是饭碗、是谋生手段、是社会角色，法学学者、法律学人都会在端民法、刑法、行政法、民间法哪个“碗”的问题上费点心思。在当下，学者若把民间法作为自己毕生的学术追求还真需要勇气。个人的选择是社会选择的一个缩影。所以，法治现代化对民间法治的重视程度不够是民间法研究难以繁荣的根本原因。

尽管现实如此，但民间法研究永远是我心中挥之不去的学术栖息地。2017 年，山东大学法学院的肖金明教授主持的“法治中国创新研究丛书”向我发出了邀请，使我重拾了民间法研究这个“副业”。在对已有的民间法研究成果进行修改的基础上，我又增加了法治文化部分，进一步完善了民间法研究的体系和内容。虽然很多方面还存在不少问题，但这次阶段性的学术总结也算是给自己一个小小的精神慰藉和心理安慰，可谓“门隔花深旧梦游，夕阳无语燕归愁”。

在整理书稿过程中，我不断拷问自己：在现代法治话语体系和叙事逻辑中，民间法研究还有没有意义？有什么意义？中国的法治现代化进程中，民间法治是不是不可或缺？民间法治对法治社会有什么可能的贡献？我不能说自己的行文回答了这些问题，但我不揣冒昧地尝试着作出一些力所能及的回答。

法治社会的理想图景：两翼齐飞。政治国家和市民社会两分不属于我国法学研究的话语体系。但是，国家法与民间法两分逐步被国内学术界认可，法治社会建设需要国家法治和民间法治两翼齐飞也逐步形成共识。法治社会是一个国家法主导下的规则多元共治的社会，“现实的法律，在所有人类关系中，小至两人间最简单短暂的相遇，大至最全面而持续的互动，皆俯拾可见。法律是互动的产物，现实的法律在人类活动中持续不断地生长、增强、改变以及终止"①。在应然意义上,"国家法与民间法,实乃互动之存在。互动者,国家法借民间法而落其根、坐其实;民间法藉国家法而显其华、壮其声"②。

国家法与民间法的共生共长是传统社会秩序生成与运行的基本法治逻辑。传统社会的人群规模小,人的社会交往圈子比较固定,人与人的关系是线性的,区别在于有的人线条多、有的人线条少而已。在人际交往不是特别复杂的社会秩序中,国家法律显然起着固本强基的基础作用,比如夫妻关系、借贷关系、买卖关系等主要依靠国家法调整。但同时,社会生活则主要依靠人情和道德伦理,依靠维系一个家庭、宗族、村落和社区的习惯规则,这就是我们所说的社会调整的民间法之翼。其实,在国家权力运转的公共领域也离不开民间法规范(我们把国家权力运转中的习惯、礼仪和伦理称之为"官方习惯法")。"没有一个国家、政府,在任何时候都可能完全依靠法律进行统治。甚至马基雅维利也督促他的君主至少在表面上遵守道德、宗教、伦理习俗、荣誉、礼仪和言行得体的特定规则。如果仅仅是依靠法律规则的指导,没有一个行政裁决机构能够正常运转;对于一位政府官员来说,在处理他和公众以及他与同僚的关系时,不仅遵守法律规则,而且也遵守那些道德、伦理习俗、荣誉、礼仪和言行得体的行为规则——这肯定是一种公务上的职责。"③

现代法治社会的民间法之翼:理论与现实的距离。法治社会需要国家法与民间法共治,民间法在法治社会建设中应当有更大的担当和更大的作为,这是民间法理论研究 20 年的一个重要结论。在这个过程中,国家权力对民间法治的理论和制度建设也日益重视。2014 年,中国共产党的十八届四中全会通过的《中共中央关于全面推进依法治国若干重大问题的决定》对法治社会建设的顶层设计就包含了民间法治的丰富内容:

---

① [美]迈克尔·瑞斯曼:《看不见的法律》,高忠义等译,法律出版社 2007 年版,第 4 页。

② 谢晖:《民间法年刊总序》,谢晖、陈金钊主编:《民间法》第 1 卷,山东人民出版社 2002 年版,第 2 页。

③ [法]尤根·埃利希:《法律社会学基本原理》,叶名怡等译,九州出版社 2007 年版,第 115 页。

“加强公民道德建设，弘扬中华优秀传统文化，增强法治的道德底蕴，强化规则意识，倡导契约精神，弘扬公序良俗。”在国家法治层面强调多维民间法规则在法治社会建设中的作用，不能不说，这对于法治社会建设意义重大、影响深远。

实践中，理论与现实总会有一段距离。民间法研究的成绩、国家权力对民间法治的重视，并没有让我们感受到法治社会建设中民间法治之翼的舞动效应，是理论太过理想还是现实过于残酷呢？我们或许能从民间法治实践存在的现实问题中窥见其端倪。首先，民间社会正处于传统向现代的转型期，一些新理念、新思路难以在传统的人际关系结构中落地。因此，社会权力制度没有形成独立的主体权威和良性运行机制，难以为民间法提供权力支持。其次，国家权力与社会权力关系既没有国家法层面的制度化、规范化，也缺乏民间法层面的习惯性常态化机制。多数情况下，民间权力主体以服从国家权力的召唤和安排为己任，缺乏对法治社会各种关系独立的认识和见解。再次，民间法主体尤其是社会组织生长发育不足是制约民间法治发展的一个重要的主体性要素。

民政部于 2017 年 12 月发布的《关于大力培育发展社区社会组织的意见》(民发〔2017〕191 号)提出：“社区社会组织是由社区居民发起成立，在城乡社区开展为民服务、公益慈善、邻里互助、文体娱乐和农村生产技术服务等活动的社会组织。培育发展社区社会组织，对加强社区治理体系建设、推动社会治理重心向基层下移、打造共建共治共享的社会治理格局，具有重要作用。”该《意见》还就加大对社区社会组织的支持力度以及政府的管理服务提出了明确要求。我们相信，政府的鼓励、引导、支持和帮助对于社会组织培育具有重要的推动作用。但从民间社会自身发展来看，国家权力的引导和帮助只是问题的一个方面，民间社会不应该是坐等计划、坐享其成、长不大的“巨婴”，社会权力应当有自己的有关权力主体发展的理念和设计，应当主动把国家权力的引导和支持变成自己的内生动力，在民间法制度、社会权力空间和社会组织权能等方面进行自我设计、自我塑造和自我发展。

民间法治的灰色地带是国家法治和民间法治共治但又难以充分发

挥各自职能的地带,是在理论和实践两个层面都不好明确区分责任和找到明确奋斗方向的地带,是需要国家权力与社会权力互帮互助、共同进步的地带。穿越民间法治的灰色地带,需要国家权力有所为有所不为,适时对社会权力“放手”,让社会权力在法治社会实践中寻找自己的定位、方向和发展道路。不仅如此,社会权力在积极回应政府有关社会治理指导的同时,应当加大社会权力主体的培育力度,以社区社会组织发展为契机,努力培育现代社会贤达机制,创新民间纠纷解决机制,重振中华传统礼仪,塑造具有地域特色的法治社会文化,形成生动的、立体的、符合社会发展实际的民间法治生态。

穿越民间法治的灰色地带,还需要我们对法治社会重新定位。法治社会不同于法治国家,法治社会是由有温情、讲礼仪的人构成的,法治社会就必然是一个有温度、讲规则的秩序构造。法治社会的基础是“法”——国家法、民间法;法治社会的核心是社会权利——个人的、家庭的、组织的、公共的;法治社会的运行机制是国家权力与社会权力的共治——互为补充、互相监督、共同成长;法治社会的目标是公平正义——权利平等、机会平等和规则平等;法治社会的归宿是秩序和谐——人与人、人与物、人与自然。

从这些观点出发,本书共分为五章。

第一章:法治社会与民间法的一般理论。法治社会与民间法研究必须首先廓清相关基础理论。民间法是指通行于民间社会并以社会权力为基础的强制性规范。民间法以社会权力为基础,国家法以国家权力为保障。民间法与国家法共同起源于原始习惯,二者的互动与互补既符合历史的逻辑,又符合事物发展的内在规律。社会权力是指以特定范围内的社会主体的同意为基础,以契约为表现形式,并受到一定程度程序控制的社会强制力。

社会权力的变迁必然引发民间法的发展,社会权力是民间法实效的重要基础,是民间法与国家法沟通的理性平台。社会自治以消极自由权为依归,主要表现为契约关系的社会权力是社会自治的基础,也为民间法确立了效力前提。民间法的效力根据还包括民间法规范符合社会主体的需要，并具有自然法意义上的价值基础。民间法实效就是民间法效力的彰显，依赖于社会权力、主体需求和自然法价值。社会结构理论对于民间法具有重要意义。

“社会的三元结构”试图突破国家与社会二分的传统理论框架，其目的是为民间法的生成和社会自治创设空间。但从本质上看，社会的三元结构并没有走出国家与社会的二分结构，因而其对民间法的意义就具有局限性。当代社会是一个多元结构，社会结构多元决定着“国家控制型”和“自治型”民间法与我们渐行渐远，既具有内在的独立品格又具有开放性和包容性的“回应型”民间法是社会结构多元发展的必然结果。

第二章：法治社会的权力向度。法治社会和民间法的一般理论是我们在形而上层面上对民间法之于法治社会的意义的认识和理解，而民间法是“活法”，是具体的法，是“地方性知识”，是我们生活其中的意义世界。这就需要我们对法治社会中的具体的民间法进行研究。具体民间法的研究不仅有助于我们从感性层面、从形而下认识民间法，而且有助于夯实民间法研究的实践基础并反过来指导我国的法治实践。

“菜刀禁忌”是在菜刀使用和管理中的一些禁止性习惯法规范，对菜刀禁忌的遵从主要依靠心理强制；菜刀禁忌规范的直接起源是菜刀作为武器或者凶器的重要作用，间接起源于食物和避凶求吉的人类需求。从法文化角度看，菜刀禁忌的本质是人类对自己噬杀生命的生物本能之最早的规范性控制。

谣言是缺乏证据证明的信息，具有“不确定性”“形式非法性”“主观阐释性”和“社会性”等规范属性。作为一种社会权力的谣言，它是社会的一种自卫和自我拯救的权力，是不同社会主体之间争夺社会控制力的权力，是社会民主的一种另类表达，是一种社会制约国家的权力。法律制裁是国家权力规制谣言的最后手段。国家权力规制谣言的根本措施是建立和完善国家权力的公开运行制度和机制。从法治秩序角度看，规制谣言的基础不仅在于国家权力与社会权力的协调和合作而形成的合力，还在于宪政视野中的社会权力内部的制约机制。

乡规民约是在国家权力引导和帮助下由乡民协商制定，以社会权力和国家权力保障实施的群体性交往规则。乡规民约的效力主要包括对人的效力和对行为的效力两个方面,乡规民约的实效是指乡规民约的实际效力,乡规民约由效力到实效的过程就是乡规民约的实施过程。乡规民约效力的权力基础包括社会权力和国家权力,但以社会权力为基础。乡规民约的社会权力基础主要表现在乡规民约的产生、遵守、执行和监督等主要环节上。现代乡规民约以国家权力作为主要的效力基础,一般通过村民委员会、居民委员会等自治组织实现。乡规民约的产生和发展折射出了社会权力与国家权力在乡村社会的互动和博弈。

订婚不仅仅具有感情的缓冲和磨合的作用。订婚制度在我国经历了一个国家制定法到民间习惯法的曲折发展过程;而西方订婚制度的演进却呈现出从习惯到习惯法再到国家法的法律发展逻辑,具有历史阶段的连续性和制度发展的逻辑性等特点。订婚制度由国家制定法与民间习惯法并存到只以民间习惯法身份存在的演变,不是由法律制度自身发展规律决定的,而是由政治国家与民间社会之间的权力博弈所决定。

第三章:微信的权利与权力。微信是一款高科技改变公众生活方式的应用程序。微信不仅是一种每日刷朋友圈、找存在感的生活方式,更是一种影响甚至改变我们的人生态度、工作方式和思维方法的技术权力。微信在重构我们个人的精神权利空间的同时,也赋予了我们的财产权以新内涵、财富实现的新渠道。以社会权利观之,微信还提高了公众知情权、参与权的实现途径和效率。微信的权利空间不是实体的法定权利,属于习惯权利的范畴。习惯权利是人们在社会实践中反复经验而形成内心确信的习俗化、固定化的权利。微信权利将沿着“自然权利—习惯权利—适法权利和法定权利”的权利演进路线发展并日益完善。

微信具有技术权力属性。技术权力就是技术所有者或操控者所拥有的支配或控制他人的力量,微信的技术权力塑造着微信的权利空间,但同时,微信的技术权力也带给公众难以摆脱的技术强制力。微信也因此拥有了自己影响和控制社会的独特手段。微信拥有强大的社会资本动员力,通过“阈下刺激”形成对人的精神强制,影响甚至控制人们的生活方式,改变着人们的思维方式。微信解构了传统的社会权力权威,形成了"科技新贵"这个新型的社会权力权威。技术权力的后果就是技术权力使社会权力碎片化、国家权力空心化。微信时代的社会并非权力真空地带,社会治理形成了新型的权力结构;国家立法须厘清国家权力、技术权力和碎片化社会权力的边界;技术权力在维护"科技新贵"权威的同时,必须构筑碎片化社会权力的防火墙;加强对"科技新贵"人文素养的培养是微信时代社会治理的关键。

从社会关系角度看,微信塑造的人与人、人与群、群与群的连接方式及其结果,形成了新型的人群和新的运行规则。社群中的个人具有比较紧密的人际关系,因而社群具有较强的凝聚力,个人则获得了认同感和归属感。微信是一种虚拟社群,从构成要素上看,虚拟社群包括人与人的关系通过互联网连接、成员有共同的情感、爱好和公共话题,在虚拟空间建立人际关系,等等。社会控制的现行形式在新的意义上是技术的形式。微信"虚拟帝国"的运行主要依靠的是腾讯公司及其微信团队制定和颁行的系统性规范以及微信社群内部自然生成的民间规范。微信社群是一个虚拟组织,但却是由实体的人构成的。技术本身不能成为控制社会的权力,技术只有跟人结合起来才能控制社会,才被称之为"技术权力"。微信社群仅仅依靠自己的民间规范系统无法解决面临的所有问题,微信社群还需要一个更加系统科学的规范体系。

第四章:法治社会的民间司法空间。法治社会是民间法与国家法共治共享的秩序空间,国家司法在实现法治社会的公平正义价值上居功甚伟,民间司法也起着不可或缺的作用。在一定意义上,与国家司法轰轰烈烈的"显功"相比,民间司法扮演着循循善诱、劝导教化的"潜功"角色。

民间法以社会权力为基础,民间法的实效通过人的行为被表达、被表现,民间法的效力主要不是通过社会权力的强制性来实现的,而主要是通过人的内心信念和行为自觉来实现。只有当民间纠纷产生的时候,民间法的强制力才被真实地呈现在社会公众面前,这个民间法的实现机制就是民间司法。因此,研究民间法离不开研究民间司法,离不开研究社会权力之中国表达——民间权力。

民间权力是社会权力的中国话语。民间权力是民间社会主体依靠掌控的社会资源通过“强制”“教化”等方式对相对人形成的支配力和影响力。民间权力产生于“家国同构”的传统中国社会,并因社会结构的改变在主体、内容、机制等方面不断演化。民间权力包括主体、相对人、民间权力资源和运行机制等构成要素。民间权力具有秩序维护、规则创制、制度构造以及民间司法等功能。法治面向的民间权力必须从自由与秩序的价值衡平出发,确立独立自主的主体地位,创生“情、理、法”的民间权力运行机制。

行为和制度是法学研究民间信仰的两种进路,这两种进路的共性定义了民间信仰的“事实性”“动态性”和“开放性”。民间信仰是由民间规则、禁忌和习惯构成的,以自然万物、鬼神灵异和祖先崇拜为信仰对象的非官方、非组织的制度性事实。从自然崇拜到图腾崇拜再到英雄崇拜,民间信仰和国家权力同步萌生;国家建立之后,国家权力成为民间信仰的构成性要素。民间信仰是一种民间权力,面向法治社会的民间信仰必须正确处理政府主导和民间自治之间的关系,政府主导意味着政府必须从民间信仰的权利属性出发,运用法治思维和法治方式制定和实施民间信仰政策。民间信仰的自治不仅需要划定民间信仰的消极自由权领域,更重要的是因应社会发展制定民间信仰自治的章程和规约。

梁启超有关耆老和士绅裁判民间纠纷的记述引发我们思考民间司法问题,当代“社会法庭”等社会组织对秩序建构的重要作用促使我们关注和进一步诠释民间司法。民间司法是指以社会权力为基础的民间司法主体,依据国家法、民间法、道德伦理和风俗习惯等规则对民间纠纷进行判断和处理的行为和制度。民间司法以社会权力为基础;德性和威望是民间司法主体的合法性来源;民间司法的规则依据多元,并具有自己独特的适用方法和运行机制。

“情、理、法”是民间司法的基本原则。“情”是人最原始、最基本的需求,是行为和规则共同的家;“理”是对“情”的抽象和概括,也是对以“情”为基础的人际关系之规律性的认识和总结;“法”是具象的“情”和“理”,是“情”的诉求和“理”的应然在行为上的规范表达。民间司法的“合情”“合理”“合法”其实是在追求人际关系的稳定和社会秩序的和谐,而不是国家司法所追求的实现社会的公平正义。与国家司法“以法为主，辅之以情、理”的适用原则不同，民间司法的“情、理、法”适用总原则是：从情出发，讲理为主，辅之以法。

第五章：民间法文化。文化就是以文教化，是指人类在生产生活中产生的全部精神产品。法治文化是法律产生、运行到消亡的整个过程及其细节的制度机制、价值理念和思维方式的总和，法治文化是法律及其治理的立体文化样态。从国家法与民间法的分类角度看，法治文化包括国家法文化和民间法文化。民间法文化与国家法文化具有许多共性，但民间法文化不是国家法文化，也不是国家法文化的补充，民间法文化有其独特的个性，这些个性决定着其能够与国家法文化并驾齐驱的法治文化之维。民间法文化的个性主要表现在价值、理念和思维三个层面。具体说来，民间法文化的个性表现为：道义价值、社会秩序优先于个人自由，作为一种规则机制的“面子”，以及重实体公平、轻程序正义，“情、理、法”原则，等等。当然，民间法文化与国家法文化也有共性，主要表现在权利与权力关系、公平正义的价值追求和社会和谐的法治目标几个方面。

理念是理性的理想信念，民间法理念就是有关民间法的理想信念。民间法理念就应当是民间法形而上的最高形态，是民间法的活的灵魂，民间法理念应当具有体现民间法精神实质和价值追求的思想内涵。从这些规定性出发，民间法的基本理念包括以下要点：公平和谐是民间法的基本价值追求；“社会本位”是民间法治的基本出发点；“情、理、法并重”是民间法治的基本原则；国家权力与社会权力互动是民间法的基本运行机制。

与法律思维相比，法治思维强调思维依据的多元多样，强调思维的多向和空间的多维。法治思维视角的民间法思维必然是一个规则依据多元化、权利义务关系复杂化的多维立体系统。在长期的社会实践中约定俗成的习惯权利是民间法制度的核心概念，习惯权利思维重在强调民间法制度的权利本位属性。民间权力源于习惯权利，服从并服务于习惯权利，其教育感化的“软权力”属性比外在的强制力属性更加显著。民间权力思维着眼于民间权力与习惯权利的关系来塑造民间权力制度。民间规范是对习惯权利和民间权力的规范和约束,是习惯权利和民间权力共同的家。民间规范的效力实现就是民间主体权利义务关系的落实,民间规范的实效离不开民间权力主体对民间法制度的固化和坚守。“道义”为习惯权利、民间权力和民间规范提供价值基础,“道”主要是形而上的符合万事万物之自然规律的价值追问;“义”则侧重于形而下的符合人际关系的社会规律考量。

最后,让我们回到“法治社会的民间法之维”的研究起点:法治社会是国家治理体系和治理能力现代化的重要场域,法治社会的逻辑起点和理论归宿只有一个:个体人的权利实现。费孝通先生曾说过:“从己到家,由家到国,由国而天下,是一条通路。”[①]如果费老先生总结的是传统中国的社会治理之道的话,“从天下而国,从国到家,从家到己、到个人”则是现代中国法治社会的治理之道。以人为本的法治社会,权利本位的法治之道,是国家法治的道路,也是民间法治的道路。

吕廷君

2018 年 9 月 9 日

---

① 费孝通:《乡土中国 生育制度》,北京大学出版社 1998 年版,第 28 页。

目 录

第一章
法治社会与民间法一般理论

人类文明的秩序构造既要倚重国家法，也须臾离不开民间法，国家法与民间法在人类秩序构造中的作用领域和方法各有不同。中国知网检索发现，梁治平先生于 1997 年 12 月在《中国文化》上发表《中国法律史上的民间法——兼论中国古代法律的多元格局》以来，民间法研究在我国已经走过了 20 多个年头，并呈现出了方兴未艾的景象。法学研究的民间法面向是我国法学研究走向深入的标志，是精细化法治的必由之路，也是中国法治建设汲取中华法律文化传统的一个重要路径。党的十八届三中全会提出的“创新社会治理体制”、十八届四中全会提出的“推进法治社会建设”，对于民间法研究及其在国家治理体系和治理能力现代化中的作用具有积极意义。

民间法研究必须首先廓清相关基础理论。民间法的概念众说纷纭，但一般说来，民间法是指通行于民间社会并以社会权力为基础的强制性规范。从外延上看，民间法一般包括了习惯法、宗教法、民族习惯法、家法族规、乡规民约和民间组织规范（包括非正式的行规帮规）等民间成文法，以及具有一定强制力的地方习惯、民族习惯和国际惯例。“像在历史上一样，清代‘国家’的直接统治只及于州县，再往下，有各种血缘的、地缘的和其他性质的团体，如家族、村社、行帮、宗教团体等等，普通民众就生活于其中。值得注意的是，这些对于一般民众生活有着绝对影响的民间社群，无不保有自己的组织、机构和规章制度，而且，它们那些制度化的规则，虽然是由风俗习惯长期演变而来，却可以在不同程度上被我们视为法律。当然，这些法律不同于朝廷的律例，它们甚至不是通过‘国家’正式或非正式‘授权’产生的，在这个意义上，我们可以称之为‘民间法’。”[①]当然，当代民间法也是与国家制定法相对应称呼的概念，也包括清代民间法外延的所指，但从不同类别的民间法的发展看，各种社会组织、现代企业和城乡村民居民自治组织的民间法规范可能占据着更广阔的民间法空间。

民间法以社会权力为基础，国家法以国家权力为保障。民间法与国家法共同起源于原始习惯，二者的互动和互补既符合历史的逻辑，又符合事物发展的内在规律。社会权力是指以特定范围内的社会主体的同意为基础、以契约为表现形式，并受到一定程度程序控制的社会强制力，具有“同意性”“契约性”和“多元性”特点。社会权力视角的民间法具有权利与权力的双重属性，具有“冷暴力”“文化性”和“族性”特征。社会权力的变迁必然引发民间法的发展，社会权力是民间法实效的重要基础，应为民间法与国家法沟通的理性平台。

社会自治既是传统国家的一个重要的社会秩序基础，也是现代国家发展的一个不容回避的重要问题。社会自治以消极自由权为依归，主要表现为契约关系的社会权力是社会自治的基础，同时也为民间法确立了效力前提。民间法的效力根据还包括民间法规范符合社会主体的需要，并具有自然法意义上的价值基础。民间法实效就是民间法效力的彰显，依赖于社会权力、主体需求和自然法价值。社会自治意义上的民间法资源主要包括民间习惯法、道德规范和民间组织的内部规则。

社会结构理论对于民间法具有意义。“社会的三元结构”试图突破国家与社会二分的传统理论框架，其目的是为民间法的生成和社会自治创设空间。但从本质上看，社会的三元结构并没有走出国家与社会的二

---

① 梁治平:《中国法律史上的民间法——兼论中国古代法律的多元格局》,《中国文化》1997 年 Z1 期。

分结构，因而其对民间法的意义就具有局限性。当代社会是一个多元结构，社会结构多元决定着“国家控制型”和“自治型”民间法与我们渐行渐远，既具有内在的独立品格又具有开放性和包容性的“回应型”民间法才是社会结构多元发展的必然结果。

■ 第一节 民间法的社会权力基础

“屈从于权力是人类生活中最早、对性格形成最有影响的经验。”[①]

社会法之依赖于国家法，“国家法及国家主义之法理，仍旧回荡并主导法苑”[②]的本质，使支撑民间社会的支柱——社会权力萎缩，甚至消亡。缺乏社会权力基础的民间法就像缺少国家强制力的国家法一样，在实践中难以取得在规范领域内的一席之地，难以对实践形成有效的引导和制约，尤其是在国家法的强大光环笼罩下更是如此。

一、民间法的原始起源

梅因在分析古代法时提出了“习惯法时代”这个概念。梅因的“习惯法时代”是指政治寡头对法律知识的垄断时期，其“习惯法”是指贵族政治垄断的、处于不公开状态的习惯法。[③] 在摩尔根看来，原始习惯主要发轫于氏族制度，摩尔根以血亲复仇为例说明了这一点。[④] 原始社会的氏族习惯主要依靠氏族成员的内心确信、氏族长的威望以及一定的强制力来维系其效力。但是，汤因比却认为，生活在“习惯的堡垒”中的原始社会的人们是通过模仿来行为的，模仿是习惯得以延续的主要途径，模仿

---

① [美]丹尼斯·朗：《权力论》，陆震纶等译，中国社会科学出版社 2001 年版，第 4 页。

② 谢晖、陈金钊主编：《民间法》第 1 卷，山东人民出版社 2002 年版，“总序”第 1 页。

③ 参见[英]梅因：《古代法》，沈景一译，商务印书馆 1959 年版，第 7～8 页。

④ 参见[美]路易斯·亨利·摩尔根：《古代社会》上册，杨东莼等译，商务印书馆 1977 年版，第 75 页。

的对象是老一辈，是已经死了的祖宗，虽然已经看不见他们了，可是他们的势力和特权地位还是通过活着的长辈而加强了。①

虽然习惯法曾经占据人类社会发展的相当长的一个历史时期，但是，习惯法的经验性和守成性决定了它对社会的发展主要是一种被动的应付，而不是积极应对。特别是生产力迅速发展而导致的财产的剩余，以及随之而来的社会关系的调整都需要人类智慧创造新的制度来适应逐步变快的社会发展节奏。于是，人类晚近一些的社会组织——以地域和财产为基础的政治组织产生了。② “习惯法时代”跃迁为“法典时代”，几个古代文明国家纷纷把已经存在的习惯法通过文字公之于众，让人们有明确的规则可以遵循，以减少因为规则的不明确可能带来的社会成本浪费。但是，成文法颁行之初也存在两个问题：一是颁行成文法的人可能要把自己对规则的理解渗透到成文规则中，从而强加于社会。公布的成文法可能并非都是习惯法的客观化，它渗透着公布成文法的人的主观意志。二是并非所有的习惯规则都被成文化了，事实上，大量存在于社会的习惯规则仍然以其独特的、原始的方法发挥着巨大的社会作用，这部分习惯规则就成为民间法的原始起源。

由此可见，氏族习惯法或者叫“氏族习惯规则”是民间法与国家法的共同渊源。那些被成文化的、依靠国家强制力推行的规则演变为国家法，而留存于民间、依靠民间力量维系的规则一如既往地保持着旺盛的原始生命力和强大的精神支持，这部分规则就是最初的民间法。

回顾民间法的原始起源有三方面的意义：

首先，民间法与国家法有着共同的渊源，二者有着血脉相连的密切关系，它们最初的差异主要存在于表现形式上，从规则产生的原始条件和历史作用上看，二者没有本质不同。规则的内在规定性影响甚至决定着二者相同的本质和存在的意义，规则的外在表现形式又使它们以截然

---

① 参见[英]汤因比：《历史研究》(上)，曹未风等译，上海人民出版社 1997 年版，第 60 页。

② 参见[美]路易斯·亨利·摩尔根：《古代社会》上册，杨东莼等译，商务印书馆 1977 年版，第 61 页。

不同的面目和作用方式而存在于不同领域。因此,共性决定了它们为了人类的发展而合作,差异性是它们分属不同领域的基础。从这个意义上说,民间法与官方法的互动和互补既符合历史的逻辑,又符合事物发展的内在规律。

其次,民间法有自身内在的运行逻辑和规定性。从民间法的原始起源上看,与国家法相比,民间法的运行主要受到社会运行的内在逻辑的支配,这个逻辑一方面是民间社会各种力量运动发展的结果,另一方面是人与人之间以利益为基础的社会静态关系整合的需求。国家产生之前的古代社会运行依靠的仅仅是当今意义上的民间法,维系民间法运行的所有力量都可以被称为"社会权力"。民间法自身的规定性主要传承于原始习惯,对一定地域或者族域内的人具有内在的秩序性和权利性诉求,而对地域之外或者族域之外的人则主要表现为排除干涉和侵害的要求。

最后,随着生产力的发展,民间法与官方法的距离越来越大,其最大差异是二者的效力程度,而效力程度的背后是国家权力与社会权力的巨大差别。是选择对抗还是选择妥协,直接关乎是"一山不容二虎"的悲惨命运还是"两强相遇,相安无事"的和平盛景。因此,如何认识和塑造社会权力,使民间法具有坚实的基础,并进一步形成与国家法对话、沟通、交流的平台,是二者能够形成真正的互补和交融的基础。

二、社会权力及其规定性

丹尼斯·朗(Dennis H. Wrong)指出,权力简化和泛化都不利于对权力的理解,理解权力应该从界定权力的内涵入手,"权力是某些人对他人产生预期效果的能力"①。其实,以往关于权力的众多定义主要是从强调权力自身的特点和规定性出发,而比较少地强调权力产生的正当性和实施的程序性,而这两个特征却是法律最为关注的,也应是法学定义权

① [美]丹尼斯·朗:《权力论》,陆震纶等译,中国社会科学出版社 2001 年版,第 3 页。

力的角度。

从权力产生角度看，最早的权力产生于强大的力量和过人的智慧，就是马基雅维利所说的狮子和狐狸，权力的自然生成也是人类社会发展初期人类权力的最初产生方式。但是，人类社会与自然界的不同在于人类有自己的理性，理性在权力产生的历史进程中一直扮演着重要角色。天子的神性权力、暴力革命者的自我赋权、专制者的世袭权力等各种权力形式都难以摆脱从法律角度对其正当性的追问。权力产生的正当性其实就是权力是否“合理合法”。不仅如此，具有正当性的权力在其运行过程中也必须依靠严格的程序控制，否则就难以摆脱自然权力的非理性梦魇。

三、社会权力视角的民间法及其规定性

以社会权力为视角重新审视民间法是我们认识民间法的一个重要方法。所谓民间法，必须具有法律的某些特性；否则，我们就只有通过扩大法律内涵的办法来为民间法争取到自己的名分。与国家法相比较，民间法所具备的法律品性有自己的特殊性，但是，从本质上说二者应该是相同的。概括起来说，二者相同的基础是权力，二者差异的原因是以不同的权力为基础。民间法的社会权力属性决定着民间法的特殊性，这些特殊性决定着民间法的本质和规定性。

(一)权利性与权力性

民间法的权利属性主要是指民间法以维护私权利为出发点和归宿，这与以公权力为基础的国家法之秩序追求有一定的区别，秩序在很大意义上是维护国家和社会的稳定关系和互动要求。民间法以私人或者某个群体的权利为目的，以消极自由为最高价值追求，秩序追求位居次席；而国家法正好相反。当然，这不意味着二者在价值追求上是完全矛盾的，事实上二者在价值追求上的差异性恰恰是它们统一的基础。民间法从权利出发达致秩序，国家法从秩序出发实现权利，使民间法与国家法在互动中达致统一。

民间法的权力属性是指其对社会的控制力、资源支配力，以及对公权力的制约力量，这与一般意义上的国家法的作用有些相似，但是二者

发生作用的领域和方式截然不同。社会控制力是对社会的总体控制能力，包括社会关系、社会秩序、社会发展和传统继承等；资源支配力是对社会资源的调节、组合和分配的能力，它体现为社会资源在不同社会主体之间的均衡态势。民间法的权力属性以社会权力的强制力为基础，这种强制力是基于社会主体的同意，并以契约形式规定下来的，无论是对社会的控制还是资源的支配都是如此。民间法对公权力的制约主要通过对国家法的补充以及对公权力的影响力表现出来。

（二）"冷暴力"

民间法的实施主要依靠人们的内心自觉和一定的强制力维系，强制力主要表现为社会的道德评价的降低和一定的物质利益损失，可以概括为违反民间法规则的主体的社会整体利益（精神和物质）的减少甚至丧失，这种强制力由于不具有国家法强制力的赤裸裸的暴力特点，笔者暂且把它称为"冷暴力"。"冷暴力"是社会权力的作用特点，与国家公权力之暴力形式相比，从表面上看，它的残酷性和震慑力较弱，更容易被人们所接受。

其实，"冷暴力"是最早的原始习惯法的处罚方式，在原始部族中，一个违反习惯法的人可能被赶出部族独立生存，这无异于断绝了其生存之路。现代意义上的"冷暴力"主要表现为社会对违反民间法的主体的拒绝接纳和排斥，在传统社会中表现为被熟人和熟人社会孤立，从而长时期地被社会遗弃，直至难以生存，有的人违反民间法之后远走他乡的本质是摆脱"冷暴力"的折磨。民间法之"冷暴力"在市场社会则主要表现为信誉和市场的丧失以及直接的契约利益的损失。从这个意义上说，违反民间法规则很可能导致一个人被社会边缘化，这几乎是每个生活于社会中的人所难以接受的。

（三）文化性

费孝通先生认为："凡是被社会不成问题地加以接受的规范，是文化性的；当一个社会还没有共同接受一套规范，各种意见纷呈，求取临时解决办法的活动是政治。"[①]文化性是民间法的特征，而政治性是国家法的

① 费孝通：《乡土中国　生育制度》，北京大学出版社1998年版，第66页。

特征。民间社会所孕育的文化表现为一种具有守成特征的传统,传统依靠人们的观念和规则的代代相传,守成主要表现为教化而不是强制力。刘作翔教授从方法论意义和对象化意义两个角度来认识法律文化。[①] 这对我们认识民间法的文化性有一定的借鉴意义。首先,通过文化可以更好地认识民间法,因为文化是民间法产生的深厚背景,文化的特征反映着民间法的特征,文化的多样性也反映出了民间法的多样性。其次,把民间法作为一种文化现象来认识,这可能有助于我们对民间法的本质及其特性的把握。民间法是一种文化现象,文化决定了法律的边界,决定了法律存在的"前见","法律既表现着文化,又被文化所塑造"[②]。从这个意义上说,法律的文化性至少包括了法律的民族性、地域性等具有边界意义的特性,也包含了法律的保守性和传承性等内蕴着人类经验理性的特点。当然,民间法的文化性可能还表现出更强的自治性,这就意味着当我们把民间法作为一种文化现象来分析的时候,可能发现其内部运作的、排他性的规则,可能发现这些规则与其他规则巨大的差异性和独有的作用,即使是这些规则在外界看来是落后的甚至是非理性的。

(四)族性

"族性"是笔者的创造,主要想表达民间法的制度依赖性。从社会制度而不是国家制度角度看,民间法必须有自己的栖身之地,国家法栖身于国家正式制度中,而民间法则主要栖身于民族和宗族制度中,这些制度之所以成为民间法的寄身之所,主要原因在于它们的古老和传承性的特点。虽然,随着生产力水平的提高,世界范围内的民族差异性越来越少,但是民族个性还是作为一个重要的传统被传承和保留下来。族性的第二项内容是宗族性,宗族制度是远古部落、氏族制度的遗留,它是按照父系排列的有关家族内部事务制度,其重要特征是宗法制度,也就是在家族范围内,以血统远近区别亲疏,决定族人在家族中的地位、利益和权力分配的法则。民间法栖身于宗族制度中也意味着宗族制度以民间法

---

① 参见刘作翔:《法律文化理论》,商务印书馆 1999 年版,第 66~80 页。

② 谢晖:《法律的意义追问》,商务印书馆 2003 年版,第 44~45 页。

为血脉，从这个意义上说，民间法与宗族制度其实是一种共生共长的关系，宗族制度虽然也接受来自国家法的调整，有时甚至还很激烈，但从人类历史长河看，宗族制度主要是在民间法规则调整下的自生自发秩序，而不是国家法塑造的结果。

以上对民间法及其规定性的分析主要是从应然意义上而言的，实然意义的民间法及其特点是我们研究的出发点，也是我们努力改造的对象。

四、民间法的社会权力基础

国家法产生之初，残存于人们记忆和日常交往行为中的民间法规则曾经一度失去了自己的家园。这不仅因为国家法借国家权力之势而来势凶猛，更重要的是受古代社会的特点所决定。古代社会不是一个主张和保障个体权利的社会，而是一个以家庭为核心的由众多小团体组成的“集体型”社会，一个个小团体有些类似于国家，所谓“家国同构”，这种同构直接导致国家与社会不分，社会时常被淹没在强大的国家制度阴影中，家庭一直作为国家的制度延伸而存在。古希腊罗马的国家与社会的内在逻辑也是如此，不过民主的国家制度最终改变了专制的社会制度，民间社会在政治国家的制度背景下得以理性重构。这种重构虽然表现得天翻地覆，但当我们把它作为一个连续的过程来观察时，其实又是一个缓慢而循序渐进的演变。

（一）社会权力变迁与民间法的发展

费孝通先生认为，社会权力共有四种形式：一是在社会冲突中所发生的横暴权力；二是社会合作中所发生的同意权力；三是社会继替中所发生的长老权力；四是社会变迁中所发生的时势权力。①

社会合作中的社会权力是同意的权力，前文我们已经有过详细的分析，以发展的眼光看，同意的权力最具理性和持久性，与法律品性的吻合度较高，因而其为民间法提供的权力支持也最具魅力和持久性。同意权

① 参见费孝通：《乡土中国 生育制度》，北京大学出版社 1998 年版，第 76～77 页。

力的变迁主要是内容的变迁，而不是形式的变迁，所以，同意权力所支持的民间法规则是相对稳定的。

“社会继替”和“社会变迁”是两个不同的概念，因而也就有两种不同的社会权力在发挥着相异的作用。“社会继替是指人物在固定的社会结构中的流动，社会变迁却是指社会结构本身的变动。”[①]社会继替中的长老权力以静态的社会结构为基础，而社会变迁中的时势权力则以动态的社会结构为背景。这两种社会权力都是用发展的眼光观视社会而得出的结论，只是前者是人的发展，后者是社会的发展而已。的确，无论是人的发展，还是社会的发展，都将引发社会权力的变迁，社会权力无论是形式还是内容的变动必将使民间法规则发生变化。费孝通先生认为，从形式上看，长老权力是不允许反对的，但是只要表面上承认这种权力的形式，内容却可以经过注释而变化，这就是名实的分离。[②] 在静态的社会结构中，民间法规则的发展其实就是长老之社会权力的注释性变迁，这种发展是一场静悄悄的、维护长老权力形式的“面子工程”。

社会冲突是社会变迁的原因之一，所以，横暴权力与时势权力具有许多共性，而且二者都具有暂时性、过渡性特点。在动态社会结构中，从根本上说，社会结构的激烈变动其实就是社会权力制度的革命，制度性社会权力变动之后的首要诉求应该是规则的支持，在这个变动中，由于“英雄式”的时势权力发挥着过渡性、权威性作用，民间法规则可能面临着被国家法取代的命运，因为安抚社会剧烈变迁而带来的阵痛的良药是具有赤裸裸暴力形式的国家法，而不是“软弱无力”的民间法。但是，一旦社会结构趋于稳定，在国家权力影响下的社会权力又会低调登场，受到国家法激烈碰撞的民间法也会重新找回自己的作用领地。

(二)社会权力与民间法实效

民间法的效力经常受到人们的质疑，质疑民间法效力的人大多数是以国家法的效力来衡量民间法。国家法角度看，法律效力是指规范性法

① 费孝通:《乡土中国　生育制度》，北京大学出版社 1998 年版，第 76 页。
② 参见费孝通:《乡土中国　生育制度》，北京大学出版社 1998 年版，第 80 页。

律文件的约束力，一般包括适用对象、时间和空间三个方面的效力。在规范法学看来，“国家法的效力”是一个具有严格意义的概念，无论从适用对象还是从时间和空间效力来看，都有具体明确的制定法依据，不存在任何含糊其辞的界定。从这个角度看民间法，显然有许多难以界定、模糊不清的效力问题存在。也有学者试图走出这个困境：民间法必须被赋予社会权力，才可能具有规则意义上的“法”的效力。① 这个进路对于我们理解和解决民间法的效力问题是有所助益的。

在民间法的效力问题上，我们也可以转换一下观察问题的角度。实际上，民间法更注重的是民间法规则的实效，而不是一般意义上的效力。“实效”与“效力”不是一个概念。实效就是实际效果，主要是从结果意义上判断规则带来的具体功效，它内含着对规则的利益判断；而效力是从规则的起点上强调规则的约束力。“实效”是一个实然概念，而“效力”是一个应然概念。民间法的实效强调行为及其结果，而国家法的效力则侧重强调规则的强制力和约束力。

我们之所以强调民间法的实效主要考虑民间法之民间话语的社会权力这个特殊基础，与国家法之官方话语的国家权力相比，民间法的实效更多的是一种综合作用的结果，虽然社会权力在这些综合因素中占据比较重要的位置。韦伯说：“根据一般的术语学，作为习惯法的规范，其效力在很大程度上依赖于一种类似的强制性实施机制，尽管这种强制力是来自同意，而不是制定。”②在这里，韦伯所说的“强制性机制”就是指社会权力，一个生活在社会中的人必然时常受到来自宗教、社会机构甚至文化的约束。这些约束有些是内在的，表现为心理、意识和精神层面的，有些则是直接的行为约束。前者如民族的或者是地域的文化认同，后者如费孝通先生所言，滇西傣族要升作一个有地位的人，必得消耗大批财

① 参见王月峰：《社会的三元结构与民间法的命运》，《山东大学学报》（哲学社会科学版）2005 年第1 期。

② ［德］马克斯·韦伯：《论经济与社会中的法律》，张乃根译，中国大百科全书出版社 1998 年版，第 21 页。

富做一次“摆”，请一次客。[①] 这两个方面共同构筑了民间法的社会权力基础，实际上，这里所说的社会权力不仅具有契约性强制力特征，而且具有很强的文化性特征。因为民间法所依存的法文化模式具有普遍影响力，即使受到外来文化的冲击，它也时刻彰显着自己旺盛的生命力，时刻对文化中的人产生深刻影响，这也是为什么我们说社会权力是民间法实效的基础性因素的重要原因。

（三）社会权力：民间法与国家法沟通的理性平台

我们强调民间法，并不意味着淡化国家法，社会的良性运行离不开民间法与国家法的双管齐下。问题是如何才能形成二者的良性互动，从而共同构筑民间社会的权利秩序。谢晖教授把契约性法律作为国家法和民间法理性沟通的桥梁，这是一个富有建设性的思路。但问题在于，国家法之大传统经常无视甚至否定民间法这个小传统，大传统对小传统的傲慢与偏见直接导致二者没有对话和沟通的机会和可能。民间法要想与国家法沟通，必须具有对话的平台。这就要求民间法必须有能够与国家法之国家权力抗衡的力量，这个力量就是社会权力。当然，沟通是双向的，制约也是相互的，单向交流形不成沟通，单向制约只能使双方的力量越来越不平衡，最终使国家法和民间法之间的良性互动关系功亏一篑。

我们说社会权力能够为民间法和国家法的沟通提供一个平台，主要是从社会权力为民间法提供权力支持角度界说的。当沟通的主动性仍然在大传统而不在小传统的时候，契约性法律的沟通就显得苍白无力，只有当大传统感觉到某种压力时才可能出现契约性法律的沟通局面。这个局面的形成，一方面需要民间法资源的内部整合，另一方面也需要民间社会运用社会权力对国家权力形成监督和制约。

社会权力的存在是民间法得以独立运行的基础性条件，从一定意义上说，民间法以社会权力为基础就是“活法”，离开社会权力的民间法就可能蜕变为“死法”。

---

① 参见费孝通：《乡土中国　生育制度》，北京大学出版社 1998 年版，第 232 页。

第二节 社会自治的民间法资源

“人类之间相互关系的正当性不再能够从他们的自然本性或从作为社会一部分的生活条件中派生出来。相反，人类关系的正当性产生于必须要解决的复杂性和偶在性问题——如果互动甚至意义建构是可能的话。”①

顾名思义，社会自治就是社会的自我治理，其主要特点是排除外来干涉，这个特点与消极自由权的本质特征不谋而合。社会自治除了宪政根据之外，还必须具有自己的权力基础和运行规则，否则它就只能是空穴来风。

一、社会自治的消极自由权依据

消极自由的最初表现形态是具体权利。如盎格鲁—撒克逊人在反对诺曼人统治的斗争中为保护自己的传统、习俗、信仰和土地等财产而逐步形成的自由权领域。虽然他们并没有提出消极自由及其权利的概念，但是他们是法治意义上最早的消极自由权的捍卫者和实践者。11世纪，英格兰的国王和王室贵族主要是诺曼人，而盎格鲁—撒克逊人则是乡野贵族、自由民和骑士、教士阶层，所以，最初争取消极自由权的斗争不仅在实质上表现为民间社会与政治国家之间的纷争，表现为民间社会向政治国家的防御性进攻，而且还掺杂着民族习俗、传统、文化之间的冲突与矛盾。民间社会的防御主要表现为抵御来自国王权力的、违反盎格鲁—撒克逊传统的不正当干涉。从这个意义上说，最初的消极自由权主要是根植于民间社会的一种相对弱势的群体权利，而主要不是表现为现

---

① [德]尼可拉斯·卢曼：《法社会学》，宾凯等译，上海人民出版社2013年版，第184页。

代意义上的个人权利，个人的消极自由权是文艺复兴之个人主义、人文主义启蒙之后的事情。

国王权力对以乡野贵族为代表的民间社会的侵犯直接导致民间社会具有民族特点和历史传承的社会自治的瓦解，特别是威廉国王在英格兰进行的大规模社会改革甚至使盎格鲁—撒克逊传统的民间社会濒于瓦解。[①] 民间社会自治的岌岌可危意味着以乡野贵族为代表的社会主体之传统、习俗、财产失去了自己赖以存在的基础。即使在威廉改革通过分封土地等手段使一些王室贵族几乎遍布英格兰全境而促进了民族融合之后，民间社会的自治仍然时常受到来自国王权力的无端侵害。由此可以看出，贵族代表的民间社会与国王代表的政治国家之间的矛盾是一种主要矛盾，民族之间利益纷争的程度远在这个主要矛盾之下。贵族、骑士、教士从国王那里争取权利与权力其实是在维护民间社会的自治传统，而国王对英格兰全境的大规模改革是为了维护属于自己横行天下的"国王的权杖"。从这个意义上说，限制国王权力不仅在形式上为民间社会的所有主体提供了自我保护的屏障和堡垒，而且在实质上奠定了民间社会自治的基础，实为解决民间社会与政治国家矛盾的釜底抽薪之举。

从英美法传统看，社会自治主要表现为一种制度传承，是对旧有民间传统的恢复与改良，但是，这并不能说明没有社会自治传统的国家在争取消极自由权过程中的自发型和建构型的社会自治制度的正当性和合法性。中国式的民间社会与英美式民间社会存在很大差异，这个差异的主要表现并不是民间社会缺乏制约政治国家的实力和能力，而是不具有民间社会独立发展的自治传统。从组织资源看，中国式民间社会的家族传统亦具有相当大的社会权力性质[②]，民间权威在家族内部呼风唤雨

---

① 我们所说的"盎格鲁—撒克逊传统"主要是指公元 5 世纪中叶盎格鲁—撒克逊人侵入不列颠开始至 11 世纪诺曼人征服英吉利这一历史时期，盎格鲁—撒克逊人在原不列颠土著人习惯法基础上，结合日耳曼人的习惯法逐步发展起来的法律制度。（参见钱弘道：《英美法讲座》，清华大学出版社 2004 年版，第 6～16 页）

② 参见王月峰：《民间社会权威演变初论》，谢晖、陈金钊主编：《民间法》第 2 卷，山东人民出版社 2003 年版，第 244 页。

式的统治能力远远超过英格兰传统中贵族对乡村的控制力。但是，这种家族式的社会权力主要是一种对内的权威，是一种对家族内部成员的绝对统治力量；而不是对外的权力，不是一种制约外在力量侵害的力量。这种情形有些近似于古罗马时期的“家父制”，从人身自由、民事权利能力等角度看，家父之下的家子和家臣的地位与奴隶没有什么本质的不同。可是，古罗马的家父在公共政治领域中却具有完全的民主权利，他可以通过原始的“贝壳放逐法”等民主形式表达、影响甚至决定国家权力的行使。苏格拉底的悲剧虽然发生在古希腊，但是在民主表达的方式上两者没有不同。所以，我们甚至可以说政治权力的古罗马家父并不是自己家庭消极自由权的荫护者，而是家庭其他成员消极自由权的最直接侵害者。从结果意义上看，古罗马的“家父制度”与传统中国的“家族制”有许多共性。中国传统的“家族长”与古罗马的“家父”所享有的权利有些近似国王对其臣民的权力，而非英格兰传统的贵族权。在传统中国、古罗马的家庭与政治国家之间没有社会自治的缓冲地带，国家权力直接面对的是家族和家庭，而不是英格兰传统的贵族联合体。所以，在传统中国和古罗马历史发展的漫长岁月中，一直没有形成真正意义上的社会自治，也就没有真正意义上的社会自治为屏障的消极自由权领域。没有堡垒的战斗势必是残酷的、血腥的，每当国王的权杖挥动到自己头顶上时，没有遮拦的家族和家庭就会任人宰割而毫无还手之力。中国古代株连九族的刑律、动辄灭门的悲惨境遇就是缺乏社会自治制度保障的有力见证。为了防止国王的权杖挥到自己家族的头上，要求家族成员中规中矩地生活、老老实实地做人就成为家族长对家族成员的命令性规范，这就使得家庭成员失去了争取消极自由权的任何机会和可能。因此，黑格尔说，在中国，“基于家长政治的原则，臣民都被看作还处于幼稚的状态里。不像印度那样，中国并没有独立的各阶层要维护它们自己的利益，一切都是由上面指导和监督。一切合法的关系都由各种律例确实地加以规定；自由的情调——就是一般道德的立足点因此便被完全抹杀了”①。联

① ［德］黑格尔：《历史哲学》，王造时译，上海书店出版社1999年版，第133页。

系黑格尔对市民社会有关论述[①],我们可以看出,黑格尔所分析的中国家长政治原则和没有独立的、具有自身利益要求的社会阶层正是中国没有建立起真正的市民社会的根本原因。

黑格尔主要是从伦理角度阐发市民社会的形成,而没有阐述市场经济在市民社会形成过程中的作用。虽说市场经济可能不是社会自治的充要条件,但是不可否认的是它可能是市民社会形成的一个基础性因素。因为市场经济是一种流动性经济、规则经济,商品是天然的平等派,在商品平等面前,生产和销售商品的人也是完全平等的。他们的利益交换不是由权力决定的,而是市场自身调节机制的自我调整,这就使得单个的社会主体能够有机会并可能平等参与到市场之中。虽然市场调节机制本身是客观的,是人力所难以控制的,但是权力却是主观的,它可以改变包括市场运行规则在内的所有规则。这也正是为什么小商品经济发达的古罗马并没有形成真正意义上的社会自治的一个重要原因。彼时先进的民主法治形式也只是国家自治而不是社会自治的一种多数决的统治方式。由于缺乏社会自治制度的制约,这种由自由民组成的民主也逐步被奥古斯都屋大维的集权统治所取代,权力失去制约必将被滥用是一条亘古不变的真理,而其深层次的原因则是古罗马没有形成社会自治这个重要的制约公权力的力量。

所以说,市场经济不能自发地产生市民社会和社会自治,市民社会和社会自治的决定性因素还要在其之外寻找。从英格兰之社会自治传统看,贵族为代表的具有共同利益的社会阶层成为市民社会的中坚力量。他们具有保守传统、维护自由和财产等阶级特点,具有共同的利益和意志,而且具有共同的权力基础,这个权力就是社会权力。

二、社会自治的社会权力基础

社会权力是社会自治发展的必然结果,并反过来成为社会自治的基

① 参见[德]黑格尔:《法哲学原理》,范扬等译,商务印书馆 1979 年版,第 197～210 页。

础。应该说，社会权力先于国家权力而存在。从历史渊源看，社会权力更古老、更传统，在人类历史发展过程中发挥作用的时间更长。但是，国家权力产生之后，几乎在人类社会所有形态中社会权力都在国家权力的强大光环下逐渐萎缩。随着市场经济的发展，特别是人的主体意识的增强，社会权力作为社会秩序之基础力量的作用又得以呈现。“权力是一种社会关系。它是指任何主体能够运用其拥有的资源，对他人发生强制性的影响力、支配力，促使或命令、强迫对方按权力者的意志和价值标准作为或不作为，此即权力。这种权力的拥有者若是国家，就称为国家权力；是社会组织或公民个人，就是社会权力。”①权力与权利的最基本区别是，权力能够运用自己所掌控的资源对权力对象施加命令或者影响，而权利只是拥有可以对其对象产生影响的资格。从这个意义上说，民间社会既具有产生权力的可能性，也具有行使权力的必要性。郭道晖先生认为，特别是当民间社会对国家要形成一定的权力制约权力的态势时，社会权力更有存在的必要性。所以，当民间社会是一个自治体的时候，民间社会必然拥有完整意义上的社会权力，并且这种权力还有可能形成没有政府的治理这样一种全新的理念和制度模型。

郭道晖先生从社会权力之于社会自治的必要性和重要性角度来言说社会权力对于理解社会权力之于社会自治的意义的确很有必要，而从权力出发来界定社会权力是消极自由权理论认识社会权力的一个更好的视角。

马克斯·韦伯、伯特兰·罗素和丹尼斯·朗等一些思想家给予权力许多见解独到的定义，但是这些权力定义大多是强调权力自身的特点和规定性，而比较少地强调权力产生的正当性和实施的程序性。这两个特征却是法律最为关注的，也是我们认识社会权力之于社会自治的一个重要角度。权力产生的正当性其实就是权力是否“合理合法”。所谓“合理”就是合乎道理，是一个关于价值判断的实质合理性问题；所谓“合法”

---

① 郭道晖：《社会权力与法治社会》，载徐显明主编：《法治社会之形成与发展》（上），山东人民出版社2003年版，第59页。

就是合乎法律，是一个关于程序的形式合理性问题。从实质合理性角度看，不公正、不平等、不符合最低道德标准的权力产生方式肯定不具有正当性；从形式合理性角度说，依靠暴力和掠夺而获得的权力由于缺乏公开、公正、透明的程序约束，显然也不具有正当性。不仅如此，具有正当性的权力在其运行过程中也必须依靠严格的程序控制，否则就难以摆脱自然权力之暴力特征。我们可以通过对权力的几个规定性有针对性地界定社会权力的规定性。

（一）同意性

美国政治学家里普森从暴力、权力和权威三者之间的关系来阐述权力概念。他认为，经过同意的暴力是权力，被认为是正当的权力才是权威。“对于保障安全来说，暴力可能已经足够，但要创造出秩序，就还需要更多的东西，这就是权力。”“如果安全通过暴力获得，秩序通过权力构建，那么正义就需要依靠权威来确立。”①里普森的权力理论给我们的启发在于，权力的产生必须经过同意程序，这里的同意必须是权力实施之外的人而不是拥有权力的人的同意。一般来说，应该是权力效力所及范围内的人的同意。现代社会的权力同意应该有一个正当程序控制，代议制政府就是权力经过同意产生的一种理性模式。具体到社会权力而言，社会权力的效力来源于其效力范围所及的人的普遍同意，这是一个必经而又困难的程序。但是，从另一个角度看，我们是否可以认为社会权力是长期以来传统社会惯性作用的结果，发生学意义上的社会权力是经过那个时代的人的同意的，这种同意具有传承性。当然，这个困难对于我们理解具有明确的产生主体的社会权力不存在什么问题，因为现代社会的社会权力主要是通过契约形式产生的，而这种产生方式无疑是以同意为基础的。费孝通所说的“同意的权力是从社会合作中产生的”②，而横暴权力是经由社会冲突产生的，这对于我们理解社会权力的同意性具有

① ［美］莱斯利·里普森：《政治学的重大问题》，刘晓等译，华夏出版社 2001 年版，第56～57 页。

② 费孝通：《乡土中国 生育制度》，北京大学出版社 1998 年版，第 76 页。

一定的意义。

（二）契约性

一般认为，国家权力主要是一种暴力，具体表现为军队、警察和监狱等赤裸裸的暴力形式。其实，暴力只是强制性力量的一种，现代社会存在许多以其他强制力形式为基础的权力形式。美国的“全美律师协会”和“全美矫正协会”都是一些纯粹的民间组织，但是它们所制定的职业标准、行业标准对于各自领域内的机构和从业人员具有很强的约束力，为社会自治提供了良好的条件。这些组织所具有的巨大社会支配力在某些方面甚至超过了国家权力，而它们的权力却不是奠基于暴力基础之上的，而是以契约为基础。权力产生于契约主体的同意，权力的强制力和支配力来源于契约主体的约定，这是社会权力的一种新形式。谢晖教授按照权力行使的状况，把权力分为权力钦定和权力约定两种方式。所谓权力钦定是指权力安排和分配取决于君主，而权力约定则是权力产生于市民社会与政治国家的契约性法律。权力约定时代的要义是使权力受制于法律，即只有法律下的权力，没有法律上的权力；只有法律中的权力，没有法律外的权力。① 谢晖教授的权力产生理论主要是指国家权力的产生，其意义在于该理论明确了权力约定之理性路径，对于现代社会各种权力形式都具有普遍的指导意义。在这里，我们可以把谢晖教授的“约定”理解为“社会契约”之“约”和“契约性法律”之“约”，前者奠定了政治国家权力的正当性，后者则从具体权力制度上规范了国家权力。以此为思路，我们可以认为，近代以来的社会权力在很大意义上就是一种契约性权力，这是社会权力的另一个重要规定性。

（三）多元性

现代社会的权力诉求，绝不仅仅是国家权力一种主体形态。我们也应当看到，国家权力在许多地方正逐步退场，正逐步收缩自己的领地，特别是在关涉社会和个人消极性利益、关涉人与自然环境等方面。国家权

---

① 参见谢晖：《价值重建与规范选择》，山东人民出版社 1998 年版，第 184～186 页。

力退场不意味着这些领域形成权力真空，事实上，其他权力形式可能会迅速占领这个权力地盘。当国家权力不再包办每个人的吃、喝、拉、撒、睡的时候，社区权力应运而生；当国家权力从计划经济领域中走出来的时候，市场权力几乎是在同时填补了这个权力真空地带；当律师由国家工作人员变成社会中介组织的成员时，律师权力的国家性也演变为社会性。因此，我们可以说，国家权力可能只是权力的一种形式，权力多样性、多元性应该是权力发展的一种必然趋势。从政治国家与民间社会的二分角度看，权力主体具有多元性；从民间社会自身角度看，社会权力也必然具有多元性，这个多元性主要表现为社会权力的主体多元和权力形式多元。社会权力的主体多元是指拥有和执行社会权力的主体多样化，除了传统的家族组织、宗教组织、社会自治组织、民间团体之外，还应当包括新兴的新闻媒体、仲裁机构、行业协会和社会中介机构，也包括国际社会范围内存在的绿色和平组织等社会机构。这些社会权力主体的组织机构五花八门，权力形式灵活多样，但是对于维护本组织制定的成文民间规则或者习惯规则的效力来说，都有自己独特的强制方法和具体手段，这些方法和手段就是社会权力的具体体现。

综上所述，社会权力是指以特定范围内社会主体的同意为基础、以契约为表现形式，并受到一定程度的程序控制的社会强制力。这个社会权力的定义主要是对现代社会权力形态的一种描述，不能说明古代社会权力的主要特征和性质。古代的社会权力主要表现为共同利益，这也是为什么英格兰传统所体现出来的社会权力常常表现为具体权利诉求的根本原因，同时也能够说明为什么古希腊的民主政治成就的是公民社会而不是市民社会。我们之所以站在现代社会角度来界说社会权力，就正如黑格尔的市民社会理论是一个对现代市民社会的分析一样，它重点在于解决现代社会的各种矛盾和危机，而不是解读历史上存在的社会权力的合法性。我们分析历史也是为了着眼当代，为了寻找现代社会权力的传统根源。从这个意义上说，现代社会权力是一种改良的历史传统。说改良，是因为它有更多的契约精神和人为理性；说它是传统，因为它带着与政治国家两分的基础和前提。

从我们的分析逻辑出发，从社会自治角度剖析社会权力的目的既是为社会自治寻找自身的权力基础，也是为民间法寻觅效力前提。

三、民间法的效力与实效

从法律的历史渊源看，法律起源于民族习惯；从法律的形式渊源看，政策、社会习惯、民间法也是其重要的表现形式。民间法处于包括制定法、判例法在内的成文法与道德、风俗等低级的社会规范之间，是一种过渡性、中性的社会规范。这种分类方法是以规范的效力层次为依据的。成文法的效力基础是国家权力，民间法和道德、风俗的效力基础则是社会权力。三个层次规范之间的关系是互动的、交流的，虽然从方向上来说，效力位阶在下的民间法和道德、社会习惯被提升为国家制定法的可能性远远胜过成文法被“遗弃”为民间法和最低层次的社会规范的可能性，但是也不排除这种逆向流动。“通奸罪”由国家制定法规则“沦落”为民间法规范，效力基础也从国家强制力转变为民间的社会权力，就是这种逆向流动的例证。所以，规则的权力基础是其效力等级的主要根据之一。民间社会拥有属于自己的社会权力必然意味着民间法也拥有权力，这个判断的内在逻辑是：社会权力的实现依靠它所掌控的资源，而这些资源的获得、运行和结果除了制定法的依据外，主要就是依靠民间法规范，民间法规范因此而内在地获得了自己的社会权力；当民间法规范成为一种外在于民间社会的存在时，其独立性而带来的规则意义上的效力就得以彰显。

应该说，民间法的社会权力基础的确为民间法规范的效力实现起了一个重要的保障作用，是民间法效力的一个不可或缺的因素。但是，社会权力只是奠定了民间法的效力基础，而不是民间法效力的主要合法性根据。社会权力为民间法规范提供的是一种外在的强制力，它只能使民间法规范被动地发生作用。这无论对于民间法规范的效力彰显，还是民间社会的自治来说，都不是一件好事情。“因此，法律以人的需要为目的乃是具有其效力的第一要义。轻视或疏忽法律之于人的内在需要，则法律效力也就无从谈起。”“法律效力的实体性根据，就在于法律对人们需要的表达和尊重，在于法律能真正赢得民心，在于主体行动的动力与其表达在法律中的内在需要的大体和谐、一致。”①虽然谢晖教授关于法律效力的论述是相对于国家制定法而言的，但是“主体需求是法律规则效力的实体性根据”的判断同样适用于民间法规范的效力根据。对于民间法来说，规范能不能表达主体的内在需求的确影响甚至决定着民间法规范的效力。因为相对于国家制定法而言，民间法规范的强制力相对薄弱，这就要求民间法规范应当具有更强的内在实体性根据，即更应当反映社会不同主体的内在需求。与国家制定法不同的是，民间法规范是否反映主体的内在需求不是通过正式的立法程序，而是有自己不同的规范产生模式和机制，而且这些民间法规范的产生模式和机制具有优胜劣汰的特点。从这个角度说，民间法规范更能适应社会主体的需求，具有更强的灵活性和适应性。

民间法效力的第三个根据是自然法。从法的价值上说，民间法起源于自然法，也就是说，民间法必须与自然规律、自然理性相吻合。自然法观点认为，自然理性高于人为理性，自然理性是永恒的，各种社会规范都必须符合自然理性，才值得人们去信仰和遵守。就像莱斯利·里普森对法律的描述那样②，民间法是人类由来已久的自然产物，就像成千上万的珊瑚虫围绕着小岛沉积形成珊瑚一样，无数的个体行为不断重复，形成了一些固定的行为模式和习惯，这就是最初的民间法。民间法效力的自然法根据主要解决民间法的价值合理性问题，用自然法衡量民间法规范的合理性，使得不同民族、种族、宗教信仰、文化传承人群的民间法有了一个统一的、恒久的标准，这既使得民间法效力的评判有了普遍的客观依据，也使得以民间法为渊薮的具有普遍约束力的法律规范具有了合法性基础。

“民间法效力”与“民间法实效”是两个截然不同的概念，前者是在应

---

① 谢晖等:《法理学》，高等教育出版社 2005 年版，第 269、271 页。

② 参见[美]莱斯利·里普森:《政治学的重大问题》，刘晓等译，华夏出版社 2001 年版，第 199 页。

然意义上对民间法规范的描述，而后者是实然意义上对民间法规范的一种效果评价。从一般意义上说，民间法的实效是指民间法规范的效力在实际运用过程中的效果，是民间法规范的效力可能性被实践转化为现实性效力的过程。民间法规范的实效除了依靠对某个民间法规范的效益分析和评估之外，更重要的是只有对整体的民间社会秩序的和谐程度进行综合分析，才能对民间法的实效进行评价。民间法规范的效力主要是指它的约束力。这种约束力一般是以章程、纪律、规约等形式出现的，具有协商、对话和沟通的理性特征，有些近似合同意义上的拘束力，而不具有制定法意义上的强制力。因此，当民间社会依据民间法规范处理内部纠纷时，承担民间法意义上责任的一方一般会依靠自己原来的承诺履行义务。如果责任方不能按照民间法规则履行自己的责任，一方面可能要受到经济制裁、道义谴责，而且还可能失去其生存环境中的各种条件支持，从而面临巨大的生存压力。这就是民间法依靠社会权力而获得的自身效力。如果民间社会内部规则所约束的某些事件和行为在民间社会内部得不到救济时，中立的司法机关会施以援手。我们也可以把这种司法机关之制定法意义上的强制力看作是民间法效力的后备保障力量。①

民间法实效不仅是民间法规范的效力实现的结果，也是检验民间法规范是否合理、是否需要修正的主要依据，更重要的是民间法实效与民间社会自治有着重要的关联。虽说民间法实效与民间法功能是两个问题，但是，实效取决于民间法的功能，而民间法的功能又直接影响着社会自治的能力和水平。消极自由理论相信，民间法规制下的消极自由不仅依赖于民间社会内部主体之间关系的民间法调整，而且还依赖于民间法对外来侵害因素的防御。可以说，民间法规范的实效奠定了民间社会自治意义上的主体和谐，奠定了每个社会主体之消极自由权的生存环境。

四、社会自治的民间法资源

从广义上说，社会自治的民间法资源应该包括民间法的社会权力基

---

① 参见王月峰：《社会的三元结构与民间法的命运》，《山东大学学报》（哲学社会科学版）2005 年第1 期。

础、民间法规范的效力及其根据、民间法效力实现的手段和途径等内容。这里从狭义角度所论述的民间法资源主要是从形式渊源角度和民间法效力实现的权力机制来对民间法之于社会自治意义进行解读，从中我们可以看到民间法在保障消极自由权方面的重要作用。

（一）民间习惯法

习惯法规范数量众多，范围浩渺，不是一个容易把握的领域，无论是从内涵的定义式认识，还是从外延的范围界定，都是一项十分困难的工作。笔者不打算纠缠于这些不容易搞清楚的问题，而是从两个角度来认识习惯法。

首先，习惯法是一个守成的概念，这与社会自治的目的和消极自由权的特点不谋而合。习惯法之成就端在于人类社会的长期积累和社会主体交往行为的反复锤炼。习惯法之所以能够被延续在于人守成的、维护传统的本性，按照过去被经验反复证明了的行为模式去生活就是人们能够预见的、习以为常的生活，是一种渐进的自生自发秩序。社会自治之排除外来干涉就在于维护既有的社会制度传统，维护人们已经习惯了的自由秩序。消极自由就是守护自己领地的权利，就是对自己已有和曾经有的东西的珍视和缅怀，是对以动物领地意识为代表的人类自由理论的理性解读。三者在维护传统的守旧精神上是共同的，在保障权利的欲望和途径上又是共通的。

其次，不能把习惯法等同于习惯。从一般意义上说，习惯是指在长时期里养成的、一时不容易改变的行为、倾向或社会风尚。从规范角度看，习惯应该是长时期养成的、具有固定模式的行为方式，它与惯例（practice）具有某些相似之处，只是习惯是从行为模式角度说的，而惯例更多的是指过去曾经反复适用的一种不具有制定法意义上的方法或者是可以参照的事实。相对于习惯来说，习惯法具有更强的约束力，这是习惯法与习惯的主要区别。比如一日三餐是习惯，但不是习惯法，因为其背后没有外在的客观约束力支撑着这个习惯的效力；而“禁止已婚男女与情人幽会”就是一条一般意义上的习惯法之禁止性规范，其效力的实现主要依靠配偶的监控和惩罚、社会评价等外在强制力。按照桑本谦的观点，这种私人之间的监控和惩罚比国家制定法同类规范的效果要好，成本更低。① 区别习惯和习惯法的意义不仅在于明确民间法的外延，更重要的是认识习惯法效力与实效之于社会自治的意义，并最终之于消极自由权的重要性。一般来说，习惯是一个人、一个群体消极自由权的独特领域，但是因为其背后缺乏强制力，也就失去了消极自由权意义上民间法的规范价值。而习惯法由于其背后隐藏着社会权力的强制力，所以，习惯法规则能否侵犯、如何介入消极自由权的领地就是一个值得消极自由理论关注的问题。“禁止已婚男女与情人幽会”是否在侵犯消极自由权领地就是对这条习惯法规则的价值考问，在中世纪法国情人现象流行时，没有人感到自己的权利受到侵犯，也就自然没有“禁止与情人幽会”的习惯法规则。所以，习惯法规则因为时间、地点以及社会主体的理解、感受不同而效力不同，这也是其区别于大多数道德规范的主要特征。在松散型夫妻关系中，“禁止与情人幽会”可能不是一条习惯法规则，因为他们没有感到自己的消极自由权领域受到外来势力的侵犯，其他类型的婚姻可能就完全相反。从这个意义上说，习惯法规范的效力常常取决于社会主体的自我感受和选择，其规则效力具有不确定性。

（二）道德规范

我们可以从几个层面来认识道德。从价值层面看，道德是一种关于善恶、是非、荣辱、正义非正义的价值观念和价值标准。从现象层面看，道德是指人类社会中具有善恶评价意义的特殊社会现象，是能被人们所感知的道德外在形态的总和。从原则层面看，道德是指用来调整人们行为和相互关系的根本准则，比如人道主义原则、善良原则、公正原则。从规则层面看，道德是指人们在一定的社会生活中应当遵守的具有道德标准的行为准则。我们把道德原则和一般的道德准则统称为“道德规范”，也正是在这个意义之下使用的道德才是民间法意义上的规范。从这个分析逻辑出发，《公民道德实施纲要》中所倡导的“爱国守法、明礼诚信、团结友善、勤俭自强、敬业奉献”的所谓“基本道德规范”其实是对一种综

---

① 参见桑本谦：《私人的监控与惩罚》，山东人民出版社 2005 年版，第 293 页。

合的道德现象的描述，含有道德价值标准、判断、原则、规范等道德的所有特点，而不包含“社会权力”这个最根本的效力基础，所以，这些“基本道德规范”不是民间法意义上的道德规范。

民间法意义上的道德规范应当具有以下特点：

首先，道德规范反映社会意志性。价值标准内蕴于道德规范之中，通过社会主体的行为选择和道德评判表现出来。道德规范的价值标准往往具有历史性、民族性和文化性，它是社会意志的集中体现，比如“老吾老以及人之老，幼吾幼以及人之幼”，“先天下之忧而忧，后天下之乐而乐”等传统道德规范都包含着中华民族几千年来对社会关系的人生感悟和理解。虽然这些道德规范不排除国家意志性特征，但主要还是社会意志的反映。当然，由于传统的“国家与社会同一模式”的影响，国家意志有时取代社会意志，而把一些国家意义上的道德标准强加于社会，对于维护社会自治来说具有一定的负面影响，而且可能直接侵害了个体的消极自由权。所以，坚持道德规范的社会意志性对于维护社会自治和公民的消极自由权来说具有重要意义。

其次，道德规范具有社会权力层面上的客观约束力。这种客观约束力是道德规范效力实现的基础，而一般的道德则是依靠我们通常所说的“内心信仰”的自我约束。依靠自己的内心信仰是保障道德规范确有实效的渠道之一，但是对于民间法意义上的道德规范来说更重要的是依靠客观的社会权力层面的约束力。比如，一些职业道德规范的效力实现虽然不排除从业人员主观内心信念的服从，但是更重要的是依靠职业内部不违反法律的惩戒措施，这种社会权力的强制力是职业道德规范效力实现的基础和保障。

最后，我们还应当注意，民间法意义上的道德规范应该是指那种被社会主体广泛认可，而国家制定法又没有规定的道德规范。刘作翔教授对当今中国之道德与法律之间关系的论述具有独到的见解。他认为，法律必须反映和确认社会的基本道德准则，当道德准则发生变化时，法律应当适时地变化以适应基本道德准则的要求。但是，由于立法的滞后性和中国的司法权没有创制法律的权力，这不仅造成了道德与法律的冲突，而且还直接使二者之间产生了规则缝隙。[①] 如果我们用民间法之道德规范的角度来审视这个问题时，却可能得出另外一个结论：具有一定社会权力基础的道德规范时常在弥补着法律与道德基本准则之间的缝隙，我们甚至可以说，这种卓有成效的弥补性规范是社会发展一种不可或缺的规范。中国文化传统把不同辈分之间的人的性行为视为“乱伦”，即使不具有法律禁止的血缘和亲缘关系的不同辈分的人之间一般也禁止性行为，这就是一条不成文的而且被人们所广泛认可的道德规范。这条道德规范由于含有一定的是非、善恶的价值判断而常常铭记在普通人的脑海中，其明晰度和约束力常常超过一些法律规则。有一个已婚的包工头与自己表姐的女儿彼此一见钟情，包工头不顾周围人的反对而与自己的结发妻子离婚后娶了表姐的女儿。这个包工头的行为没有违反国家制定法，但是其“乱伦”的行为却遭到了亲朋好友的一致谴责，以至于在商业谈判中都处于不利的境地，最后被迫背井离乡。这种社会舆论的外在强制力量对人造成“精神惩戒”，周围人用实际行为（如商业谈判的破裂）使他们蒙受经济损失的“利益惩罚”具有很强的社会动员力，是一种巨大的社会资源支配力，甚至能够把一个人拒之社会之外，使其成为社会的弃儿。从强制程度上说，其惩罚效果甚至超过了以国家权力为后盾的某些法律规则的惩罚措施。

（三）民间组织的内部规则

古代的社会自治之所以能够保障人的消极自由权，由共同利益联结在一起的社会阶层起了重要作用，我们通过英格兰的贵族阶层在反抗王权过程中的作用得以窥见。而现代社会自治的社会权力则主要来自民间自治组织，这是科学技术、市场经济和民主政治发展的必然结果。民间自治组织在西方文化体系中被称为“非政府组织”（NGO），是指非官方的民间自发性组织，其具有不同于官方机构的“非营利性”“开放性”“契约性”“民间性”和“自治性”等一系列特征。根据这些特征，我们可以把

---

① 参见刘作翔：《法理学视野中的司法问题》，上海人民出版社2003年版，第66～69页。

民间自治组织简单概括为“生成于民间社会、以契约为基础的非营利性自治组织”。一般说来，生成民间组织的契约就是该民间组织的宪章，它是民间组织最高层次的民间法规范。除此之外，民间组织还会为本组织章程效力范围内的社会主体确立一系列的内部行为规范，如自我管理的自律规范、产品标准化规范、业务流程操作规范、职业道德规范等。这些自治组织内部规范的实施往往依靠自治组织章程赋予的惩戒组织的权力，这些惩戒组织的权力就是典型的社会权力。如前文所述，自治组织的社会权力是参与组织的成员通过契约赋予组织的，具有较强的客观约束力。自治组织的内部规则以反映自治组织成员的意志和需要为效力基础，以自治组织章程赋予的权力为强制力，以组织成员的自觉遵守为规范实效的主要途径，以保障组织成员的利益为基本的出发点和归宿。所以，明晰的组织规范是社会自治组织赖以存在和得以发展的基础性条件，并间接地促进社会自治的健全和完善。社会自治组织通过自己的实力和能力保护组织成员利益，抵御各种外来侵害，是实现社会成员之消极自由权的一道重要屏障。

社会自治组织的内部规则是否真正反映组织成员的真实意志和真正代表他们的利益是消极自由理论对社会自治最为关心的问题，也是社会自治组织能否成为保障其成员进而保障社会自治的一个关键性因素。1906 年成立的温州商会就曾经被国民党的集权统治所控制，成为贯彻国民政府意志的“第二政府”，温州商人的意志和利益被政府的意志和利益所取代，民间自治组织成为国家权力的延伸，自治荡然无存，商会成员的消极自由权必然会直面来自国家权力的肆意侵害。所以，要想使民间自治组织不成为国家权力的奴婢，就要从自治组织的章程和内部一般规则的确立做起。

当然，形式上社会自治的民间法资源是一个丰厚的原料库，我们没有能力在如此短小的篇幅内对其进行一个系统的梳理。只要我们能够认识到这一点就足够了：社会自治需要以社会权力为基础，而民间法规范既以社会权力为基础，又以社会权力为依归，二者共生共长的结果促成了社会自治的实现，社会自治的实现则从根本上为社会成员营造了一个确获保障的消极自由空间。

■ 第三节 “社会结构理论”与回应型民间法

“社会并非是由凑巧占据了同一地域、胡乱地发生相互作用的人组成的杂乱无章的集合体。尽管人类有能力从事灵活的、创造性的活动，任何社会却都有一种基本的社会行为规律或模式。”①

社会结构问题是许多学科理论研究的一个重要问题，近几年来法学研究尤其是民间法研究对这个问题也有比较深入的探讨。在依法治国背景下，社会结构问题的探讨对民间法的意义自不待言，但是这些意义哪些具有合理性和现实可能性，哪些只是形而上的甚至纯粹的形式主义理论也应引起我们的关注。

我们从分析法学界对社会三元结构的理论研究出发，发现和评析这些研究所挖掘的理论资源，提出我们自己对社会结构之于民间法意义的看法。在这个过程中，也需要我们对邓正来、谢晖和王月峰的“社会的三元结构理论”及其之于民间法的意义和局限进行一些简要评析。

一、社会三元结构理论

“社会三元结构”是当前学术界使用比较频繁的一个词语。关于“社会三元结构”之“三元”也存在许多不同界说。比如，“国家”“市场”和“社会”三元，“政府”“市场”和“公民社会”三元，“国家”“公共领域”和“市民社会”三元；李向平、杨静则从宗教的地位和意义角度提出了“国家”“社会”和“宗教”的三元结构理论。②

这些社会三元结构理论是基于不同学科角度、不同理论需要对社会

---

① [美]伊恩·罗伯逊：《社会学》，黄育馥译，商务印书馆1990年版，第104页。

② 参见李向平、杨静：《宗教合法性及其获得方式——以〈日本宗教法人法〉为中心》，2012年2月6日，“普世社会科学研究网”，http://www.pacilution.com。

结构所作的划分。前两者主要是经济学领域，重在强调市场是独立于国家(政府)和社会的三元之一维，理论目的在于确立市场的主体地位和重要意义，试图使市场摆脱国家(政府)权力的干涉，这种社会结构理论表现出市场经济初期人们对政府权力干涉市场经济的担心和理论努力。经济学的三元结构理论往往还强调社会的或者公民社会的作用，强调社会独立于国家公权力的地位和意义。

"国家""公共领域"和"市民社会"的三元结构理论是社会学、政治学领域的一个重要观点，其理论来源具有很强的古希腊民主政治和黑格尔市民社会理论的特点。市民社会是独立于政治国家的一个自我运行的独立主体，其与政治国家的关系是平等的、互不干涉的，虽然二者在许多方面具有交流和沟通的可能性及具体渠道。市民社会在西方知识体系、文化背景和制度传统中主要表现为对政治国家形成制约的自治体，而不是附属于、听命于政治国家的奴婢。所以说，政治学、社会学领域中的社会三元结构理论重在强调"市民社会"的地位和作用。公共领域是独立于市民社会和政治国家的第三领域，是市民社会之个体权利的一种延伸方式，在古希腊民主制度中主要表现为"广场民主"，在现代社会则主要表现为"社区自治"。公共领域是政治国家与市民社会交流和沟通的平台，是公民个体权利实现的一个重要渠道，也是国家法律和政策得以实现效力的一个重要领域。

除了经济学、社会学和政治学对社会三元结构理论的贡献之外，法学界对社会结构理论也有自己独特的贡献。比如，邓正来提出的政治国家与市民社会的二元对立理论具有一定的代表性。"中国市民社会乃是非官方的公域和私域的合成。私域在这里主要是指不受国家行政手段超常干预的经济领域；市场经济领域不仅是市民社会主体活动的主要场所，而且也是市民社会赖以生存和发展的基础。没有市场经济就不可能有市民社会。非官方的公域是指在国家政治安排以外市民社会能对国家立法及决策产生影响的各种活动空间。例如，在电视、广播、报纸、刊物、书籍等传媒中表达意见和观点，在沙龙、讨论会和集会中零散地面对面交换意见，等等。透过这些空间的活动，可以形成一种广泛承认的社会意见，即'公众舆论'。它不是由国家或政府来阐释的，但对它们的活动产生影响。"①

邓正来的这段话很好地表达了其政治国家与市民社会两分的二元结构理论。在这里，我们之所以把邓正来的二元结构理论放在"社会三元结构理论"中进行阐述，一方面在于其理论的完整性和代表意义，另一方面主要在于邓正来的二元结构是一个事实上的三元结构论。邓正来的中国市民社会的私域和公域其实是两个不同性质的领域。邓正来也说，私域和非官方公域是两个独立的领域②，从理论上说，它们自身完全可以与政治国家相匹配和抗衡。这就使得我们完全可以用三元结构理论来分析和评述邓正来的社会结构理论。

谢晖认为，在当前我国城市化发展相对落后的情况下，存在着强大的"政治国家"、微弱的"市民社会"以及底蕴深厚的"乡民社会"之"三元结构"的独特景观。只有现代化发展到一定程度，政治国家与市民社会的二元结构才能取代这个三元结构。③ 所以，如果说邓正来的社会结构理论是一个理想化的理论规划的话，谢晖的社会三元结构理论则是一个对中国传统和当下社会现实的描述。这两种不同的分析问题的进路虽然在起点上存在差异，但是在结果上可能殊途同归。

王月峰的社会三元结构则是一个公法意义上的社会结构理论："民间社会是一个以地域和权利为纽带，具有自己独立的内在运行逻辑和规则的自治体。现代社会存在一个三元结构：民间社会、官方社会和中立社会，与社会的三元结构相对应的是法律的三元结构：民间法、官方法和宪政法。"④王月峰的社会三元结构理论与前两者又有很大不同，前两者是对民间社会、乡民社会或者说市民社会进行一个再划分，而王月峰则

---

① 邓正来：《市民社会理论的研究》，中国政法大学出版社 2002 年版，第 10 页。

② 参见邓正来：《市民社会理论的研究》，中国政法大学出版社 2002 年版，第 11 页。

③ 参见谢晖：《当代中国的乡民社会、乡规民约及其遭遇》，载谢晖、陈金钊主编：《民间法》第 3 卷，山东人民出版社 2004 年版，第 270 页。

④ 王月峰：《社会的三元结构与民间法的命运》，《山东大学学报》（哲学社会科学版）2005 年第 1 期。

是从政治国家角度进行再分类，这也是我们为什么说这种社会结构理论是一种宪政意义上的分类的主要原因。

以上简要介绍了法学界的三种社会三元结构理论，这是我们分析和批判它们内含的对民间法的意义及局限性的基础。

二、社会三元结构理论对民间法的可能意义

邓正来曾经提出了一个社会科学研究的独立性和自主性问题，主张社会科学研究应该有自己的独立品格，不能迎合社会让它充当那个合法化或社会操作工具的要求；社会科学研究的自主性则要求社会科学研究必须提出一整套连贯一致的变量说明体系，各种假设必须统统纳入十分简明的模型之中。[①] 我们认为，从宏观角度看，以上学者的社会三元结构理论正是社会科学研究在寻求独立性和自主性的一个重要表现。

邓正来的社会二元结构理论是黑格尔之政治国家与市民社会理论的中国化，虽然他本人极力反对用西方理论来分析和试图解决中国问题。[②] 邓正来的理论创造在于把市民社会分为“私域”和“非官方公域”两个独立领域，这两个领域分别对政治国家形成一定的交流和制约机制。但是，我们应当注意的是邓正来虽然强调市民社会的自治性，但是他并不认为市民社会有自己独立的运行规则，而是一个国家主导建构的市民社会。这就避免了回归到传统的“民反官”的单一路向上去，只有通过培育市场经济、建构自治组织和培养市民社会意识来完成市民社会的初步建立，以获得市民社会相对于国家控制的自由空间和独立自主性。以此为基础，市民社会在获得了独立身份之后，逐步参与到公域中，获得自己参与民主政治的身份。如此，则市民社会才能建构起来。邓正来的市民社会与政治国家的良性互动学说也是从国家本位出发的，国家对市民社会的干预和调节分为两个层次：“一是国家抽象的立法活动确立对人人

---

① 参见邓正来：《关于中国社会科学的思考》，上海三联书店2000年版，第2～16页。

② 参见邓正来：《市民社会理论的研究》，中国政法大学出版社2002年版，第115～116页。

适用的普遍规则；另一层次是国家对市民社会自身无力解决的利益方面的矛盾和冲突进行具体的仲裁和协调。”①在邓正来看来，由于市民社会存在着各种特殊利益，因而它常常无力维护社会的普遍利益，国家的干预是一种必然。从这个意义上我们说，虽然邓正来的市民社会与政治国家二元结构理论具有一定的创造性，但是其基于国家本位的二元结构理论对民间法的意义非常有限。奠基于这种二元结构的市民社会缺乏也不需要自身运行的规则，国家既可以为市民社会输送普遍性规则，也可以为这些规则的运行提供制度上的保障，民间法没有也不需要自己独立生存的规则空间。这个观点与日本学者川岛武宜的观点有些近似，但川岛武宜是在强调强大的国家制定法基础上对民间法规进行有限度的认可。川岛武宜认为，社会是人类最初的制度创造，习俗是社会的最初规则。国家产生后，用强制力推行的规则就是国家制定法，但是，原来社会中存在的习俗仍然有效，这被人们称为习惯法。国家制定法具有自己的独立性和历史基础，但是不应当侵蚀、包办市民社会所有的关系和行为，像“禁止母亲或者奶奶把二岁以下的孩子在夜间放在自己的寝床上睡觉”的法律规范就说明了国家制定法的强大基础。市民社会正是在反抗和否认这种绝对制国家后，而发展成为市民国家的。②

谢晖的社会三元结构理论对我国市民社会和乡民社会异同的认识，对于民间法存在的社会基础具有意义。在谢晖看来，中国的乡民社会是一个地缘文化和血缘文化的结合体，由于受到中国强大的“皇权国家”的政治影响，乡民社会是一个比较典型的宗法社会，而不是一个具有独立性和自治性的市民社会，“乡土社会就是由国家直接控制的对象和内容”③。但是，由于传统家庭宗法制度的强大和现代市场经济的冲击，“使得当代中国的社会规范控制系统绝不仅仅是国家正式法律的一家独霸，

---

① 邓正来：《市民社会理论的研究》，中国政法大学出版社2002年版，第16页。

② 参见［日］川岛武宜：《现代化与法》，申政武等译，中国政法大学出版社2004年版，第13～15页。

③ 谢晖：《当代中国的乡民社会、乡规民约及其遭遇》，载谢晖、陈金钊主编：《民间法》第3卷，山东人民出版社2004年版，第273页。

与此同时，被广而泛之地称为'民间法'或'乡规民约'的规则体系更在实际地规范着乡民们的日常生活"①。所以说，即使再羸弱的乡民社会仍然存在着民间法，仍然需要民间法。邓正来的国家与社会的二元结构理论是一种理性建构论，其关注的是市民社会对政治国家的民主政治的影响，关注的是国家如何主导市民社会的建构，而不是关注市民社会自身的制度建构，确切地说，是一种国家本位的建构理性。谢晖的社会三元结构理论是一种中国经验的社会结构论，是从乡土社会出发，试图通过建构乡土社会自身规则和自身机制来完成中国市民社会成长的社会本位论。这种理论强调乡土社会的自我造血功能，强调社会内部规则的生成机制和制度构建，对于民间法的成长和运行都具有积极意义。

王月峰的社会三元结构理论事实上是把政治国家进行了一个理论上的二分，这个思路与邓正来把市民社会进行二分具有异曲同工之妙，但是其理论进路和落脚点却大相径庭。王月峰的社会三元结构理论在本质上是试图通过制约国家权力，或者说是试图通过国家公权力自身的制约和平衡来为民间社会提供一个相对独立的生存空间，进而为民间法的生成提供一种可能性。因为该理论看到了市场经济条件下民间法生存的艰难，并分析指出了民间法生存艰难的根源在于政治国家的强大和公权力的无孔不入，这种挤压使得民间社会和民间法几乎无立锥之地。虽然王月峰的社会三元结构理论是一个平衡国家权力的社会结构，但是她并不否认民间社会在现代市场经济条件下的重构。在现代市场经济条件下，我国民间社会的制度形态正在发生着一场悄无声息但是具有颠覆性的革命，民间社会的新的制度模式应该是一个既具有民族传统和精神传承的社会制度，也适应市场经济发展，并能够与现代法治对接的自治型制度。所以，从应然意义上说，民间社会应该是一个以地域和权利为纽带，具有自己独立的内在运行逻辑和规则的自治体。② 从理论建构

---

① 谢晖：《当代中国的乡民社会、乡规民约及其遭遇》，载谢晖、陈金钊主编：《民间法》第3卷，山东人民出版社2004年版，第274页。

② 参见王月峰：《社会的三元结构与民间法的命运》，《山东大学学报》(哲学社会科学版)2005年第1期。

出发，适应民间社会以及民间法生存的需要，或者说为了制约国家公权力的强大介入，必须对国家公权力进行制约，这不仅是现代法治的内在需求，也是民间法治发展的内在逻辑。从社会结构理论出发，制约国家公权力的主要因素在公权力自身。“民间社会”的价值追求是权利，“官方社会”的价值目标是秩序，而“中立社会”的价值目的则是权利与秩序的平衡。它既不完全站在权利或者秩序一边，也不完全否认两种不同甚至冲突的价值存在。“中立社会是指以国库俸禄为主要经济来源，以权利和秩序平衡为主要价值追求的人组成的集团，主要是指由立法机关和司法机关构成的社会。”①王月峰的社会三元结构理论的主要目的是运用司法权和立法权形成对行政权的制约，以这种权力制约机制为基础寻求“民间社会”“官方社会”与“中立社会”的良性互动。离开了这个权力制约机制，民间社会（权利）与政治国家（权力）之间的所谓“良性互动”和平衡是不可能的。

我们说邓正来的社会结构理论对民间法的意义很有限，不意味着其对中国法治没有意义，因为他坚持政治国家对市民社会的主导地位，坚持国家制定法是市民社会的普遍性规则的观点对于解决传统中国在现代社会所遇到的法治难题或许有一定裨益。魏治勋在分析乡村社会权力结构的合法性问题时，也提出了类似的观点。他认为，当代中国乡村的权力结构不应当是“去中心化”的，而应当需要一个国家权力本位的权力网络来把握法治精神并推进之。② 谢晖的社会三元结构理论对于认识传统中国之政治国家对民间社会的强大压制、对于认识民间社会和民间法的地位和其之于现代中国法治的意义都具有一定的理论贡献。王月峰的社会三元结构理论其实是一个宪法理论与民间法理论的交叉问题，这个理论从民间社会和民间法出发，经过对公权力的分解与制度制衡这个重要的中间桥梁，回归到民间法自身的生长和发展制度和机制的理论

① 王月峰：《社会的三元结构与民间法的命运》，《山东大学学报》（哲学社会科学版）2005 年第 1 期。

② 参见魏治勋：《论乡村社会权力结构合法性的分析范式》，载谢晖、陈金钊主编：《民间法》第 5 卷，山东人民出版社 2006 年版，第 66 页。

努力上，其意义在于为民间法寻找一个重要的外部制约机制。

三、社会结构多元与回应型民间法

应该说，无论从微观的民间法研究角度，还是从宏观的法治理论研究角度看，社会三元结构理论对于民间法的意义是毋庸置疑的，该理论反映出当代法学学者对于中国法治生成机制的担心和忧虑。但是，无论从形而上角度还是从实践理性角度看，社会三元结构理论之于民间法的意义又具有很大局限性。

三元结构并非一个事实存在，而主要是一个理性建构，缺乏现实的制度基础和经验理性支撑。邓正来的社会结构理论虽然对市民社会进行了一个私域与非官方公域的划分，并再三强调这两个领域的独立性，但在事实上，非官方公域也是一个充满着利益与私权利竞争的领域，除非邓正来把私域界定为纯粹的个人领域，否则非官方公域的地位和存在意义就会在制度实践之前首先受到理论质疑。谢晖的三元结构理论在市民社会和乡民社会的关系上并没有进一步给出明确的交代，如果说市民社会以市场经济为基础、乡民社会以自然经济为基础，那么民间法如何以二者为基础？分别生成于两种制度基础之上的民间法如何区别，又如何融合？此等问题都难以作答。民间社会的二分结构与邓正来之市民社会分为私域和非官方公域在本质上没有区别。而王月峰的三元结构理论则反其道而行之，把政治国家划分为“官方社会”和“中立社会”。从形而上角度看，这似乎没有什么不妥，但这也仅仅是一个形而上的问题，虽然对于中国权力集中与垄断的制度传统有一定的理论冲击，但是如何把这个理论与现代民间法的发展联结起来是一个其自身没有回答也难以回答的理论难题。

三元结构理论对民间法的理论意义的局限性主要来自当代社会的多元发展或者说当代社会多元结构给法治带来的挑战。我们可以推测，最初的社会是一个单质社会：除了社会之外，没有国家和其他的结构性社会主体。随着社会的发展，国家产生了，社会第一次成为一个二维的制度空间。对于社会而言，个人是一个市民或者乡民；而对于国家而言，个人就拥有了一个新的身份:公民。在社会发展过程中,出现的另一个结构性主体是宗教。如果说最初的社会主要是一个私域、国家是一个公域的话,宗教则是二者的结合体。宗教既深入人们的内心世界,属于一个纯粹的私有领域;也为人与人之间的交流搭建了一个良好平台,因而具有了公域的特点和职能。近现代以来,社会中介组织和传媒的迅猛发展使社会结构呈现出多元化趋势,包括种族的、民族的、性别的、不同行业之间的结构性社会主体开始在社会结构中占据越来越重要的地位,具有越来越重要的作用。

美国人诺内特和塞尔兹尼克认为,转变中的社会和法律可以分为"压制型法""自治性法"和"回应型法"。压制型法是一种对社会政治环境被动适应的法律,法律成为政治的工具,从而不具有完整性;自治型法是法律与政治分离的法,法律能够通过自身的完整性而自我实现,但是法律也陷入一种自我隔离和封闭的状态之中;回应型法缓解了法律的开放性和完整性之间的关系,在保存着自身完整性的基础上具有了某种姿态的开放性,从而适应不断变化的外在客观环境。①

历史地看,我国民间法的历史类型可以分为自治型和国家控制型两种,我们从中国乡规民约的发展历史可以清楚地看到这两种民间法及其发展变化。最初的民间法是自生自发于民间社会的规则,是一种典型的自治型法。自宋开始,特别是明清时期,国家对民间社会的控制力逐步增强,民间社会的规则越来越靠近国家制定法,有时甚至是以国家制定法为范本的。这种国家控制型民间法的最大特点是民间法规则主要表达和贯彻国家权力意志,而不是表达和体现民间社会自己的意志和利益。从规则生成机制上看,民间法类型必须完成从国家控制型向自治型的回归和转换,民间法首先还原自治型面貌,然后才能迈向回应型民间法。也就是说,我国民间法的发展轨迹理应是:自治型→国家控制型→自治型→回应型。

① 参见[美]诺内特、塞尔兹尼克:《转变中的法律与社会:迈向回应型法》,张志铭译,中国政法大学出版社 2004 年版,第 85 页。

我国当下的乡规民约明显具有国家制定法或者政策应景的印迹，缺乏内在的独立品格，很难说是一种自治型法，这就很难为民间社会的秩序构建提供明晰的规则和制度支持。但是，自治型民间法也具有其内在的发展困境，自治型民间法虽然使法律与政治相对分离，其弊端则是对现代社会飞速发展中出现的新问题缺乏必要的适应性和解决问题的能力。正是在这个意义上，我们说，回应型民间法是民间法的理想图景，因为回应型民间法不仅具有独立性和自主性，而且具有开放性和适应性。

回应型民间法首先是以自治型民间法为前提的，或者说是自治型民间法的一个进化类型。自治型民间法的一个重要表现是民间法与政治的分离，这是对民间法从属于政治的反动。但是，与政治分离的民间法所建构的民间社会容易形成一个与国家对抗的社会模型。这种模型虽然在理论上具有一定的必然性和意义，但与民间法及民间社会的目标并不一致。所以，国家权力与社会权力既不能相互对抗和取代，也不能完全不分彼此而混为一体。从这个意义上说，民间法应该在区分与国家制定法的差异性基础上，寻求与国家制定法的一致性，也就是说，在存异基础上求同。

存异求同的回应型民间法能够调适社会多元而导致的利益、权利多元，与自治型民间法相比，具有更强的适应性和对社会发展中出现的新问题的调整能力。我们前文所说的社会结构多元与国家在宏观社会结构中的地位和影响力的相对下降不无关系。我们从本尼斯(Warren G. Bennis)所分析的模式中可以窥见国家权力日渐式微的过程，或者说国家控制力开始出现新的变化迹象。本尼斯把官僚组织的发展分为三个阶段：前官僚型、官僚型和后官僚型。[①] 这三种模式与诺内特和塞尔兹尼克的法律发展模型是不谋而合的。后官僚型组织是当代国家权力实施的重要制度依据，其工作模式不再是强制性命令，不再是强调义务和责任的权威形式，而是一种具有开放性沟通能力的扩散型权威，是一种不断

① 参见[美]诺内特、塞尔兹尼克：《转变中的法律与社会：迈向回应型法》，张志铭译，中国政法大学出版社 2004 年版，第 25 页。

将国家权力委托社会组织实施并寻求广泛社会合作的模式。与此相适应的是包括传统意义上的市民社会组织在内的一些社会组织蓬勃发展起来。与以往不同的是，这些社会组织所追求的目标不再仅仅是社会自治意义上的个体权利的完善和发展，而且包括了社会整体利益、公共利益，甚至还追求社会和公共秩序的稳定。在这个方面，多元的结构性社会主体的价值目标与国家权力的价值目标存在着共性。民间社会的价值目标也以多元的结构性社会主体为纽带，并且与国家权力达成某种程度的共识。这就要求民间法不再仅仅是封闭的自治模式，而应当更具有开放性、包容性，因而更能适应多元社会主体的规则需求。也只有这样，民间社会、政治国家和其他的结构性社会主体才具有共同的交流对话平台，换句话说，他们之间才具有协商对话交流合作的可能性。

通过以上分析可知，回应型民间法的必要性自不待言，但是其现实可能性又如何呢？也就是说，回应型民间法能不能产生实效，何以产生实效呢？我们认为，回应型民间法的效力实现主要依靠的是鼓励性的、自我维持的义务体系，而不是传统民间法和国家制定法的强制性。我们说，传统民间法主要是一种国家主导型的宗族法，它虽然依靠民间社会成员的行为拜服，但其背后是强大的家族、宗族势力，是强大的甚至动辄处死的家规、族法和国家强大的专制机器。因为此时的民间法是听命和依附于国家权力的奴婢，严格说来，也可以认为是国家权力系统的一部分。自治型民间法在摆脱国家权力控制后也要求社会成员严格遵守民间社会自己确定的法定权威，并强调民间法的形式性和一定的程序意义。虽然赶走了国家权力的强制，但并不缺乏社会权力的自我强制。回应型民间法则首先使民间规则被社会成员所接受和采纳，形成社会成员的内心认同感。这就要求民间法规则的产生应该代表一定的民意，能够最大限度地反映社会成员的普遍利益和需求。在这个意义上，民间法规则的产生第一次与社会民主制度真正联系起来。自治型民间法需要的是形式和程序公正，需要社会权力之间的约束和平衡，有些近似于国家权力之间的制衡基础上的宪政制度。从自治型民间法进化而来的回应型民间法则以民主制度为基本制度建构，首先重视民间法规则产出的民主机制，因为这是回应型民间法能够产生实效的基础性前提。由于强调回应型民间法的开放性和适应性，从规则构成内容上看，对社会成员行为进行鼓励的规则出现在回应型民间法中。鼓励社会成员尊老爱幼、乐善好施、爱国爱家的具有导向意义的倡导性规则出现了，一些对遵守民间法的个人模范、对维护民间法规则权威的社会成员进行奖励的具体性规则也出现在一些乡规民约中。我们说回应型民间法是一个自我维持的义务体系，是指民间法主要依靠民间社会自己的力量来维持其运作，也就是说其效力实现主要依靠社会权力和社会组织来实现。我国当下乡规民约的效力以社会权力为基础，辅之以国家权力，对于回应型民间法而言更是如此。

总之，对于民间法和社会自治而言，社会结构理论所揭示的一系列问题的本质是个体权利与国家权力博弈这个法学理论的基本问题。它要解决或者说它提出的是民间法规则对于个体权利实现具有什么意义、这种意义何以可能的问题。无论是邓正来、谢晖对于民间社会的再划分，还是王月峰对于国家权力的再划分，都是在试图寻找民间法对于中国当代法治发展的意义，从这个意义上说，这些法学学者的理论努力具有重要意义。当然，本书借鉴诺内特和塞尔兹尼克的法律类型理论对于民间法的划分也只是一种纯粹的理论推演，无论是国家强制型民间法、自治型民间法，还是回应型民间法，都是笔者塑造的一些抽象的民间法概念，这些概念试图要回答一些具有历史性的现实问题，因为其本身难以完全与历史经验相吻合，难免会给我们的思维和逻辑带来一些混乱。但是，我们相信，民间法的这种分类方法对于研究民间法的过去、现在和未来具有意义，我们期待着更多学者对这个问题进行进一步研究。

第二章
法治社会的权力向度

法治社会和民间法的一般理论是我们在形而上层面上对民间法之于法治社会的意义的认识和理解，而民间法是“活法”，是具体的法，是“地方性知识”，是我们生活其中的意义世界。这就需要我们对法治社会中的具体的民间法进行研究。在梁治平、谢晖、徐晓光等民间法学者的研究中，我们也看到了具体的民间法研究的内容。梁治平以“礼法”为主要研究对象①，谢晖常致力于“小传统”问题的研究②，徐晓光的研究则更加具体，如“锦屏文书”③“瑶族节育观”④和“苗族习惯法”⑤等具体民间法。具体民间法的研究不仅有助于我们从感性层面、从形而下角度认识民间法，而且有助于夯实民间法研究的实践基础并反过来指导我国的法治实践。

---

① 梁治平:《“礼法”还是“法律”?》,《读书》1986 年第 9 期;《论礼法文化》,《天津社会科学》1989 年第 2 期;《从“礼治”到“法治”?》,《开放时代》1999 年第 1 期;《“礼法”探原》,《清华法学》2015 年第 1 期。

② 谢晖:《论当代中国官方与民间的法律沟通》,《学习与探索》2000 年第 1 期。

③ 徐晓光等:《贵州“锦屏文书”的整理与研究》,《原生态民族文化学刊》2009 年第 1 期。

④ 徐晓光:《黔东南占里侗族村与大瑶山瑶族三个支系传统节育观及规划研究》,《广西师范学院学报》(哲学社会科学版)2016 年第 4 期。

⑤ 徐晓光:《从苗族“罚 3 个 100”等看习惯法在村寨社会的功能》,《山东大学学报》(哲学社会科学版)2005 年第 3 期;《歌唱与纠纷的解决——黔东南苗族口承习惯法中的诉讼与裁定》,《贵州民族研究》2006 年第 2 期。

“菜刀禁忌”是在菜刀使用和管理中的一些禁止性习惯法规范，对菜刀禁忌的遵从主要依靠心理强制。菜刀禁忌规范的直接起源是菜刀作为武器或者凶器的重要作用，间接起源于食物和避凶求吉的人类需求。从法文化角度看，菜刀禁忌的本质是人类对自己噬杀生命的生物本能之最早的规范性控制。

谣言是缺乏证据证明的信息，具有“不确定性”“形式非法性”“主观阐释性”和“社会性”等规范属性。作为一种社会权力的谣言，它是社会的一种自卫和自我拯救的权力，是不同社会主体之间争夺社会控制力的权力，是社会民主的一种另类表达，是一种社会制约国家的权力。法律制裁是国家权力规制谣言的最后手段，国家权力规制谣言的根本措施是建立和完善国家权力的公开运行制度和机制。从法治秩序角度看，规制谣言的基础不仅在于国家权力与社会权力的协调和合作而形成的合力，还在于宪政视野中的社会权力内部的制约机制。

乡规民约是在国家权力引导和帮助下由乡民协商制定的，以社会权力和国家权力保障实施的群体性交往规则。乡规民约的效力主要包括对人的效力和对行为的效力两个方面。乡规民约的实效就是指乡规民约的实际效力，乡规民约由效力到实效的过程就是乡规民约的实施过程。乡规民约效力的权力基础包括社会权力和国家权力，但以社会权力为基础。乡规民约的社会权力基础主要表现在乡规民约的产生、遵守、执行和监督等主要环节上。现代乡规民约以国家权力作为主要的效力基础，主要通过村民委员会、居民委员会等自治组织实现。乡规民约的产生和发展折射出了社会权力与国家权力在乡村社会的互动和博弈，国家权力对乡村社会的影响应当具有更多的温情，多利用引导性规范而不是命令性规范指引社会权力，这不仅有利于乡村社会良好秩序的形成，也有利于国家权力与社会权力良性关系的形成。

订婚不仅具有感情的缓冲与磨合的作用，而且还“使婚姻双方清楚认识到什么是婚姻，婚姻中应承担的责任与婚姻的包容、忠诚等价值”①。

---

① 冯磊：《订婚应存在法律必要性》，《经营管理者》2010 年第 24 期。

订婚制度在我国经历了一个国家制定法到民间习惯法的曲折发展过程，而西方订婚制度的演进却呈现出从习惯到习惯法再到国家法的法律发展逻辑，具有历史阶段的连续性和制度发展的渐进性等特点。订婚制度由国家制定法与民间习惯法并存到只以民间习惯法身份存在的演变不是由法律制度自身发展规律决定的，而是由政治国家与民间社会之间的权力博弈所决定。

第一节 "菜刀禁忌"的起源与本质

"人不可能生活在单纯的物理宇宙之中，而是生活在一个符号宇宙之中，语言、神话、艺术和宗教则是这个符号宇宙的各部分，它们是织成符号之网的不同丝线，是人类经验的交织之线。"①

罗素说："禁忌是那么一种道德，给出一套规矩决定某些事情你一定不能做却并不讲明理由，但无论如何这些规矩被认为是绝对正确的，而且这些事情你是绝对不能做的。"②根据法律规范的分类方法，禁忌应该是一种禁止性规范，它告诉人们什么行为是忌讳的、不能做的，做了会受到某种神秘力量的惩罚。禁忌规范可谓包罗万象，几乎存在于现实生活的每一个角落。虽然，我们常常说"打破禁忌"，实际上也打破了许许多多的禁忌，但是现实生活中仍然存在着许多禁忌规范，这些禁忌规范仍然在影响着我们的工作和生活。"菜刀禁忌"是一种古老的而且与我们的生活联系密切的禁忌规范，我们通过对"菜刀禁忌"的分析研究可以窥见禁忌规范甚至法律的起源与本质。

一、"菜刀禁忌"规范

2007 年春节期间，笔者和妻子、儿子回山东老家过年。妻子把家里

---

① [德]恩斯特·卡西尔：《人论》，甘阳译，上海译文出版社 1985 年版，第 33 页。

② 《罗素谈禁忌》，2016 年 8 月 6 日，http://www.vccoo.com/v/cb7753。

一把闲置不用的不锈钢菜刀带回去送给岳母，岳母高兴地接过来，顺便从衣兜里掏出一枚5角的硬币递给妻子，嘴里不停地念叨着："是俺买的，买的……"旁边的儿子颇为惊奇，忙问妻子怎么回事。妻子也深感奇怪，去请教她的嫂子。她嫂子解释说："传统说法，亲朋好友之间不能送菜刀和剪刀。送菜刀意指割断亲情，送剪刀意指剪断亲情。咱娘象征性地给一点钱，就是破解赠送菜刀可能带来的灾祸。破解方法还有一种，就是把菜刀扔到院子外边，再去捡回来，也就是说是捡得无主的财产。这都是些老说法，是迷信！"

据妻子回忆，她小时候，二舅到她家串门，在他刚离开她家不久，天空突然阴云密布，漆黑一片，一会儿工夫就下起了瓢泼大雨，中间还夹杂着密集的冰雹。此时，母亲迅速跑到橱柜前拿了一把筷子和一把菜刀，用力扔向院子里，嘴里还念念有词。妻嫂说："这是一种传统的降妖除魔的办法。据说用'快(筷)刀'可以杀死'雹子魔'，如果各家各户都往雨中扔'快刀'，'雹子魔'会落荒而逃。"

笔者对妻嫂的一席话很感兴趣，坐下来与她谈了很长一段时间，问了许多传统中国乡民社会存在的禁忌习惯。春节期间，笔者遇到老人就问他们乡民社会存在的禁忌习惯，得到了许多第一手资料。以下是笔者搜集整理的山东一些地区有关菜刀的禁忌习惯：

1. 不能偷窃菜刀。

2. 亲朋好友之间不赠送菜刀，不借菜刀。

3. 饭桌上不放置菜刀，不面对菜刀吃饭。

4. 灶台上放置的菜刀不能刀刃面向锅。

5. 下冰雹时，把菜刀和筷子扔到雨中，此乃"快刀"之意；扔菜刀时，必须刀刃面向雨水，而且只有雨停之后，才能拿回菜刀和筷子，并说一些感谢的话。

另外，笔者从网络上查找到一些菜刀禁忌内容，罗列如下：

1. 春节期间，江苏地区的旧习俗中有许多禁忌，诸如年初一不动菜刀，以免杀身之祸。①

2.（在河南南阳）参加送葬之人，从墓地归来，都带有不祥之气，需要禳（rang，二声，消除，祈求神灵消除灾难——引者注）祓（fu，二声，除灾求福的祭祀——引者注）。家乡民间之禳祓方法，乃是于门前焚稻草三堆，送葬者从火上跨过，借三堆火的力量驱除邪气，然后方可进屋，不然鬼魂会附身作祟。也有的在门口放一桌子，上面放一瓷盆，里面放上点心和一把菜刀，安葬的人回家吃一块点心，用菜刀在盆口磨几下即是驱邪。②

3.（在福建云霄）尤有奇趣者，乃大年初一忌拿厨房的菜刀切菜，当天又忌拿扫帚扫地板。由于有这些禁忌，凡此日所须煮的菜蔬豆菽，均须于前夕（除夕夜）洗净切好。所以旧时又流行一俗语："初一早起勿拿刀，长年透天闲罗罗"（寓意全年安闲自在），可避弃刀斧利器的血光，保障大吉大利。③

4. 畲族大年初一不动菜刀、剪刀。④

5. 在河北蔚县，盆内忌放菜刀。⑤

6. 厨房中的各种菜刀或水果刀不应悬挂在墙上，或插在刀架上，应该放入抽屉收好。⑥

7. 禁忌将菜刀放在盆内或盆沿。供灶君案桌上，禁忌放置杂物，尤其是不能将菜刀的刀刃对准灶君。⑦

---

① 《民风民俗的江苏春节》，"百度知道"，2016 年 8 月 6 日，http://zhidao. baidu. com/link? url = I1cSKiJIcp7gTzo2ouP1dK1A2aX-xGLRxF3DjAQ8OXnA17Ues6VXdsfwyveni QO-QBgQ9EJxgS0S9ApDF4J9obDgRY4HVd8w-u7_q4M-SOhi。

② 南都笑笑生：《民俗文化——南阳禁讳民俗》，"大南阳"，2016 年 8 月 6 日，http://www. dananyang. com/e/action/ShowInfo. php? classid=38&id=92。

③ 方群达：《云霄民间岁时节俗掌故之新春佳节》，2016 年 8 月 6 日，http://www. yxdlt. com/bencandy. php? fid=35&id=4223。

④ 《畲族风情一》，2006 年 4 月 16 日，http://www. rcwq. cn。

⑤ 《禁忌》，2006 年 4 月 18 日，http://www. yuxian. net. cn。

⑥ 《春节前大扫除风水禁忌》，2016 年 8 月 6 日，http://www. xuexila. com/jieri/chunjie/368875. html。

⑦ 《乡例不可违：乡村禁忌》，2016 年 8 月 6 日，http://www. doc88. com/p-1317137 20886. html。

8. 正月初一忌搓元宵，谓搓元宵是“白手打白手一年无获”；忌动铁器，包括针线、菜刀、锹等农具；忌外倒垃圾，忌外出汲水。①

9. 农历大年初一忌大声叫骂，并须将火钳、菜刀、绳藏起，因为这些东西为不吉。②

10. 孕妇尽量不要到厨房拿菜刀、尖锐的东西，除了可能会不经意地触碰了胎神，如果一不小心碰撞到或因此受到惊吓，容易动到胎气可能导致流产。③

11. 兰州地区初一到初三都不能动菜刀。④

12. 在台湾省，牵罟有一些禁忌，如不可讲“跑掉”，不可以说“翻了”，不能说“菜刀”，而要说“鱼刀”……⑤

13. 在山西，新娘下轿后，有属相相克的人都要回避，以免对人对己之不吉。在五台县，厨师们还要把菜刀插入菜板底边，锁起厨房，全部回避。据说，厨师是新娘下车时相犯的主要对象，而菜刀更是不可示之于外的。⑥

14. 在福建福清市，孕妇本身不能缝毛线，动剪刀；他人不能在孕妇影子里动锄头、菜刀，怕婴儿受损害。⑦

15. 瑶族在出殡时，由孝男或者孝女手持火把或者菜刀引路上山。⑧

以上搜集和整理的菜刀禁忌规范可能只是菜刀禁忌的冰山一角。

---

① 《含山风俗三》，2016 年 8 月 6 日，http://www.114chn.com/Webpub/html/090616/ConRA090616000029.shtml。

② 《羌族禁忌》，2016 年 8 月 6 日，http://wenda.so.com/q/1368905074065911。

③ 《孕妇须知的民俗禁忌》，2016 年 8 月 6 日，http://mt.sohu.com/20160709/n458529839.shtml。

④ 《游走金城　体验兰州味儿的民俗文化》，2007 年 1 月 22 日，http://www.gs.xinhuanet.com。

⑤ 蔡聪挺：《港南小区发展协会牵罟产销班专访》，2007 年 1 月 22 日，http://www.travel-web.com.tw。

⑥ 《山西人的禁忌——婚姻禁忌》，2016 年 8 月 6 日，http://www.zmgov.com/minsu/shanximinsu/jingji/2013-07-29/34831.html。

⑦ 《福清风俗》，2016 年 8 月 6 日，http://tieba.baidu.com/p/282584186。

⑧ 《瑶族风俗》，2016 年 8 月 6 日，http://hn.rednet.cn/c/2016/02/05/3906379.htm。

从地域范围看，这些禁忌规范适用于山东、江苏、河北、河南、福建、陕西、陕西、云南、广西、台湾等众多省份；从民族分布角度看，这些禁忌规范还在汉族、瑶族、彝族和羌族等一些民族中被适用。因此，我们可以说，菜刀禁忌在我国具有一定的广泛性和代表意义。

二、菜刀禁忌的起源

菜刀是中国传统和现代社会共同使用的一种家庭必备工具。在传统中国，菜刀不仅是一种必备工具，而且是一个重要的家庭生活用具。农历腊月廿三是祭祀灶神的时候，有所谓“腊月廿三，送灶神上天”的说法，祈求灶神“上天言好事，落地降吉祥”。在祭祀灶神时，菜刀可能因为与灶神的密切关系而备受人们尊重。由于菜刀在生活中的重要地位，我们猜测它在原始社会末期就应该出现在氏族生活中，可能彼时只是一块石片、一枚贝壳，或者一块硬木片。远古时代的菜刀是否受到人们的尊重或者顶礼膜拜，我们不得而知，但是其在生活中的地位肯定是重要的。由此我们也可以推测，甚至在远古时代，菜刀的禁忌可能已经初露端倪。

菜刀禁忌的起源可能有以下几个方面。

首先，武器起源说。菜刀不仅是一种生活用具，而且也是一种武器，在传统中国社会尤其如此。贺龙元帅曾经“两把菜刀闹革命”足以说明菜刀作为武器的重要地位。在冷兵器时代，大刀、长矛等常规武器往往为官府独占和支配，民间拥有的常规武器少之又少，家家都有的武器可能就算是菜刀和棍棒了。由于传统中国社会的官民对立，民间拥有菜刀就是拥有致命的造反武器，而菜刀又不能禁绝，所以，围绕着菜刀的禁忌习惯便产生了。前述两个斩妖除魔的习惯及其禁忌就说明了这一点。山东地区降“雹魔”的习惯及其禁忌最有说服力，把菜刀扔到院子里，必须刀刃向外，而且用力掷出，这恰恰是武器使用中的一些基本方法；最有意思的是如果家家户户都把“快刀”扔向“雹魔”，效果就更好了，这是强调武器密集、火力集中的特点和作用。这个传统习惯说明了在生产力水平比较低下的时代，人们对一些自然现象缺乏基本的认识，对于解决问题的能力和方法也就停留在更为落后的层次上。但是，人们相信这些方法在于有时它的确展现出一些很有意思的因果联系，这就加深了人们对这些传统习惯的接受度。比如，前文述及的妻子的二舅就“因为”岳母扔了菜刀，冰雹只是在二舅头上留下了几个鸡蛋大的疙瘩，而邻居家的一个老头“因为”家里人没有向雨中扔菜刀而被冰雹砸死在野外。这种偶然的所谓“因果关系”被人们认可、传承和固化，并以某种引发人们恐惧的内心强制力迫使人们接受和服从这些禁忌规范。“降妖除魔”的说法在河南南阳的葬礼上的表现则是预防性质的：参加葬礼的人回来后必须从盛着点心和菜刀的盆里拿出一块点心吃掉，然后把菜刀拿出来在盆沿上磨几下，据说这样就可以消除“阴气”。吃与菜刀放在一起的点心，可能是吃一种定心安神丸，而拿起菜刀在盆沿上磨几下则是一种“恐吓”：“鬼离我远点，否则我就不客气了！”由此我们可以推测，瑶族出殡时，由手持火把或者菜刀的孝男、孝女引路上山也是出自菜刀之武器起源说。

其次，凶器起源说。武器起源说是菜刀禁忌积极意义上的起源，而凶器起源说则是消极意义上的起源。武器面对的是敌人和妖魔鬼怪，而凶器则是指菜刀面向亲朋好友、一般人或者神仙。凶器起源说在菜刀禁忌中占有重要地位，像大年初一不动菜刀甚至不看见菜刀（把菜刀藏起来）都是把菜刀作为一种凶器禁忌的结果；而菜刀不能挂在墙面上、不能放在吃饭的桌子上，则可能是使菜刀远离伸手可及的地方，避免人一时冲动而抄起刀来杀伤人命。

再次，食物起源说。远古时代，人的生命得以延续的另一个重要条件是食物，食物匮乏意味着人的生命受到威胁，人类的整体安全将会处于危机之中，这是一种仅次于生命被武器或者凶器剥夺的重大安全隐患。我们可以想象，人类不止一次受到过来自食物安全的威胁，生命在食物严重短缺面前曾经不止一次地面临着亡族灭种的危险。因此，确保食物来源和安全的禁忌规范就会顺理成章地产生了，特别是以农耕为主的中华文明中。菜刀不能放在盆里，因为盆是盛放食物的器具；菜刀不能面对锅灶、不能放在吃饭桌子上，因为菜刀可能斩断食物来源；菜刀不能面对灶君，因为灶君是掌管饮食的神仙，我国早在夏朝就已经有了祭祀灶神的习惯，足以看出人们对这个掌管饮食的神仙的敬重和尊崇。

最后，避凶求吉起源说，是凶器起源说和食物起源说的一个变种。孕妇在怀孕的时候不能动菜刀、剪刀等锐器，一方面是为了不伤及自身和胎儿，另一方面是为了不伤及胎儿元气。在福建的福清市，不仅孕妇不能动菜刀、剪刀，而且他人也不能在孕妇的阴影中挥动菜刀，否则会伤及胎儿。在山西，新娘在结婚仪式上不能看见厨师，厨师要把菜刀插到菜板底下离开，否则就不吉利。有意思的是，在山东有些地区，亲朋好友之间不能赠送和借菜刀，否则亲情将被斩断。这些图吉利而引发的菜刀禁忌都是把菜刀作为一种凶器和不吉祥的器物来看待的结果。

另外，关于锋利刀具的禁忌起源还有"避免伤害亡灵说"。"人们认为死者的灵魂还没有离去的时候，就不可以使用锋利的器械，以免伤了死者的魂魄。……中国人在人死后尸体还停在屋里的七天内，禁用刀、针，甚至筷子都不能用，吃饭时用手抓着吃。"[①]英国学者弗雷泽有关禁忌的研究主要集中在世界各地的禁忌风俗习惯的采集和简要介绍，这些研究对于我们的菜刀禁忌研究具有重要的背景价值。

总之，从现象上看，菜刀禁忌起源与生命密切联系在一起，无论作为武器还是作为凶器，菜刀都与人、神甚至动物的生命是直接对立的，"食物起源说"和"避凶求吉起源说"则体现着菜刀与生命的间接对立，只是与武器、凶器起源相比，其对立程度有些缓和罢了。

三、菜刀禁忌的本质：对生物本能的第一次规范性控制

从菜刀禁忌起源的表象看，菜刀与生命的对立是各种起源的根源所在。从菜刀禁忌的起源及其发展中，我们可以看出，菜刀禁忌的本质其实是人类对其生物本能的第一次规范性控制。

综观各种禁忌规范，任何民族的传统禁忌都与人的基本生活、生命和健康有关，与出生、结婚和死亡三个人生的重要环节密切联系在一起。我们可以设想，在远古时代，由于生产力水平极其低下，科学知识几乎处

---

① ［英］J. G. 弗雷泽：《金枝——巫术与宗教之研究》上册，汪培基等译，商务印书馆2015年版，第372～373页。

于零的状态。在这种历史背景下,人类对于生命和死亡认识经常处于一种混沌状态中。

对生命的不可毁灭的统一性的感情是如此强烈、如此不可动摇,以致达到了否定和蔑视死亡这一事实的地步。在原始思维中,死亡绝没有被看成是服从一般法则的一种自然想象。它的发生并不是必然的而是偶然的,是取决于个别的和偶然的因素,是巫术、魔法或其他人的不利影响所导致的。

所以,远古时代的人们不愿意正视死亡事实,常常会导致对死亡原因不正确的认识。在这些不正确的认识中,菜刀导致的死亡就可能受到某种冥冥力量的控制,使得菜刀引发的死亡具有某种神秘性。人的生命经常受到来自自然的、人为的攻击,而在这些攻击中,菜刀肯定是一种经常使用的武器或者凶器,菜刀在人的生命延续中经常扮演着对立者角色。也就是说,初民社会的秩序和人的生命经常受到来自菜刀的威胁。如果从社会秩序角度看,像费孝通先生说"性和社会的关系"一样,最好是一个没有菜刀的世界。为了平衡菜刀与人的生命、社会秩序之间的紧张关系,只能为菜刀戴上一个羁绊、设定一个牢笼,这个最初的牢笼就是菜刀禁忌,也正是在这意义上说,菜刀禁忌是最早的对杀伤人命行为的规范性控制。

在初民社会甚至传统的乡民社会,人们对自然灾害所引发的生命破坏的认识也经常局限在妖魔鬼怪的层面上,雷击有雷神、雹打有雹魔、水淹有水怪、火烧有火魔,人的生命和社会秩序对于这些强大的自然力量的无所适从必然引发人们的探寻和思索,所以常常把这些自然力与人的某种行为联系在一起,进而得出如下冰雹时用菜刀和筷子来斩妖除魔的结论。从人与人的关系来看,生命是最重要的权利,在初民社会也是这样。除了自然力量的破坏之外,在抢夺食物、女人和其他重要的物质资料等人类种族延续的关键问题上,人类内部关系中经常出现为保全自己生命而剥夺他人生命的纠葛和矛盾。在这些生命保卫战中,菜刀常常起着重要作用。当然,彼时的菜刀可能与猎刀没有区分,"刀耕火种"时代的菜刀可能只是一些普通的石片和坚硬的木片,但是,当人们不断目睹生命消失在菜刀面前时,对菜刀的敬畏、愤恨和恐惧之情便会与日俱增。特别是日常生活中人们对菜刀的管理行为,比如孕妇动了菜刀,而日后该孕妇遇到什么横祸或者生了畸形儿,人们便会产生种种因果关系的联想,特别是这种所谓的"因果关系"多次偶然被人们联系在一起之后,人们会主动避免对菜刀的一些容易产生坏的因果关系的行为。此时,禁忌会自发产生。作为一种规范的禁忌产生之后,会不断复制和传承,代代因袭,并传承至今。当然,我们也可以推测,禁忌也可能产生于某种原始制度,比如产生于占卜或者祭祀。因为占卜在初民社会具有重要的社会地位,如果主持占卜的人宣布某个灾祸与菜刀联系在一起,便很容易产生一条禁忌规范。所以说,自发产生和制度产生是禁忌规范产生的两条主要渠道。农耕文明容易产生关于菜刀的禁忌,而以渔业为主的文明形态则容易产生诸如"鱼叉禁忌""白鲨禁忌"之类的与渔业生产息息相关的禁忌规范。这也从一个侧面说明了,禁忌是一种产生于人们的生产和生活的禁止性规范。

防护自己及家族、氏族成员的生命是人的本能,因为种的延续是每个生命体的本能。自然界的动物是这样,人也是这样。所以,主动或者被动攻击他人是人的本性使然,特别是在初民社会。如何规范和控制发生在人类之间的生命残杀是简单的社会秩序形成初期必须要解决的课题。这正是占卜等社会制度产生菜刀禁忌的根源。我们可以设想,社会制度所由产生的菜刀禁忌和今天的国家制定法具有同等的地位和作用,在禁忌规范的实施和维续上也可能依赖于其产生的社会制度。比如占卜者会不断地重复自己的某种占卜以维护自己的权威地位,或者神明裁判者不断地依赖神明裁判来加强某种禁忌规范的效力。如果哪个人对于自己触犯禁忌规范的行为不思悔改,很可能受到来自各种社会制度的有形的、无形的强制力,使禁忌规范扮演着甚至比现代强制性法律更为严酷的角色。"禁忌随着文化形态的不断转变,逐渐形成为一种有它自己特性的力量,同时也慢慢地远离了魔鬼迷信而独立。它逐渐发展成为一种习惯、传统,而最后则变成了法律。”[1]我们正是在这个意义上说,菜刀禁忌是人类对自己的生物本能的第一次规范性控制。也可以说,菜刀禁忌是社会为人类生命铸造的第一个盾牌。

当然,禁忌规范的效力实现也可能来自人们的内心确信,也就是今天我们所说的法律信仰。我们通过传统和现代萨摩亚人对待诅咒和禁忌规范的态度可以看到这一点:

传统萨摩亚人对诅咒(包括禁忌)的效力往往深信不疑。如果一个人伤害了另一个人,且随后死去了几个孩子,他会到那个他曾经侵害过的人那里询问是否曾经诅咒过他因而导致他的孩子们死亡。如果真的如此,他会祈求那个人取消诅咒。被诅咒的人一般都会被告知的确被咒了,尽管有时仅仅是被怀疑而已,但这两种情形中的任何一种,通常都会导致极大的恐惧,甚至经常会得重病。

我们说禁忌规范是人类社会对人的生物本能的第一次规范性控制,也意味着禁忌规范所创造的文化和制度是粗糙的、原始的和初级的。“文化是社会创造出来使人类可以共同生活来满足个别需要的手段,文化是以社会力量来维持的生活方法。”[2]我们从文化角度分析菜刀禁忌的本质,是为了说明在菜刀与生命对立的前提下,社会制度对生命蚕食本能第一次规范性控制的社会性和传统性特征。文化是对人类行为和制度的总结和提升,是渗透到人的血液中并日积月累而积淀下来的习惯。从这个意义上说,禁忌是一种规则文化,是一种被社会成员和组织继承和不断重复的内心确信型规则。也正是在这个意义上,我们赞同霍贝尔所说的:“我们所说的文化是一个社会的成员表现和分享的、后天得到的行为方式的完整一致的总和。”[3]包括菜刀禁忌在内的禁忌规范就是这样一种自发的或者社会强加的行为方式,是这样一种行为方式的总和而形成的文化传统。

---

① [奥]弗洛伊德:《图腾与禁忌》,文良文化译,中央编译出版社 2005 年版,第 26 页。

② 费孝通:《乡土中国 生育制度》,北京大学出版社 1998 年版,第 224 页。

③ E. Adamson Hobebel, *The Law of Primitive Man*, New York, 1983, p. 7.

第二节
谣言的社会权力分析

“迫使一个意见不能发表的特殊罪恶……如果那意见是对的，那么他们被剥夺了以错误换真理的机会；假如那个意见是错的，那么他们失掉了差不多同样大的利益，那就是从真理与错误冲突中产生出来的对于真理的更加清楚的认识和更加生动的印象。”①

> 它是一个奇特的矛盾统一体：它制造问题，但却又是一种解释，和梦一样是“潜意识中的口号”；它给社会带来混乱，却又为社会拟定准则，并监督人们对准则的遵守；它来自手无寸铁的人，但对于掌权者和经济谋略家而言可能犹如“炮弹”；它由凡人制造并存在于凡人之间，但却能拥有只有神才有的力量……②

汉斯—约阿希姆·诺伊鲍尔说的这个“神才有的力量”就是谣言。

一、谣言的规范属性

“谣言：没有事实根据的消息。”③从法律角度说，就是缺乏证据证明的信息。也就是说，法律视野中“谣言”的主要特点是其产生的“非法性”：缺乏证据证明，或者说没有事实依据，而不是其真实性、虚假性。因为谣言也可能是真实或者有待于实践证实的。④

从法律规范角度看，谣言具有以下几个属性。

---

① [英]约翰·密尔：《论自由》，程崇华译，商务印书馆 1959 年版，第 17 页。

② [德]汉斯—约阿希姆·诺伊鲍尔：《谣言女神》，顾牧译，中信出版社 2004 年版，扉页。

③ 中国社会科学院语言研究所词典编辑室编：《现代汉语词典》（第 7 版），商务印书馆 2016 年版，第 1523 页。

④ 甚至有些确凿的真实信息却往往因为某种需要被一种强势权威定性为谣言。古语云：“众口铄金，三人成虎。”但是也可能因为强势权威而“一口铄金，一言成虎”。20 世纪二三十年代，中国共产党人就曾被诬为“共产共妻”，这个谣言的产生和传播与当时推行专制统治的国民政府不无干系。

(一)谣言的不确定性

关于谣言的虚假性和真实性探讨实际上背离了谣言的本质特征。从诸多的谣言定义看,严格说来,谣言并不当然具有虚假性,只是没有足够证据"证实"或者"证伪"而已。因而,用证据学的术语讲,也就没有证据证明其真实性,而不是没有真实性。因此,这种虚假性和真实性都无法确定的状态,就是我们通常所说的"不确定性"。从规范角度看,我们认为,"不确定性"才是谣言的本质特征。

美国专门研究谣言的心理学家奥尔波特称谣言的不确定性为"模糊性",并非指谣言内容不确定,而是说谣言内容缺乏依据或者说证据。奥尔波特认为,谣言与相关人员的重要性乘以模糊性就是谣言的传播广度。[①] 我们更愿意使用"谣言的传播强度"这个说法,广度只代表传播的范围,而不能说明谣言对人、社会、国家影响的深度。我们使用的谣言的传播强度则既指谣言传播的广度,也指代谣言影响的深度。谣言的传播强度直接决定着谣言的危害性,而危害性的程度评估是我们从权力角度审视和规范谣言的一个重要条件。

的确,谣言的不确定性越强,其与传播者的相关性越重要,谣言的强度会更强,危害性也相应增强。由于不确定性使谣言的真实性或者虚假性概率难以预计,导致人们更难以寻找有效的谣言规制机制。汶川大地震发生的 2008 年 5 月 12 日,"北京晚 22:00 将有强震"的谣言在几个小时之内就传遍了北京城的大街小巷。试想,如果没有刚刚发生的汶川大地震的话,这个谣言就不会产生和迅速传播。正是因为汶川大地震增强了人们对强震的恐惧和对谣言的信任,这里的"信任",从证据上来说,其实是没有任何确定性的,而恐惧恰恰是因为这个谣传与自己的利益密切相关。明确谣言的不确定性对于我们寻找制约谣言的规范机制具有重要意义。

(二)谣言的形式非法性

从一般意义上说,谣言具有非法性,我国《治安管理处罚法》第 25 条

---

① 参见[美]奥尔波特:《谣言心理学》,刘水平等译,辽宁教育出版社 2003 年版,第 17 页。

规定:“有下列行为之一的,处五日以上十日以下拘留,可以并处五百元以下罚款;情节较轻的,处五日以下拘留或者五百元以下罚款:(一)散布谣言,谎报险情、疫情、警情或者以其他方法故意扰乱公共秩序的。”显然,这个法律条款把谣言视为非法,把“散布谣言”视为一种违法行为。我们把谣言在制定法上的这种违法性看作是其形式违法性,即谣言不符合当下国家制定法的规定,而不是说它本身不具有实质合法性。不确定性使得谣言可能违反国家制定法,但是它可能并不违反民间法或者实质的法,比如公正、公平、自由的法律价值。人们对谣言“宁可信其有,不可信其无”的态度一方面是由于人们的利益心理驱动,另一方面是谣言所可能具有的实质合法性。比如,陈胜、吴广起义前的“大楚兴,陈胜王”狐呼之所以被人们信任,因为其内含着人们对这个美好愿景的期盼,对这种实质合法性的深信不疑。但是,从彼时秦王朝的国家制定法角度看,这肯定是一个大逆不道的惑众谣言。

所以,在多数情况下,我们之所以对谣言作出否定性评价,正是由于我们站在国家制定法或者说国家权力这个特殊的角度。如果我们从国家权力与社会权力的关系角度审视谣言的产出主体和传播渠道的合法性问题,可能会有对谣言合法性问题的另一种认知。

(三)谣言的主观阐释性

谣言之所以成为谣言,一个重要的原因是其具有很强的主观阐释性。在一般意义上,阐释性应该包括一定的客观性基础,虽然它主要以人的主观性为基础。所以,我们在这里用“主观阐释性”意在表达谣言的阐释性具有更强的主观性。传统的谣言产生和传播方式主要是口耳相传,现代社会又增加了互联网和手机短信两种速度更快、更便捷的传播方式。而这两种方式与口耳相传具有很大的共性:感性大于理性,主观胜过客观,我们也可以把这两种现代谣言的传播方式看作是口耳器官的技术延伸。

阐释性在于阐释者的阐释目的和阐释者赋予阐释对象的意义,每一个传谣者都是一个不断赋予谣言以新的意义的阐释者。也正是在这个意义上,诺伊鲍尔才说:“谣言是始终伴随历史左右的常常带有杜撰成分的创作。""谣言提供解释,它自己又要求解释。这些解释可能对,也可能错,不管怎样,它们都在制造含义,因为它们是象征性的、公开的,是'可解释符号互相交织的系统'。"①

英国人洛克林说:"阐释性是指知识必须关联于人的目的以及我们赋予各种情境的意义。"②美国学者奥尔波特也指出:"大多数谣传和小道消息并非毫无根据。它们有深切的目的,有重要的感情上的目的。只是说者和听者通常无法表达出来,他们只知道这种流言对他们很重要。它似乎不可思议地缓解他们不稳定的情绪和焦虑。"③从解释学角度说,谣言的制造者特别是传播者更关注谣言对于自己的主观感受和感情需要,而不太关注谣言的真实性和客观性。也正是在这个意义上,容易造成谣言在传播和复制过程中不断变化,不断被赋予阐释者自己的理解和意义需求,以至于把"马季家的母鸡下了个蛋"一步步传为"马季下了个咸鸭蛋"的笑话。

(四)谣言的社会性

在这里,我们说谣言的社会性是指谣言主要是一种社会行为,而不是一种国家行为(虽然国家行为中也不乏谣言)。从谣言的生命周期看,它产生于社会、流传于社会,最后在社会中销声匿迹。但是,谣言的影响却不仅仅是社会,有时主要不是社会,而危害性的矛头常常指向国家权力。所以说,"谣言是国家权力的敌人,秩序的对头"④。谣言的社会危害性有时非常大,甚至造成巨大的社会震荡。美国政府的调查报告显示,在造成38人死亡、500多人受伤的1919年美国芝加哥种族大骚乱中,谣言起了重要作用,"没有谣言女神就不会燃起战争的火焰,没有恶语的肆

---

① [德]汉斯—约阿希姆·诺伊鲍尔:《谣言女神》,顾牧译,中信出版社2004年版,"引子"第15、168页。

② [英]马丁·洛克林:《公法与政治理论》,郑戈译,商务印书馆2002年版,第329页。

③ [美]奥尔波特:《谣言心理学》,刘水平等译,辽宁教育出版社2003年版,序第1页。

④ [德]汉斯—约阿希姆·诺伊鲍尔:《谣言女神》,顾牧译,中信出版社2004年版,第98页。

意横流也就不会有石头满天飞”[①]。1968年黑人民权领袖马丁·路德·金遇害后爆发在北美各大城市的暴乱。调查报告认为:“谣言在65%的骚乱中都对社会紧张气氛和混乱起到了推波助澜的作用。”[②]

谣言的社会性有时也指谣言是社会自娱自乐的一种方式:社会通过自我愚弄而保持身心的愉悦和健康。比如,名人的绯闻、小道消息,虽然不能与谣言画等号,但是这些爆料性的娱乐材料常常与谣言混杂在一起,使人们难辨是非。其实人们也懒得去辨明真假,只是报之一笑,轻松一下而已,这其实就是娱记们要达到的目的之一。[③] 谣言作为社会自娱自乐方式的典型就是“愚人节”,愚人节那天所有人都可以大肆造谣,好在人们几乎都能识破这些谣言的“真相”,但是,这些娱乐性谣言能够给日常严肃认真的人们带来些许久违的快乐。从这个角度说,并非所有的谣言都是需要被抵制和消除的。

我们说谣言具有不确定性、可能的实质合法性,不意味着我们否认谣言的危害性。但是,我们也必须指出的是,从国家权力与社会权力的关系角度看,谣言并不当然具有危害性,有时谣言也具有积极作用。

二、作为一种社会权力的谣言

格奥尔格·彭茨说过:“谣言是瞎的,但却比风跑得还快。”[④]产生于社会的谣言为什么会具有如此神奇的力量,除了我们分析谣言的表象之外,还因为谣言本身就是一种社会权力。

首先,谣言是社会的一种自卫和自我拯救的权力。和平时期,为了防止来自国家和国家之外的一般性侵害,谣言常常成为一种社会自卫的

---

① [德]汉斯—约阿希姆·诺伊鲍尔:《谣言女神》,顾牧译,中信出版社2004年版,第98页。

② [德]汉斯—约阿希姆·诺伊鲍尔:《谣言女神》,顾牧译,中信出版社2004年版,第193页。

③ 纪建文在《谣言:一种实现知情权的非制度性路经》一文中对此有比较全面的分析研究。参见谢晖、陈金钊主编:《民间法》第7卷,山东人民出版社2008年版,第7页。

④ [德]汉斯—约阿希姆·诺伊鲍尔:《谣言女神》,顾牧译,中信出版社2004年版,第206页。

力量。当一个社会问题凸显的时候，有关这个社会问题的原因、内容甚至各种解决方案常常就会以谣言的形式甚嚣尘上。这些谣言包含着人们对自己利益的关切、担心和期望，其基础可能是一种对既得利益和安全感丧失的恐惧。现在民间、网络上充斥着我国要重新划分省级行政区划的谣传，而且版本很多，出现了什么“辽东省”“胶东省”“徐州省”“渤海省”，还有什么“湖北省要解散了”“山东省要分成三部分”“安徽要解体”等等，有些谣传为了标榜自己消息的权威性还注明是什么“国家统计局的消息”“民政部来源”等等。这些谣传之所以流行多年，一方面源于人们相信“不会空穴来风”，更重要的是源于人们对于自己所在省区经济、文化在社会中的地位和地域差异表达不满，对于自己的未来归属深表担心。

谣言作为社会的一种自我拯救的权力，主要表现在突发性事件或者重大灾难来临的时候。社会就像一个生命有机体，它对于突如其来的重大事件的刺激往往会反应过敏，谣言是这种违反常规的过激反应现象的表现之一。2008 年 5 月 12 日下午 2 点 28 分，四川汶川发生大地震，当天下午 5 点北京就出现了“北京晚 22:00～24:00 将有强震”的谣言，甚至有人说是什么“海淀地震局的可靠消息”，类似的谣传先后出现在上海、南京、广州、山东等许多地方。在一般情况下，人们会理性对待、冷静分析这种“刺激—反应”机制下的谣言，但是处于正在发生的危机阴影中的人们却丧失了对事物客观的判断标准，难以保持冷静、理性的头脑。历史地看，地震、战争、海啸、龙卷风等大的灾害发生时或者发生后，谣言四起是一种常态，它是社会在巨大的灾害面前进行自我拯救的本能反应，近似于民法上所说的“自力救济”，是社会由于恐惧而发自内心的呼救。“‘谣言’这个概念本身就像一个比喻一样，还带着起源于法律的痕迹：这个词的原始意义不仅指消息、闲话、名声和荣誉，同时还指‘呼喊’，与混乱、灾难及犯罪联系在一起。它是‘危难时的喊叫或者呼救声，在这种喊声里，人们追踪作案时被发现的案犯，并把他们捉到法庭上’。”①

其次，谣言常常成为不同社会主体之间争夺社会控制力的权力。在一般意义上，社会权力是在与国家权力相对应意义上使用的。但是，我们也应该知道，其实，社会权力内部也充斥着权力主体之间争夺社会控制力的纷争。当我们在私法意义上阐释这种纷争时我们常使用“权利之争”，当我们在公法意义上谈论社会权力主体之间纷争时则在“权力”这个层面上展开。比如，股市、期货市场上常常充斥着谣言②，一个角度我们把它归因于利益驱动，另一个角度我们也常常看到这种纷争其实是一种对股市甚至是对经济走向的“控制力”之争。各种社会主体之间出现利益纷争是社会发展的一般状态，争夺对社会某个领域的控制权也是一种正常现象，在这个过程中，谣言常常扮演着重要角色。“社会越发展，流言就越重要。它拟定社会准则，监督人们对准则的遵守，以此来稳固社会群体。”③从这个意义上说，谣言为社会权力主体争夺社会规则的制定权制造机会和可能，甚至它本身就在塑造着社会某个领域的行为标准和习惯规则。

再次，谣言是社会民主的一种另类表达。社会民主不同于一般意义上的宪政民主(国家民主和政党民主)，社会民主是一种草根民主，是最基层的社会组织和每个公民的生产和生活方式，是他们的本真意愿的外在表达，是一种社会的生存样态、生活方式，其具有原发性和内生性特点。从法学角度看，社会民主意味着每个社会成员的基本权利的实现，以及他们对关涉自己利益的重大事项的决定权。社会民主需要一个畅通的民众意愿表达渠道，需要一个相对完善的民主权力行使机制，可现

---

①　[德]汉斯—约阿希姆・诺伊鲍尔:《谣言女神》，顾牧译，中信出版社 2004 年版，第 218 页。

②　参见杨涛:《谣言何以重挫股市》，《新京报》2008 年 3 月 4 日；周俊生:《股市怎么成了谣言市?》，《东方早报》2008 年 3 月 5 日；易非:《羊群效应驱动基金错杀蓝筹　谣言引发深发展混战》，《中国证券报》2008 年 3 月 5 日。

③　[德]汉斯—约阿希姆・诺伊鲍尔:《谣言女神》，顾牧译，中信出版社 2004 年版，第 151 页。

实中的社会民主制度在这几个方面都不够健全。因此，谣言常成为一个人们表达自己的意志和意愿的宣泄口；退一步讲，即使在社会民主制度相对健全的现代民主国家，也常常出现表达公众意愿的谣言。

我们说谣言作为社会民主的一种另类表达方式，不意味着它成为民主表达的非法渠道，只是想说这种表达方式不是一种正规制度的合法渠道而已。比如，在乡村自治组织领导人的乡民选举中，有时会出现某个重要候选人有不正当男女关系的谣言，这个谣言本身缺乏证据，也可能是一个无中生有的绯闻。但是，这个谣言本身要表达的意愿并不是谣言本身是否能够得到证实或者证伪，而是要表达某些社会成员反对“乡镇党委安排重要候选人”、要求真正反映民意的选举意愿。

迈克尔·曼曾说过：“群众之所以顺从，是因为他们缺乏按其他方式行事的集体组织，因为他们被嵌入了受他人支配的集体和个人权力组织之内。”①民众在一个被迫嵌入的基层组织中的行为习惯主要是从众，别人怎么说自己就怎么做，不去思考和创造，缺乏个人的分析和判断。因此，当组织比如说乡民社会中的某个家族势力集团决定做什么的时候，一般乡民也随风而动，这可能成为谣言得以传播的一个重要驱动力。从这个意义上说，作为一种草根民众内在需求的基层社会民主，不仅需要国家正式制度去拓宽民主渠道，使民众真正拥有关涉自己利益的重大事项决定权，社会自治组织也需要创造切实可行的方法保障基层民众的民主权力，否则像谣言、上访和聚众闹事等一些民主的另类表达方式就会大行其道。

最后，谣言是一种社会制约、监督国家的权力。从发生学意义上说，国家权力起源于社会权力。但是，自从国家权力掌握了军队、法庭和监狱等暴力机关后常常令社会权力无所适从。要想使国家权力在合法合理的轨道上运行，除了权力分立制衡的宪政制度规制之外，社会权力对国家权力的外部制衡是十分必要的。社会权力制衡国家权力的法律机

① [英]迈克尔·曼：《社会权力的来源》，刘北成等译，上海人民出版社 2007 年版，第9页。

制并不多，除了国家权力退缩阵地，归还部分权力给社会之外，就是二者就一些重大事项的对话与协商。当对话与协商的渠道不够畅通时，社会上就会出现一些非正式的制约和监督国家权力的机制，有时这些机制的影响力还十分巨大。谣言就是这些非正常机制中的一种，还有一些比较极端的机制，比如说暗杀国家权力的执行者。

秦朝末年的陈胜、吴广起义前，陈胜和吴广首先在鱼肚子里塞上写有“陈胜王”的丹书，让军士买去烹食；然后，吴广又趁着夜色狐呼“大楚兴，陈胜王”。这些谣言的传播使农民起义军军心大振，取得了军事上的节节胜利。黄巾起义喊出的“苍天已死，黄天当立；岁在甲子，天下大吉”也有类似的历史作用。类似事件是谣言作为一种社会权力监督国家权力的极端案例。在一般情况下，谣言监督国家权力的作用是积极的，它使国家权力的行使更加慎重、积极，更加注重权力行使的法律和社会效果。陈良宇被捕后，有关其受贿数额、私生活的谣言在社会上传播很广，版本也很多，虽然有些谣言很离谱甚至荒诞不经，可为什么有人会信、会传？一个重要原因是人们对腐败行为的深恶痛绝而去制造和传播这些谣言。从法治角度说，我们在一般意义上是反对类似谣言的制造和传播行为的。但是，这些谣言对于陈良宇案件的侦办人员、审判人员的警示、监督和督促作用也是毋庸置疑的。再比如，抗震救灾善款使用不利的谣言使国家权力加强对善款使用的监督管理，处罚违法违规者；绿色环保蔬菜使用剧毒农药的谣言使国家权力加大对绿色环保蔬菜的生产管理；有关地震的谣言促使国家信息公开制度从纸上的规定变为一个个及时发布的新闻发布会、媒体见面会。

谣言作为一种社会权力的本质含义是谣言所具有的对社会的意志贯彻力、影响力或者控制力，我们通过以上四个方面的解释基本能够表达谣言的社会权力属性。但是，与国家权力的强制性相比，作为一种社会权力的谣言的强制性相对较弱，因为它主要依靠人们的自觉接受，无论这种接受是出于恐惧、经济或者其他利益的诉求、组织目标的需要，抑或是完全的心理猎奇，甚至是恶意诋毁他人或者破坏某种秩序。缺乏固定组织和既定规则的有序安排，谣言只能是漫无目的的扩散和传播，近似于迈克尔·曼所说的广泛性权力和弥散性权力。广泛性(extensive)权力是指把分布在辽阔领土上的大量人民组织起来从事最低限度稳定合作的能力;弥散性(diffused)权力是以一种更加本能的、无意识的、分散的方式分布于整个人口之中,导致体现权力关系但却未得到明确控制的相似的社会实践。① 由此可见,谣言属于广泛的弥散性权力,谣言是不确定人群的一种低限度合作的能力,不具有强有力的组织性和权威性,它主要来自人的本能和无意识。从这个意义上说,谣言之所以能够成为一种社会权力主要在于其社会影响力、控制力,而不在于我们在一般意义上认识权力时所必须具备的规则、组织和权威等构成要素。明确作为一种社会权力的谣言不同于一般公共权力的属性,能够为我们规制谣言提供理论帮助。

三、权力如何规制谣言

我们如何应对谣言?从法治角度看,权力及其秩序经常受到来自谣言的攻击和破坏,但是"权力同时也对谣言进行合理的统治"②。法治意义上的权力规制谣言,需要从国家权力和社会权力两个层面上认识。

从制定法规范角度看,国家权力的一种传统方法是通过法律制裁谣言的制造者和传播者。用今天的眼光看,秦朝的"谣言罪"是一个犯罪构成模糊、缺乏确定性的严酷罪名,它使得老百姓在公众场所不敢说话,言论自由消失殆尽。为了维护统治秩序,西汉时期仍沿用这个令百姓敢怒不敢言的罪名,直到吕后临朝称制后,才废除了谣言罪。古罗马时期曾经有专门向统治者传递百姓信息的告密者,17世纪的法国也出现过偷听百姓谈话形成秘密报告上报国王的"苍蝇"。③ 这种把民间话语视为政敌

---

① 参见[英]迈克尔·曼:《社会权力的来源》,刘北成等译,上海人民出版社2007年版,第10页。

② [德]汉斯—约阿希姆·诺伊鲍尔:《谣言女神》,顾牧译,中信出版社2004年版,第103页。

③ 参见[德]汉斯—约阿希姆·诺伊鲍尔:《谣言女神》,顾牧译,中信出版社2004年版,第173~174页。

言谈的专制统治，势必造成政府与民众的对立，难以从真正意义上消除谣言的社会危害性。日本在二次世界大战期间也曾经使用“谣言罪”来推行自己的法西斯统治。二战之后，从世界范围内来看，谣言罪基本上在制定法中消失。

以言定罪委实与法律的品性不相吻合，但是对于谣言的社会危害性来说，缺乏制裁手段的确难以制止和消除谣言。从谣言的产生和传播来看，用制裁性法律来阻止、消灭谣言，应该是国家权力的最后手段。而且有关谣言的制裁性法律应该比刑法的强制力弱，适用范围和程序有严格限定，才可能不与言论自由的宪法权利相冲突，才可能更好地保护人权。《中华人民共和国治安管理处罚法》规定：“散布谣言，谎报险情、疫情、警情或者以其他方法故意扰乱公共秩序的，处五日以上十日以下拘留，可以并处罚款。”《地震预报管理条例》也规定：“违反本条例规定，制造地震谣言，扰乱社会正常秩序的，依法给予治安管理处罚。”我国《刑法》也有“编造、故意传播恐怖信息罪”。应该说，这些规定对于规制谣言的确发挥了重要作用，特别是在突发性事件所带来的整个社会的危机状态中。

但是，我们应该看到，对于谣言的产生和传播来说，国家强制力的制定法制裁只是一种扬汤止沸的权宜之计，并非釜底抽薪的根本举措。诺伊鲍尔曾经说过，政治谣言常常产生于隐秘的政策。① 所以，就法治秩序而言，国家权力之于谣言的基础性制度措施不是惩治谣言，而是建立和完善国家权力的公开运行制度和机制，让权力在阳光下运行，让民众知道权力的运作流程和具体方法，使老百姓的知情权得到最大限度的实现，消除人们对权力运作神秘感的种种猜测。权力公开的基础是建立国家的信息公开制度，只要不是涉及国家安全的重要信息，就应该让民众知晓，即使有些国家机关的行为并非尽善尽美，民众也会对此持容忍、宽恕甚至同情的主流意识，这有助于形成一种国家权力运作的宽松和谐气氛。我们很少看到因为国家权力公开化而导致的社会失序，除非这个权

---

① 参见[德]汉斯—约阿希姆·诺伊鲍尔：《谣言女神》，顾牧译，中信出版社 2004 年版，第 173 页。

力像路易十五那样已经腐败专制得无以复加。实践证明，如果对一些关涉民众利益的重大信息遮遮掩掩，就会加剧人们对国家机关的不信任，由此可能会产生种种猜测和谣言。2008 年的汶川大地震期间，国务院和四川省政府的政府新闻发布会对于消除谣言起了重要作用，特别是军方也在国务院新闻办的安排下举行了新闻发布会，这对于消除有关军方的谣言、增强人们对军队的了解和信任有着重要意义。

国家权力对于制止谣言具有重要意义，但是其作用还是有局限性的。首先，国家权力感知谣言具有滞后性，国家权力往往是在谣言传播的后期才获知有关信息，这不利于及时有效地制止谣言。其次，国家权力对谣言制造者和传播者的制裁往往会产生一些负面影响，甚至形成官民对立，比如可能对言论自由等基本人权的侵犯。最后，建立在国家权力强势地位基础上的制定法制裁，往往容易激化官民矛盾，甚至会催生新的谣言。总之，国家权力应对谣言的传统手段缺乏与社会权力的沟通和协调，这不仅不利于社会组织自身的发展，而且容易造成社会权力与国家权力在危机处理过程中的步调不协调、不信任。

因此，法治之于谣言不仅在于强调国家制定法的规范和制裁作用，更重要的在于重视国家权力与社会权力的协调和合作而形成的合力，在于宪政视野中的社会权力内部的制约机制。

第二次世界大战期间，美国和日本都产生了许多影响战争进程的可怕谣言。但是，两个国家对于谣言所采取的对策却大相径庭。“从 1937 年 8 月到 1943 年 4 月，日本有关当局就查处 2139 人曾参与传播 1603 条严重违反军法的谣言，其中 1/3 案件中的传谣人都受到了法律制裁。仅 1943 年 12 月到 1945 年 5 月间，军警就查处了 8000 余条谣言，其中一半以上是关于军事事件，其他的则是有关生活条件和内部安全的。”①与日本完全由官方对谣言进行监督和制裁相反，美国则主要是从民间对谣言进行监督和疏导，政府只起一个辅助作用。太平洋战争爆发后，关于珍

① [德]汉斯—约阿希姆·诺伊鲍尔：《谣言女神》，顾牧译，中信出版社 2004 年版，第 188 页。

珠港被袭后美军的损失产生了许多谣言，人们发现谣言产生于正式消息的匮乏。为此，官方通过“事实与人物办公室”“战争消息办公室”，用铁一般的事实同谣言进行斗争。同时，澄清并消灭谣言的民间机构——“谣言诊所”在哈佛大学心理学教授奥尔波特的支持下诞生了，并在当地报纸开设了一个专栏专门诊治谣言。到1943年底，在美国和加拿大已经有40多所对公众心灵进行诊治和手术的谣言诊所。谣言诊所的工作人员由心理学家、记者、教会代表、工会成员、警察、各种文化团体的代表构成，并得到了军队、FBI和政府机构的密切合作。谣言诊所通过各种渠道收集、分析各种谣言，不断在各种媒体上用案例分析方法对谣言进行诊治。谣言诊所并不为政府提供制裁某个谣言制造者或者传播者的信息，其战略目的是为了影响人们政治观点的形成。因而，操纵公众观点的艺术达到了极高的完善程度。20年之后，美国又出现了另外一个监督和消除谣言的民间机构——“谣言监督中心”，其工作方法主要是通过电话热线来完成的，不仅公众参与水平高，地方政府和警察局也都有自己的谣言监督中心。谣言监督中心主要负责收集、分析及抵制有可能导致社会不稳定的谣言。①

美国在不同历史时期应对谣言的国家权力与社会权力的合作机制效应给予我们一些有益启示。首先，制止谣言是一种全民的社会责任，而不完全是政府责任。其次，在制止谣言问题上，国家权力的能力是有限的，我们不能幻想政府能够完全解决谣言所带来的社会危机，二战时的日本政府就是一个很好的例证。最后，社会组织在制止谣言方面的作用是重要的，因为以非政府专家学者身份出现的辟谣者具有更强的专业知识和技能，更容易赢得人们的信任。更重要的是，我们应该看到美国的谣言诊所和谣言监督中心在操纵公众观点、促成主流民意的形成过程中的重要作用。

由美国的谣言诊所和谣言监督中心，我们还可以看到社会权力在制

---

① 参见[德]汉斯—约阿希姆·诺伊鲍尔：《谣言女神》，顾牧译，中信出版社2004年版，第176～195页。

止谣言中的重要作用。社会权力规制谣言实际上是社会权力的自我约束机制问题，是一种制度内部的自我约束。从产生机制看，谣言往往产生于人们比较敏感的领域和事件，作为社会权力的一支重要力量的媒体应该及时准确地报道相关消息，而不是主观臆测，妄加评判，错误地引导民众，让真实的信息跑到谣言的前头。媒体信息的准确性、及时性是消除猜测、误会，扼杀谣言的最主要武器。在此基础上，社会组织应该建立相关的自治性规范，以民间制定法形式规范谣言制造者和传播者。汶川大地震发生后，为清除网上虚假信息、谣言、臆测，营造良好的网络舆论环境，以实际行动保证抗震救灾工作顺利开展，由中国互联网违法和不良信息举报中心、中国网、“阳光中国”、新华网、人民网、央视国际等 23 家网站共同倡议发起了“不造谣、不传谣、不信谣，‘杜绝虚假信息，共建诚信网络’”诚信自律行动。活动上线第一天，响应网站就超过了 200 家，“我承诺不传谣、不信谣”网民签名活动也得到广大网民的积极参与。在正常的社会秩序条件下，社会组织也有责任和能力制止谣言的制造和传播。2008 年 3 月 30 日，“诊所之家网站”(http://www.ch120.org)就发布了《重要通知：禁止谣言、漫骂、人身攻击及其他国家禁止内容》。通知强调禁止传播谣言，如有违反，再封 ID 一个月，如果继续传播谣言的，再封其 IP 一个月，屡教不改者，永久封闭其 IP 地址。

谣言不是我们所喜欢的。它有时像“女神”，为我们带来欢乐、带来希望；有时像“魔鬼”，横行霸道、肆无忌惮；有时又像“幽灵”，悄无声息地占据了许多人甚至包括你我的大脑，使人们茫然不知所措。但是，我们不可否认的是，谣言是一种正在发生的社会权力，它正在发挥着自己消极的或积极的社会作用。而且，正如诺伊鲍尔所说，“谣言女神的辉煌时代才刚刚开始。”[①]我们只有承认它、正视它，才可能找到解决问题的思路。汶川大地震期间我们的国家权力和社会权力虽然没有通过明确的合作机制来规制谣言，但是它们在各自的领域内都尽职尽责、不辱使命。

① [德]汉斯—约阿希姆·诺伊鲍尔：《谣言女神》，顾牧译，中信出版社 2004 年版，第 201 页。

我们希望看到,以社会权力为基础、辅之以国家权力的谣言规制机制能够在法治文明影响下逐步形成。

第三节 乡规民约的效力基础

“假如一种权力完全因为它是权力而受人尊重,并无其他任何原因,这种权力就是暴力。因此,一旦传统不再为人所承认的时候,原先的传统权力就变成了暴力。”①

乡规民约无论在传统的乡民社会②,还是在现代市场经济大潮冲击下的中国城乡社会,都起着重要的秩序维护作用。但是,传统乡民社会的乡规民约与当代中国市场经济背景下的乡规民约无论在形式上还是在内容上都存在很大不同,本节拟从效力基础角度观视二者的差异性及其内在逻辑。

一、乡规民约的内涵和外延

欲对乡规民约的效力基础进行分析研究,必须首先廓清乡规民约的内涵和外延,否则无法说明是谁的效力,更难以分析其效力基础。

当前对乡规民约的研究主要集中在法学和社会学两个领域。法学主要是从民间法角度来研究,重点在于乡规民约的规则性认知;社会学主要是运用社会学方法对乡规民约的功能和产生机理进行分析。因而,两个学科的学者对乡规民约的认知也存在一些差异。本书在对当前学者们关于乡规民约的含义阐释进行归纳和分析时没有从两个学科角度进行区分,主要目的在于寻找和发现学者们的共通性认知。

---

① [英]波特兰·罗素:《权力论——新社会分析》,吴友三译,商务印书馆1991年版,第69页。

② 费孝通先生在《乡土中国》中把中国传统社会称为“乡土中国”,而谢晖教授称之为“乡民社会”,前者强调中国传统社会的地缘特征,而后者更加突出强调了中国传统社会的主体“乡民”及其血缘特征。

董建辉:"'乡规民约'是基层社会组织的社会成员共同制定出来供大家共同遵守的一种社会行为规范。"①

亚西:"乡规民约是乡镇政府、村民委员会治理乡村的重要工具,是治辖内人人应遵守的行动准则。现在的'乡规民约',实际上是礼治的延续,是习惯化的、自动接受的、适应社会的自我控制,是一种乡村治理的内力。"②

张明新:"乡规民约就是指乡村居民们共同商量、共同讨论、共同制定,每个乡村居民都必须遵守和执行的行为规范。"③

张中秋:"乡约是传统社会乡民基于一定的地缘和血缘关系,为某种共同目的而设立的生活规则及组织。"④

谢晖:乡规民约可以从广义和狭义两个角度来理解,"前者泛指一切乡土社会所具有的国家法之外的公共性规则,而后者则仅指在国家政权力量的'帮助、指导'下,由乡民们'自觉地'建立的相互交往行为的规则"⑤。

以上挂一漏万地列出了乡规民约内涵的几种描述,虽然社会学、法学学者的描述略有不同,但是他们都共同强调了乡规民约的"规则性""规范性"特征,而且法学学者们更加强调乡规民约的产出机制和执行效力问题,也就是更加强调乡规民约由纸上的规则变为"活法"的意义。

在这些众多的乡规民约的内涵解释中,谢晖教授对狭义的乡规民约的解释对于本书具有更重要的意义。因为这个解释不仅揭示了乡规民约产生的乡民社会基础,而且更加强调了国家权力介入乡规民约制定的现实性,此种解释的深刻性和现实意义不容低估。这也是本书阐释乡规

---

① 董建辉:《"乡约"不等于"乡规民约"》,《厦门大学学报》(哲学社会科学版)2006年第2期。

② 亚西:《略论乡规民约的法律保障》,2007年1月11日,http://www.xhfm.com。

③ 张明新:《从乡规民约到村民自治章程——乡规民约的嬗变》,《江苏社会科学》2006年第4期。

④ 张中秋:《乡约的诸属性及其文化原理认识》,《南京大学学报》(哲学人文社科版)2004年第5期。

⑤ 谢晖:《当代中国的乡民社会、乡规民约及其遭遇》,载谢晖、陈金钊主编:《民间法》第3卷,山东人民出版社2004年版,第278页。

民约的效力基础的一个重要进路。但是,谢晖教授对乡规民约的解释也与其他学者一样存在着一个重要的法学概念解释的误区,即这种解释仍然没有摆脱传统中国法治的立法型思维模式,没有转换为司法型解释模式,对于本书而言,也就是过于强调了乡规民约的产出机制,而忽视了对其运行特征的描述。

从这个意义上说,我们认为,乡规民约的运行机制必须在概念内涵中受到重视,才可能形成对整个乡民社会规则秩序的完整性认知。基于这个基本认识,从产出和运行两个机制角度对乡规民约的内涵可以作出以下应然意义上的解释:乡规民约是在国家权力引导和帮助下由乡民协商制定的,以国家权力和社会权力保障实施的群体性交往规则。

这种对乡规民约的内涵解释与以往定义的主要不同在于其增加了对运行机制的揭示,这不仅使得乡规民约的效力基础得到彰显,而且直接增强了乡规民约的现实可能性。另外,这种内涵解释摒弃了对乡规民约的地域性和血缘性特点的描述,其主要原因并不是我们从根本上忽视乡规民约的地域性和血缘性,而在于传统的乡规民约中的地域性和血缘性不是其主要特征,而且现代乡规民约已经开始超越地域性和血缘性,因而更加开放、更加具有普适性。比如,“热爱祖国”“遵守社会公德”“维护公共秩序”“尊老爱幼”“不赌博”等在当代中国很多地方的乡规民约中几乎成为普遍性条款,就很好地说明了这一点。

这种乡规民约的内涵解释就能够为我们大体划定乡规民约的外延。

首先,我们所说的“乡规民约”必须是成文的,也就是能够运用语言文字在纸面上表达出来的乡规民约,甚至可以说,它是一种民间制定法。目前可以见到的最早的成文乡规民约发轫于宋,与宋代以前就长期存在的乡约联系在一起,推行于明清,清朝中期渐趋成熟,清末民初曾在一些地区盛极一时。①

见诸字面的乡规民约能够具有更强的感召力和公示性,更容易被公

① 参见张广修:《村规民约的历史演变》,《洛阳工学院学报》(社会科学版)2000 年第 2 期。

众所理解和认识，为更加有效地实现乡规民约的效力提供了基础。另外，我们厘定成文的乡规民约外延还为了使其区别于一般意义上的习惯法，从研究方法上说，还能够更好地从其与国家制定法比较意义上对其效力基础进行研究，因为毕竟乡规民约的文本研究更具有可靠性和社会学方法上的科学性。

其次，本书的研究范围虽然包括传统社会的乡规民约，但是重点和落脚点是当代中国的乡规民约。研究当代乡规民约蓝本的意义不仅在于容易厘清对于乡规民约认识上的一些矛盾和误区，而且对于发现和解决当代中国法治存在的问题也有一定裨益。

再次，本书研究的“乡规民约”不仅重视描述和分析其产出过程，而且也包括其效力的实现机制。由于对乡规民约的内涵界定中包含了其效力实现机制，所以，效力及其实现也是我们研究乡规民约的一个必要问题。

最后，本书的“乡规民约”是一种“群体性的交往规则”，这就强调了乡规民约是发生在一个群体范围之内的，我们之所以用“群体性”而不用“地域性”或者“血缘性”，主要目的在于强调现代社会人群的“聚居性”特征。这里所说的“聚居性”虽然有一定的地域性和血缘性，但是却常常伴随着人员流动而带来的反地域性和血缘性。比如，无论是城市社区还是农村社区，都是一种群体聚居区。这种群体聚居区既打破了传统中国乡民社会的血缘性，也使得其地域性失去了可靠的依凭。所以，我们用“群体性”来取代“地域性”和“血缘性”，以展示当代乡民社会的一些特点。“交往规则”重在强调市场经济条件下人与人的交往理性特征，否定传统乡民社会中以家长制为主要特点的专制型宗族法。从法理念角度说，传统的“专制型宗族法”由于不具有交往理性特征而被我们认为是一种“恶法”，“恶法非法”，所以，被我们排除在应然意义上的乡规民约外延之外。

当然，本书对“乡规民约”的内涵和外延的解释是一个应然意义上的定义方法，这中间的描述也包括了一些形而上的特征性解释，这或许与现实中的乡规民约特别是与古代中国的乡规民约存在一定的差异。但是，我们认为，乡规民约的应然性描述是基于对乡规民约的实然状态的认识，这种方法对于解读乡规民约具有基础意义。

二、乡规民约的效力和实效

乡规民约的效力也就是其约束力。当我们谈到法律的效力时往往从对人的效力、行为的效力、地域效力和时间效力四个角度来认识。具体到乡规民约的效力，我们认为，主要应当从对人的效力和对行为的效力两个方面进行认知。

乡规民约对人的效力也就是其适用于哪些人，一般而言，乡规民约对人的效力是以一定的地域为基础的。比如，我们搜集的福建省寿宁县大安乡的乡规民约，在一般意义上，就只对大安乡乡民具有约束力。但是，外乡人在大安乡的行为是否应该受到大安乡乡规民约的约束可能存在一些争议，虽然我们常常用“不知者不怪”来为违反乡规民约的外乡人进行开脱，但实际上“入乡随俗”的传统观念仍然要求外乡人尊重和维护他乡的乡规民约。更何况，许多乡规民约本身就是国家法的乡土化，甚至于就是国家法本身，无论是本乡人还是外乡人都应当遵守，而没有一般意义上的地域和外乡人的例外。

乡规民约对行为的效力是指乡规民约对什么行为有效，也就是对哪些行为具有约束力。我们在对比分析传统和现代的一些乡规民约的内容时发现，乡规民约对行为的效力存在着一个演变的过程。

从一些传统乡规民约文本的内容看，主要集中在“禁赌”“禁盗”“禁娼”“禁(通)奸”等条款上。这些条款是一些禁止性规则，具有比较强的纸面意义上的约束力和强制力。如广东省的徐闻县清代的一份乡规民约中规定：“村中如有开场聚赌者，一经拏获，商家及对赌者罚钱一千六百文，抽头于本者罚钱一千文，闲人拏获者赏钱四百文，皆以赌家取出，不遵者送官究治。”①再如 1921 年的山西沁水县的“蒲弘公约碑”记载的乡规民约也以禁止性规范为主，并有“赌博每一罚大洋五元，开场人罚大

① 转引自吴凯：《挽颓风以成善俗——记清末徐闻的乡规民约》，2007 年 1 月 11 日，http://www.xuwen.gov.cn。

洋十元,违抗者公禀”等 7 个条款。[①]《泰泉乡礼》中有“酗博”等“犯义之过”的条款规定。[②]

这些禁止性规则的效力主要表现为一些惩罚性措施。在前述徐闻县的乡规民约中就有“罚钱”和“送官”的规定,“经济惩罚”和“送官究办”这两种惩罚性措施在古代中国显然具有很强的威慑力。禁止性规则的效力还体现为对于检举揭发者的奖励性规定上,比如前述徐闻县的乡规民约中有“闲人拏获者赏钱四百文”的规定,此类规定在该乡规民约中屡有出现。

除了以上禁止性规则之外,传统乡约中另一类主要规则是教令性规则,即从正面告知、教育、引导和督促人们如何行为的规则。此类规则在我们所搜集到的传统乡规民约中也屡有所见,这里只选择《泰泉乡礼》中的部分内容举例说明。

礼俗相交

礼俗之交,一曰尊幼辈行,二曰造请拜揖,三曰请召送迎,四曰庆吊赠遗。

……

造请拜揖

一曰凡少者、幼者于尊者、长者,岁首、冬至、四孟月朔辞见贺谢,皆为礼见。皆具名帖,用白纸折幅,楷书。少者曰:侍生姓名再拜。幼者曰:晚侍生姓名顿首拜。或作学生契家子或姻戚,则作忝眷,或作拜谢。拜贺随宜。服色,有官则冠带,诸生则儒巾襕衫,余人角巾青直领。辞见谓久出而归则见,远适将行则辞,出入不及一月者否。贺谢谓已有贺事当谢,人有庆事如寿旦、生子、升官、受封、起第之类,则往贺之。凡当行礼而有恙故,皆先使人白之。或遇雨

① 转引自张明新:《从乡规民约到村民自治章程——乡规民约的嬗变》,《江苏社会科学》2004 年第 4 期。

② 参见(明)黄佐:《泰泉乡礼》卷二,转引自张明新:《中国古代乡约三则》,载谢晖、陈金钊主编:《民间法》第 3 卷,山东人民出版社 2004 年版,第 500 页。

雪,则尊长先使人喻止来者。[1]

从以上《泰泉乡礼》的内容看,乡规民约直接规定并告知人们在日常生活中的众多礼仪,这些礼仪不仅涉及面广,而且细致入微到"名帖"必须"用白纸折幅,楷书""服色,有官则冠带,诸生则儒巾襕衫,余人角巾青直领"等今天看来有干涉个体权利之嫌的规定。但是这些教令性规则的效力不具有前述禁止性规则那样的惩罚性措施,多数属于教育、引导性的规则,这与我国传统社会重视"礼"的作用具有某种内在关联性。

现代乡民社会的乡规民约与传统社会的乡规民约有着许多相似性:都以禁止性规则为主,辅之以教令性规则。福建寿宁县大安乡的《乡规民约》主文 12 条、福建省泉州市德化县盖德乡的《森林保护乡规民约》主文 9 条[2]、东营市东营区《六户镇"普九"工作乡规民约》6 条[3]全部是禁止性和教令性规则,几乎无一例外。但是,从内容上看,现代乡民社会的乡规民约也有一些显著的变化。主要集中在两点:权利性规则和体现国家观念的规则开始出现在乡规民约中。以我国第一部农村村民自治章程——《山东章丘埠西村村民自治章程》为代表的一大批自治章程形式出现的乡规民约多数规定了乡民的权利。同时,一些乡规民约则体现出了比较强的国家观念。比如,前述福建寿宁县大安乡的《乡规民约》第 1 条规定:"热爱祖国,拥护中国共产党的领导,遵守国家法律法规,执行党和国家的路线、方针、政策。"

乡规民约的实效就是指乡规民约的实际效力。"效力"是一个应然意义上的概念,是纸面上的约束力;"实效"是一个实然意义上的概念,是现实中的、已经发生的约束力。效力是实效的前提条件,没有效力显然就不可能有实效,而实效是效力的结果,是应然效力的现实化。实效是乡民通过具体行为所展现出来的乡规民约的一种外在属性,而效力却是乡规民约自身的一种本质属性。当年,瞿同祖曾经正告法学研究工作

---

① (明)黄佐:《泰泉乡礼》卷二,转引自张明新:《中国古代乡约三则》,载谢晖、陈金钊主编:《民间法》第 3 卷,山东人民出版社 2004 年版,第 501 页。

② 《盖德乡森林保护乡规民约》,2007 年 1 月 11 日,http://www.fjdyhh.com。

③ 《六户镇"普九"工作乡规民约》,2007 年 1 月 11 日,http://blog.sina.com.cn。

者，不仅应该研究法律条文，而且更应该研究法律的实效问题。[1] 今天，我们研究乡规民约时也应当注意把乡规民约的效力和实效进行共同研究，只有这样，才可能发现活的乡规民约、实施中的乡规民约，才可能认知乡规民约对乡民的现实生活到底有没有影响，有什么样、何种程度的影响，这种影响对于建构中国法治有没有意义。如果纸面上的乡规民约的效力没有转化为实效，这样的乡规民约对于法治的意义就很值得怀疑。

乡规民约由效力到实效的过程就是乡规民约的实施过程。乡规民约的良性实效取决于许多主客观因素，在这些主客观因素中，我们一般比较注意研究"实施组织""监督机制""保障力量"等客观性因素，而容易忽视两个重要的主观因素：乡规民约的合法性、乡规民约效力的权力基础。

乡规民约的合法性和权力基础是两个不能截然分开的问题。

乡规民约的合法性是乡规民约由效力到实效的一个基础性前提，也就是说，如果乡规民约缺乏合法性基础，其实效就会大打折扣，甚至会陷入没有实效的尴尬境地。应该说，合法性问题是乡规民约的一个重要的效力基础。但这是一个大问题，我们很难在这样一个小篇幅中探讨它。而且这个问题与本书的主旨虽有联系，但毕竟不是本书的论题，所以，我们在这里不展开分析，只选择乡规民约确立的程序控制问题进行简短的分析。

一般说来，任何一种涉及人的权利和义务的规则的制定都必须有一定的程序，缺乏程序正义保障产出的规则必然影响到规则自身所内含的实质正义。对于乡规民约来说，其产出过程必须有一定的程序控制，而程序控制恰恰是乡规民约确立中容易被人们忽视的问题。程序控制的一个基本理念是英国宪政的一个基本原则"无代表不纳税"。简单地说，就是"只要未经我同意或者我授权同意的立法对于我就没有效力"。相对于乡规民约的制定而言，我们认为，"无代表不纳税"原则仍具有重要

① 瞿同祖：《中国法律与中国社会》，中华书局 1981 年版，第 2 页。

意义。从中国传统的乡规民约看，经过效力范围内的人同意是经常见到的一项内容。比如，清代徐闻县的“奉宪告示”碑记载的乡规民约末尾就有“禁首”“绅士”和“禁友”的名字①，我们很难说这三类人就是这份乡规民约的“立法者”，但是，我们据此判断这份乡规民约经过了这些人的同意应该大致不差。如果我们拿乡规民约产出程序的合法性标准来衡量现代中国的乡规民约，就很难说它们拥有即使一般意义上的合法性了。由于后文要展开分析这个问题，在这里不赘述。

三、乡规民约的效力基础之一：社会权力

前文我们分析乡规民约的效力与实效问题时说过，从效力到实效可以看作是乡规民约的实现过程。在这个过程中，乡规民约必须拥有自己的效力基础，否则乡规民约难以呈现出由效力到实效的良好运作过程。

乡规民约效力的权力基础包括社会权力和国家权力两个重要方面。在对乡规民约的分析研究中，区分社会权力和国家权力基础的意义不仅在于从根本上发现乡规民约的运作机制和方法，而且可以认识乡规民约的本质属性，从而为中国形成法治秩序寻求更为合理的理想图景。

从权力的历史渊源看，社会权力是一种早于国家权力而产生的权力形态，应该说，在没有国家之前，社会权力已经产生并发挥着组织人类生活的中流砥柱的作用。国家权力其实是社会权力的一种让渡或者说授权，也就是说，国家权力的本质是一种社会权力。我们也可以说，社会权力是一种母权力，国家权力是一种子权力。

从这个意义上说，国家权力并不是对社会权力的取代，而是对社会权力的一种重要补充。我们明确这两种权力的主从关系，对于社会自治和社会自治的重要规则的乡规民约而言具有重要意义。

与国家权力相比，社会权力的暴力性特征比较弱。在一般意义上，我们可以说，国家权力产生之后，社会权力就把自己的暴力性传承给它，

---

①　参见吴凯：《挽颓风以成善俗——记清末徐闻的乡规民约》，2007 年 1 月 11 日，http://www.xuwen.gov.cn。

留给自己的主要是规劝、引导和教化。权力的暴力性特征的转移恰恰与国家制定法同乡规民约等民间法的规则特征的区别是吻合的。

我们认为,与国家权力暴力性特征相比,社会权力的主要特征是其同意性。也就是说,社会权力是经过一定人群同意和认可的权力,未经同意和认可的社会权力就没有实际约束力。这种认可可能是一定地域内的人们通过一定程序的现实认可,也可能来自某种传统制度的历史传承。比如,家族长或者一些其他形式的民间权威等传统中国社会权力形态在历史发展的主要时期是通过继承来延续的。这与皇权的继承制度有着某种内在关联,也体现出了“家国同构”的传统中国社会的特点。但是,在国家权力继承制被废止后的现代社会,社会权力仍然没有出现与国家权力制度近似的民主化改革,在一些地方特别是农村地区仍然是家族中有威望的尊长者拥有一定范围内的社会权力。这个特点决定着中国当代乡规民约仍然能够维续传统中国的一些乡规民约的运作特点。

乡规民约的社会权力基础主要表现在乡规民约的产生、遵守、执行和监督等主要环节上。

首先,从乡规民约的制定目的看,乡规民约是为了其效力范围内的乡里秩序,其制定必须反映乡民的意志和利益。严格说来,乡规民约是乡里自治的规则基础,无论是古代的村规民约,还是现代的村民自治章程,无不是为了乡里自己的秩序。从这个意义上说,乡规民约是自治性组织自己的法律法规。我们从清朝末年徐闻县的乡规民约的“立法目的”就可以窥见其中的乡里秩序观念:

> 盖朝廷有律会之条,乡党有禁约之法,禁约者约人心浇漓以归和厚者也。我迈陈村自晚近以来,人心不古,村中子弟每相卒为非或成群聚赌或私行盗窃,所有田园物产以及家内财物被其盗窃,往往有之,揆厥由来,总因父母之教不先,故子弟之卒不仅游手好闲不务产业至于如此。纂此文志忧之欲挽颓风以成善俗,及合众相与约

议勒碑。①

既然乡规民约是为了本乡里的秩序，这就要求乡规民约应该由一定地域范围内的乡民共同协商、共同制定，以体现其效力范围内的乡民的意志和利益。我们在前文叙述乡规民约的效力时曾经说过“无代表不纳税”的宪政原则，这个原则体现的就是乡民作为乡规民约的立法主体的地位和作用。另外，为了维护本乡里的秩序，还要求乡规民约的制定必须体察和反映本乡里的民风民俗，不能与本乡里的习惯法相互冲突。

其次，乡规民约的遵守和执行既依赖于乡民的内心自觉，也依赖于乡民自治组织的调解、裁判和一定意义上的强制服从。从自觉遵守乡规民约看，它需要乡民对乡规民约和保障组织及其权威的认同感，这也是为什么我们说乡规民约必须体现乡民的意志和利益，必须产出于乡民群体之手，必须不能与本乡里的风俗和习惯法相冲突的主要原因。任何规则只要能够被别人内心服从，从而内化为行为自觉，必然就会出现良好的规则之治。就正如费孝通先生所言：“乡土社会的信用并不是对契约的重视，而是发生于对一种行为的规矩熟悉到不加思索时的可靠性。”②

当然，完全依靠乡民的内心自觉来实现乡规民约的理想图景可能的确是一种理想，乡规民约效力的实现还需要某种程度的外在强制力，强制力的来源一方面是乡规民约的内在效力，另一方面是乡规民约外在保障机制的完善。

乡规民约外在保障机制主要是指乡规民约的制定和实施组织。从传统中国乡规民约的制定和实施组织看，一般是家族、村落或者一定地域内的某种特殊组织，如行会；现代乡规民约的制定和实施组织则主要是指村委会、居委会或者乡镇政府等行政或者准行政机关，也包括林业保护机关、地方自发性治安组织和商会等。

与现代乡规民约的制定和实施机关相比，传统中国乡规民约的制定

---

①　转引自吴凯：《挽颓风以成善俗——记清末徐闻的乡规民约》，2007 年 1 月 11 日，http://www.xuwen.gov.cn。

②　费孝通：《乡土中国　生育制度》，北京大学出版社 1998 年版，第 10 页。

和实施组织具有很强的社会属性，社会权力发挥着重要的基础作用。我们从传统中国乡规民约的自治组织看，其组织结构和运行机制相对比较完善和严密。比如《吕氏乡约》中规定："约众（即同意乡规民约的乡民——引者注）公推'约正'以行赏善罚恶之事。"萧公权进一步评价说："《吕氏乡约》于君政官治之外别立乡民自治之团体，尤为空前之创制，与宋代明代之乡官、地保等辅官以治民的职务相比，乡约乃是一个自动、自选和自治的组织。"①

《王阳明全集》中记载的《南赣乡约》和《泰泉乡礼》中记载的《泰泉乡礼》的组织更为严密：

> 同约中推年高有德为众所敬服者一人为约长，二人为约副，又推公直果断者四人为约正，通达明察者四人为约史，精神廉干者四人为知约，礼仪习熟者二人为约赞。②

> 众推一人有齿德者为约正，有学行者二人副之。约中月轮一人为直月，约正、副不与直月之数。约正总理期会告谕，约副赞相礼仪，辅佐约正，直月掌走报干办。③

有了相对完备的乡规民约实施组织，乡规民约效力的实现就有了可靠的组织保障。我们在研究中发现，传统乡规民约的实施具有一定的程序控制，虽然这些程序控制与现代法治意义上的正当程序还有一定的差距，但是，由于程序性是规则之治的必要内涵，缺乏程序控制的规则实施显然不具有最低意义上的公正性，缺少了公正性的乡规民约则失去了最根本的规则基础，就难以服众，更难以推行。从这个意义上说，传统乡规民约实施的简陋程序对于今天的现代法治仍具有一定意义。

《泰泉乡礼》中不仅有乡约的记载，而且有乡约实施的程序记录，这些程序可以简单概括为"约仪"。比如，入乡约者"誓于社"，乡民纠纷听

---

① 萧公权：《中国政治思想史》（二），辽宁教育出版社 1998 年版，第 496 页。

② （明）王守仁：《知行录》之二，转引自张明新：《中国古代乡约三则》，载谢晖、陈金钊主编：《民间法》第 3 卷，山东人民出版社 2004 年版，第 496 页。

③ （明）黄佐：《泰泉乡礼》卷二，转引自张明新：《中国古代乡约三则》，载谢晖、陈金钊主编：《民间法》第 3 卷，山东人民出版社 2004 年版，第 499 页。

讼“质于社”，有过“罚于社”。《南赣乡约》中对“纠恶”程序的规定更加详细：

如有人不弟，毋直曰不弟，但云闻某于事兄敬长之礼，颇有未尽；某未敢以为信，姑案之以俟；凡纠过恶皆例此。若有难改之恶，且勿纠，使无所容，或激而遂肆其恶矣。约长副等，须先期阴与之言，使当自首，众共诱掖奖劝之，以兴其善念，姑使书之，使其可改；若不能改，然后纠而书之；又不能改，然后白之官；又不能改，同约之人执送之官，明正其罪；势不能执，戮力协谋官府请兵灭之。①

在这些程序性规定中，我们深感惊奇的是一些乡规民约仍然包含着“神判”的遗迹。比如《泰泉乡礼》中规定，约正率入约者“誓于里社之神”，并誓言：“若有二三其心，阳善阴恶者，神明诛殛。”乡民若产生纠纷质于社而誓之：

凡誓，鸣鼓七声。社祝唱：“跪。”誓者皆跪。社祝宣誓词曰：“某人为某事若有某情，敢誓于神，甘受天殃，遭瘟招祸，凶于其身，覆宗绝嗣，灭其家门。惟神其照察之。”

凡乡俗有社生钱者，谓众人合钱或银若干，总其数告于神。生此钱者，出利息若干，若此社神所与生也，用通财有无，以惠于无穷，理亦可行。社祝掌其数而誓之，如前仪。

对于犯约者的处罚也具有神明判罚的特点：

凡乡约内有不修之过、犯约之过及社学、社仓、保甲诸人有犯者，约正等督令什五之家，公同甲总以其人拱立于社，伐鼓十声。社祝唱：“跪。”犯者跪。抗声攻之曰：“某人有某过，犯而不改，罚赎汝罪，入谷若干于社仓。尚冀汝自今改于其德，神降之休。”犯者对曰：“某不肖，少失教以辱先人，以为族党羞，神将降殃，昭受大戮。今闻过，愿修身改之。”再拜而退。既罚赎，后五日不改，约众告于神，逐之出社，除名于籍。若不肯罚赎与事情重者，教读及约正等呈与闻

① (明)王守仁：《知行录》之二，转引自张明新：《中国古代乡约三则》，载谢晖、陈金钊主编：《民间法》第3卷，山东人民出版社2004年版，第496～497页。

于有司。其不闻于有司以致事发觉者,治罪连坐。①

另外,乡规民约的实施有固定的地点,就像今天的专事诉讼的人民法院一样,传统触犯乡规民约的案件要在"社"或叫"里社"中进行裁判和处罚。从社的礼仪规定看,传统的"里社裁判"不仅具有"神判"遗迹,而且具有"誓""鞠躬"、反复吟诵乡规民约某些内容的神秘性和教化特点。这些特点恰恰是社会权力运作的具体方式,因为社会权力自身不具有暴力性质的强制力,它主要依靠人们的内心认同与服从来维系。从这个意义上说,传统乡规民约的社会权力之效力基础的确与其所产生的时代具有一定的同步性。也就是说,在生产力比较落后、人们的思想意识和知识水平相对滞后的时代,依靠乡规民约实施的神秘性和鞠躬、叩拜的礼仪性,能够使得社会权力相对从容地维持着乡规民约的效力。

我们在研究中还发现一个现象,乡规民约实施中还有一个对一些遵守乡规民约的模范和触犯乡规民约的"犯众"的行为的详细记录。如:"置文簿三扇:其一扇备写同约姓名,及日逐出入所为,知约司之;其二扇一书彰善,一书纠过,约长司之。"②"置三籍,凡愿入约者书于一籍,德业可观者书于一籍,过失可规者书于一籍。直月掌之,月终则以告于约正而授于其次。"③而且,《泰泉乡礼》规定:

> 直月抗声读约一过,教读推说其意。未达者,许其质问。于是约中有善者,众推之;有过者,直月纠之。约正询其实状于众,无异辞,乃命直月书之。能行四礼者,亦附于善籍。违者附于过籍。④

"直月"读约、释约,约众听约、诵约和反思自己行为的过程,事实上是乡规民约的一个极好的普及、推广和实施的过程。这个过程有些近似宗教

---

① (明)黄佐:《泰泉乡礼》卷二,转引自张明新:《中国古代乡约三则》,载谢晖、陈金钊主编:《民间法》第3卷,山东人民出版社2004年版,第506~507页。

② (明)王守仁:《知行录》之二,转引自张明新:《中国古代乡约三则》,载谢晖、陈金钊主编:《民间法》第3卷,山东人民出版社2004年版,第496页。

③ (明)黄佐:《泰泉乡礼》卷二,转引自张明新:《中国古代乡约三则》,载谢晖、陈金钊主编:《民间法》第3卷,山东人民出版社2004年版,第499页。

④ (明)黄佐:《泰泉乡礼》卷二,转引自张明新:《中国古代乡约三则》,载谢晖、陈金钊主编:《民间法》第3卷,山东人民出版社2004年版,第508页。

仪式中教民对宗教经典的吟诵、对自己行为的反思和心灵净化，这对于乡规民约的效力的实现具有重要意义，由此我们也可以看出，社会权力的运作具有润物细无声的潜移默化的特点。社会权力运作中虽然也可能具有某种程度的外在强制力和对约众的内心强制服从的力量，但是，这种强制力与国家权力的暴力性相比，虽然具有作用效果不能凸现、作用过程缓慢且持久的弱势，但是，也具有容易被人们接受、更容易塑造社会和谐的属性。

我们分析乡规民约效力的社会权力基础主要是以传统中国社会中的乡规民约为蓝本的，这不等于说，现代中国的乡规民约没有社会权力基础，也不等于说传统的乡规民约缺乏国家权力基础。现代乡规民约是以国家权力作为主要的效力基础的，社会权力基础显得比较薄弱。现代乡规民约效力的社会权力基础与道德规范的社会权力基础有些近似，主要表现为人们的内心服从和社会舆论的某种程度的强制力。因为一般的村民委员会、居民委员会等所谓的“社会自治组织”在乡规民约的实施过程中扮演着国家权力的角色，真正的社会自治组织主要是一些专业性自治团体，如地方商会。地方商会在自己的乡规民约实施过程中的确具有举足轻重的地位和作用。我们在这里不展开论述这个问题。

四、乡规民约的效力基础之二:国家权力

乡规民约效力的社会权力基础主要体现在传统社会中，但是我们不排除其国家权力基础。从历史上看，以《吕氏乡约》为代表的宋代，乡规民约的效力基础基本上是社会权力，国家权力的作用微乎其微。萧公权就曾经分析说:“君主专制政体之下，可由分权之地方政府，而难有人民主动之自治。《吕氏乡约》已引起‘非上所令而辄行之’之则难。”①而且“吕大防曾劝(吕)大钧改乡约为家仪或学规，以免干政之讥”②。由此可以看出，最初的乡规民约的确是在试图确立乡民自治制度，是一种空前

① 萧公权:《中国政治思想史》(二)，辽宁教育出版社 1998 年版，第 497 页。

② 萧公权:《中国政治思想史》(二)，辽宁教育出版社 1998 年版，第 497 页注④。

的制度创举。这种制度虽然“非上所令”，但是，其与国家政令、法律和国家制度，与国家所倡导的礼法还是一脉相承的，并不存在根本的思想分歧和理论差别。我们可以分析一下《吕氏乡约》中所标榜的“德业”：

事亲能孝，事君能忠。夫妇以礼，兄弟以恩，朋友以信。能睦相邻，能敬官长，能为姻亲。与人恭逊，持身清约，容止庄重，辞气安和。衣冠合度，饮食中节。凡此皆谓之德。①

从这些“德业”内容看，其“孝”“忠”“礼”“信”等一系列行为规范无不与中国传统的国家权力倡导的礼治规范相吻合。从这个意义上说，国家权力是《吕氏乡约》另一个重要的权力基础。这个权力基础的特点是：如果《吕氏乡约》与国家权力所倡导的“礼治”秩序和法律规范不相吻合，其直接的后果可能就是被废止甚至遭到国家权力更为严重的惩罚。所以说，吕大防之“《吕氏乡约》可能有干政之嫌”的担心不是没有道理的。

所以，从某种意义上说，《吕氏乡约》所维系的社会权力的基础地位并不是牢固的，国家权力的基础地位更具有支配性。但即使这种看似表面的权力平衡机制对于乡规民约来说在历史长河中也是暂时的。明代时期的乡规民约的效力基础已经发生了根本性转变，国家权力已经在事实上成为乡规民约效力的权力基础，社会权力的基础地位越来越岌岌可危。

明代哲学家王守仁制定并颁行的《南赣乡约》与《吕氏乡约》已经有了一些明显不同。首先，乡约条款宽严相济，与国家制定法条款的特点比较接近。“宽”体现出了对传统乡规民约的道德教化特点的承继，比如“纠过者，其辞隐而婉”等规定。“严”体现了国家权力对乡规民约渗透的暴力性特征。比如，对于不能改正“恶”的人送官查办，“势不能执，戮力协谋官府请兵灭之”；对于“危疑难处之事”，约长、约正等人“不得坐视推诿，陷入于恶，罪坐约长约正诸人”②等比较严酷的条款规定。

---

① (明)刘麟：《损益蓝田吕氏乡约》，转引自张明新：《中国古代乡约三则》，载谢晖、陈金钊主编：《民间法》第3卷，山东人民出版社2004年版，第494页。

② (明)王守仁：《知行录》之二，转引自张明新：《中国古代乡约三则》，载谢晖、陈金钊主编：《民间法》第3卷，山东人民出版社2004年版，第496～497页。

其次,《南赣乡约》重视乡规民约的公示性。"立约所于道里均平之处,择寺观宽大者为之。"[①]公示乡规民约,使民知有法,达到教化目的,以实现乡规民约的效力铺垫基础。因为"蓬生麻中,不扶而直;白沙在泥,不染而黑"。15世纪的南赣地区农民起义不断,王守仁认为,这与教化不力有关。

最后,"社治"与"官惩"相结合。"社治"主要依靠舆论力量。比如,约众如有"恶行",在"约堂"这个神秘威严之所被要求"速改","知罪者"自罚酒。"官惩"事实上是国家制定法的惩罚,但是,在《南赣乡约》中充斥着"执送之官""告官惩治""鸣之官司""呈官诛殄""呈官追究""呈官治罪""呈官征治"等"官惩"条款。清末徐闻县的乡规民约在这方面也很有代表性:

> ——禁行窃家财六畜等项,业经捕获或被坊闻者,合众联名送官究治。
>
> ——禁男妇偷窃田园物业,夜更拏获,每名罚钱壹千文,日间每名罚钱五百文,不遵者送官究治。
>
> ——禁牛猪伤业每只罚钱贰百文,不遵者送官究治。
>
> ——禁马羊伤业,每只罚钱壹百文,不遵者送官究治。
>
> ——禁村中如有开场聚赌者,一经拏获,商家及对赌者罚钱一千六百文,抽头于本者罚钱一千文,闲人拏获者赏钱四百文,皆以赌家取出,不遵者送官究治。[②]

除了经济性处罚由乡规民约的制定和执行组织完成外,"送官究治"成为清末徐闻县乡规民约之禁止性条款的必备内容,这些条款在《吕氏乡约》等自治性乡规民约中是难以见到的。由此可以看出,国家权力在乡规民约效力的实现过程中地位的重要性。

自《南赣乡约》开始,国家权力直接介入乡规民约的制定和执行,在

---

① (明)王守仁:《知行录》之二,转引自张明新:《中国古代乡约三则》,载谢晖、陈金钊主编:《民间法》第3卷,山东人民出版社2004年版,第496页。

② 转引自吴凯:《挽颓风以成善俗——记清末徐闻的乡规民约》,2007年1月11日,http://www.xuwen.gov.cn。着重号为笔者所加。

明清以后的乡约制度中已经渐成潮流。

到了晚清的1909年，清朝政府通过对比西洋宪政意义的法治，反观中国专制政体下的乡村自治几乎被国家权力销蚀殆尽。在走投无路的情况下，清政府颁行了《城镇乡自治章程》和《城镇乡自治选举章程》等国家制定法，试图通过推行乡村自治来实现国家与社会的长治久安，但是此时的国家权力已是日薄西山，不可能再推行真正有意义的制度改革了。

清朝末年以后，一般意义上的乡村自治性组织及乡规民约逐渐淡出人们的视野。直到20世纪80年代以后，我国开始推行乡村自治，乡规民约又重新获得了生机。

1990年，《中华人民共和国城市居民委员会组织法》开始实施，第1条规定该法的立法目的是为了城市居民自己办好自己的事情。第2条规定，城市居民委员会是居民的自治性组织，调节民事纠纷是其职能之一。第15条规定，居民公约由城市居民会议制定，并报不设区的市、市辖区的人民政府或者它的派出机关备案。

1998年，《中华人民共和国村民委员会组织法》颁布实施。其中规定：

> 第一条　为了保障农村村民实行自治，由村民群众依法办理自己的事情，发展农村基层民主，促进农村社会主义物质文明和精神文明建设，根据宪法，制定本法。
>
> 第二条　村民委员会是村民自我管理、自我教育、自我服务的基层群众性自治组织，实行民主选举、民主决策、民主管理、民主监督。
>
> 村民委员会办理本村的公共事务和公益事业，调解民间纠纷，协助维护社会治安，向人民政府反映村民的意见、要求和提出建议。
>
> 第二十条　村民会议可以制定和修改村民自治章程、村规民约，并报乡、民族乡、镇的人民政府备案。
>
> 村民自治章程、村规民约以及村民会议或者村民代表讨论决定的事项不得与宪法、法律、法规和国家的政策相抵触，不得有侵犯村

民的人身权利、民主权利和合法财产权利的内容。

第1条规定村民自治;第2条规定,村民委员会为村民的自治组织,调解民事纠纷是其职能之一;第20条规定村民会议可以制定自治章程和村规民约,并规定制定后的自治章程和村规民约应当报乡、民族乡、镇的人民政府备案。这就为现代中国农村的村民自治勾画出了一幅相对完整的自治制度蓝图。

也就是说,现代城市居民自治和居民公约、农村村民自治和村民自治章程以及村规民约是以国家权力为后盾的,它们的精神甚至其本身是通过国家制定法的形式规定下来,已经成为国家正式的地方制度的一部分。从这个意义上说,现代的城市居民自治、乡村自治以及它们制定的自治性乡规民约主要是国家公权力意志的反映,而非民间村民意志和社会权力意志的反映。这一点,我们从珠海市斗门区井岸镇坭湾村的自治章程、村规民约和其他自治性质的民约文本可以窥斑见豹。坭湾村是一个经济比较发达的沿海开放地区的现代化乡村,其自治章程和村规民约建设比较完备,有《基本准则》《井岸镇坭湾村民委员会自治章程》《村规民约》《坭湾村民委员会人口与计划生育自治章程》《禁毒反黑的规定》《村民自治民主议事制度》《村民委员会干部工作守则》《村民委员会廉政措施》《执行民主集中制的办法》等十几个自治性村规民约。[①] 这些村规民约有以下特点:

首先,"爱国爱党,拥政爱民"是其《基本准则》的首要内容,这个内容在其自治章程和乡规民约中都有体现。如:

> 第一条:热爱党、热爱祖国、热爱社会主义。按照党和政府的方针、政策办事。遵守国家的法律、法规,敢于同坏人、坏事作斗争。[②]
>
> 第二条:本村实行村民自治,是在国家法律、法规和政策范围内,在井岸镇政府的指导下,在村党支部的领导下由村民委员会具体组织管理本村的政治、经济及其他社会事务。

---

① 参见《坭湾村村规民约》,2007年7月3日,http://www.zhnwc.com。

② 《村规民约》,2007年7月3日,http://www.zhnwc.com。

……

第十七条:村民委员会成员是村民的公仆,必须牢固树立全心全意为人民服务的思想,立足本职工作,努力为村民造福,要求做到:(一)认真贯彻执行党的路线、方针、政策,坚持四项基本原则,政治上同党中央保持一致。[①]

其次,传统与现代相结合,村民行为规范要求与时俱进,我们通过其乡规民约的两个条款可以发现这样几个特点:"(1)完成国家和集体下达的各项任务。爱护国家、集体财产,不占国家、集体的便宜,不拿别人的东西,不破坏自然资源,不损害公物。(2)不赌博、不嫖娼卖淫、不酗酒、不要流氓、不打架斗殴,不搞封建迷信活动,不参加黑社再次质的帮派组织,不吸毒贩毒。

再次,权利规则与义务规则同在,惩罚性条款与奖励性条款并存。《井岸镇坭湾村民委员会自治章程》第15条规定了村民享有的权利四款,第16条规定了村民享有的义务四款,在此不一一列举。以下是我们选取的其村规民约中的奖励性条款和惩罚性条款:"(六)本村村民对揭发检举吸毒、贩毒、黑帮同伙份子有功者,给予表扬和现金奖励一百元至一千元。"[②]"(五)村内道路两旁,不准乱倒垃圾及其他建筑清拆材料,否则罚款30元。"[③]

《城东村民委员会村民自治章程和村规民约》中的惩罚性措施以"罚款"居多,罚款条款就有12条,其中"违反计划生育"和"私自土葬"的罚款额度分别高达3000元和1000元。其实,作为一个群众性自治组织的村委会显然不具有罚款的处罚权,而这个处罚权的依据是什么呢?其效力基础又是什么呢?如果说是国家权力作为其效力基础显然于法无据,从本质上说,这个处罚权是违反国家制定法的;如果说处罚权的效力来自社会权力,这显然与我们前文分析的现代意义上的社会权力的非暴力性

---

① 《井岸镇坭湾村民委员会自治章程》,2007年7月3日,http://www.zhnwc.com。

② 《禁毒反黑的规定》,2007年7月3日,http://www.zhnwc.com。

③ 《村内村外环境卫生规定》,2007年7月3日,http://www.zhnwc.com。

特点相违背。所以说，乡规民约的惩罚性规范制定应当慎重。

最后，对于村民纠纷的解决、奖励和惩罚措施只进行了原则性规定，但程序性规定相对不够完备。《井岸镇坭湾村民委员会自治章程》第9条“村民委员会职责”中规定有“调解民间纠纷，维护社会治安”。第11条规定，成立“人民调解工作小组”。《村规民约》中只有一个原则性规定：“村规民约人人记牢，认真遵守。如有违反，接受批评，公开检查，接受处分。”①至于如何处分、处分的程序并没有规定。《城东村民委员会村民自治章程和村规民约》中对此有专门规定：

> 第九十七条：一般民间纠纷，直接由村调委会进行调解，重大事项移交村委直接调处，尽力做到矛盾不上交。
>
> 第九十八条：专职调解干部，要深入群众，调查摸底，及时处理，把矛盾消灭在萌芽状态。②

以上我们对乡规民约的分析研究主要集中在现代乡规民约文本上，但是，传统乡规民约效力的国家权力基础也是一个值得研究的话题。传统乡规民约效力的国家权力基础在明代已经凸现。在13世纪末叶，明太祖先后颁行了《大诰》《大诰续编》《大诰三编》和《教民榜文》，增强了乡村里长在明初设立的里甲制度中的权力，并赋予里长及老人解决乡里小诉讼的权力：户婚、田土、斗吸、争占、失火、盗窃、骂詈、钱债、赌博、搜食田园瓜果、私宰耕牛、弃毁器物稼播等，畜产咬杀人、年幼私拉用财、衰读神明、子孙违反教令、师巫邪术、六畜践食稼禾等。③

严格说来，里长属于明代国家权力结构中的一个最基层官员，但是由于其产生于里之乡民的推选，而且明《大诰》等国家制定法又赋予其越来越多的权力，使得其在乡民社会发挥的作用越来越大。但是，里长毕竟不是乡民社会自治组织产生的，所以，其国家权力背景还是显而易见

---

① 《村规民约》，2007年7月3日，http://www.zhnwc.com。

② 《城东村民委员会村民自治章程和村规民约》，2007年7月3日，http://www.chinaelections.org。

③ 参见《城东村民委员会村民自治章程和村规民约》，2007年7月3日，http://www.chinaelections.org。

的。由此可知，其处理乡间小诉讼的权力仍然属于国家权力，而非社会权力。但是，明代里长权力模式开了乡村基层政权由国家权力机关任命的先河，并逐步演变、积淀为国家权力和社会权力的结合体。

五、社会权力与国家权力的互动关系

从传统和现代乡规民约的文本分析中，我们可以看到，乡规民约效力的社会权力和国家权力基础常常是共生共存的，但是，二者又常常产生矛盾和冲突。由于受到我国“家国同构”传统的影响，社会权力和国家权力在这种结构中经常不分彼此，如果二者能够在平等协商基础上共同构筑乡规民约之权力基础的话，是一个再好不过的选择。但实际情况是，二者的不分彼此常常会导致社会权力被国家权力所消弭，甚至吞噬。我们通过对《吕氏乡约》《南赣乡约》《井岸镇泥湾村民委员会自治章程》和《泥湾村村规民约》这三个不同时期的乡规民约文本的分析研究中可以发现这个现象。

山西省人民政府《关于全民义务植树的奖惩暂行办法》规定：“各地、市、县绿化委员会要发动群众，根据当地的实际情况，由群众自己制订爱林护树的乡规民约，互相监督，违者按乡规民约处罚。”所谓“按乡规民约处罚”，应当由谁来处罚？根据什么程序处罚？如果由行政机关根据乡规民约进行处罚，显然有悖行政法律规定；如果由乡政府、村委会处罚，被处罚人不接受处罚，又有什么强制力做保证呢？乡规民约效力问题的尴尬，在根本上其实是乡规民约失去社会权力基础的尴尬：当国家权力缺位时，没有社会权力填补空白势必会导致一些乡规民约有名无实，从而陷入一纸空文的悲凉境地。当然，我们也不欣赏和赞同一些传统乡规民约之处罚措施的残暴及其实施的保障机制的落后，虽然这些乡规民约具有很强的社会权力基础。如：

1. 子孙违犯祖父祖母并父母教令，及奉养有缺者，杖一百。

2. 祖父母、父母在，而子孙别立户籍，分异财产者，杖一百。

3. 居父母丧而身嫁娶者，杖一百，离异。

4. 将已死祖父母及父母身死图赖人者杖一百，徒三年。因而诈财者，准窃盗论。

5. 子孙骂祖父母、父母及妻妾骂夫之祖父母、父母者，并绞殴者，斩。杀者凌迟。

6. 弃毁祖宗主神与弃毁父母死尸者，斩。①

一些传统乡规民约的残暴往往与一定的历史时期、历史事件联系在一起。像以上所列举的传统乡规民约的残忍是与17世纪云南乌蒙彝区封建领主制密切联系在一起的，不具有一般意义上的乡规民约的代表性。所以说，我们需要的社会权力是一种文明的、与自然正义精神相吻合的权力形态，而不是彰显暴力、反文明的权力。

那么，乡规民约需要的国家权力是一种什么样态呢？我们前文说过，国家权力在本质上来源于社会权力，但是脱胎于社会权力的国家权力却主要承继了权力的暴力性，而且具有了国家机器的坚强后盾。可是，现代法治意义上的国家权力的暴力性无论是形式还是内容都已经发生了很大改变，特别是和平时期介入乡民社会的国家权力应该是温情的，其主要目的是为乡民社会带来利益，并非仅仅为了维护乡民社会的秩序，进而为国家权力的统治秩序奠定基础。

另外，在乡规民约进而在乡民社会的自治问题上，国家权力和社会权力的地位和关系应该有一个基本共识：社会权力是根本，国家权力为补充。

有学者指出："曾有一度，国家权力不仅深入到社会的基层，并且扩展到社会生活的所有领域，以至在国家权力之外，不再有任何民间社会的组织形式。"②就中国当下情况看，由于国家权力对乡规民约和乡民自治的强大介入，社会自治实际上已经演变为一种国家主导型治理模式，乡村制度已经逐步成为国家制度的一部分。与此同时，"乡规民约"已经只是国家制定法和地方政府主导的"乡规"，而不是体现乡民意志和利益

① 《乡约全书》，转引自黄建明：《从〈乡约全书〉看清代乌蒙彝区的乡约与法律》，2008年11月19日，http://222.210.17.136。

② 梁治平：《乡土社会中的法律与秩序》，载王铭铭、王斯福主编：《乡土社会的秩序、公正与权威》，中国政法大学出版社1997年版，第415页。

的“民约”了。这个现状一方面与自明朝初年开始的国家权力对乡民社会的强大介入有关;另一方面,我们不可否认的是,现代化加剧了乡规民约的国家化,因为在一定意义上说,国家化代表着现代化的发展趋势。

同时,就社会权力及乡民社会的特点看,在乡规民约的立法过程中虽然存在着立法者素质相对较差,甚至立法者缺位的问题,但是,乡民社会的立法毕竟不同于国家立法,我们不能用国家立法模式来裁剪乡民社会的立法活动。传统乡民社会的乡规民约的制定主要是由乡绅会同乡民完成的,乡绅在乡规民约制定和实施过程中具有重要作用。在乡民社会中,乡绅或者是乡民社会中有一定道德威望的人,或者有相对较强的经济实力的富人,或者文化品位相对较高的人,也可能是一些退休还乡的官宦。乡绅的知识体系和生活背景决定了其能够在乡规民约的制定过程中扮演重要角色,能够指导、督促甚至书写乡规民约。其实,乡规民约制定的核心问题不是知识体系问题,更不是语言文字的表达问题,其核心是制定程序的公正和合理,也就是我们在前文略有交代的乡规民约产出过程的合法性问题。

具有一定程序控制而产出的乡规民约就能够最大限度地反映乡民的意志和利益,这就要求乡规民约的制定必须符合乡民代表的广泛性和意志表达的真实性两个原则。在我国,村民会议具有制定村规民约的权力,《中华人民共和国村民委员会组织法》规定:

> 第十七条 村民会议由本村十八周岁以上的村民组成。召开村民会议,应当有本村十八周岁以上村民的过半数参加,或者有本村三分之二以上的户的代表参加,所作决定应当经到会人员的过半数通过。必要的时候,可以邀请驻在本村的企业、事业单位和群众组织派代表列席村民会议。
>
> 第十八条 村民委员会向村民会议负责并报告工作。村民会议每年审议村民委员会的工作报告,并评议村民委员会成员的工作。村民会议由村民委员会召集。有十分之一以上的村民提议,应当召集村民会议。
>
> ……

第二十条　村民会议可以制定和修改村民自治章程、村规民约，并报乡、民族乡、镇的人民政府备案。

村民自治章程、村规民约以及村民会议或者村民代表讨论决定的事项不得与宪法、法律、法规和国家的政策相抵触，不得有侵犯村民的人身权利、民主权利和合法财产权利的内容。由《村民委员会组织法》的规定看，村民会议是乡村的权力机构，村民委员会是村民会议的执行机关。村民会议拥有制订村民自治章程和村规民约的权力，但事实上我国的村规民约的产出却常常不是村民会议决定的。我国的村规民约目前主要有两个产出渠道：一是地方政府，二是村民委员会。

有学者在基层调研时发现，有些乡村在制定村规民约时缺少透明度，有的村在制定条款时不征求群众意见，而是由个别乡村干部搞暗箱操作。这就使得制定的村规民约在内容上存在片面性。如“有的‘规约’制定了对大多数群众的约束条款，而没有对村干部自身方面的约束，成为少数干部的‘护身符’，挫伤了群众参与自治的积极性”①。

由此可以看出，村规民约是由村委会还是由村民会议制定这个表象的背后彰显的是社会权力和国家权力的博弈。因为从应然意义上说，乡规民约的制定主体归属直接决定着乡规民约所反映的意志和利益。按照我国《村委会组织法》的规定，村委会委员是由“村民选举委员会”选举产生，而村民选举委员会是由村民会议或者村民小组推选产生。

而实际上，很多地方的村民委员会是乡镇政府指派的，在实际选举过程中，政府干预情况屡有发生。有学者指出，虽然我国第五届村民委员会选举采取了海选方式，但是有些乡镇迫于工作需要而干预村民委员会选举，以贯彻乡镇政府的主导性意见，使得政府指定的候选人能够选举成功；甚至乡镇干部挨家挨户做工作，强求村民把选票投向某个候选人，更有的甚至代替选民填写选票。②

---

① 马建靖：《“村规民约”的制定要规范》，《农家之友》2003年第12期。

② 参见廖华：《村民委员会选举中存在的问题及对策》，2007年12月11日，http://www.zisi.net。

当前我国一些乡村地区在村民委员会选举过程中出现的种种问题，实际上是国家权力与社会权力在当代乡村进行权力博弈的另一种表现。以乡镇政府为代表的国家权力试图加强对乡村的控制权，以贯彻国家的权力意志；而以一定经济实力为后盾或者具有较高群众威望的乡里能人为代表的社会权力也试图争夺对乡民社会的控制权，以贯彻乡民社会的权力意志。应该说，就权力自身而言，这些思路和权力运作模式是正常的、无可指责的，因为权力的本性就是扩张，就是放荡不羁，国家权力是这样，社会权力也是这样。前文述及的清朝时期的云南某些地区的土司动辄对自己权力范围内的黎民百姓“绞”“斩”，甚至“凌迟”，就是对权力本性的一个有力的诠释。从法治角度看，问题的关键是我们如何实现对权力的制约，如何利用制度来控制权力。

众所周知，我国城乡二元结构长时期难以得到根本改变，在一系列制度改革中，虽然乡村地区也获得了一些实惠，但是基本上处于被改革和现代化边缘化的状态中，城乡二元分立越来越严重。这种分立不是平等基础上的分立，而是以城乡发展的严重不平衡为基础的，以“三农”为代表的农村地区的一系列问题都与这种基本的制度框架具有内在关联性。2006 年，我国农村彻底取消了农业税，这个举措的意义不仅仅是使农民增加了一部分收入，其深层意义是国家权力对社会权力的让步，是打破城乡二元结构的一次重要改革，因为与这次改革相伴随的是乡镇政府和农村村委会机构的精兵简政。代表国家权力的基层政府和农村村委会的机构和人员的减少意味着国家权力在乡村地区的收缩。国家权力此时作出的是一个非常明智的选择：让恺撒的归恺撒，上帝的归上帝。

“法治化的核心和实质是要求社会收回被异化到国家中去的权力，实现权利与权力的最佳平衡。”①国家权力逐步从乡民社会隐退是城乡沟通与和谐的一个重要条件，但是如何使得乡民社会能够产生乡民意愿的自治组织、如何增强乡村自治组织的权威是一些现实而紧迫的问题。从前者看，必须对乡民社会自治组织的产生程序进行一个新的立法，或者

---

① 田成有：《乡土社会中的民间法》，法律出版社 2005 年版，第 81 页。

干脆彻底一些，把这种权力留给乡民社会自己来寻找行使的办法和途径。行文至此，笔者突然想到了古希腊的直接民主制度与中国现代的乡村自治之间的关系。我们常常感言古希腊的直接民主是一个只有在小范围内操作的制度，在我们这样一个泱泱大国中是难以实现的。那么，在一个有几百人、几千人的乡村呢？试想，如果能够让18岁以上的乡民参加到村民会议和村民委员会的直接选举中，其意义可能就不仅仅是能够选出代表乡民自己的意志和利益的当家人，能够制定出真正符合乡民社会特点的乡规民约，而且能够为乡民社会的自治制度甚至国家法治提供许多可资借鉴的经验。

当然，由于中国社会缺乏自治传统，不可能期望我们能够在一夜之间建立起真正意义上的乡民自治制度。而且，在乡民社会直接选举初期，可能需要国家权力的有限介入以解决乡民社会自身存在的知识匮乏和制度能力问题，比如乡民社会的权力机关选举的程序设计。当然，我们邀请国家权力在乡民社会自治初期的介入与今天国家主导型的乡规民约制定的程序在思路上正好相反。我们通过分析研究一些当代的乡规民约发现，有些乡规民约是政府提供范本，乡民社会根据自己的情况作少许修改，然后到政府备案就完事了。这种做法使得包括自治章程在内的许多乡规民约不能真正代表乡民意志，不能反映各村自己的实际情况。而我们在这里要强调的直接民主制的乡民社会选举制度的程序设计正好相反，乡民自己邀请或者政府提供一些法律专家来帮助乡民制定有关选举的程序性乡规民约，然后对其进行公示并展开乡民的大讨论，也可以让每家每户派一名成年人参加讨论，把专家智慧和乡民意愿有机地结合起来。

在增强乡民社会自治组织的权威问题上，我们的思路是需要国家权力还原本属于乡民社会的权力，以增强社会权力的权威。“尤其在目下的中国，乡土社会需要一个权力中心把握法治的精神并力推进之，失去中心的乡村世界有重新陷入纷乱无序的危险。”①

权力中心不意味着权力独裁。乡镇政府主导的乡民社会的自治组织的权威主要来自国家权力的强制力。比如前文述及的乡镇干部干预村民委员会的选举,有些地方出现乡民与村委会、基层组织冲突的群体性事件,等等。这种权力结构是一种单向的压制和服从关系,这是一种不容易被破坏的超稳定结构。但是,这种结构由于其内部要素缺乏必要的开放性、互动性而阻碍了乡民社会自治组织的自我管理、自我运行和自我发展。所以,乡民社会的权力结构②应该是一种开放的、互动的,具有内在活力的运行系统。

乡村社会自治组织的权力运作系统既需要国家制定法规制,也需要乡规民约的具体支持。诺内特和塞尔兹尼克的法律类型理论对于我们分析乡民社会的乡规民约具有一定的指导意义。诺氏和塞氏把社会存在的法律分为三种类型:压制型法、自治型法和回应型法。压制型法是一种对社会政治环境被动适应的法律,法律成为政治的工具,从而不具有完整性;自治型法是法律与政治分离的法,法律能够通过自身的完整性而自我实现,但是法律也陷入一种自我隔离和封闭的状态之中;回应型法缓解了法律的开放性和完整性之间的关系,在保存着自身完整性的基础上具有了某种姿态的开放性,从而适应不断变化的外在客观环境。③

中国传统乡民社会和当代农村中的乡规民约基本上属于压制型法,是对社会政治环境被动适应的结果。当前中国学界的努力基本上停留在自治型法阶段,对于回应型法样态的乡规民约还没有一个最基本的研

---

① 魏治勋:《论乡村社会权力结构合法性的分析范式》,载谢晖、陈金钊主编:《民间法》第5卷,山东人民出版社2006年版,第66页。

② 魏治勋在分析乡民社会权力结构的合法性问题时把其分解为三个要素:“权力自身价值取向的正当性”,“权力结构形式的合理性”和“权力主体必须注重自身的合法性论证”。如果用这三个要素去分析乡民社会中处于博弈状态的国家权力和社会权力是很有价值的。(参见魏治勋:《论乡村社会权力结构合法性的分析范式》,载谢晖、陈金钊主编:《民间法》第5卷,山东人民出版社2006年版,第61～64页)

③ 参见[美]诺内特、塞尔兹尼克:《转变中的法律与社会》,张志铭译,中国政法大学出版社2004年版,第85页。

究。当乡民社会是一个自治体的时候，乡民社会必然拥有完整意义上的社会权力，也就拥有了乡规民约最重要的效力基础。[①] 事实上，从可操作性角度看，我们也难以逾越自治型法阶段，而且对于乡民自治而言，自治型的乡规民约的确更具有现实意义和紧迫性。

所以说，现代中国乡民社会的乡规民约应该以社会权力为效力基础，辅之以国家权力，而不是相反；乡规民约必须摆脱对政治的依附，从而成为具有完整性的自治型法，以为乡民社会的自治奠定规则和制度基础。

第四节 订婚[②]制度的历史流变及权力分析

"一个社会的制度构成了社会的母体，个体就在这个母体中成长和社会化，结果制度的某些方面反映在他们自己的不可避免的人格之中，其他的方面对他们来说似乎是人类生存的不可避免的外在条件。传统的制度使得社会生活稳定化，但也引入了刚性，这种刚性使得社会生活很难适应变化的条件。"[③]

---

① 参见王月峰：《社会的三元结构和民间法的命运》，《山东大学学报》（哲学社会科学版）2005 年第 1 期。

② 2016 年第 7 版《现代汉语词典》第 307 页："订婚：男女订立婚约。"订："经过研究商讨而立下（条约、契约、计划、章程等）：订婚。"而"定"有"固定""决定""约定"等意思。由此可以看出，"订婚"既强调婚姻订立的商讨过程，又体现确定婚姻的结果；而"定婚"主要强调婚姻确定的结果，主要不是体现婚姻确定之前的协商过程。从这个意义上说，二者还是有区别的。2001 年，国家语言文字改革委员会将"定婚"一词统一到"订婚"中使用，而放弃"定婚"一词。依笔者之见，除了考虑以上二者的区别而作出取舍以求词语的精确外（或者由于未考虑二者的区别而作出了错误的取舍），另一方面可能也考虑到国家制定法才是婚姻确定的唯一标准，民间习惯法之"定婚"显然没有确定婚姻的国家制定法效力。果真如此，那么，这种国家制定法语言的排他性则容易形成国家制定法的语言霸权，既不利于民间习惯法的生长，也不利于整个国家法制的现代化。

③ ［美］彼得·布劳：《社会生活中的交换与权力》，李国武译，商务印书馆 2012 年版，第 67 页。

订婚制度在我国经历了一个从国家制定法到民间习惯法的曲折发展过程，而西方订婚制度的演进却呈现出从习惯到习惯法再到国家法的法律发展逻辑，具有历史阶段和制度发展的连续性特点。今天，当我国的订婚纠纷时有发生而仅靠民间习惯法又难以得到有效解决时，我们不禁对订婚制度的演进产生了许多困惑。在对我国订婚制度及其演变过程的回顾与反思的基础上，通过古今对比、中外比较的研究方法，从民间社会与政治国家的关系这个视角对现存的订婚制度作出一些具有合理性的法理解释是民间法理论研究的一个责任。

一、我国的订婚制度的历史流变

在我国，订婚制度同其他法律制度不同，它除了经历了一个由习惯到习惯法再到制定法的发展过程之外，还经过了一个由国家制定法演变到民间习惯法的“落难”阶段。

(一)古代订婚制度的主要内容

1. 六礼

六礼包含订婚的主要程序。订婚制度在我国已有久远的历史，早在西周时期已经产生了“六礼”，它包含了订婚制度的主要法定程序。所谓“六礼”是指西周时期婚姻缔结的法定程序，包括六个阶段：纳采、问名、纳吉、纳徽、请期、亲迎。其中，纳采、问名、纳吉、纳徽是法定的订婚程序。“纳采”是指男方请媒人到女家提亲，女家答应议婚后，男方家庭备一只大雁和其他礼物前往女家求婚，请求女家“纳”这些礼品。“采”有采纳之意。“问名”即男方请媒人问女方的姓名和生辰年月。“纳吉”是指男方求得女方姓名及生辰年月后，到祖庙占卜吉凶，然后，男方仍以大雁作礼物，请媒人告知女方，男方决定缔结婚约。“纳徽”也叫“纳币、纳征”，即男方以玄绵束肩、两张鹿皮作为聘礼送给女家，女家接受礼品后，算是双方正式就婚姻达成了合意，这就是后来所说的订婚礼。[①]“六礼”制度在西周时期被国家确立为正式的婚姻制度，对后世影响很大。虽然

① 参见刘和海：《中国法制史》，山东大学出版社 1995 年版，第 39～40 页。

“六礼”在不同时期呈现出一些各异的时代特征，具有不同的内容，但是作为一种制度却延续下来，直到清朝末年。作为订婚礼的“纳徽”是“六礼”中变化最大的，除了“纳徽”中的“聘礼”有较大变化和不同规定外，“纳徽”的程式特别是“婚书”也很大变化。

2.婚书

婚书即订婚文书，订婚的书面证明。在订婚过程中，男女双方都要写婚书，男方写的叫“乾书”，女方写的叫“坤书”。西周时期的“纳徽”，已经开始采用“婚书”的书面形式，其方法是把婚约书写到竹简上，男女两家各执一半，并且需要报之于媒氏[①]。周以后，男女订婚即立婚书，报于官府，不报即为私设。汉魏以后，私设婚书与报官婚书具有同等效力。唐代以婚书作为订婚的法律依据，代替过去习惯。宋人称婚书为“订婚书”。宋代，民间订婚，先送“草帖子”，后送“细帖”即定帖。婚书须写明聘财，主婚人、媒人分别画押，两家各执一份。[②] 元、明、清三代皆把婚书作为婚姻关系成立的法律依据。《元典章》规定：“凡婚书不得用彝语虚文，须要明写聘礼、礼物、婚主并媒人各各画字，女家回书，亦写受到聘礼数目，嫁主其媒人亦合画字，仍将两下礼书背面大书合同字样，分付各家收执，如有词语朦胧，别无各各画字并合同字样，争告到官，即同假伪。”[③]明代规定，男女订婚之初，如果有残疾、老幼、庶出、过房乞养者，须明白通知，然后写立婚书。[④] 清代特别强调婚书的法律效力，凡是立有婚书者，双方不得反悔。此外，私约也是婚约的一种形式。《大清律·户律·婚姻》规定：“若许嫁女已报婚书及有私约而辄悔者，笞五十。虽无婚书，但受聘财亦是。”[⑤]需要说明的是，从订婚制度产生之时，婚书就不是订婚必备的法律文书，就存在一个与订婚法律制度并驾齐驱的民间习惯法制度。这也从一个侧面

---

① 中国古代官名，掌管男女媒合婚姻事。

② 参见北京大学法学百科全书编委会编：《北京大学法学百科全书》，北京大学出版社2000年版，第355页。

③ 转引自刘和海：《中国法制史》，山东大学出版社1995年版，第188页。

④ 参见刘和海：《中国法制史》，山东大学出版社1995年版，第189页。

⑤ 转引自刘和海：《中国法制史》，山东大学出版社1995年版，第190页。

说明了此时的民间社会仍对政治国家具有基础性影响。

3. 聘礼[①]

订婚成就的实质要件。其又称为“纳币”“聘财”“财礼”，指订婚时男方家庭送给女方家庭的财物。西周时期，聘礼为“玄”熏束吊、两张鹿皮。秦汉时期，聘礼之风盛行。唐律规定聘礼是订婚的法定条件：“虽元许婚之书，但受聘财亦是。”[②]到了元朝，法律甚至将不同门第的聘财数量也作了明确规定。例如，《元典章》规定：“上户金一两，银四两，彩缎六表里，杂用绢四十匹。中户金五钱，银四两，彩缎四表里，杂用绢四十匹。下户银三两，彩缎二表里，杂用绢五十匹。”[③]综观我国古代的不同历史时期，聘礼之风长盛不衰。[④]

4. 媒妁

订婚的法定要件。媒妁是订婚过程中撮合男女两家婚姻并见证婚姻程序的人。我国古代制定法中明确规定，订婚必须听凭“媒妁之言”。《礼记·曲礼》：“男女非有行媒，不知相名。”《礼记·坊记》：“男女无媒不交。”唐《开元礼》规定：“自亲王以至庶人，均先媒氏通书，女方许之，然后行纳采之礼。”[⑤]自周以后，媒分官媒、私媒。宋代开始有媒行组织，官媒用“斧”“称”作为职业标志。明因元制设媒，媒人在生活上受国家照顾。《唐律·疏议》规定：“嫁娶有媒，买卖有保。”[⑥]明、清沿用了订婚须有“媒妁之言”的规定。

5. 主婚权

订婚决定权。自西周开始，订婚决定权即在父母，即所谓“父母之命，媒妁之言”。所以，自周开始，主婚权就在父母，父母之命成为婚姻成

---

① 广义的聘礼应当包括婚姻缔结过程中男方送给女方的一切财物，包括订婚聘礼和结婚聘礼。

② 转引自《乔伟文集》卷三，山东大学出版社2000年版，第441页。

③ 转引自刘和海：《中国法制史》，山东大学出版社1995年版，第188页。

④ 笔者不认为“聘礼之风盛行”就说明当时的婚姻是买卖婚姻，而更倾向于认为说明聘礼是当时婚姻成立的必备要件和法定要件，纳聘礼是订婚的法定程序。

⑤ 转引自刘和海：《中国法制史》，山东大学出版社1995年版，第548页。

⑥ 转引自刘和海：《中国法制史》，山东大学出版社1995年版，第548页。

立的必备要件。《孔子家语》:“从父所制。”《诗经》:“娶妻如之何，必告父母。”父母主婚，开始由礼规定，至唐方入律，唐律有“祖父母、父母主婚条”。① 《大清通礼》规定:“嫁娶皆由祖父母、父母主婚，祖父母、父母俱无者，从余亲主婚。其夫之携女适人者，其女从母主婚。”②《中华民国民法》还规定:“男女婚姻，其主婚权在父母。”③

(二)订婚制度的演变:由国家制定法到民间习惯法

在我国，从周朝到清末“变法修律”的3000年间，订婚制度一直是作为国家制定法制度与民间习惯法制度并存。但是，由于这一阶段有关订婚的国家制定法制度的严密性、严酷性特点，我们说，订婚制度在民间虽然存在着习惯法制度，但主要还是表现为国家法律制度。

周朝产生的订婚制度是以“六礼”为核心的，属于“礼制”的范畴。礼本来是先民进行自然崇拜、祖宗崇拜和天神崇拜的一种祈神赐福的宗教规范，后来，随着国家的建立，它才逐步演变为具有一定法律意义的、规范人们行为的社会规范。礼在西周时期发展到高峰，特别是“周公制礼”以后，礼和刑并列成为当时社会的主要法律规范，并且共同成为司法裁判的法律依据。其中“订婚”属于周礼的“婚礼”类别，它既是一种宗法伦理规范，又是一种国家制定法规范，所以，此时的订婚制度具有民间习惯法和国家制定法的双重身份。

随着春秋时期的各诸侯国公布成文法运动的发展，礼开始走下坡路。虽然礼作为一种制度在形式上行将退出历史舞台，但是作为一种规范在内容上、观念上却已经牢牢地扎根在中华民族的血脉之中。经过儒家思想的发展和推进，到了东汉时期，礼从形式上正式退出国家制定法制度，而以“律”的形式出现在国家制定法中。这样，“礼入律”和事实上的“礼主刑辅”使“礼”改头换面，牢牢地确立了自己的法律地位。因此，以“六礼”为核心的订婚制度从东汉开始是以“律”的形式出现在国家制

---

① 转引自刘和海:《中国法制史》，山东大学出版社1995年版，第242页。

② 转引自刘和海:《中国法制史》，山东大学出版社1995年版，第190页。

③ 转引自北京大学法学百科全书编委会编:《北京大学法学百科全书》，北京大学出版社2000年版，第1072页。

定法之中的，并且延续了近2000年。

清朝末年的“变法修律”废除了此前的所有旧的国家制定法制度，以“六礼”为核心的订婚制度也当然地被排除在了国家制定法之外。到民国时期，国民政府对《中华民国民法》的解释例则规定：“男女婚姻，其主婚权在父母。”虽然这些规定与“六礼”有密切联系，但是也是将订婚制度排除在了国家制定法之外的，其“法律所未规定者，依习惯”的规定也表明把订婚制度归到习惯法行列中的基本思路。①

土地革命战争时期，中华苏维埃共和国成立后，于1934年4月8日颁布了《中华苏维埃共和国婚姻法》。该法“确立婚姻自由原则，废除一切包办、强迫和买卖的婚姻制度”，“男女结婚须经双方同意，不允许任何一方或第三者强迫。男女结婚，须同到乡苏维埃或市苏维埃举行登记，领取结婚证”。1949年2月，中共中央发布了《废除国民党的六法全书与确立解放区的司法原则的指示》②，废除了与订婚制度还有一点制定法联系的中华民国的一切法律制度，正式与一切旧法律制度决裂。

1950年4月，中华人民共和国颁布了自己的婚姻法，并于1953年1月正式开始了一场由中共中央和政务院领导的“贯彻婚姻法的运动”③，不仅从法律制度上与过去决裂，还要从思想观念上与之彻底决裂。经过中华人民共和国成立后在全社会领域内广泛的政治运动，最终实现了订婚制度与国家制定法制度内容和形式上的彻底决裂。但是，由于订婚制度的悠久历史和旺盛的生命力，它在民间社会虽然一度在强大的政治运动面前萎缩，却一直保留下来，并作为一种习惯法制度存在于我国许多地区特别是广大农村地区。从此以后，订婚正式成为民间习惯法制度。

---

① 参见北京大学法学百科全书编委会编：《北京大学法学百科全书》，北京大学出版社2000年版，第1072页。

② 参见蔡定剑：《历史与变革——新中国法制建设的历程》，中国政法大学出版社1999年版，第2页。

③ 参见蔡定剑：《历史与变革——新中国法制建设的历程》，中国政法大学出版社1999年版，第40～41页。

（三）民间订婚制度现状：古代国家制定法传统之沿用

由于我国地域辽阔、民族众多、文化差异性很大，订婚习惯法也千差万别，呈现出多样性的特点。清朝末年和民国初年全国范围内的“民事习惯调查”[①]是一次规模巨大、较有权威性的广泛的社会调查，百万言的《民事习惯调查报告录》以县为单位详细叙述了全国各地的民事习惯，其中，有关订婚习惯法的内容非常丰富。我们阅读后发现，在距今不足百年的20世纪初叶，订婚习惯法在形式上与古代制定法相比有一些明显变化，并且各地也有较大差异性。比如，婚书不仅在各地名称各异，而且在许多地区不再是订婚的必备要件。像黑龙江一些地方习惯法以“端盅”作为订婚成立的标志，即订婚双方当事人共同举杯饮酒则告订婚成功。奉天一些地区则以“送质实”作为订婚成立的标志。所谓“送质实”，即男家与媒人一起到女家送聘礼。使用婚书的地区，婚书的名称也是五花八门，比如“媒柬”“庚帖”“红单”“红帖”“草启”“大启媒约书”“龙凤启”“启贴”“小帖”“大柬”“婚柬”等等。[②] 虽然各地习惯法存在着如上述婚书名称等形式上的差别，但是订婚的实质程序及内容与古代制定法相比差别不大，各地的差异性也较小。主要集中表现在两个方面：一是订婚须有媒妁。这不仅仅是遵从古已有之的传统，还有一个重要原因是起到“媒证”的作用。像奉天省的怀德县“婚姻但凭媒证并无婚书庚帖”，并且，男方到女方家送聘财时，也“邀同媒证”[③]。同样的习惯在吉林等几个省也比较普遍。其实“媒证”的作用不仅在于，如果涉讼，媒证是较为有力的证据；而且还在于，只有“明媒”才算“正娶”。二是订婚须有聘财。聘财

---

① 清末“民事习惯调查”始于1907年10月，历时4年，由中央的修订法律馆总其事，目的是为“变法修律”作国情调查。民国时期的调查始于1917年冬，至1921年结束，由北洋政府司法部负责，各省成立“民商事习惯调查会”具体运作，其目的是为立法作准备。（参见前南京国民政府司法行政部编：《民事习惯调查报告录》上册，中国政法大学出版社2000年版，代序言）

② 参见前南京国民政府司法行政部编：《民事习惯调查报告录》下册，中国政法大学出版社2000年版，第760～818页。

③ 前南京国民政府司法行政部编：《民事习惯调查报告录》下册，中国政法大学出版社2000年版，第765页。

或是金银首饰，或是布吊，或是金钱，甚至是猪、牛、羊，种类繁多，聘财多寡各地相异。但是，聘财是订婚的实质要件，许多地方以纳聘财为婚姻成立的标志。

民国初年的订婚习惯在许多地方仍然延续下来。按照山东农村风俗，以订婚程序为线索，现代的订婚制度主要包括以下内容：

“提亲”。即男家请一个“媒人”携带少量礼品到女家“提议亲事”。若女家有意向，即进入第二阶段，女方择日到男家“相亲”。

“相亲”。这一环节是指女方及其一名尊长到男家相互看看对方长相，了解彼此家庭情况。如果女方来“相亲”的人和媒人能留下来吃顿饭，就象征着基本同意了这门亲事，当然，还需要经过双方家长的首肯，再由媒人正式“回话”；如果女方来人不留下吃饭，这门亲事多半就到此为止。

“看八字”。如果媒人向双方回话，彼此同意，则由“媒人”相互交换男女的“生辰八字”，请人研究，称为“看八字”（不是必经阶段，有的也由双方家长自己互换“八字”）。男女的“生辰八字”如果不相克，则双方婚姻基本确定，于是，进入第四个阶段。

“选日子”。男家的嫂子（没有亲嫂子的由家族内血缘最近的嫂子）和媒人到女家去与女家母亲商量选择“订婚礼”的吉日，并且谈妥订婚的彩礼、参加订婚宴的人员和其他相关事宜。

“订婚礼”。这是订婚制度的第五个阶段即最后阶段，也是订婚制度中最隆重的阶段。“订婚礼”主要包括三项内容：

一是“订婚宴”。女家若干人于选择的吉日象征性地携带一些礼品（一般有“鸡”——吉利和“鱼”——富裕）到男家参加为订婚而举行的宴会。男家参加的人员比较多，一般应当包括男方及其父母、男方的姑姑。此时，有关订婚实质问题都已经商定，双方当事人心情都比较放松，所以气氛比较融洽，酒也喝得多，双方家庭一般要“照顾好”媒人，让其“喝足（酒）”。

二是送“彩礼”。根据事先商定的用红包包好的礼金数额（数额不等，差距也较大，一般为999元、1999元、2999元不等，取“久久长远”“千里挑一”之意)由男家的父母或者媒人当众人面交给女方的嫂子。

三是“买衣服”。“订婚宴”次日,男方须与女方到附近(至少是县城)的百货商店为女方买一身时令服装,一块儿在饭店吃顿饭。其主要意义在于男女双方一次单独交流的机会。

“订婚礼”算是“正式”确定了双方的婚姻关系,男、女两家也借“订婚礼”之机公开双方的“准婚姻关系”。按照笔者家乡风俗,即使男女双方已经自由恋爱,也必须经过以上程序,只是可能形式重于内容罢了。此后,从“姻亲”关系上看,双方家长互称“亲家”,男女双方互称对方父母为“爸、妈”,并且逢年过节(一般是春节、“农历六月”、中秋)要以亲戚身份相互走动拜访;从权利、义务关系看,男方每年至少应为女方买夏、冬两套服装;在农村,农忙时节男方还要到女方家做农活,帮助农忙;男女双方应当互相忠诚,不能另寻新欢。

山东省的订婚习惯法基本上是古代有关订婚制度国家制定法的延续,“提亲”与“纳采”,“看八字”与“问名”,“纳吉”“纳徽”与“订婚礼”在内容和程序上基本相同。所不同的是,现代有“相亲”“选日子”及“订婚礼”中的“买衣服”等程序,现代订婚制度中新增的内容和程序体现了对婚姻双方当事人婚姻自主权的保护:“相亲”时,男女双方都参加。如果双方彼此都没有好印象的话,订婚断难成功;“买衣服”与其说是为“财”,倒不如说是为“情”,让双方到一个远离亲人甚至连熟人都难以碰到的地方“买衣服”,虽然在此之前彼此可能没有很多接触,但是在一个相对陌生的世界里,他们就是最亲近的。因此,我们有理由相信,这些程序是为婚姻双方当事人增进交流、彼此了解、加强感情而设置的,或者说,至少是考虑到了男女双方的存在,这与“古年间”(其实就在六七十年前)夫妻双方结婚之前互不相识相比,的确体现了社会的巨大进步。

我国订婚制度的发展史向我们展示了这样一个道理:现代订婚制度虽然已经失去了国家制定法的地位,但作为一种民间习惯法还在我国广大地区普遍存在,这一方面是由于其悠久的历史传统,另一方面也是它在调整婚姻关系中不可替代的作用使然。

(四)现代订婚纠纷解决之困惑:诉讼不能与暴力解决

由于订婚习俗的普遍,特别是订婚过程中“彩礼”的广泛存在,又由于市场经济条件下人员流动加速——机会的增多和观念更新的速度加快,使许多事物的不确定性因素增强,订婚而生的纠纷便难以避免。

笔者从事律师业务时发现,因为订婚纠纷到律师事务所咨询的事情时有发生。《今日说法》汇编本(2001 年第 2 期)记录的案例也有不少有关订婚纠纷的,其中,关于订婚纠纷咨询中央电视台“今日说法”栏目的案例就有三个[①],并且答疑人员也难以作出符合逻辑、能够令人信服的解答。2001 年 10 月 27 日的《齐鲁晚报》也有一则关于“订婚后,一方变心是否可以退还彩礼”的咨询答疑。大量事实说明订婚是普遍存在的,而订婚纠纷也属于比较常见的民事纠纷。由于订婚已经被排除在国家制定法之外,因此订婚纠纷事实上难以通过诉讼途径解决。有人建议作为“附义务的赠与行为”或者“不当得利”来解决订婚过程中产生的财产纠纷[②],但是这毕竟是一些尚存在很大争议的解决方案。目前,与订婚制度有一点联系的司法依据当属《最高人民法院关于人民法院审理离婚案件处理财产分割问题的若干具体意见》(1993 年 11 月 3 日)了。该《意见》第 19 条规定:“借婚姻关系索取的财物,离婚时,如结婚时间不长,或者因索要财物造成对方生活困难的,可酌情返还。”而如何认定“借订婚索取他人财物行为”在司法实践中又不具有可操作性。原因在于:一是订婚期间的财产往来往往缺乏相关证据证明,大多是证人证言这种单一证据,证明力较弱;二是订婚期间发生的财产往来即使有证据证明,一般也认定为“赠与”,受赠方不负有返还义务;三是我国有关婚姻立法一般重在保护女方的利益,而订婚的权利义务不平衡性往往是男方受损失,这为产生纠纷后的司法裁决带来负面影响;四是从广义上说“借订婚索取财物”应属于“借婚姻关系索取财物”的范围,但由于缺乏具体明确的法

---

① 参见尹力:《今日说法》(2001 年第 2 期),中国人民公安大学出版社 2001 年版,第 178、188、266 页。

② 参见《恋爱不成,可要求退回彩礼吗?》,《齐鲁晚报》2001 年 10 月 27 日。

律法规及相关判例，法官往往采取慎重态度。

由于诉讼不能而导致订婚纠纷在实践中大多采取暴力或者暴力相威胁的方法而“自力救济”。暴力成为解决订婚纠纷的一种常见方法。笔者家乡就曾经发生过这样一个案例：男方与女方是同村的同学，男方先于女方两年考上大学，等女方考上大学后，他们便在媒人及双方父母的主持下，举行了隆重的订婚仪式。此后，双方家庭就俨然一家人。由于女方家没有男孩，亲家经常过来帮忙，特别是男方大学毕业分到县城工作后，更是为女方家跑前跑后，做了不少工作，用女方母亲的话说“就像自家的儿子一样”。可是正当两家关系越来越亲密时，两个年轻人的关系却越来越疏远。特别是女方分配在省城后，终于提出要与男方分手。男方父母先是到亲家那里苦苦哀求，没有效果后，便纠集了本家族的十几个男人到女方家大闹，女方父母还要笑脸相迎、好茶好酒地伺候。在酒席桌上，女方父亲一句话没说好，几个人上去便大打出手，直打得女方父亲不省人事才罢手。而且还以砸烂女家相威胁，逼迫女方父亲同意赔偿男方家庭经济损失 5000 元，赔偿男方青春损失费 3000 元。可怜那本应躺在病床上的女方父亲硬挺着身子四处借钱替女儿“赎身”。有人建议女方父亲到派出所报案，但是被拒绝了：“丢死人了，还去报案！”这一方面说明了传统观念对人们的思想和行为的束缚之甚，另一方面也说明民间习惯法对人们行为的约束力。“盖退婚之举，一般社会认为丑事，故宁可牺牲夫妇一生幸福，不肯轻率请求离婚（即退婚——引者注）。此其守信不渝，虽为善良风俗之一。而不慎于始，枉受无穷之痛苦，且或以发生复杂之法律关系，亦甚可以怜叹而急须改良者也。”①《唐律疏议·户婚律》规定“诸许嫁女，已报婚书及有私约，而辄悔者，杖六十”；《大清律》也有“笞五十”的规定。也就是说，订婚后再反悔的，要接受刑罚处罚，这是国家制定法对违反婚约的传统制裁措施。既然现在的国家制定法不去对“违约者”进行刑罚处罚，受到损失的一方就可以“自力救济”。因

① 前南京国民政府司法行政部：《民事习惯调查报告录》下册，中国政法大学出版社 2000 年版，第 853 页。

此，民间习惯法以暴力解决订婚纠纷的方法也是古代国家制定法对违反婚约的刑罚方法的延续。

国家制定法缺乏对订婚纠纷的有效制约而导致的危害不仅仅停留在一般的民事纠纷层面上，而且还直接导致上述以暴力逼迫甚至伤及人身权利并涉嫌犯罪的行为，更为一些不法之徒利用国家制定法的空白大肆捞取钱财提供了可乘之机。笔者在律师业务中就曾亲历过这样一个案例：某男与某女订婚刚刚几个月女方即“吹灯拔蜡”，而男方因为订婚为女方及其家庭花了近5000元钱。事后某男才知道，女方在二三年内已经接二连三“订婚”四五次。在笔者问及有关证据时，某男说大部分钱是他为某女买了礼品，没有证据可言。只有其中的3000元，是某男之父与媒人一起送到女方家的，可媒人由于慑于某女之父的村支部书记权威而不敢作证。这种借国家制定法空白而“诈骗”钱财的做法实在令人厌恶至极。但是，这些现象也提醒我们，在市场经济条件下，人们的义利观念、权利意识、道德观念的多样化和层次的差异性在订婚问题上也会体现出来。面对这种错综复杂的局面，没有国家强制力保障的民间习惯法对订婚纠纷的调整显然不能适应社会发展的要求。

二、西方订婚制度及其与我国订婚制度的差异

西方订婚制度也有着悠久的历史，内容亦十分丰富。西方订婚制度的发展就像其历史发展一样，没有表现出猛烈兴废的特征，而是呈现为一个渐进的发展过程，并且在现代大陆法系和英美法系的民法制度中得到了完善。中、西方在订婚制度上存在的差异性体现在订婚制度的各个方面。

（一）西方订婚制度简介

1. 罗马法

订婚制度在罗马法中已有较为详尽和严格的规定。根据《学说汇编》和《优士丁尼法典》的记载，古罗马时代，“在结婚之前，未来的新娘新郎（或者他们各自的父亲）可以先达成一项协议，以保证缔结婚姻。这种

在历史时代非正式的协议就是订婚”[①]。“在拉齐奥人民中，据说在接受罗马公民资格之前，订婚曾受到真正诉权的保护，这就是‘承诺之诉(actio ex sponsu)’，它具有强迫不忠诚的新郎或新娘支付一笔钱款的效力。”[②]古罗马的“订婚”制度造成一种准姻亲关系，“未婚的新郎新娘在解除先存的关系之前，是不能同他人订婚或结婚的，否则将被宣布为不名誉”[③]。随着罗马历史的发展“订婚保证金”制度也开始出现，“如果未婚的夫妻相互交换了这种保证金，因其过错而未履行婚约的一方就失去了自己的保证金，而且必须返回已收取的保证金，开始时是按照4倍的标准返还，后来则按照两倍的标准；未成年人只返还保证金的原额”[④]。另外，这两部法典还对订婚后男女双方的义务、赠与、订婚的法律后果及解除等问题进行了规定。

2.美国法

如果说罗马法有关订婚制度的规定过于古老的话，那么，当代英美法系的核心美国法中的订婚制度则充满了现代法治的理念，并具有较强的实践操作性。“婚约(marriage promise)，是指男女双方以结婚为目的，对婚姻关系的事先约定。根据婚约契约说，婚约是订婚契约，尽管婚约作为具有人身性质的契约不得强制执行，但无正当理由不履行婚约的，应承担违约责任。有关违反婚约的规定在普通法中已经延续300多年，对于违约者，原告有权要求对违约所造成的感情、健康、名誉损失给予违约或侵权赔偿，赔偿的数额可根据被告的财富、收入、社会地位决定。”[⑤]存在婚约关系的“婚前赠与”(premarital gifts)，在婚约关系破裂后，双方

---

① [意]彼德罗·彭梵得:《罗马法教科书》，黄风译，中国政法大学出版社1992年版，第152页。

② [意]彼德罗·彭梵得:《罗马法教科书》，黄风译，中国政法大学出版社1992年版，第152页。

③ [意]彼德罗·彭梵得:《罗马法教科书》，黄风译，中国政法大学出版社1992年版，第153页。

④ [意]彼德罗·彭梵得:《罗马法教科书》，黄风译，中国政法大学出版社1992年版，第153页。

⑤ 夏吟兰:《美国现代婚姻家庭制度》，中国政法大学出版社1999年版，第51页。

发生争议的，争议双方拥有诉权，各州法院处理此问题时所遵循的原则及规定也不尽相同。“一些法院遵循传统规定，赠与人只有在双方同意解除婚约关系或受赠人不正当地解除婚约关系时才能要求返还赠与物。另一些法院则依据现代理论，不论是否双方同意，以结婚为条件的赠与物在婚约解除时都应当返还而不考虑是否有过错。”①不仅如此，美国还于1983年起草了《统一婚前协议法案》(The Uniform Premarital Agreement Act)②，并被越来越多的州所承认，这给婚前男女双方对自己的充满浪漫和期待的婚姻提供了一次理性思考的机会。

3. 大陆法系

大陆法系国家一般在《民法典》中专列“婚约”一节，对预期婚姻进行契约化规定。1900年生效的《德国民法典》第四编第一章第一节用六个条款规定了因违反“婚约”带来的损害赔偿责任和“不当得利”的返还责任，并且同时规定了不能因婚约而提起“结婚之诉”。婚约与一般合同不同之处还在于，双方不能约定不履行结婚时支付违约金的条款。在《德国民法典》中，将因“婚约”产生的婚姻称为“预期婚姻”，因为德国也实行婚姻登记制度(第1317、1318条)③，而1998年修订的《德国民法典》明确规定了订婚制度。④ 1988年1月1日修订生效的《瑞士民法典》也是用六个条款(第90～95条)来对“婚约”作出规定，包括了婚约的效力及违约的责任。瑞士是一个实行“结婚公告制”的国家，“婚约双方当事人必须在公民身份登记官处声明其对婚姻的同意，并申请进行结婚公告”(第105条)，身份登记官经审查后发给结婚公告书(第113条)。⑤ 大陆法系国家因“婚约”而产生的“预期婚姻制度”与我国的“订婚制度”有许多相似之

---

① 夏吟兰:《美国现代婚姻家庭制度》，中国政法大学出版社1999年版，第53页。

② 参见夏吟兰:《美国现代婚姻家庭制度》，中国政法大学出版社1999年版，第57页。

③ 参见萧榕:《世界著名法典选编(民法卷)》，中国民主法制出版社1998年版，第939～940页。

④ 参见《德国民法典》，郑冲、贾红梅译，法律出版社1999年版，第295页。

⑤ 参见中国法学会婚姻法学研究会编:《外国婚姻家庭法汇编》，群众出版社2000年版，第280～281页。

处。另外,《突尼斯个人地位法》(1956年)直接明确规定了订婚制度,其中,包括"订婚"(第1、2条)、"结婚合同"(第3～10条)、"规定的选择"(第11条)、"彩礼"(第12、13条)等内容。①

(二)中、西方订婚制度的差异

在"订婚"问题上,西方一些国家的法律制度和我国古代的制定法及现存民间习惯法有许多相同或者近似的地方。比如:中国有"婚书",西方有"婚约";中国有"聘礼",西方有"赠与物";中国的"婚书"与西方的"婚约"都具有法律约束力;等等。但是,仔细分析起来,这两种订婚制度还是有很多不同的,并且直接反映了两种迥异的法律观。

首先,签约主体不同。西方签订"婚约"的主体基本上是婚姻双方当事人,中国签订"婚书"的主体却是婚姻双方当事人的父母。正如前文所述,古罗马有关订婚制度的法律规定签订婚约的双方当事人是未来的新郎新娘(或者他们各自的父母),而古罗马家庭实行的是"家父制",家庭中除了"家父"是自权人外,"家子"等其他人都不是完整的民事主体。在这种家庭法律制度下,能够基本保证婚姻双方当事人的婚姻权,应当说是非常先进的,它体现了古罗马法重视对个人的私权利保护,这也正是大陆法系和英美法系对婚约规定基本近似的历史原因。公元前18世纪的《汉穆拉比法典》和公元前3世纪前后的《摩奴法典》对签订婚约的主体有着十分近似的规定,即由未来的新郎与未来新娘的父亲签订婚约(《汉穆拉比法典》第128、159～161条;《摩奴法典》第八卷第224、225、227、228条,第九卷第69、71～73、88～93条)。② 在古巴比伦和古印度,父亲对女儿的婚姻享有支配权,但是父亲的支配权也是受到一定限制的。比如,《摩奴法典》规定,父亲将女儿"字人"③时,应该按法律将其字与"相貌

---

① 参见中国法学会婚姻法学研究会编:《外国婚姻家庭法汇编》,群众出版社2000年版,第419～420页。

② 参见萧榕主编:《世界著名法典选编(民法卷)》,中国民主法制出版社1998年版,第7～9、74、82、83页。

③ 许配他人。

宜人、同种姓的卓越青年"(第 88、89 条);姑娘达到 8 岁的"及笄"年龄[①],"可等待三年,逾期,可自行在同种姓间择婿"(第 90 条),并且不犯任何罪过(第 91 条);达到"及笄"年龄的姑娘尚未结婚的,其父亲丧失得到聘礼的权利,"因为父亲延迟她做母亲的时间,已失去对姑娘的支配权"(第 93 条)。现代西方的婚约,无论是大陆法系还是英美法系都明确规定,婚约主体是婚姻双方当事人。反观我国,如前文所述"婚书"签订的主体是祖父母或者父母,法律明确规定他们享有对子女的"主婚权"。也就是说,子女的婚姻是"父母之命"这种法律制度造成的传统观念,直到今天还在民间习惯法规范中打着深深的烙印。

其次,违反婚约的责任不同。无论是古代还是现代,西方的婚约都是可以违反的,违反婚约的一方在过错范围内承担民事责任。《汉穆拉比法典》规定:"159 条:倘自由民将聘礼送至其岳家,交付聘金之后,见其他妇女,而谓其父云:'我不要你之女',则女子之父得占其送来的一切财物。160 条:倘自由民将聘礼送至其岳家,交付聘金,而后女子之父云:'我不将吾女给你',则彼应加倍归还一切致送与彼之物。161 条:倘自由民将聘礼送至其岳家,交付聘金,而后其友诽谤之,于是岳父告妻主(即新郎)云:'你勿娶吾女',则彼应加倍退还一切致送与彼之物,而其友亦不得娶此妻。"[②]由以上规定可以看出,违反婚约的一方如果有过错,就应当承担相应的赔偿责任。古罗马的"订婚保证金"制度与古巴比伦的"违约赔偿制度"非常近似。现代大陆法系和英美法系在对违反婚约的一方承担民事责任的规定上又有了近一步的发展,但是各国的具体法律制度不同。如《德国民法典》规定,违反婚约的一方如果有过错,对方应提起侵权损害赔偿之诉。赔偿范围包括"支出的费用或负担债务所发生的损害"和"为预期婚姻而采取的关于其财产或职业的其他措施所受的损害"(第 1298、1299 条),"婚约违约金"条款无效(第 1297 条),双方返还"赠与

---

① 笄:束发用的管子。"及笄"年龄,指婚龄。在古印度,女子年满 8 岁即可嫁人。

② 转引自萧榕主编:《世界著名法典选编(民法卷)》,中国民主法制出版社 1998 年版,第 9 页。

物”(第1301条)。美国法规定,对违约一方既可以提起“违约之诉”又可以提起“侵权之诉”,“侵权之诉”的赔偿范围包括精神损害、名誉损失等非物质损失。《瑞士民法典》也包括了违约方对对方赔偿精神损失的内容。由此可以看出,西方社会在维护个体的婚姻自由权的同时,也注重保障每个人财产权和其他人身权。中国的婚书是否可以“悔约”呢?《唐律疏议·户婚律》:“‘诸许嫁女,已报婚书及有私约,而辄悔婚者,杖六十。’本注:‘男家自悔者,不坐,不追聘财。’疏议:‘而别许他人者,杖一百。若已成者,徒一年半。后娶者知已许嫁人之情减而娶者,减女家罪一等。……女归前夫,若前夫不娶,女氏还聘财,后夫婚如法。’”《宋刑统》与《唐律》相同。《元典章》也依唐律,但处刑较轻:“女方悔婚者,笞三十,更许他人者,笞四十七,已成婚者,笞五十七。”①明清规定与前代大致相当。中国古代关于订婚制度的制定法中的刑罚处罚方法与前文所述的当代用暴力解决订婚纠纷的民间习惯法方法,一方面说明了无论是古代还是近代,中国的婚约是一种不可违也难以违的“身契”!另一方面也体现了政治国家的强权力对民间社会私权利的干涉范围和程度的广与深。

再次,订婚制度的目的截然不同。中国订婚制度的目的是为了维护家庭关系和既有统治关系的稳定和安全;而西方订婚制度的主要目的是为维护个体人权,保障为每个人提供尽可能大的生存空间。

最后,订婚制度的发展过程呈现出迥异的特征。西方的订婚制定法制度从古罗马法到当代的两大法系,没有发生过巨变,是一个渐变的、连续的过程,其实,这也是西方整个法律制度发展的特征。这个过程体现出了国家制定法连续性、稳定性的基本特征。当代两大法系有关订婚的法律、法规不断发展,日臻完善,形成了完整和相对稳定的制度。以美国为例,除了上文提到的《统一婚前协议法案》外,还包括《美国统一结婚离婚法》《统一父母身份法》《统一互惠抚养费强制执行法》《州际家庭抚养

① 转引自北京大学法学百科全书编委会编:《北京大学法学百科全书》,北京大学出版社2000年版,第352页。

法》《统一流产法》《美国统一婚姻财产法》等在美国统一实施的法律，还有在某些州实施的地方性法律，如《已婚妇女财产法》《家庭费用法》[①]，另外还有许许多多有关婚姻家庭制度的判例法。中国的订婚制度由国家制定法为主的状态演变为完全由民间习惯法调整——这种国家制定法对订婚问题的监管空白与古代用刑罚方法对订婚制度严密控制形成了鲜明的对比。如果说，这种法律制度的兴废在20世纪后半期由于民间社会处于"极端主义"政治国家笼罩下，其弊端还没有显现出来的话，那么，今天在市场经济条件下，法律制度巨变对民间社会的负面影响则几乎是立刻凸现了出来。

当然，除了以上所提到的差异性之外，还有诸如社会基础性条件、民族传统、地理环境、文化氛围等许多不同，恕笔者在此不能一一列举。

三、订婚制度的法理分析

笔者在分析订婚制度时不自觉地运用了比较分析方法，并且从纵和横两条线上展开，即"古今"一条线、"中外"一条线，这也是笔者所一贯主张的"立体分析法"。应当说，由于材料的限制和时间的仓促等多方面原因而导致论述的不够翔实、具体，有宽泛、粗糙之嫌。即使是这样，如果放弃这种研究方法，则很容易走向片面性，这也是国内许多学者在此问题上容易忽视的一个方法论问题。因为只进行古今对比，则容易陷入"不识庐山真面目，只缘身在此山中"的中国法怪圈中；只进行中外比较，则难以把握今天仍行之有效的制度的来龙去脉，即只知其然，不知其所以然，就难知其将要然。通过对订婚制度的"立体化"比较研究，笔者对两个问题产生了法理上的困惑：一是中国的订婚制度由国家制定法转变为民间习惯法是否符合法律发展的自身规律？二是为什么中国的订婚制定法制度被视为"封建遗毒"而遭摒弃，而西方有关订婚制定法却日益完善和发展？

---

① 参见夏吟兰：《美国现代婚姻家庭制度》，中国政法大学出版社1999年版，第12、13、51～79页。

显然，问题的答案在订婚制度自身的研究中是难以找到的。笔者在阅读有关民间法材料时得到了一个方法论启示：从民间社会与政治国家的关系出发分析国家制定法与民间习惯法的关系，或许能对这两个困惑在法理上找到一些合理的解释。

（一）大、小传统

政治国家与民间社会的关系问题，即学界通用的“大传统”（一种与政治国家相关的存在）与“小传统”（一种与民间社会相关的存在）的关系问题，比较有代表性的集中论述当属于 1997 年 8 月在北京有王铭铭、王斯福（英）、梁治平、邓正来、朱苏力等学者参加的“关于乡土社会的秩序、公正与权威”的研讨会上的发言。[①] 在这个会上，许多学者讲到了政治国家与民间社会的互动和沟通问题，但是鲜有学者提出令人信服的具有建设性的解决方案。对这个问题提出独创性见解的当属谢晖教授 2000 年 10 月在第三届亚洲法哲学大会上作的《大、小传统间的沟通理性》的演讲。[②] 谢晖教授在总结和评价了以往既有的“‘地方性知识’与放任性沟通”“权威意识形态与强控式沟通”和“党派化政策与劝教式沟通”三种沟通方式之后，提出了自己的“契约性法律与自治：大、小传统沟通的最高理性”的观点。他认为，协调国家法与民间法的对峙性的唯一出路，应该是国家法对民间法的合理包容，即国家法的契约化。“这就要求，当代中国的法律建设须更为自觉地沟通大、小传统。所谓沟通大、小传统，一方面，可以从静态意义上来理解，即制定的法律，既充分体现了高层的精英理性和大传统的既存，也充分体现着低层的大众理性和小传统的既存。另一方面，也可以从动态意义上来理解，即契约性法律对大、小传统的沟通，既是大、小传统间的互需互动机制，同时又长期影响着法律在这种互需互动机制变迁时的修正。”[③]

---

① 参见王铭铭、王斯福主编：《乡土社会的秩序、公正与权威》的“前言”部分，中国政法大学出版社 1997 年版。

② 该演讲以《论当代中国官方与民间的法律沟通》为题载于《学习与探索》2000 年第 1 期第 84～90 页。

③ 谢晖：《论当代中国官方与民间的法律沟通》，载《学习与探索》2000 年第 1 期。

谢晖教授的关于大传统与小传统的沟通理论是从社会自治角度出发[①]的一个全方位思考，其创造性在于明确提出了契约性法律是双方沟通的理性方法。可是当我们顺着这条思路继续思考下去就会发现一个新的问题：为什么政治国家不去自觉地用契约性法律沟通这个业已存在的政治国家与民间社会的矛盾，即不对订婚制度予以制定法上的认可呢？

在政治国家与民间社会的沟通过程中，二者的应然关系是互动的。但是大量历史事实告诉我们，二者的实然关系却往往是单向的，即只有政治国家对民间社会的控制而绝少民间社会对政治国家的影响，或者至少是在二者互动过程中占主导地位的是政治国家，民间社会只居于一个次要或者服从的地位。因此，在二者的互动过程中就会出现政治国家的积极、主动与民间社会的消极、被动这种"一边倒"的尴尬局面，从而事实上造成了二者难以互动的结果，并最终决定诸如订婚这样的法律制度被政治国家所任意驱使、处置，被驱赶出"大传统"的行列。笔者认为，其主要原因是没有摆正民间社会与政治国家的理性关系，没有找到契约性法律沟通的具体手段。

(二)大、小传统的理性关系

西方一些学者认为，在全球性国家体系的建构过程中，各国的发展大致经历了两个阶段，即"传统国家"(traditional state)和现代"民族—国家"(nation-state)，在这两个阶段中有一个过渡阶段即"绝对主义国家"(absolutist state)。[②] "传统国家"时期，国家对社会的控制是松散的。所谓"松散"，并非说国家政权机关是松散的，不具有强大的威力，而是指国家对社会控制的量和对社会渗透的度处于低层次，使得社会能够按照自己的既有模式运行，"毋庸置疑，许多社会制度都是我们成功追求我们有

---

① 谢晖教授在讲大、小传统沟通的最高理性时，讲到了两种方法"契约性法律"和"自治"，他主要讲了前者，后者没有展开论述。笔者以为，他所讲的"自治"方法的立足点首先应当是民间社会。

② 参见王铭铭等：《乡土社会的秩序、公正与权威》，中国政法大学出版社 1997 年版，第 157 页。

意识的目标所不可或缺的条件,然而这些制度事实上却是那些既不是被发明出来的也不是为了实现任何这类目的而被遵循的习俗、习惯或惯例所形成的结果"①。我国古代自西周至19世纪末的3000年间就是处于这样一个时期。在这一历史时期,国家公权力只渗透到社会的县一级,大多数地区和绝大多数社会成员是在一种"天高皇帝远"的自给自足的自然经济状态下演进,社会自身创造的习惯、传统和制度是社会运行的主要保障,国家法律制度对社会的影响非常有限。这就是为什么如前文所述的订婚制度在我国这样一个拥有近3000年制定法传统的国度里却在各地仍存在民间习惯法并呈现出多样性特点的原因。因此,在"传统国家"形态里"'皇权国家'与'宗法社会'分野"②、国家制定法和民间习惯法并存,二者"各自为政",仅存的相互影响也局限于狭小的领域内,其结果是民间社会不能利用政治国家提供的管理资源、政治国家也不能从民间社会那里得到秩序上的支持,缺乏理性互动的"共同发展"必然不是人类文明发展的理想模式。

我们说"绝对主义国家"是一个过渡阶段,也暗含其在人类历史长河中的短暂性。这个阶段有较强的"矫枉过正"的特点,即国家试图一改过去自己对社会控制的"无所作为"的形象,而试图"大有作为"。具体表现在政治国家对民间社会控制手段的变化上——由过去的法律、经济、教育手段扩大到包括政治、文化、宗教、思想等"全方位、多层次"的介入手段。从法律角度看,以"理性构建"为借口,撇开社会的客观需求于不顾对法律进行"立、改、废",并且将这些民间社会不熟悉的新的制定法规则强加给民间社会,直接导致国家制定法与民间习惯法冲突,政治国家与民间社会脱节。"绝对主义国家"的产生有着深刻的历史背景,其根本原因是市场经济需要的平等地位、权利意识、自由空间与既存的传统政治制度之间发生了尖锐的矛盾和冲突。在我国,类似的情况发生在清朝末

---

① [英]弗里德利希·冯·哈耶克:《法律、立法与自由》第1卷,邓正来等译,中国大百科全书出版社2000年版,第7页。

② 谢晖:《政治家的法理与政治化的法》,《法学评论》1999年第3期。

年，只可惜清朝统治者的“变法修律”还没有对民间社会形成影响就寿终正寝了。同样，民间社会也没有给代之而起的北洋政府、南京国民政府以足够的时间和耐心，内忧外患交织在一起，使得政治国家与民间社会的关系一直没有理顺。中华人民共和国成立后，从1958年的“大跃进”开始、以“文化大革命”为典型代表，中国民间社会经历了一场又一场的深刻的革命。笔者之所以将其称为“革命”，主要原因在于它们完全是由政治国家强加给民间社会的，并且对民间社会是一种伤及体魄、触及灵魂的涤荡。它们不仅仅要改变民间社会的旧法统、旧习惯、旧风俗，还要清理一切与“旧社会”有关的旧文化、旧思想、旧世界观，总之，对人的改造是“脱胎换骨”，对社会的改造是“天翻地覆”。政治国家的权力触角不仅伸展到民间社会的最底层，而且直接触及每一个个体的人，不仅要“改造”民间社会的制度，还要“改造”民间社会中人的思想观念。从此，中国社会发生了极具戏剧性的变化，政治国家与民间社会的关系也呈现出前所未有的局面，“曾有一度，国家权力不仅深入到社会的基层，并且扩展到社会生活的所有领域，以至在国家权力之外，不再有任何民间社会的组织形式”①。应当说，这是政治国家对民间社会控制最严密的阶段，也是政治国家与民间社会冲突的顶峰，其直接后果是，此后，政治国家成为民间社会的主宰，民间社会沦落为政治国家的奴婢。其间接后果是，政治国家在任何时候，都可以将自己为民间社会设计的发展方案强加于它，而民间社会没有任何选择的余地，从而使国家制定法和民间习惯法的关系呈现出国家制定法畸形发展、民间习惯法严重萎缩的一元化格局。

出现如此局面的原因在于没有理顺民间社会与政治国家的理性关系。

从“人—社会—国家”的产生顺序看，应当先有人，人的动物本能使其集结成“群”，人由于“社”（祭祀土神的地方）而“会”（聚集在一起），因

---

① 王铭铭等：《乡土社会的秩序、公正与权威》，中国政法大学出版社1997年版，第413页。

此，社会是由于人的彼此需要（不是动物本能）而形成的人的聚合体。随着聚合体的量（人口、地域、生产规模、对外战争的发展等等）的发展，人们开始寻找一种对社会有效的管理方法。于是，人们通过选举等方式推选出一部分人专门从事社会管理活动，这些人所形成的组织经过长时期的演进逐步从民间社会分离出来而形成一种独立的组织体。这就是早期国家的雏形，用霍布斯的话说“这就是活的上帝的诞生”①。从政治国家的产生看，它完全是民间社会的产儿；从政治国家的职能看，它不过是民间社会的“经理人”②。从这个意义上说，在民间社会与政治国家的关系中，民间社会应当占据主导地位，政治国家居于次要位置，是民间社会决定政治国家，而不是相反。这是政治国家与民间社会的理性关系。在人类文明发展过程中，政治国家应当摆正自己的“经理人”位置，不断寻

---

① ［英］霍布斯：《利维坦》，黎思复等译，商务印书馆1996年版，第132页。

② 法国哲学家雅克·马里旦在他的《人和国家》一书中说过，国家不过是一个为人服务的工具，这与马克思主义所讲的国家是阶级统治的工具有异曲同工之处。笔者受二者启发，得出一个比喻：政治国家不过是民间社会的一个“服务员”，但是这大有异化古典自然法学派的理论之嫌，并且与政治国家的地位和作用太过不称，因为毕竟政治国家需要有一定创造力，而“服务员”显然服从意识太强和创造力缺乏。于是，笔者进了一步：政治国家是民间社会的“经理人”。在公司法中，经理人是指一个只有经营权、没有决策权的“超级雇员”（总经理、部门经理）集合体。应当说，这个定位基本反映了政治国家在人类文明发展过程中不可或缺的作用。可是，用这个社会契约论的观点难以解释中国历史上曾经出现过的政治国家的地位，甚至也无法解释现代发达国家的政治国家的职能。因此，随着现代化的发展，为了保护社会整体利益、防止激烈的自由竞争而带来的负面影响，政治国家正在承担越来越多的职能；与之相应，民间社会必然赋予它更多的“法权”，其直接的后果是政治国家在现代社会扮演的角色更接近于“董事会”而不是“经理人”了。我们应当注意的是，在现代西方政治国家的职能转变过程中，民间社会从来没有失去对政治国家的控制，这是颇值得人们思考的。从民间社会与政治国家的良性互动的前途即最终定位来看，政治国家显然更接近于“董事会”。但是，即使是这样，作为“股东大会”的民间社会仍然可以用法律程序来决定“公司”的重大事项，包括董事及董事长的人选。笔者认为，在一个尚未建立起民间社会对政治国家进行理性法律控制制度的国家里，切不可操之过急，赋予政治国家过多的权力。一旦民间社会失去了对它的控制，必然导致民间社会自己难以解决的后果。从这个意义上说，笔者暂且把政治国家定位在“经理人”的位置上是不太超前、不过于理想化，而是一种切实可行的解决方案，以等待实践和时间对“经理人”的检验。

找民间社会需要又适合其发展的管理方法来推动其发展；民间社会也应当充分发挥自己作为“股东大会”的主导作用，寻找科学的方法来驾驭政治国家，使其成为真正能为自己提供良好服务的“经理人”。

明确了二者的理性关系后，让我们分析一下二者互动的理性方法。

(三)大、小传统理性互动的方法

从人类历史的长河看，政治国家对民间社会应当是“管理”而不是“控制”，其手段应当是“法律”，而不是不受民间社会规制的“权力”甚至赤裸裸的“暴力”。现代英国法学家约翰·菲尼斯说：“法是由一定权力机关(authority)制定的以制裁保证的规则；这些规则和机关为了社会的共同幸福而理智地解决社会的协调问题，其解决方式本身应适应共同幸福，有具体性、最少限度的专横并保证法律主体之间及其与合法权力之间相互交往的特征。”①法律是政治国家履行其管理职能的唯一手段，其他的诸如政治的、经济的、道德的、宗教的方法，要么本身就是法律方法，要么根本就不属于政治国家的职能范围。政治的、经济的方法首先应当是法律方法，或者说是通过法律制度来实现的；道德的、宗教的方法主要是社会自身调整方法，而主要不是由政治国家来履行的职能。“在一个自由的社会里，国家只是众多组织中的一个组织：这个组织必须提供一个能够使自生自发秩序得以有效型构的外部框架，但是这个组织的范围却只限于政府机构，而且还不得决定自由的个人所进行的活动。”②政治国家不可能解决民间社会的所有问题，政治国家的管理应当局限于民间社会明确赋予其管理职能的范围，其他许多问题应当由社会自身发展机制来寻找解决的方案而不是由政治国家来越俎代庖。“凡是社会能够自治的地方或事物，均由社会处理；只有对社会难以自治的地方或事物，才交由国家处理。”③从这个意义上说，订婚制度的地位不应当由政治国家的意识形态来决定，而应当由民间社会的需要来决定。综观我国订婚制

---

① 沈宗灵：《现代西方法理学》，北京大学出版社 1992 年版，第 87～88 页。

② [英]弗里德利希·冯·哈耶克：《法律、立法与自由》第 2、3 卷，邓正来等译，中国大百科全书出版社 2000 年版，第 474 页。

③ 谢晖：《政治家的法理与政治化的法》，《法学评论》1999 年第 3 期。

度的发展，可以清楚地看出，订婚制度是民间社会需要的结果，是一种自生自发的制度，而不是政治国家的发明和创造，因此，它首先应当是民间习惯法制度；又由于订婚制度在运行过程中存在一些民间社会自身难以解决的矛盾，民间社会才把它交给政治国家用国家强制力来进行调整，所以，订婚制度又是国家制定法制度。由订婚自身特点所产生的两种法律制度协调并进、缺一不可的局面是符合民间社会发展规律的，立法活动应当适应这个客观规律而不是对此视而不见。订婚制度的这种二重性特征也从侧面说明政治国家与民间社会是融合的，而不是对立的。

二者互动方法的另一个方面是，民间社会对政治国家应当是“控制”而不是“影响”，其手段是也只能是“民主制度”。现实中的政治国家不是俯首帖耳地为民间社会服务，而是一个力大无比、面目狰狞的“利维坦”[①]。这说明在二者互动过程中，民间社会缺乏对政治国家的有效控制，其结果是政治国家完全按照自己的意志来运行，即使其制定的法律也不能够反映民间社会的需求。“古往今来的一切法律，无不以记载和反映一定的主体需求为己任。”[②]“极端主义”政治国家所制定的法律往往是从其自身需求出发，从对民间社会的控制出发，而不是从民间社会的需要出发，代表民众的利益和需求，这样的法律不仅不能形成人们的普遍信仰，而且可能导致民间社会与政治国家的分离甚至对抗。因此，只有利用民主制度决定国家的产生或者直接决定政府的组成，并对政治国家的运行进行有效的监控，才能使政治国家为民间社会的发展创造条件。

在西方，关于国家的产生有两种较有影响的理论：一是以霍布斯、卢梭、洛克为代表的社会契约论；二是马克思主义的阶级斗争学说。社会契约理论的历史依据离不开古罗马、古希腊的城邦民主制，我们综观古希腊、古罗马城邦民主制的发展就会发现，它们之所以很好地解决了民

---

① 《圣经》中的一种力大无穷的巨兽(Leviathan)名字的音译。

② 谢晖：《法学范畴的矛盾辨思》，山东人民出版社 1999 年版，第 106 页。

间社会对政治国家的控制问题，端在于它们发明了民主制度并且很好地利用它为民间社会服务，用契约性法律规范的民主制度成为政治国家与民间社会理性沟通的纽带。可以说，民主制度孕育了一个能够被民间社会控制又能反过来为其服务的健康的政治国家。在中世纪欧洲，虽然政治国家曾经借助强大的基督教宗教势力对民间社会进行了几百年的精神控制和政治奴役，但是，民间社会还是借助民主和科学这两面大旗最终恢复了对政治国家的控制，并且这种理性控制一直持续到今天。“一旦我们认识到，大社会的基本秩序不可能完全依凭设计，从而也不能够以特定的可预见的结果为目标，那么我们就会发现，要求所有权力机构都必须遵循公众意见所认可的一般性原则并以此作为所有权力机构获得合法性的条件，就完全可以使所有权力机构的特定意志——包括即时性特定意志(the particular will of the majority of the moment)——受到有效的限制。”[①]哈耶克这段话的精神是，对国家权力机构进行限制的方法是使其必须遵循公众意见所认可的一般性原则，否则，这样的国家权力机构就是不合法的。其实，这是从另一个侧面强调民间社会对政治国家的控制。

不受民间社会控制的“利维坦”的降生用马克思主义的国家产生理论就能够作出一个合理的解释。马克思主义认为，阶级统治的需要是国家产生的原因，阶级斗争是国家产生的方法。其实，这与霍布斯所讲的通过“强力和战争”建立国家的方法在本质上是一致的，只是观察问题的角度不同。中国第一个国家形态——夏朝完全凭借武力建立就是一个

① [英]弗里德利希·冯·哈耶克:《法律、立法与自由》第2、3卷，邓正来等译，中国大百科全书出版社2000年版，第9～10页。

典型的例证。[①] 经由武力而生的政治国家由于不是民间社会经过民主制度控制而产生的，自然民间社会就难以对其进行有效控制。按照权力运行的"谁决定你的权力，你就为谁服务"的原则，强权产生的政治国家崇尚强权就是符合逻辑规律的。当它与民间社会沟通时，显然更加习惯于使用自我设定的权力而不是局限于民间社会为其划定的职能范围。因此，驾驭强权的政治国家对相对弱小又缺乏自我保护机制的民间社会的肆意干涉、渗透、控制甚至践踏就是符合逻辑的发展结果。因此，只要民主制度确立不起来，民间社会与政治国家就不可能有进行平等的理性沟通的机会。

当然，正如民间社会与政治国家是紧密联系、不可分割的一样，二者理性沟通的具体手段也是紧密相联、共为一体的。一方面，民主手段本身也是一种法律控制，即使是在人类社会产生国家的最初时期——虽然没有制定法的规制，但有习惯法的调整，同样产生能被民间社会控制的政治国家；另一方面，法律的产生和实施也离不开民主制度的保障，缺乏民主习惯的民间社会也断难制定出理性的法律或者断难理性地实施法律。从这个意义上说，民主制度和法律不可分，民间社会和政治国家不对立。笔者之所以强调二者的理性关系及理性互动的具体手段，在于为民间社会处理与政治国家的关系提供理论指导，并使业已存在的法律制度落到实处并渐趋理性。唯达此目的，才能使笔者相信："法理既要为人类生存的现实夯实坚定的基础，又要为人类发展的浪漫要求设计雄伟的方案，缺少其中任何一方面，法理要么变成对法律的字面解释或对某种

---

① 关于夏朝的建立有两种不同的观点：一是认为启用武力取代了禹，并用战争不断扩大地盘后，在今河南禹县建立了夏王朝（参见王士立主编：《中国古代史》上册，北京师范大学出版社 1991 年版，第 52 页）。另一种观点认为，夏禹死后，他的儿子启改变了"禅让制"夺取了首领位置，镇压了地方叛乱，建立了夏王朝（参见刘和海主编：《中国法制史》，山东大学出版社 1995 年版，第 2 页）。考究哪种说法更符合历史事实不是我们法学工作者的任务，我们可以从这两种观点中找到其共同之处：无论是哪种说法，启取得王位的方法是相同的——武力夺取。

意识形态的简单临摹，要么陷入真正的空洞说教（如：法律消亡之类）。”①

订婚制度由国家制定法与民间习惯法并存到只以民间习惯法身份存在的演变不是由法律制度自身发展规律决定的，而是由政治国家与民间社会之间的权力博弈所决定。民间社会与政治国家的理性关系应当是民间社会决定政治国家，而不是相反。政治国家对民间社会的影响和支配机制应当是维护民间社会自生自发秩序的法律机制；在一定意义上，我们可以形象地说，政治国家是民间社会的“经理人”，而不是命运和利益的主宰者。只有厘清二者的理性关系，政治国家主导的法制建设才能创造出既符合法律自身规律又符合民间社会需要的法律制度。

---

① 谢晖：《价值重建与规范选择——中国法制现代化沉思》，山东人民出版社 1998 年版，第 359 页。

第三章 微信的权利与权力

微信(WeChat)是由深圳腾讯控股有限公司于2011年1月21日推出的一个为智能终端提供即时通信服务的免费应用程序。微信支持跨通信运营商、跨操作系统平台通过网络快速免费发送语音短信、视频、图片和文字,同时也可以使用通过共享流媒体内容的资料和基于位置的社交插件"摇一摇""漂流瓶""朋友圈""公众平台""语音记事本"等服务插件。综合多种关于微信的定义,有学者认为,微信就是"集多种功能于一身的开放平台,通过网络实现即时通讯和社交,满足客户文字、语音及视频等需求的新型传播媒介"①。

截至2018年第一季度末,微信每月活跃用户已达到10.4亿,日均发送微信次数380亿。微信已成为国内最大的移动流量平台之一。2017年底,微信公众号已超过1000万个,其中活跃账号350万。截至2018年3月,微信小程序月活跃用户已经超过4亿,上线小程序数量高达58万个,主要涉及零售、电商、生活服务、政务民生等200余个领域,小程序在微信中的渗透率已达43.9%,显示出较强的成长性。②

微信是一款高科技改变公众生活方式的应用程序。在微信塑造的

① 张颐:《微信传播问题及对策研究》,《新闻战线》2015年第21期。

② 参见《2018年中国微信登陆人数、微信公众号数量及微信小程序数量统计》,2018年8月16日,https://www.chyxx.com/industry/201805/645403.html。

虚拟社区中，公众的精神权利得以拓展，每个人的“精神之子”都有面世的机会和可能，精神交流的空间被无限拓宽；微信不仅赋予财产权更多的文化性、趣味性内涵，还使得获取和占有财富的手段更便捷、更高效；微信使公众的知情权领域圈占更大的地盘，并倒逼国家机关信息公开机制的发展和完善；微信提升了公众参与公共事务的积极性，拓宽了公众参与国家事务和社会事务的渠道和手段。微信重构的各种权利行走在习惯权利的延长线上，并沿着“自然权利—习惯权利—适法权利和法定权利”的权利发展逻辑，逐步形成具有正当性和合法性的微信权利制度。

微信是一款高科技改变公众生活方式的应用程序。技术权力是技术所有者或操控者所拥有的支配或控制他人的力量。微信的技术权力之维是把技术权力放在社会权力视阈中展开的，对微信的技术权力分析需要我们从微信引发的社会关系巨变中寻找答案。微信的技术权力不仅表现在对公众的生活方式、思维习惯和精神的影响力和控制力，表现为强大的社会资本动员力，还表现为一种解构和重塑社会关系的新型社会权力权威——“科技新贵”。微信的技术权力主要是通过微信团队等“科技新贵”通过“阈下刺激”等不易被人察觉的行为方式实施的。技术权力的消极后果是使社会权力碎片化、国家权力空心化。微信时代的社会并非权力真空地带，社会治理形成了“技术权力”“碎片化社会权力”和“国家权力”构成的新型权力结构。国家立法须厘清国家权力、技术权力和碎片化社会权力的边界；技术权力在维护“科技新贵”权威的同时，必须构筑碎片化社会权力的防火墙；加强对“科技新贵”人文素养的培养是微信时代社会治理的关键。

微信是一款高科技改变社群组织形式的应用程序。社群是由具有一定紧密关系的人构成的、具有相同行为规范的社会组织。微信社群是依靠微信连接起来的，具有相同目标、相对固定的成员以及相同行为规范的虚拟社会组织。“微信帝国”的运行主要依靠腾讯公司及其微信团队制定的民间规范，依靠微信社群自己制定的内部规范。在应然意义上，生长于复杂社会的微信社群不仅需要技术权力为基础、以具有权利衡平为目标的民间规范，还需要国家权力对技术权力有效制约基础上的国家立法，更需要互联网行业的内部自律性和监管性行业规范。

■ 第一节 微信的权利空间

“再小的个体，也有自己的品牌。”①

由于微信功能不断增加，使用人数越来越多，人们的生活也越来越离不开它，因此，微信官网把微信定义为“一个生活方式”。我们的真切感受是，微信不仅是一种每日刷朋友圈找存在感、为我们的生活和工作提供很多便利的生活方式，微信对于我们的人生态度、工作方式和思维方法也有着很大影响。当我们的生活和工作日益离不开微信的时候，说明微信给我们带来了前所未有的体验和感受。这些体验和感受是不是理论法学所说的“好处”“益处”？我们如何用法学的权利话语来认识和界定它呢？

一、重构个人的精神权利空间

传统的“精神权利”主要是一个知识产权概念，它起源于古希腊时代的个人理想主义的作品观念，即作品是作者的“精神之子”。“本源意义上的精神权利是理想主义的，反映了人们自由地生活和创作，不受任何强力控制的善良愿望，是对封建特权的蔑视和对个人价值的尊重，在权利表征上把作者和作品之间的联系神圣化，只要作者真实地进行智力创作，则不问创作者的国籍、作品的出版地和出版日期，作者和作品之间就形成了不可阻却的联系，不可被剥夺、限制、转让、放弃，也不因时效而消灭，原则上可享受跨国界、无限期的保护，因为它是作者身份所固有的。”②随着市场经济的发展，西方法治国家把作品的精神权利逐步定位到独立于著作财产权的发表权、署名权、因作品而获得的名誉权和荣誉

---

① 微信·公众平台，2017 年 8 月 3 日，https://mp.weixin.qq.com/。

② 张建邦：《精神权利保护的一种法哲学解释》，《法制与社会发展》2006 年第 1 期。

权、修改权和保持作品完整权等具体的精神权利。

随着生产力水平的发展和人类文明程度的提高，人们逐步认识到精神权利应当有更加丰富的内涵，它不仅指依附于作品之上的精神权利，还包括因为人身、亲属、特殊物品和特殊行为等产生的精神权利。比如交通肇事致人死亡的，死者家属的精神损害赔偿请求权；再比如，最高人民法院于 2001 年 2 月发布的《关于确定民事侵权精神损害赔偿责任若干问题的解释》第 4 条规定的特定纪念物品因侵权永久灭失或者损毁的精神损害赔偿权。[①] 所以说，随着文明程度的提高和法律制度的演进，法定精神权利的内涵和外延都呈现出不断扩大的趋势。

当我们用精神权利理论分析微信如何开启一个新的权利时代的时候，我们会发现，微信除了能够通过微信广告等形式扩大人们的物质财产权之外，多数微信使用者之所以痴迷于微信，主要在于微信带给公众的精神享受，这就属于微信的精神权利空间。我们可以从四个层面分析微信的精神权利空间。

首先，微信能够使每个人有机会随时发表自己的作品。每个人都是这个时代的作者，每个人都有权利看到自己的“精神之子”通过文字、图像、视频等多种方式诞生和传播，这就是自媒体时代之精神自由和自由意志的充分表达。黑格尔时代的德国哲学曾经把精神自由看作人的最主要属性，“赋予人的智力以巨大的强力和力量，并且认为经验实在在很大程度上是由人的思想所构设或产生的观念形成的”[②]。如果说传统媒体时代是一群人在欣赏少数人的精神产品的话，那么，现代科学技术已经赋予每个人自我欣赏和相互欣赏精神产品的新渠道和新手段。也就是说，在发表作品问题上，微信使每个人获得了展示自我精神产品的最大自由，只要你有发表作品的欲望和能力，你的作品就会立刻呈现在微

---

① 《关于确定民事侵权精神损害赔偿责任若干问题的解释》第 4 条规定：“具有人格象征意义的特定纪念物品，因侵权行为而永久性灭失或者毁损，物品所有人以侵权为由，向人民法院起诉请求赔偿精神损害的，人民法院应当依法予以受理。”

② [美]博登海默：《法理学：法律哲学与法律方法》，邓正来译，中国政法大学出版社 1999 年版，第 75 页。

信等网络新兴媒体上,如果你的作品足够好,哪怕只有一点点闪光,都会得到诸多好友以点赞、评论和其他符号方式的肯定。正如微信官网所说:“再小的个体,也有自己的品牌。”每个个体都会通过自己哪怕是微不足道的作品获得独有的精神享受,获得存在感和自我价值的实现,使自己的精神权利得到更多的满足。

其次,微信能够使每个人获取和欣赏更多自己喜欢的精神作品。一个人的精神自由一方面是自我自由意志的充分表达,另一方面是寻找、获取和欣赏与自己志趣相合的精神作品。微信不仅为我们自己的自由意志实现提供了更大可能性,而且还使我们能够寻找到更多的个人感兴趣的精神产品,从而进一步扩大我们精神权利实现的空间。笔者喜欢汽车,喜欢与汽车相关的新闻、技术分析、新车推广、汽车维修、赛车信息和汽车产业发展等几乎所有有关汽车的信息。为此,笔者参加了“闲聊汽车”和“爱车小组”两个汽车微信群,订阅了“AutoMan”“汽车行业发展与研究”“越野世界”“越野车”“平行进口车在线”“越玩越野”和“蜜蜂与熊4WD”等十几个有关汽车的微信号,关注过不下百个有关汽车的微信号。每次打开微信,必看汽车微信号推送的文章,了解汽车行业发展动态、新车目录和越野技术发展等海量信息,也不断转发汽车驾驶技术、行车安全和汽车碰撞试验结论等相关实用性文章。每天的汽车阅读必修课带给了笔者很高的精神愉悦和心理满足,特别是转发文章及其附随评论获得了不少好友的赞许,有一种自我价值实现的满足感。所以,微信能够为人们的职业兴趣和业余爱好提供更多的精神食粮,使人们的精神权利实现有了更加广阔的空间。

再次,微信能够方便人们的精神交流。人天然是一种群居动物,群居不仅为人提供了安全需求,更提供了对话、交流的心理依赖。市场经济的物质财富追逐使人的精神越来越孤独,人需要实现群居动物的精神沟通。有学者在论及微信的“聚群功能”时讲道:“微信这样的媒介突出的是熟人类型的群体传播,它基本上可以说是一座不设防的城市,然而,它看上去并不是混乱的组合,而是比较精确的到达,不追求无限度的庞大，而是讲究小而精。”[①]微信的朋友圈、微信群、公众号等平台都具有点赞、留言（包括文字和语音两种形式）的交流功能，还有个人对个人的“私信”、语音通话、视频通话的深度交流功能。这一切在Wi-Fi环境下都是免费的，免费并不仅仅是一种物质需求，其实也是一种解除经济压力、免除物质压迫的心理暗示。相较于手机的通话、短信功能，微信的个体交流更方便快捷、更经济，也更容易让人接受、认可和使用。微信的精神交流不仅能够进行一般层次的如“点赞”等感情沟通，还能进行较高层次的理论对话、答疑、小型研讨会等知识层面的精神交流。因此，与传统的电话、短信、面谈等方式相比，微信实现的精神交流手段更多、层次更丰富、成本更低、效率更高、更便捷。

最后，微信对于塑造人们的世界观、价值观具有重要意义。价值观的形成除了学校教育灌输和社会实践历练之外，微信提供了更大的平台和更好的效果。微信朋友圈里曾经传播过一篇《17岁少年决定把海洋洗干净，21岁的他做到了》的励志文章，传播过纽约的一位亚裔理发师给穷人免费理发的文章，传播过催人奋进的《有的人25岁就死了只是到75岁才埋葬》的文章……诸如此类的文章微信点击量都几百万，而且还会持续增加。这些文章充满了关注公益、关爱自然、教人向善、助人为乐等正能量，对于塑造和重构人们的世界观、价值观都具有重要的文化熏陶之潜移默化的力量。2018年8月16日，微信公众号搜索“励志”一词，共获得“励志名言语录故事”“心灵鸡汤之励志正能量”“早安励志正能量”“励志小故事”“励志微刊”“大学生励志网”“励志青春”“励志人生”“励志周刊”“励志学”等微信公众号近千个。关注“励志名言语录故事”（微信号：wmlizhi）公众号的多数文章浏览量达数万，有些文章浏览量是“100000+”，由此足以看出微信对于人们的世界观、价值观影响范围的广泛性程度。当然，微信公众号的相关调查只是从侧面反映出微信对人们的世界观和价值观塑造具有的重要意义，其实微信朋友圈、微信群中海量信息对人们的世界观、价值观的影响也同样不可低估。

---

① 刘宏：《微信的三大传播功能》，《青年记者》2014年第10期。

二、赋予财产权新内涵、财富实现新渠道

当今社会，"需求被过度满足，任性被过度地诱导。这并不符合人性追求自然宁静、追求和谐平衡的一面"[①]。所以，公众物质欲望的满足不仅在于物质财富的增加，更在于物质财富内涵的扩展。物质财富在法律意义上表现为财产权，财产权以物为对象，以财产利益为内容，以满足人的物质欲望为目的。在人类社会发展过程中，财产权不断促进人类文明的进步，反过来说，人类文明的进步也不断促进财产权形式和内容的拓展。蒙昧时代，人类的财产权主要表现为维持人类生存和发展的粮食、房屋和武器等基本的物质财富。随着科学技术水平的提高，人类的财产权范围在不断扩大，财产权及其实现形式都呈现出了多样化趋势。

休谟曾经说过："财富产生快乐和骄傲，贫穷引起不快和谦卑。"[②]所以说，"财产之于人生的幸福既是一种朴素的情感，也是财产权理论中的一个根本性问题"[③]。对于公众而言，能够增进人类幸福的财产权的一个主要意义是通过物的使用以满足自己身体的、生理的幸福体验。同样的财产，由于技术水平和能力等原因，可能有不同的幸福体验。比如同样数额的金钱，在不同餐馆的消费可能就有不同的享受和幸福感。微信带给公众的就是更多、更高和更有用户体验的幸福感。我们以"海底捞"利用微信增加商业服务内涵的案例加以说明。与多数企业将微信用于宣传、广告和服务功能不同，"海底捞"只考虑将微信与服务对接，提升顾客的用餐体验。"海底捞"除了利用微信订餐和微信支付服务，提高顾客用餐效率之外，还通过"美图打印"使顾客的等待更有情趣。长期以来，"海底捞"为排队等座的顾客提供美甲、擦皮鞋等免费服务，顾客已经习以为常，顾客的用户体验不断衰减。2012 年开始，顾客可以通过自己的微信

---

① 微信团队：《微信因你而美》，谢晓萍主编：《微信思维》，羊城晚报出版社 2014 年版，《序一》第 1 页。

② [英]大卫·休谟：《人性论》，关文运译，商务印书馆 1980 年版，第 351 页。

③ 易继明：《财产权的三维价值——论财产之于人生的幸福》，《法学研究》2011 年第 4 期。

给“海底捞”发送两张照片而免费打印，这是一种更加新奇的体验。[①] 从财产权的占有、使用、收益和处分四种权属来看，微信不是增加了占有、收益和处分权属的功能，而是扩展了财产权的使用功能，同样消费 500 元钱但有着更加丰富的消费内涵和感受。正如消费者所说：“玩转海底捞微信公众号，就餐真是一个愉快又好玩的享受过程。”[②]这在一定意义上，就是扩展了物质财产权的内涵，是微信带给公众的一种新的权利空间。

微信不仅能够增加财产权的内涵，使财产使用更有趣、更富魅力，而且微信还可以扩展获取财富的渠道，使财富获取的成本更低、效率更高。获取并占有财富是每个社会主体的一种本能，“每个人的内心都有一种深层的心理需要，就是去拥有和控制自己已获得的东西或者与他自己有着某种关联的东西”[③]。当然，每个社会对获取和占有财富都规定了严格的法律制度，也就是说，合法性是获取和占有财富的重要前提。制度前提往往不是公众的主要关注对象，而获取和占有财富的渠道和手段才是财产权之个人价值[④]的首要关注。“微信网红”是近几年来刚刚兴起的一种新职业，其获取财富的能力越来越逼近“微博网红”。[⑤] 据中青华云的统计分析，2016 年 1～4 月，微信“网红”排名第一的任真天在统计时间段内共发布 888 篇文章，拥有 88800888 人次阅读。[⑥] 该微信订阅号有三个栏目：第一个栏目“唐唐节目”包括“大唐日报”“唐唐神吐槽”等四个子栏目。该栏目于 2016 年 8 月 4 日发布的《警惕！夏季伤肾杀手，别怪我说

---

① 参见谢晓萍主编：《微信思维》，羊城晚报出版社 2014 年版，第 238～239 页。

② 谢晓萍主编：《微信思维》，羊城晚报出版社 2014 年版，第 249 页。

③ Andreas Rahmatian, “Psychological Aspects of Property and Ownership,” *Liverpool Law Review*, 2008, 29, p. 287.

④ 参见易继明：《财产权的三维价值——论财产之于人生的幸福》，《法学研究》2011 年第 4 期。

⑤ “微博网红”张大奕有 400 万粉丝，年收入超过 3 亿元人民币，比范冰冰的年收入还要高。上海专门有一家名为 Tophot 的“网红孵化器”公司，目前已经和超过 3 万个在网络上小有名气或者想成为“网红”的人签了约。[参见《WangHong!! 这一次，BBC 终于把目光盯上了中国的网红们》，2016 年 8 月 2 日，“英国那些事儿”(微信号：hereinuk)]

⑥ 参见中青华云：《2016 年 1～4 月微信“网红”排行榜》，2016 年 8 月 4 日，http://yuqing.cyol.com/content/2016-04/25/content_12466616.html。

的太迟！》是一篇养生文章，给公众提供了大量的夏季养肾知识。一篇养生文章如何赚钱呢？阅读过程中，我们就会发现，文章中间穿插了“上手机淘宝或天猫搜一粒果旗舰店……”“购买时请认准：一粒果旗舰店……”等广告，文章中还穿插该旗舰店的“芝麻核桃黑豆粉”“一粒果红豆薏米粉”“一粒果葛根绿豆粉”和“一粒果阿胶红枣枸杞粉”等多种产品的介绍，文章最后还为没有注册淘宝天猫的朋友提供注册方便。① 这种新型的商品销售方式依赖于公众号每天海量的公众阅读量（任真天的公众号日平均阅读量达到74万）形成的广告效应，不同于传统广告的是，在知识、理念熏陶下的“粉丝团”更容易接纳“偶像级”人物的知识型推销。任真天公众号的第二个栏目“游戏”共包括五款游戏。利润丰厚的网络游戏还属于传统商业营销的范畴，但其依赖于“偶像人物”与“粉丝团”的相互信任基础上的游戏推销具有更好的市场前景。任真天公众号的第三个栏目是“联系我们”，主要有“商务合作”和“加入我们”两个子栏目，这属于完全的商业运作，在此不作分析。一般说来，微信“网红”具有商业营销得天独厚的条件，他们因为知识渊博或长得漂亮或能够说学逗唱而吸引了海量“粉丝”，他们在微信中的文章、视频、语言传达着某种被“粉丝”所关注的信息，举手投足间就赢得了“粉丝”的喜爱和追捧。因此，“职业网红更多是指通过社交媒体的强大粉丝量进行变现的群体”②。与高高在上的影视明星相比，“网红”的生活化、平民感更强，与“粉丝”的亲近感具有更强的商业营销杀伤力，这恰恰命中了商业经营的命门。

是不是只有微信“网红”能赚大钱，能获取更多的物质财富呢？不是的，普通的微信文章也能以赚取“打赏”或者“赞赏”费的形式获得财富。笔者关注的某微信号一般每隔几天就发一篇时事评论文章。截至2016年8月5日11:00，该微信号最近5篇文章的“打赏”人数分别是：858、1278、1339、747和1150，其打赏费数额（人民币元）档次分别是：2、5、20、

---

① 参见任真天：《警惕！夏季伤肾杀手，别怪我说的太迟！》，2016年8月4日，任真天（微信号：rzt317）。

② 韩森：《“网红经济”还能在风口上站多久？》，2016年8月4日，http://yuqing.cyol.com/content/2016-04/25/content_12464270.html。

50、100、200，其他金额(可填写)。笔者关注的另一个以情感随笔为主题的微信号，几乎每天发一篇情感随笔，阅读量多数是100000+。截至2016年8月5日11:10，该微信号最近5篇文章的打赏人数分别是：1017、599、418、457、355，其打赏费数额(人民币元)档次分别是：10、20、50、100、200、256，其他金额(可填写)。虽然我们不知道两位微信文章作者打赏费的实际收入，但粗略计算每个月少说也在5万元左右；加上每篇文章的广告收入，吸金效应还是很强的。"打赏费"就像读者付给作者的稿费，古代中国一些文人墨客就是依靠打赏费生存的，李白的《赠汪伦》诗就曾经获得"赠名马八匹、官锦十端"的打赏。[①] 微信的作者与读者素昧平生，但可以通过微信平台而直接进行知识产品的交易，这就大大扩展了微信文章原创作者之物质财富获取的渠道和手段。当然，由于写作、阅读和付费等行为都是在微信这个虚拟空间完成的，至于其是否需要缴税、如何缴税，目前国家法及行业规范均未有规定，由于不是本文主题，我们在此不展开分析。

一个微信公众号其实就像一家公司，在一定意义上比一家普通公司影响力还要大，虽然我们没有准确的统计数据，但是我们的一个基本推测是，微信公众号获取和占有财富的能力一定十分强大，否则不会有那么多风投公司愿意把宝押在它们身上。微信获取物质财富的新型商业模式不仅颠覆了传统的产品营销模式，甚至还颠覆了长期以来被人们所逐步接受的直销模式。它集合了传统商业模式加直销模式的优势，另外附加了较高的知识价值和精神价值，更容易被消费者所认可和接受，具有更加广阔的市场前景。除了微信公众号之外，有些微信群也直接或间接地具有获取和占有财富的目的。比如，笔者加入的一个法律界和媒体界的共享微信群，就曾经通过两个行业的沟通，达成了多项具有经济效益和社会效益的合作项目。

---

① 参见刘黎平：《靠打赏获财务自由》，《广州日报》2016年6月8日。

三、提高公众知情权的实现效率

广义的知情权是指知悉和获取各种信息的权利。狭义的知情权包括私法意义上的知情权和公法意义上知情权，私法意义上的知情权具有主体的特定性。比如患者知情权特指患者对医院诊疗过程及结论等详细信息的知悉和获取权利，消费者的知情权特指消费者对自己购买的商品和接受的服务等相关信息的知悉和获取权利。公法意义上的知情权是指公民知悉和获取有关社会事务和国家事务等公共事务信息的权利。微信对于知情权的意义虽然在特定条件下可能指向私法意义上的知情权。比如医生微信群有意或无意透露了某位病人诊疗失误的材料，使患者获悉相关诊疗过程存在的医疗过错。但在一般意义上，微信对于公法意义上的知情权的意义更大，我们也主要是在这个层面上分析微信对于提高公众知情权的价值。

在传统媒体时代，公众知情权的实现途径主要是相关公共事务在广播电视报纸杂志和官方网站等传统媒体的主动公开，也有部分是公众依申请公开或者其他非正式渠道的知悉和获取。在公共事务公开问题上，包括官方网站在内的传统媒体的传播存在着速度慢、效率低、效果差等问题，非官方网站的传播虽然对于公众知情权具有积极意义，但毕竟存在着信息孤岛、网络和电脑终端等各种限制性条件。而伴随着 Wi-Fi 技术出现的微信，在信息传播方面呈现出了理念、技术和方式的颠覆性改变。微信借助手机移动终端这个普及性很强的平台迅速发展起来，微信信息的爆炸性传播，具有内容大、范围广和速度快等优势，能够极大地满足公众的知情权需求。

我们以雷洋事件为例对此进行简要分析。2016 年 5 月 7 日晚发生在北京的雷洋事件，在雷洋家属 8 日凌晨获知相关信息后几个小时，一篇对雷洋离奇死亡、警方执法存疑的短文就在微信圈广泛传播，并开始成为覆盖魏则西事件的微信圈内的社会热点头条。雷洋事件相关信息传播主要有三种声音：一是雷洋家属、同学、法律界相关人士发布的对雷洋死亡和警察执法的广泛质疑；二是《人民日报》为代表的一些媒体及部分学者发布的有关雷洋事件需要冷静理性分析、以调查揭示真相的文章;三是以昌平警方5月9日、11日发布的有关雷洋案的通报为代表的为警察执法辩护的文章,这些文章将雷洋描述为“暴力抗拒执法的涉嫖男子”。在这三种声音中,传播范围广、速度快、数量大的当属第一种声音,这在一定意义上是受到公众知情权的需要所决定。前文已经述及,公众的知情权的起源和发展主要指向的是国家事务,行政机关的执法行为是国家事务中被公众所广泛关注的焦点,而雷洋事件中公众对警察执法的质疑恰恰是因为它与公众知情权的靶心相重合。公众质疑警察执法的合法性其实就是对警察执法过程中“执法记录仪坏了”“录像的手机被雷洋打坏了”“沿途的摄像头坏了”等巧合掩盖的秘密的质疑,公众急迫地想知道作为公共事务的警察执法行为有什么不为人知晓的秘密,这些有意无意掩盖的秘密是否与雷洋死亡之间存在因果关系。因此,雷洋事件在微信传播如此广延和迅速,主要在于公众对雷洋死亡与警察执法行为之间的因果关系的知情权没有得到满足。而当昌平警方的两个通报的内容在微信圈里被信友们分析挖掘出了十几条违反常识的漏洞后,公众对警方执法合法性的怀疑就愈加浓烈。在这里,我们不得不说的是,《人民日报》在5月10日发表的《“涉嫖被抓身亡”:以公开守护公正》和6月1日发表的《雷洋案正沿法治程序轨道走向真相与正义》两篇评论文笔犀利,语言平和,分析理性,结论中肯,对于引导雷洋事件的舆论走向起到了积极作用,笔者在微信朋友圈里也分别予以转发和好评。问题是:包括微博、微信在内的官方媒体在舆论引导、信息披露和分享的及时性和有效性方面还存在较大差距,如何对突发性事件进行信息披露和舆论引导是宣传部门下一步需重点打造的能力和素养。毕竟,满足公众的知情权不仅仅是平息事态、稳定社会秩序之所需,更是一个国家、一个政府信息公开的法定职责之所要。保障公众知情权的重要途径是政府、立法、司法等国家机关的信息公开,如果公众从这些渠道不能满足知情权需求,他们就会依靠微信等各种自媒体去努力搜寻真相。从这个角度看,各级各类国家机关都应当重视微信、微博等自媒体建设,及时把握自媒体带来的信息披露的便捷性,有效沟通权利与权力的关系,确立公众对国家机关的认可、接受和信任。正如美国开国元勋杰斐逊所言:“我们政府的基础源于民意,因此,首先应该做的,就是要使民意正确。为免使人民失误,有必要通过新闻,向人民提供有关政府活动的充分情报。进一步则要研究把新闻广泛地传递到全体人民中去。”①

与传统媒体的传播效率相比,微信传播对于公众知情权实现的效率具有极大的促进作用。魏则西事件、雷洋事件、北京野生动物园老虎伤人事件等突发性事件之所以能够迅速引发极大的社会关注,主要在于微信、微博等新兴媒体的高效率传播。“一小时不看微信,感觉像错过了几个世纪”②虽属于夸张的表达方式,但也从侧面说明了为什么高科技时代微信等自媒体传播速度快、效率高的根本原因。虽然法律意义上的知情权并没有给出知情权的高效率要求,但是在尽可能短的时间内知悉获取相关信息,应当是知情权实现的构成要件。从信息传播的方式、途径和效率看,微信恰恰是大数据时代公众知情权知悉和获取的最佳途径和主要渠道,起码是倒逼公共部门尽可能快、尽可能多地公开公共事务的一种有效机制。

四、提高公众参与权的实现程度

传统的公众参与权仅指公民的政治参与权,也就是公民参与国家事务的权利,包括选举权、被选举权、担任公职权、参加听证、批评建议等政治权利。现代社会的公众参与权不仅扩大了传统的公民参与权等政治权利的外延,而且还扩到了公众参与社会公共事务的权利。因此,现代公众参与权既是一项国家权力意义上的政治权利,也是一项社会权力意义上的社会权利。

现代法治对公众参与权的一个重要评价指标是公众参与权实现的程度。亨廷顿就曾指出:“公众参与是影响政治发展的重要渠道,公众参

① 转引自夏勇主编:《公法》第 2 卷,法律出版社 2000 年版,第 333 页。

② 王一:《微信症候群正袭来:不在微信中进化就在微信外落伍?》,《创新时代》2016 年第 2 期。

与的程度和规模是衡量一个社会政治现代化的一个重要尺度。”[①]公众参与权实现的程度包括参与公共事务的公众人数的多寡，以及公众参与的公共事务的范围和程度两个主要方面，当然也包括国家和社会为公众参与权实现准备的制度要素等因素。公众参与的人数越多、积极性越高、参与的公共事务的范围越大、融入深度越深，国家和社会为公众参与提供的制度支持越充分，公众参与权的实现程度就越高；反之就越低。“真正的民主应当是所有公民直接、充分地参与公共事务的决策的民主，从政策议程的设定到政策的执行，都应该有公民的参与。只有在大众普遍参与的氛围中，才有可能实践民主所欲实现的基本价值如负责、妥协、个体的自由发展、人类的平等等。”[②]在我国，在国家事务方面实现公众的政治参与权还需要在基层民主反复实践的基础上逐渐完善和发展，但是在具体的公共事务管理方面，公众参与权的实现还是有基本的制度机制保障的，特别是在社会公共事务管理方面，公众参与的意义会更高、可能性会更大。

在具体的公共事务管理方面，微信的作用已经日益凸显。2013 年 10 月 15 日，国务院办公厅发布的《关于进一步加强政府信息公开回应社会关切提升政府公信力的意见》(国办[2013]100 号)强调了政务微信的重要地位和突出作用。《意见》指出：“着力建设基于新媒体的政务信息发布和与公众互动交流新渠道。各地区各部门应积极探索利用政务微博、微信等新媒体，及时发布各类权威政务信息，尤其是涉及公众重大关切的公共事件和政策法规方面的信息，并充分利用新媒体的互动功能，以及时、便捷的方式与公众进行互动交流。”根据微信官网发布的消息，2015 年，微信与政务的跨界连接更为丰富全面，涵盖公安、医疗、党政、人社、司法等 54 个领域。截至 2015 年 8 月底，全国政务民生微信公众号的总量超过 8.3 万个，其中经认证的账号占到 62.6%。除台湾地区外，政

① [美]塞缪尔·亨廷顿：《变化社会中的政治秩序》，李盛平等译，华夏出版社 1988 年版，第 67 页。

② [美]卡罗尔·佩特曼：《参与和民主理论》，陈尧译，上海人民出版社 2006 年版，第 36 页。

务民生微信覆盖全国31个省级(省、自治区、直辖市)行政区及香港和澳门特别行政区。同时,加拿大、美国、澳大利亚等40余个国家的政府部门也将微信作为“连接中国”的新方式,纷纷开通订阅号和服务号为中国公众提供信息和服务。①

2018年8月16日,我们把“政务通”输入微信公众号搜索,搜索到包括“南海政务通”“佛高区佛山政务通”“月坛政务通”“数字福建政务通”“敖汉政务通”等31个“政务通”微信公众号。当然,政府主办的各种微信公众号还有多种名称和不同形式,我们只是选择了名称中含有“政务通”的一类进行搜索,可能只是政务微信的一小部分。我们以2014年4月22日完成微信认证的北京市西城区“月坛政务通”为例,简要分析一下政务微信在增强政府服务,提高公众参与政府和社会事务能力方面的作用。

“月坛政务通”有三个栏目:“走进月坛”“信息互动”和“生活服务”。“走进月坛”共有“通知公告”“社区动态”“月坛政务”和“最新活动”四个子栏目。其中,“月坛政务”是以《人文月坛》的杂志形式展示出来,下设“月坛宣讲”和“月坛安监”两个小栏目。“信息互动”下设三个子栏目:“我有话说”“服务大厅”和“便民电话”。“我有话说”栏目是“通过更加灵活方便的微信对话模式功能提交您的建言献策”。打开该栏目,就是一个选择框:“请选择上报事件类型:反恐线索、安全隐患、社区环境、社会治安、矛盾纠纷、流动人口与出租房屋管理、突发事件、民意诉求、好人好事、建言献策、意见征集。”“生活服务”包括了“身份认证”“服务地图”“优惠活动”“会员中心”和“联系我们”。服务地图包括:公共服务、家政服务、便民服务、休闲娱乐、便民购物、瓜果蔬菜、出行生活、美丽人生、教育培训、餐饮服务、母婴生活和医药服务等12类。其中,家政服务包含了“洗衣店12家、家政服务公司7家、保洁店5家、水站3家、修车修锁3

① 参见腾讯研究院:《2015微信政务民生白皮书发布》,2016年8月3日,http://www.tisi.org/Article/lists/id/4357.html。

家、擦鞋店2家、快递5家、废品收购站1家等”。①

在以上简要的调研基础上，综合国内相关研究资料，我们可知，政务微信在政府信息发布、与民众沟通、社会服务与管理手段创新等方面具有较大发展，对于提升公众参与公共事务的积极性和便捷度具有重要意义。腾讯研究院联合微信团队发布的《“互联网＋”微信政务民生白皮书(2014)》(下称“白皮书”)显示，政务微信成为政府施政的新平台，80.4%用户称政务微信提高了公众参与度。2014年10月，人民网舆情监测室对全国政务微信(2014年10月20日至10月26日所发内容)影响力排行周榜显示，排名第一的“上海发布”总阅读量168.4万，头条阅读量67.3万人次，平均阅读量39171人次，总点赞量18082个。② 可见，政务微信在提高公众关注公共事务方面的作用之大令人赞叹。但是，我们在调研中也发现，政务微信仍然存在着政务微信的信息更新不够及时③，微信语言“官味”过重，沟通的亲和力不足，对公众关注的热点、难点问题关注不够、回应不力等问题④，这些问题或多或少会影响公众参与微信问政的积极性。

相比于政务微信对民众参政问政的作用，微信在公众参与社会公共事务方面的作用更接地气，形式也更加灵活。当代社会是一个高科技社会，也是一个高风险社会。高科技为公众参与社会治理提供了可能性，

---

① 参见北京市西城区人民政府月坛街道办事处主办：“月坛政务通”微信公众号，2016年8月1日。

② 参见人民网舆情监测室：《全国政务微信影响力排行周榜(第1期)》，2016年8月3日，http://yuqing.people.com.cn/n/2014/1027/c209043-25915697.html。

③ “月坛宣讲”2016年共更新2条信息；2015年更新1条信息；2014年更新88条信息。“月坛安监”分为“政策法规”(共8条信息)、“案例分析”(共2条信息)、“安全知识”(共3条信息)、“行业安全”(0条信息)、“培训动态”(0条信息)、“监察执法”(0条信息)。

④ 笔者选择了“月坛政务通”下设“我有话说”栏目的“建言献策”条目，输入“我是北京市委党校的一名教师，正在做关于微信政务通方面的研究，想了解一下，公众通过微信政务通跟你们交流的多不多？大约每天有多少？‘上报时间’大约每天有多少？集中在哪些方面？谢谢！”2016年8月3日6:50提交成功后，公众号弹出：“恭喜您提交成功！我们会在最短时间内处理，感谢您的支持！”截至8月28日7:30，“月坛政务通”仍然没有回复笔者的问询。

高风险提高了公众参与社会治理的必要性。我们说当前社会是一个高风险社会，不仅仅是指各种公共危机越来越多，更重要的是强调各种突发性事件转化为公共危机的可能性被迅速放大。比如“医闹”就曾经令医院管理者、卫生主管部门伤透了脑筋，而诸如“医闹”等社会风险之所以出现，与我们的医患关系中缺乏沟通交流、出现问题缺乏有效的解决问题的协调机制有关，而这些问题本质是公众的参与权实现程度不够。就“医闹”而言，如果平时有一种宣传医生职业、理性看待病患的机制，有一种医患都在场的交流平台，有一种专门的医患纠纷解决的常设机构和平台，把工作做在日常、化矛盾于无形，利用现代科技手段构建有效的社会风险调控机制就是顺应时代发展的有力举措，微信就是解决这些问题的有力而有效的途径。有一家医院在开通微信公众号之后，不仅可以在公众号上预约专家门诊，而且还可以通过微信与医生沟通交流，这些医患见面前后的交流有助于缓和医患紧张关系，而且还为减少或解决医患纠纷留下了一定的书面证据。再比如，一个小区的业主微信圈，能够通过语音、文字、图像等方式交流小区管理存在的问题，提出业主共同关心的话题，组织业主与物业管理者进行谈判磋商，可以说，微信的便捷、高效和实效大大提高了业主维权的参与度，使业主真正体会到了主人翁的权利意识和责任意识。一个单位内部的管理问题也常常会因为单位内部职工的微信圈的曝光、传播、评论、讨论和争论而得出相对科学合理的解决方案，即使问题没有得到圆满解决，职工们也觉得已经抒发了自己胸中的郁闷，心理得到了某种程度的缓解与满足。一个小区、一个单位是这样，一个社区甚至一个地区也是这样，虽然微信朋友圈限定人数5000人、微信群限定人数500人，但对于普通民众的一般社会参与来说，这个数量已经足够。所以说，微信为公众参与权实现提供了新手段、新渠道，变革了新观念，使公众社会参与的广度和深度得到了很大提高，微信成为公众参与社会治理的有效途径。

五、结语：行走在习惯权利的延长线上

微信产生之初，就像一个嗷嗷待哺的婴儿，其啼哭声并没有引起家

长和社会的广泛关注，其生存就正如婴儿主要依靠自己寻找乳头的本能和活下去的渴望一样。正如一个健康婴儿的迅速成长，微信的产生及其发展也非常迅速。但微信所包含着的各种权利并没有上升为公众的法定权利，还没有得到国家法的足够重视和合理安排。

国家网信办于 2014 年 8 月 7 日发布《即时通信工具公众信息服务发展管理暂行规定》(简称《微信十条》)对公民隐私权保护进行保护警示。2016 年 11 月 7 日，全国人民代表大会常务委员会发布了《中华人民共和国网络安全法》，对包括微信在内的网络信息安全及相关主体的法律责任进行了明确界定。国家互联网信息办公室于 2017 年 9 月 7 日印发了《互联网群组信息服务管理规定》，对包括微信在内的互联网群组的行为进行了规范和约束。这三个规范性文件的立法目的都在强调维护公民的合法权益，但立法内容主要还是立足于维护网络安全和互联网秩序。从应然意义上，平衡权利与权力、权利与权利的关系是国家立法的应有的价值追求，平衡社会秩序与个人权利是每一部法律的基本立足点。但权利一定是立法的出发点和归宿，权利的安排及其实现必然是每一部法律的核心内容。在这个意义上，微信权利必须在国家层面的立法上得到张扬。但通读这三部相关法律规章，法律条文并没有对微信的权利空间进行法律意义上的框定和实质性安排。

其实，社会发展就是一个伴随新生事物出现而不断产生新型权利的过程，如其他新生事物产生带来的新型权利一样，微信也同样带来权利的创新和再造。因此，我们说，微信的权利空间不是哪个人、哪种制度赋予的，是自然生成的，是行走在习惯权利延长线上的新型权利。恰如微信团队所言："微信崇尚社会和商业的自然生长，遵循人们原有的行为习惯、价值偏好和自由选择，而不是给人们提供模式固定的解决方案。"①

习惯权利是人们在社会实践中反复经验而形成内心确信的习俗化、固定化的权利。习惯权利之所以能够被公众所认可和接受，形成内心确

① 微信团队:《微信因你而美》，谢晓萍主编:《微信思维》，羊城晚报出版社 2014 年版，《序一》第 1 页。

信，主要在于其有益性，也就是习惯权利带来的利益和好处。因此，千百年来，习惯权利一直在影响、支配着人类社会各种不同形态的法律制度。科学技术时代的微信把人们从传统的实体权利空间带到了虚拟权利空间，很多时候，人们不再是面对人群和实在物行使权利，而是在微信创设的朋友群、微信群、公众号、微信红包等虚拟空间中追寻好处，享受快乐。陶醉于微信权利空间中的每个人，多么像一个个天真烂漫的孩童，天真无邪，无遮无掩，喜怒哀乐尽享其中，折射出了人类最朴素、最原始的权利体验。这是人类社会的权利实现的一种返璞归真，是行走在习惯权利延长线上的一种自然状态。

我们渴望国家立法能够更好地回应社会需求，关照习惯权利，与民间法一道塑造公民的微信权利空间，为微信权利实现保驾护航。

第二节 微信的技术权力①

“我们生活的世界，由极少数高科技公司掌控，它们有时也与政府部门通力合作，不仅监视我们的日常生活，而且于无形中控制我们的思想、感受和言行。我们周围的高科技，已不再是无害的工具；它们有可能神鬼莫测地操纵全人类，其操纵能力将史无前例，将超越所有现存的条例和法律。”②

微信是一款高科技改变公众生活方式的应用程序。微信不仅给公众带来精神权利的新内涵，拓宽精神权利实现的渠道和手段，而且还为财产权附加了新的文化价值，使财产权实现的渠道更便捷、更高效。当我们分析微信为公众重塑私权利空间的同时，也应当看到微信的技术权力一面，在一定意义上，我们可以说，正是微信的技术权力之维塑造着微

---

① “技术权力”和“科技权力”的内涵和外延虽有一些区别，但学界较少区别使用这两个概念。本书也不区分使用“技术权力”和“科技权力”。

② 凌寒：《新型精神控制》，《世界科学》2016 年第 5 期。

信的权利空间，但同时，微信的技术权力也带给公众难以摆脱的技术强制力。因此，分析和发现微信重塑公众私权利空间背后的技术权力逻辑就显得十分重要。

一、技术权力的概念

技术是在劳动过程中对自然规律性的、符合目的的利用。在一般意义上，技术就是“人类在认识自然和利用自然的过程中积累起来并在生产劳动中体现出来的经验和知识，也泛指其他操作方面的技巧”①。这是在狭义层面上使用“技术”这个概念。“广义技术观念认为技术就是人们为了有效地实现目的，而不断创造和应用的目的性活动序列、方式或机制。”②广义的“技术”概念不仅涵盖了狭义“技术”概念所指的知识、经验和技巧，还特别强调了人类理性、人的思维等主观设计、创造等属性。

“权力”是一个众说纷纭的概念，但一般认为，权力是一种主体对客体的控制力和支配力。权力的主体是人，权力的客体也是人，权力是主体对客体施加的影响和作用。正如彼得·布劳所说：“权力是个人或群体将其意志强加于其他人的能力，尽管有反抗，这些个人或群体也可以通过威慑这样做。”③狭义的“权力”概念在两个层面上使用：“①政治上的强制力量。②职责范围内的支配力量。”④这两个权力的内涵可以概括为政治权力和法定权力。广义的“权力”概念还包括了经济权力、文化权力、社会权力、技术权力等多种内涵。

人类社会发展初期，技术主要是解决人与自然的矛盾，旧石器、新石器主要作用于采摘、狩猎和捕捞等获取食物方面的劳动之中。随着人类

---

① 中国社会科学院语言研究所词典编辑室编：《现代汉语词典》（第 7 版），商务印书馆 2016 年版，第 617 页。

② 王伯鲁：《技术权力问题解析》，《科学技术哲学研究》2013 年第 6 期。

③ ［美］彼得·布劳：《社会生活中的交换与权力》，李国武译，商务印书馆 2008 年版，第 137 页。

④ 中国社会科学院语言研究所词典编辑室编：《现代汉语词典》（第 7 版），商务印书馆 2016 年版，第 1082 页。

社会的发展，人的欲望的无限性被呼唤出来，这种无限性与人的能力的有限性之间的矛盾日益凸显，技术成为解决这个矛盾的一个重要手段。技术的运用和迅猛发展不仅推动了人类社会的发展，而且逐步成为人类文明的一个重要标志。把技术与权力结合在一起，是在技术发展到较高层次、开始对人类发展起到重大影响时才开始出现的。马克思敏锐地意识到工业革命时代的机器大生产给工人带来的权利侵害，他说："科学对于劳动来说，表现为异己的、敌对的和统治的权力。"①此后，学界对技术权力的研究一直没有停歇，以至于后现代哲学家福柯提出知识与权力的联袂使人成为被奴役的对象，现代社会变成"监狱社会"等比较尖锐的观点。但不争的事实是，技术与权力的结合已经正在产生强大的社会力量，技术权力成为社会科学研究的一个重要领域。

"技术权力就是技术所有者或操控者所拥有的支配或控制他人的力量。"②所以，技术权力是人对人的控制力和支配力；技术权力主体是掌握、控制或者使用技术的人；技术权力因技术而产生，也会因技术的衰退而衰退、消亡而消亡。另外，我们还需要知道，技术权力的最终客体是人，但技术权力的直接客体可能是各种自然物或者人工物。

技术权力因为主体不同而分属于国家权力和社会权力两个领域，国家掌控技术产生的对社会和公众的影响力、控制力和强制力叫作"国家技术权力"，企业、社会组织和公民个人掌握的技术产生的对社会、公众和国家的影响力、控制力和强制力叫作"社会技术权力"。本书主要以社会技术权力为视角对微信进行分析研究。

二、微信的技术权力分析

从技术角度看，微信是一个为智能终端提供即时通信服务，具有多种功能、包含多种服务插件的免费应用程序。从权力角度看，微信则是一种新型的改变我们生活方式的虚拟社区，"社区不再是空间上被界定

---

① 《马克思恩格斯全集》第 47 卷，人民出版社 1979 年版，第 571～572 页。

② 王伯鲁：《技术权力问题解析》，《科学技术哲学研究》2013 年第 6 期。

的地点，而是由网络成员们自己根据归属感和集体认同来划定边界并可以朝任何方向延伸的社会网络。通过社会网络，人们在特定的领域实现聚合、分离、排斥或包容"[①]。所以，技术权力属性使微信不同于一般的网络应用程序，微信因此而拥有了自己影响和控制社会的独特手段。

微信影响甚至控制人们的生活方式。在公交站、火车站、候机厅里，地铁、公交车等各种交通工具中，甚至餐馆、酒吧和歌厅里，人们目不转睛地盯着手机、刷着朋友圈几乎成为每个人的生活常态。甚至有人说："一小时不看微信，感觉过了几个世纪。"据企鹅智酷发布的2016版《微信数据化报告》统计，截至2016年3月，微信每月活跃用户已达到5.49亿，超过九成微信用户每天都会使用微信，半数用户每天使用微信超过1小时，61.4%用户每次打开微信必刷"朋友圈"，接近一半活跃用户拥有超过100位微信好友。以上数据足以说明，微信在人们生活中扮演的重要角色和巨大影响力。可以说，微信已经成为我们生活的一个组成部分，很多人须臾离不开微信，微信给我们的生活带来了强大的支撑力。其实，强烈的微信感受的背后是作为一种技术的微信对我们生活的控制。微信在为我们的生活带来方便的同时，也在一定程度上逐步形成并固化人们的心理依赖路径。人创造了微信，微信又反过来影响甚至决定着人，人逐步被微信所控制和奴役。"表面上是人在控制技术，实际上是技术已支配着人，它把人也摆置在现代技术装置的某个环节上，使人'不得不以订造的方式'对待自然，甚至对待人本身。面对现代技术，人不再仅仅具有主体的自豪感，更多的却是一种无可奈何的被动和前途莫测的彷徨。因为技术似乎已经是权力的发出者，而自然物、人造物和人都不得不被'摆置'。"[②]如果说电子游戏只是使部分人沉溺其中不能自拔的话，微信则使多数人被"摆置"在技术平台上而消弭了自我。在微信面前，我们越来越失去了主体的意识和地位，而一步步成为技术的控制玩偶和奴

---

① 聂磊等：《微信朋友圈：社会网络视角下的虚拟社区》，《新闻记者》2013年第5期。

② 谈克华：《权力视域内的技术》，《自然辩证法研究》2011年第2期。

役对象。

微信影响、改变着人们的思维习惯。微信团队曾经说过："微信：不只是平台，更是思维。"微信给我们的生活和工作带来的巨大影响力足以说明，微信的影响力和控制力已经超越物质存在，而上升为思维层面。微信团队从商业运作角度总结了微信思维的几个法则："微信思维的上帝条款：把用户价值放在上帝的位置上"；"微信思维的阳光条款：把一切商业体系放在规则下运行"；"微信思维的岩石条款：让用户替你交付一切"；"微信思维的森林条款：敏捷是能够活下来的关键"；"微信思维的河流条款：永远在线创造的交易和交付的现场沉浸感"。[①] 微信团队表面上看是在强调用户至上、用户体验、规则体系、高效灵活等微信思维法则，其本质则是在强调让用户成为微信运作主体，把用户看作一个网络的连接点，而不是用之不尽的钱包。微信用户主体化是技术权力之客体主体化的一种具体表达，其目的是构筑微信平台多元主体的平等性权力和权利，形成多元主体交流的规则共识。我们认为，从技术权力角度看，微信思维的核心或者说本质是"连接一切"的思维，世界没有什么东西是互联网不能连接的，微信的力量来自重构人与人、人与物、物与物的连接规则，让人和物通过虚拟空间连接起来，流动起来。"连接一切"的微信思维看似非常简单，但其实有非常深刻的内涵。因为"连接一切"就意味着人与人之间的交往变得越来越简单，成本越来越低，效率越来越高，这就能够使得人们在虚拟社区中完成更大量的人际交往。"连接一切"还使得人与物的连接越来越亲和，人对物的控制力越来越强悍，你今天想到的一件物品，通过微信订购，足不出户，几小时就能到达你面前。在这个过程中，你可以实时观测到订购物品流通到了哪个环节、由谁控制、剩余多长时间到达。你还可以通过微信圈与订购此物品的群友展开使用技术的交流和体验心得的沟通。所以说，微信正在逐步改变着人们行为方式的同时也重塑着人们的思维方式，使人们逐步形成突破时间和逻辑的非线性思维，接受超越时空限制的"连接一切"的思维方式。

---

① 参见谢晓萍主编：《微信思维》，羊城晚报出版社 2014 年版，第 3～9 页。

微信拥有强大的社会资本动员力。布迪厄曾经说过:“社会资本是一个持久的网络所带来的实际的或潜在的资源总和,这一网络由或多或少制度化的相互熟识关系构成,社会资本的实质就是群体以集体拥有的资本为其成员所提供的支持。一个特定的行动者所拥有的社会资本总量,取决于他所能有效动员的关系网络的规模,也就是说取决于与他有联系的那些人所拥有的资本的总量。”①微信的社会资本动员力表现在政治、经济、文化等多个层面,比如微信公众号中的“网红”能够利用自己的文章、影视作品的影响力集中起几十万甚至数百万的粉丝团,这个数量重大的粉丝团不仅是“网红”创作的精神之源,也是“网红”源源不断的物质财富之源,更是“网红”通过传播知识、分享价值观而逐步同质化的虚拟社群。“网红”在微信公众号中的一呼百应不仅说明了微信具有强大的社会资本动员力,也从侧面反映出了微信技术所具有的巨大的权力放大效应。

微信通过“阈下刺激”形成对人的精神强制。这里之所以用“精神强制”而不是“精神控制”在于要说明,微信对人的精神影响力是程度不同的,对有的人达到了精神控制的程度,但对有的人可能仅仅是一般的精神影响或者严重一些的精神影响,而精神强制恰恰能表达这种精神影响的不同程度。“阈下刺激”是一个精神心理学概念,“阈下刺激,亦或是帕卡德所说的‘亚阈值影响’——简短信息的出现告诉我们该做什么,但是简短的信息稍纵即逝以至于我们都没意识到看见过这些信息”②。一般说来,作用于人的刺激必须达到一定的阈限,人们才会感觉到,才起到刺激的作用。对人的阈下刺激,即低于绝对阈限(刚刚引起感受的最小刺激量)的刺激,人虽然感觉不到,但却能引起一定的生理效应。这种刺激久而久之,就会形成无意识知觉,进而形成心理或精神依赖。美国科学家经过数年对搜索引擎对于不同国家的不同人群的实验表明,互联网搜索引擎正在对全球互联网用户的意见、信仰、态度以及行为产生影响,而

① 宫留记:《布迪厄的社会实践理论》,《理论探讨》2008年第6期。

② 凌寒:《新型精神控制》,《世界科学》2016年第5期。

且完全没有人意识到这一事件的发生。微信对公众的价值观、意识形态、信仰和行为选择的影响可能还不止于此，因为微信的影响范围及深度是立体的、网状式的，程度远超互联网的搜索引擎的单一影响。马尔库塞说："资本主义进步的法则寓于这样一个公式：技术进步＝社会财富的增长（社会生产总值的增长）＝奴役的加强。"[①]马尔库塞只是看到了技术进步通过财富对社会关系的支配性力量，没有看到技术进步是如何通过精神强制重新调整社会关系这个重要维度。在某种程度上，技术的精神强制力量可能超过物质财富对社会关系的影响。"今天我们到达了一个'巨科学'的时代，技术—科学产生了无比巨大的力量。"[②]这种无比巨大的力量施加于物，我们可以改天劈地，可以制造出宇宙飞船；如果施加于人的身体，可以进行器官移植、再造人体；如果施加于人的精神，则可以影响甚至控制人的思维和行为选择，重构人与人、人与物的关系。

微信解构了传统的社会权力权威，形成了"科技新贵"这个新型的社会权力权威。微信虽然只是一款软件，但这款软件的运行需要规则。腾讯公司及其微信团队通过制定一系列的层次不同的微信运行规范确定微信运行中的各方主体的权利义务关系。也就是说，微信社区的形成和运行背后的社会权力主体不是微信用户，不是互联网协会，不是国家权力主体，而是腾讯公司管理层及其微信团队。这种新型的社会权力及其权威形式是由微信这款软件的技术本质所决定。在这个技术飞速发展的时代，技术权力的影响力和控制力越来越强，作用领域也越来越宽。技术权力的主体是一个庞大的技术群体，技术群体的核心是被称为"新时代科技精英"的新兴社会权力主体——"科技新贵"。"一场全新的时代思潮，一个全新的镀金时代，一个由富裕、尊贵、高度网络化的科技精

---

① [美]马尔库塞等：《工业社会和新左派》，任立译，商务印书馆 1982 年版，第 82 页。

② [法]埃德加·莫兰：《复杂思想：自觉的科学》，陈一壮译，北京大学出版社 2001 年版，第 95 页。

英组成的贵族似的全新阶层出现了。”[①]2006年8月，百度在美国纳斯达克上市当日，股价就飙升至120美元，百度CEO李彦宏的身价达到9亿美元，百度公司身价过亿美元的有7人，身价过1000万美元的有100多人。[②] 这些人就是互联网时代的“科技新贵”。高科技时代，社会权力主体已经主要不是改革开放之初以“万元户”为代表的能人权威，更不是传统中国社会的家族长权威，“科技新贵”已经成为新型的民间社会权威。当代美国社会正在“逐渐分裂成两个截然相反的群体：一类是科技新贵(technorati)，这类人‘拥有国际视野和经济实力，受过高等教育，事业有成，有身份有地位，懂得运用科技’；另一类是被科技新贵抛在身后的、‘受到美国空心化重创的绝大部分美国民众’”。“科技新贵”依靠自己掌控的技术权力制定规则，摆布公众，告诉公众：“(1)该做些什么；(2)该吃些什么；(3)该怎么说话；(4)该怎么思考；以及，(5)该给谁投票。”[③]所以说，高科技时代的社会关系受到技术权力的影响甚至决定，作为新型社会权力主体的“科技新贵”成为新型社会关系形成规则的制定者，而民众在不知不觉中成为“科技新贵”布局的社会关系中的被“摆置”者。

综上分析可知，微信的技术权力不仅表现在对公众的生活方式、思维习惯和精神的影响力和控制力，还表现为强大的社会资本动员力，微信的技术权力主要是通过微信团队等技术新贵以“阈下刺激”等不易被人察觉的方式实施的，微信对整个社会关系的重塑可谓是一场静悄悄的“社会革命”，技术权力对社会变革的深刻影响力才刚刚开始。

三、技术权力的后果

简而言之，技术权力的后果就是技术权力使社会权力碎片化，国家权力空心化。

---

① Jon Evans：《科学技术和权力法则》，2016年8月5日，http://techcrunch.cn/2016/03/30/those-left-behind/。

② 参见周程：《陈志武：科技新贵为什么少？》，《国际金融》2006年第10期。

③ Jon Evans：《科学技术和权力法则》，2016年8月5日，http://techcrunch.cn/2016/03/30/those-left-behind/。

从权力主体角度看，微信的技术权力主要表现为“科技新贵”对公众的控制力，这只是微信的社会权力分析的一个面向。从公众角度说，公众受到微信的控制和支配，在一定意义上，我们甚至可以说公众被微信所奴役。但现代社会绝不像纳粹时期的德国那么容易对民众进行精神控制和奴役。既然如此，微信何以被公众所喜闻乐见，甘愿被奴役呢？除了我们前文分析的技术权力形成的“阈下刺激”等不为人们察觉的手段之外，还有一个非常重要的技术权力机制，就是微信使集中的媒体权力分散到每一位微信用户，开创了“权力碎片化，客体主体化”的社会权力新时代。

美国学者马克·波斯特以互联网为代表的新媒介出现作为分界点，把大众媒介分为“第一媒介时代”和“第二媒介时代”。“第一媒介时代”是由少数文化精英和知识分子主导的自上而下的单向传播；“第二媒介时代”是“去中心化”时代，每个人都可以在没有传播中心的场景中参与点对点的交流，每个人既是信息的制作者、传播者，也是信息的接受者、消费者，媒体进入“碎片化”时代。① 根据这种分析，在前互联网时代，报纸杂志、广播电视等传统媒体主要由国家权力支配和控制，信息制造者主要是媒体选择的文化精英和知识分子，传播方式也是自上而下的单向传播，自下而上的信息反馈渠道比较单一，机制不够灵活；微信等新兴传媒虽然也受到国家权力的影响，但社会权力却是微信运作的权力基础。而且，社会权力在微信运作中呈现出前所未有的新机制，每个人都是信息的制造者、传播者，不仅国家权力的控制力和影响力明显减弱，而且传统社会权力的影响和控制也得到了很大改变。公众的信息需求、评价和反馈渠道多元化，每个人都可以根据个人喜好进行自我决定、自我选择，这就是所谓的“点对点、面对面”的自媒体时代。

自媒体让公众感受到了强烈的自我意识和自主意识，“我是自媒体的主人，我的地盘我做主”。微信使公众感觉到自己形成了对信息的自

① 参见［美］马克·波斯特：《第二媒介时代》，范静晔译，南京大学出版社 2005 年版，第 24～27 页。

我控制，因为每个人在自己的微信圈、微信群、微信红包等社群内完全自主，这种从媒体客体到媒体主体的角色转换是公众对权力的一种真实而切身的感受，这种控制力感受是一种真实的、具象的权力体验，是微信之于公众的技术权力面向。从媒体角度看，每一名微信用户都成为社会权力的主人，社会权力没有了传统的实体性社会组织这个中心，社会权力呈现出碎片化、多元化样态。另外，自媒体还使得公众深切感受到了自媒体面前人人平等的媒体平等权，每个人既是媒体人也是受众，在虚拟空间中，大家没有实体身份、性别、年龄的区别，人人不分彼此，众人完全平等。当然，这里的媒体平等权完全是微信用户彼此之间的心理感受，而不是微信用户与微信管理团队之间的媒体平等权。因为在心理感受上，微信用户并没有感受到来自微信团队等"科技新贵"的强制性约束和控制。

微信用户的媒体控制权和媒体平等权是微信在权力问题上的"去中心"思维的结果，这直接导致了媒体权力的碎片化和"无中心"趋势。这种发展方向是技术权力带来的直接后果，反过来也会固化技术权力及"科技新贵"对微信的控制力。因此，我们可以说，微信去权力中心的结果是使社会权力碎片化，最终实现的是新兴社会权威——"科技新贵"对公众、对社会的影响力和控制力。

从社会权力和国家权力角度看，微信加剧了国家权力在社会关系中的空心化趋势。国家权力作用于公众的主要方式是通过价值观、信仰、思维等形而上的影响和法律、政策、道德等规范的形而下的规制实现的。前文分析可知，微信在形而上和形而下两个方面都深刻影响着公众的思维习惯和行为选择，在一定意义上逐步形成了对公众的精神强制。一个人的精神世界和物质世界也是相对固定的，当以技术权力为基础的微信逐步蚕食和挤占了公众的生活和工作空间的时候，以国家权力为基础的制度规范必然会逐步被排挤出社会关系之外。因而，技术权力不仅使社会权力碎片化，而且使得国家权力在社会关系中空心化，这两种表现都是技术权力去中心趋势的必然结果。

四、微信时代的社会治理

微信展示出了技术权力对公众和社会的强大控制力，我们不禁要问：在社会权力碎片化、国家权力空心化的新媒体时代，社会治理会如何改变？换言之，微信能够为社会治理带来什么？

首先，微信时代的社会并非权力真空地带，社会治理形成了新型的权力结构。从媒体发展角度看，微信的确弱化了国家权力对社会关系的影响力和控制力，改变了传统社会权力通过社会组织、民间权威对社会关系的重大影响力。但是，这并不意味着微信时代的社会就成为权力真空地带。一方面，技术权力及其权威形式——“科技新贵”的地位和作用凸显；另一方面，自媒体时代的社会权力碎片化并非社会权力虚无化，碎片化社会权力的主体平等多元并产生了自己新的社群组织形式：微信朋友圈、微信群和微信公众号。更重要的是，国家权力也与时俱进地革新了自己调控社会关系的路径模式，积极利用微信公众号、微信群和微信朋友圈等新型社会组织进入社会治理领域，引领社会治理的发展方向。所以说，在微信时代，作用于社会的权力结构形成了“技术权力—碎片化的社会权力—国家权力”的新样态。这种社会治理领域的新型权力结构已经在实践中发挥着作用，这种新型的权力结构正在重构着新媒体时代的社会关系。但是，在这个权力与权利的重构过程中，新型权利结构也凸显出了技术权力一家独大、碎片化社会权力懵懂发展、国家权力适应受限等一系列问题。因此，国家权力在新型权力结构中引领方向的主导地位必须得到彰显。这正是我们要谈的国家权力在高科技时代如何作为的问题。

其次，国家立法须厘清国家权力、技术权力和碎片化社会权力的边界。微信时代的社会治理的新型权力结构，一方面需要在实践中不断磨合、配合和契合，努力寻找新型权力结构各个组成部分的功能定位；另一方面，国家立法应当明确科技权力、碎片化的社会权力和国家权力的权力边界和职责范围以及分工合作的制度机制。尤其是应当对技术权力这种新型的软暴力作出适当的前瞻性制度安排，因为随着科学技术的迅猛发展,技术权力演化为技术暴力,甚至进一步演化为社会治理领域的技术暴政的可能性大大增加。如果这样,不仅社会治理领域可能会出现难以控制的局面,而且公众的财产权、言论自由权和信仰自由等基本权利都可能被逐步蚕食而遁于无形。“我们生活的世界,由极少数高科技公司掌控,它们有时也与政府部门通力合作,不仅监视我们的日常生活,而且于无形中控制我们的思想、感受和言行。我们周围的高科技,已不再是无害的工具;它们有可能神鬼莫测地操纵全人类,其操纵能力将史无前例,将超越所有现存的条例和法律。”[①]因此,通过国家立法把技术权力关进法律制度的笼子里,通过遏制技术权力“恶”的发展方向来衡平技术权力、碎片化的社会权力和国家权力三者之间的关系,形成三驾马车式的相互制衡和有序合作。碎片化社会权力主体就是微信用户及其组建的微信朋友圈、微信群和微信公众号等新型社群。国家立法在保障微信用户权力(权利)的同时,着力规范微信朋友圈、微信群和微信公众号等新型社群的组织形式和行为准则,以形成碎片化社会权力主体的基础生态。国家立法对国家权力尤其是政府为代表的行政权的规范,主要在权力边界和扩张方面确立一个具有合理性的度,以保证行政权力干预微信时代的社会治理的合理性和合法性。

再次,技术权力在维护“科技新贵”权威的同时,必须构筑碎片化社会权力的防火墙。在一定意义上,我们可以说,技术权力成就了“科技新贵”,但具体的技术权力形式(比如微信)一旦产生,技术权力就具有了独立性,技术权力的形式就像科幻小说中的机器人一样,有了自己发展的方向和无限可能性。这就是国家立法必须规范技术权力发展的内在必要性。当然,具有独立性的技术权力必须以“科技新贵”的权力和权利为依归,服从于并服务于科技新贵的所思、所想和所求,维护“科技新贵”的权威就是维护技术权力自身。技术权力要想得到发展,还有一个必须要解决的制度性问题,那就是要为碎片化社会权力提供可靠的保障,构筑碎片化社会权力的防火墙;否则,“皮之不存,毛将焉附”。“在对社交媒

① 凌寒:《新型精神控制》,《世界科学》2016 年第 5 期。

体越来越依赖的同时，人们的负面评价也越来越多，大部分用户提到了因使用社交媒体导致阅读纸质书籍时间减少，隐私缺乏保障，减少睡眠时间，视力变差。”[①]从当前腾讯公司的运营看，微信团队通过制定一系列微信运营规则试图为客户及其微信社群建立一道防火墙。比如，打击通过微信朋友圈、微信公众号的售假和传销，控制微信群、微信朋友圈的规模，建立微信公众号申请注册制度，等等。当然，仅有这些还不够，还需要腾讯公司和微信团队不断完善微信的侵权投诉、违法行为举报制度，尤其需要与工商、公安、知识产权执法部门合作，建立售假和违法行为监测系统，及时发现微信运行中的违法侵权行为，通过国家权力形成对危害微信生态的不法行为的有效而有力的打击，从根本上保障微信用户的权利。另外，腾讯公司和微信团队还需要注意到，微信朋友圈、微信群和微信公众号等新型社群虽然属于虚拟社群，但以发展的眼光看，技术权力应当为微信虚拟社群建立通用性自治章程，以完善微信生态的制度基础。

最后，加强对“科技新贵”人文素养的培养是微信时代社会治理的关键。技术权力在科技时代的社会治理中的作用举足轻重，技术权力的直接主体是“科技新贵”。“科技新贵”的行为选择直接决定着社会治理的效果，决定着人们的权利实现。我们所说的对技术权力的规范其实是对“科技新贵”权力边界的厘定和制约，但仅有规范制约不足以解决技术权力及其主体“科技新贵”对公众可能的权利侵害，因为法律毕竟具有立法的滞后性和调整范围的局限性。因此，加强对“科技新贵”的人文素养的培养就显得十分必要。罗素曾经说过：“处于支配地位的人学到了运用机械的本领以后，就会像他们学会怎样看待自己的机器那样来看待人类，即把人看成是没有感情的东西，操纵者能够于己有利地运用法律来加以支配。”[②]因此，加强“科技新贵”的人文素养培养，使其能够形成健康

---

① 钟茜妮：《调查报告：国人平均每天开微信 14.5 次，一年有 292 小时在刷社交媒体》，《成都商报》2016 年 1 月 30 日。

② [英]罗伯特·罗素：《权力论》，吴友三译，商务印书馆 2008 年版，第 19 页。

健全的人格，树立正确的技术观、价值观，把技术为人服务作为首要的价值追求，技术权力才不会演变为吃人的怪兽，微信也才能真正成为为公众和社会服务的一个技术产品，而不是控制和奴役人的精神鸦片。

五、结语：技术权力的法治思维

人是政治的动物，古希腊时代的广场曾经为彼时的社会公众提供了良好的实现政治权利的舞台。“文化大革命”时代的“大鸣大放”、大字报、大辩论、大串联也是那个特殊时代人们表达政治诉求的一种方式，是各种政治力量进行博弈的竞技场。“微博、微信、微电影联盟的‘微时代’预示更加快速、便捷、高效、自由、民主、人性化的交往方式，自由平等的创作方式，共享的公共文化空间正在形成。西方政治所倡导的‘个体主义精神’在新媒体的世界里得到了真正的体现。”①

这是一个最好的时代，人们的权利欲望得到了极大的满足；这也是一个最坏的时代，物质欲望的膨胀必然唤出人们内心的恶。产生于这个伟大时代的技术权力，也必然具有这个时代的烙印，技术权力既是能给人们带来智慧和善的“普罗米修斯”，也是能给人们带来黑暗和恶的“利维坦”。

技术权力的法治思维就是扬技术权力之善，抑技术权力之恶。扬技术权力之善要求我们充分发挥现代科技的技术优势为公众提供更多、更便捷、更高效的技术产品和服务；抑技术权力之恶要求我们通过国家立法、民间立法规制技术的权力边界，划定技术的可为和不可为范围，把技术权力关进制度的笼子里。

微信是一个人际交往的虚拟社区，是一个承载着物质、精神等多种利益诉求的权利空间，又是一个融合技术权力、碎片化社会权力和国家权力的权力场。虚拟社区的人际交往、权利空间的利益诉求和权力场的权力博弈，其实反映的都是人与人、人与群体、群体与群体的关系，都需

---

① 王小平：《“微时代”微文化的“文化政治”阐释阅读》，《文学与文化》2014 年第 3 期。

要法律规则的外在强制、政策的宏观指引和道德规范的内心约束。因此，微信注定是一个法律、道德、政策、纪律、民间规范和内心良知共同作用的领域，也是各种规范共同构织的制度之网。法治之大，必作于细，微信之强，必起于网，起于制度之网、法制之网。

第三节 微信社群及其规制

"规范性体验涉及的不单单是实现可靠性和社会整合。我们已经阐明，不稳定并非坏事，而是符合日常生活需要的规范性条件，同时，也是法律发展的前提。每个社会都需要根据其各自的复杂性程度为规范期望的充分多样性创建空间。"①

微信利用互联网技术使公众获得了无与伦比的惊奇、愉悦和心理体验。这种新的情绪、知识和人际交往方式，无论就数量、效率，还是便捷度，都是前所未有的。这是微信能够聚集人气、凝聚人群的技术底气。从社会关系角度看，微信塑造的人与人、人与群、群与群的连接方式及其结果，形成了新型的人群和新的运行规则。这正是本书试图分析研究的话题：微信社群及其规制。

一、社群的概念

英语中，"community"具有社区、社群、社会、群落等多重含义，主要指由人构成的群体，特殊情况下也指动植物群体。但在社会科学研究中，"社群"与"社区""社会""群落"等概念还是有明显不同，比如，社群与社区最大的区别在于社群强调人的构成，而社区更强调空间性和区域

① [德]尼可拉斯·卢曼：《法社会学》，宾凯等译，上海人民出版社 2013 年版，第 100 页。

性。随着社群主义于20世纪80年代在西方国家的社会科学研究中出现以来,社群的内涵基本被固定下来。社群(community)是由个人组成的、具有较强凝聚力和紧密关系、相互负有一定道德义务的社会群体。[①] 由此可见,社群的内涵包括以下几个方面。

社群是由个人构成的,法人或者其他团体不构成社群。社群主义强调个人的社群归属感和群体属性,但是社群主义并不否认个人自由的价值及个人权利的实现,只是强调经由社群实现的个人自由和个人权利具有更强的合理性,在这个过程中,社群的公共利益也得到了彰显。

社群中的个人具有比较紧密的人际关系,因而社群具有较强的凝聚力,个人则获得了认同感和归属感。社群是具有共性的人群构成的,这里的共性包括了社群发起的原因,比如信仰、兴趣、职业、性别、民族、籍贯等;社群的共性还包括共同的价值观、共同的群体目标、共同的行为选择和共同的规范标准等。共性是社群主义继承的集体主义的基因,如泰勒所说:"一个人只有处在其他的自我中才能成为一个自我"[②],这一反"一个人只有在独处时才能成为自己"[③]的西方政治哲学传统。也正是因为强调人的共性才使得社群中的人际关系较为紧密,社群中的个人摆脱了个体"原子"的孤立状态,形成具有一定紧密关系的原子结构,社群的凝聚力也因此获得了黏性和力量。也因此,社群中的个人才感受到了彼此之间的认同和归属组织的内心感受,用许纪霖先生的话说,就是"为个人提供价值和归宿感"[④]。

社群中的个人互相负有一定的道德义务。古希腊时期,柏拉图、亚里士多德都在不同的条件下讲到,人应当在城邦中生活,因为城邦能够

---

① Robert Nisbet, *The Social Philosophers: Community and Conflict in Western Thought*, New York: Thomas Y. Crowell Company, 1973, p. 1.

② 转引自张俊峰:《"规则"与"德性"的统一——社群主义背景下对董仲舒伦理政治思想的重新审视》,《中山大学学报》(社会科学版)2002年第6期。

③ [德]叔本华:《一个人只有在独处时才能成为自己》,《晚报文萃》2016年第1期。

④ 东来:《对社群概念的进一步讨论——与许纪霖先生对话》,《开放时代》2003年第3期。

提供人类所向往的美德和善，离开了城邦，人就可能成为野兽。也就说，人只有在群中才具有了美德和遵守规范的条件。因此，最初的社群——城邦就具有了道德和善的价值目标和追求。现代社群所理解的道德和善虽然是在批判自由主义之个人自我实现的基础上发展起来的，但是社群主义恰恰是把传统集体主义的集体道德和善的目标分解到了个人的道德义务上，这不能不说是社群主义继承了自由主义的遗产。社群中的个人互相之间负有一定的道德义务是一个非确定性命题，我们从美国学者们于1991年发表的政治宣言《负责的社群主义政纲：权利和责任》中可以窥见："离开相互依赖和交叠的社群，无论是人类的存在还是个人的自由都不可能维持很久。除非其成员为了共同的目标而贡献其才能、兴趣和资源，否则所有社群都不能持久。排他性地追求个人利益必然损害我们所赖以存在的社会环境，破坏我们共同的民主自治实验。"由此可见，社群中的个人互负的道德义务是指"相互依赖，共同生存"，"为了共同目标而贡献自己的才能、兴趣和资源"，"不能排他性地追求个人利益"。①

社群还具有共同的行为规范。社群是社会组织的一种新形式，必然具有社会组织的基本属性。麦金太尔在讲到德性对于实践的价值时曾说过："德性是一种获得性人类品质，这种德性的拥有和践行，使我们能够获得实践的内在利益，缺乏这种德性，就无从获得这些利益。"②这就意味着，社群的美德、善等德性追求必须贯穿于社群及其成员的行为之中，才使利益成为可能性。但问题是，"对于哪些行动优先于其他行动的问题，价值无法加以具体化，因而对于期望的形成和整合只能给出一些非常不确定的起点"③。这就意味着社群的德性价值并不必然带来社群成员的共同行为，也就是说，社群的共同行为既不能依赖于社群成员的自

① [美]丹尼尔·贝尔：《社群主义及其批评者》，李琨译，三联书店2002年版，引言第4页。

② [美]阿拉斯戴尔·麦金太尔：《德性之后》，龚群等译，中国社会科学出版社1995年版，第241页。

③ [德]尼古拉斯·卢曼：《法社会学》，宾凯等译，上海人民出版社2013年版，第124页。

发性道德自觉，也不能依赖于某个个体的完美人格，社群共同行为必须从人能够为自己设定规范的理性出发来获得规定性。这就是社群规范所由产生的理论渊源。“社群主义的核心话语是提升现代社会中的个人和社会责任。”①社群主义批判自由主义把个人权利置于群体、社会和国家利益之上，把道德义务、个人对他人和社会的责任放到了社群目标的重要位置。因此，社群主义把社群的行为规制框定在“美德”“责任伦理”和“法律责任”三个方面。美德是矫正自由主义之个人权利导致的现代性危机的重要途径，美德是社群主义者共同的追求，社群主义突出忠诚、友谊、公道等美德的价值，倡导现代社会做一个负责任的社群成员和负责任的积极公民。② 社群主义不排斥法治，但强调法律的权利义务均衡；责任伦理是社群主义在“美德”与“法律责任”之外的第三条道路，责任伦理的实现依赖于其在职业理论和私德等领域的内在化程度。

二、微信社群的构成要素

通过互联网建构虚拟社群不是微信独有的形式，早在微信出现之前，互联网上的各种社群已经蓬勃发展起来。1993 年，美国人莱茵戈德(Howard Rheingold)在其著作《虚拟社群》(*The Virtual Community*)中提出了“虚拟社群”(virtual community) 概念。③ 莱茵戈德认为，当有足够多的人在足够长的时间里共同参与公共讨论，并且通过投入足够多的情感，在网络空间中构成一个由个人关系组成的网络，就会产生网络社群这一社会群聚现象。此后，关于虚拟社群的社会学、政治学、传播学研究开始发展起来。一般认为，从虚拟社群的构成要素上看，它应当包括：人与人的关系通过互联网连接；成员有共同的情感、爱好和公共话题；在虚拟空间建立人际关系并形成社群。

---

① [美]菲利浦·塞尔兹尼克:《社群主义的说服力》，马洪等译，上海人民出版社 2009 年版，第 6 页。

② 参见张只干:《社群主义法律观研究》，武汉大学博士学位论文，2011 年。

③ Howard Rheingold, *The Virtual Community*: *Homesteading on the Electronic Frontier*, http://www.rheingold.com/vc/book/intro.html.

微信社群是虚拟社群的一种新形式，我们以微信群构筑的虚拟社群为例分析微信社群的构成要素。笔者于2013年参加了一个由法律界、法学界和传媒界共同组建的“传媒与法律交流群”（以下简称“传法群”），该群成立之初由499位成员构成，他们分别是来自新华社、中央电视台等几十家电视台、中央人民广播电台等几家电台、人民出版社等9家出版社、《人民日报》等近30家报纸、新华网等几十家网站等新闻传媒的媒体人，以及多家律师事务所的资深律师和部分高校法学研究人员。

第一，“传法群”有自己特定的社群目标。“传法群”成立之初就设定了自己的社群目标，在发展过程中还不断得到完善。“本群定位：律师、法律学者对于涉法新闻提供法律解读，为媒体提供新闻线索及案件线索，为媒体以及媒体从业者提供法律维权咨询和帮助，媒体为律师提供宣传和推广的良心互动平台。”群主后来又进一步完善社群目标：“法律业务、媒体业务交流，涉及其他，要把控好度。”群友也发布消息补充指出，“传法群”应当保持主体纯洁性和群友水平一致性。在社群目标的指引下，群友发布信息、参与评论互动基本不偏离目标。该群成立六年来，群主多次履行职责，将定位不准确的群友请出“传法群”，以维护社群目标的单一性和统一性。为了实现社群目标，群主曾经发布了这样一条信息：“关于群的午间提问：1. 两个不同背景的我们走到一起，一定有一个理由，这个理由是什么？ 2. 半年后、一年后或是三年后，我们看到这个群生发出什么资源、力量和成果，会觉得加入这个群非常值得吗？ 3. 为了这个‘值得’，我们现在需要做些什么？”这条信息显然是群主通过提问方式与群友就社群目标及目标实施进行的深度沟通，至少是为了提振群友实现社群目标的信心而凝聚人心的举措。

第二，“传法群”有相对固定的成员。传统社群是由两个或两个以上的人组成的社会组织，成员相对固定，成员对于自己参加组织具有主观意识，参加或退出组织有一定的标准和程序。按照微信群人数限定，“传法群”由499人构成，群成立六年来，群友虽然不时有进出，但成员相对固定。“群规”约定了群友进出规则：入群者须由该群群友推荐，经群主核准方可准入；群友昵称须实名制，采用“真实姓名＋工作单位”的形式登记并显示；违反“群规”者，由群主审查移出。与传统社会组织相同的是，“传法群”群友可以自行决定是否仍然留在群内，如果想离开直接删除该群即可，群友的自主性、选择性和便捷度大大增强。笔者自使用微信六年来，先后加入了至少40个群，但至今仍保留群友资格的只有19个。退出的微信群都是笔者自己主动退出。总结起来，退群理由主要有三：一是志趣不投，待在群里学无所学、用无所用；二是广告太多；三是群友数量太大，每天发布信息过多，耽误过多时间和精力。因此，与传统社群组织相比，微信群成员虽然相对固定，但成员的自主性和流动性较强。

第三，“传法群”有自己的组织架构。传统社群一般具有制度化的职位分层和权力结构，以协调社群内部人员的活动，保证社群目标的实现。像其他微信群一样，“传法群”是一个管理相对简单、组织结构松散的社群，除了群主和群主任命的助手之外，没有其他管理者。社群内部的群友关系一律平等，群主与群友关系也是微信软件公司设定的，并非微信群参与者通过民主程序制定。群主和群主助手的主要职责是审查新入群成员的资格，监管群友发表的言论是否符合群目标，把不符合群目标的群友请出群，不定期组织虚拟或实体研讨会，等等。群友的责任主要表现在两个方面：一是不能发布与群目标不相吻合的信息；二是尽可能参加群主及群主助手召集的虚拟或实体研讨会。因此，与传统社群组织相比，微信社群的组织架构更加松散，社群主体之间的权力关系简单明晰。

第四，“传法群”有零散的行为规范。传统社群的行为规范常常通过组织章程等形式表现出来，社群的行为规范对每位成员都具有约束力，这是社群目标所必需的重要条件。“传法群”的行为规范并没有明确的约法三章，而是在群形成之后逐步积累起来的。除了前述关于微信群的一般行为规范之外，还有：“记者群友未经授权把群里讨论的问题拿到网络公开发表，须在群里公开道歉并被踢出该群。”“以后不要发无聊信息，再发现，会请出。”“以后尽量不要使用@所有人功能，这样会打扰大家。”“与媒体和法律不相关者，移出群。”“本群禁止商业广告，即使事先或事后发红包也不行。推荐新闻或者法律公众号以及文章不属于广告。”“我们群一切在国家规定的言论边界内。”这些行为规范类似于民间法规范，是在微信群运作实践中逐步发展和完善起来的。从规范产生主体看，主要是通过“群主发布，群友附议”方式予以公示并在群内自然产生效力。

第五，“传法群”具有学术交流、公共话题热议、资源整合等社群功能。传统社群有“整合资源”“行为协调”“实现目标”等功能，微信群的组织功能也比较类似，但又有所不同。从“传法群”成立以来可查的群聊记录归类分析可以看出，除了部分具有娱乐功能的信息之外，大多属于社会热点问题讨论、司法案例分析、社会公益倡议、学术理论探讨、学术会议筹划及举办、未来媒体和法律职业的发展方向探讨等信息。比如，春节不购买烟花的倡议书、法律志愿者工作倡议书、服用抗生素后禁止饮酒提醒、老年人睡眠中突发心脏病的急救办法等社会公益内容；网络虚拟账号和虚拟财产能不能继承、刑事被害人代理和附带民事诉讼代理的相关法律问题、新法速递等法律内容，快播案、e租宝案、呼格案、武威记者被抓案、雷洋案、南海非法仲裁案、北京野生动物园老虎伤人案等热点案件的讨论，经济与投资主题餐会、国学与文化主题餐会、移动端预装软件的法律规制问题研讨会、互联网金融投资融资研究报告发布会、2015中国公司法务论坛、“投资德国”法律财税沙龙、法律职业资格统一考试高端研讨会等学术活动预告，呼吁对虚假的中国百强大律师评选活动打假、微信公众号自荐、2015年度十大检察新闻评选、法治随笔约稿、为英雄人物募捐的公益爱心接力活动等活动倡议。这些活动对于整合群友的新闻素材、法律服务和新闻传播等资源具有积极的促进作用，有些群友还就感兴趣的话题进行私信，以促进深度沟通，这些无疑是与社群目标高度融合的。与传统社群职能发挥不同的是，微信社群功能发挥效率高，成本低，简单易行，方便快捷。

第六，“传法群”具有开放性特点。传统社群是一个开放的系统，社群与周围环境不断地进行物质、人员、信息的交换，但由于受到人员和时空条件的限制，传统社群的开放性目标实现起来存在着运行交易成本、沟通渠道和其他客观条件的诸多限制。微信群虽然具有一定的封闭性，也受到人数的限制，但其仍具有群友开放性、信息开放性和意志的自由开放等特点。一是群友出入群完全取决于自己的主观意愿,来去自由。当然,如果违反群规,也可能被强制驱离。二是群内交流的内容除特别声明以外,都可以拿到微信圈、微博甚至平面媒体等其他媒介发表。同时,其他媒体的信息也可以转发到微信群里。也就是微信群的话题和内容来去自由,完全开放。三是除了受到群规关于主题等底线限制之外,微信群友的意见表达完全自由和开放,大家可以敞开心扉,畅所欲言。比如,在某法官猝死在工作岗位上引发的群友对法官职业属性、待遇及前景的讨论中,有离职法官说:"我在某某法院工作时,基本上每天早晨六点多到单位,晚上一般九点钟回家,加班到十一点甚至零点也是常有的事,十几年下来,身心俱疲,不堪重负。"有在职法官说:"我们法院编制33人,今年已经受理了3900多件案件了,只要是过了司考就要办案件,我办公室的电话从早上到晚上没有停过……我现在最怕听电话铃响了……有三个女法官,两个人是分娩的前一天请假的,还有一个在上班路上羊水破了……"由此可见,与一般社群相比,微信群具有更强的开放性、自由度和包容性。

通过以上分析可知,"微信群"已经符合了社群的一般构成要素。微信朋友圈、微信公众号的社群属性与微信群大同小异,略有不同的是,微信朋友圈的人数更多,微信公众号的组织架构更严密、权力分工更细致,俨然一个现代公司的运作模式。由微信群、微信朋友圈和微信公众号为代表的微信社群是一个由不同的实体身份却具有相同的虚拟身份的"双面人"组成的、生存于虚拟空间的新型社会组织;微信社群没有实体场地却有虚拟领地,运行成本低却效率高;微信社群的目标和主题具有更强的开放性、自由度和包容性;微信社群中的人际关系简单直接,人与人的沟通方便快捷。与微博、QQ等网络社群相比,微信社群的优势主要在三个方面:一是在Wi-Fi状态下,微信的所有功能都免费,而且有不需要任何辅助条件的语音和视频聊天功能。二是微博发布信息的终端用户不可控,比如博主发的是一张大型演唱会图片,几经传播之后可能就变成了"某地的传销大会"。"微信本身不仅是网络通信工具,更是一个全方位社交平台。与微博相比,微信具有更强的用户黏性和沟通感觉,是一个较为私密的纽带。”①主要在好友之间传播的微信，具有一定的隐秘性和可控性，传播过程中被恶意篡改的风险大大降低。三是微信是基于手机通讯录生成好友圈的，虽然功能很多，但操作十分便捷，这些都是微博、QQ所不具备的。

马尔库塞曾经说过：“社会控制的现行形式在新的意义上是技术的形式。”②在互联网时代，谁拥有了先进的技术，谁就拥有了对人的一呼百应的动员能力，人是主要的社会资本，技术通过引领众人来控制社会。在这个意义上，微信社群超越了以往所有社群，成为不可限量的技术权力。

三、微信社群的民间规范

微信社群是一个难以统计具体数量的庞大的“虚拟帝国”。像德沃金描述的现实世界的“法律帝国”需要法律的支撑一样，“虚拟帝国”的安全平稳运行也离不开系统性的规则。就目前的情况看，微信这个“虚拟帝国”的运行主要依靠的是腾讯公司及其微信团队制定和颁行的系统性规范以及微信社群内部自然生成的民间规范。

我们根据规范产生的主体不同，把微信社群的运行规范分为四个层次：一是腾讯公司制定的基于互联网服务的相关协议，属于微信社群的高层次规范；二是腾讯公司下属的微信团队和其他下属公司制定的有关微信运行的系列规则，属于微信社群的中层次规范；三是微信团队制定的解决具体问题的特殊规则或叫专项规则，属于微信社群的基础层次规范；四是微信社群自己拟定的、只在本群有效的“微规则”，属于微信社群的内部规范。因此，微信社群规范是一个由高层次规范、中层次规范、基础层次规范和内部规范构成的规范系统。

（一）微信社群的高层次规范

包括《腾讯服务协议》《QQ号码规则》《腾讯微信软件许可及服务协

① 聂磊等：《微信朋友圈：社会网络视角下的虚拟社区》，《新闻记者》2013年第5期。

② ［美］赫伯特·马尔库塞：《单向度的人：发达工业社会意识形态研究》，刘继译，上海译文出版社2008年版，第9页。

议》《微信公众平台服务协议》《微信个人账号使用规范》《微信小店功能服务协议》和《隐私政策》等规范,相当于微信社群的“基本法律”,由腾讯公司制定并公布实施。

在微信社群高层次规范体系中,《腾讯服务协议》处于最高位置,具有最高规范效力,相当于国家法体系中的“宪法”。其他所有协议、规范、政策等规范文件在导言部分都明确提出:“根据国家法律法规和《腾讯服务协议》制定本《协议》或者《规范》……”在一些高层次、中层次和基础层次规范中,有专门条款规定:“本规定与《腾讯服务协议》有抵触的,适用《腾讯服务协议》”,这在事实上规定或者认可了《腾讯服务协议》的最高规范效力。

除此之外,《腾讯微信软件许可及服务协议》(以下简称《微信协议》)等高层次规范相当于国家法体系中的“基本法律”,具有规定某个领域中基本法律关系的地位和作用。从结构上看,这些规范都与国家立法有近似的逻辑结构和语言表达方式。以《微信协议》为例,我们对此进行简要分析。

《微信协议》的结构包括“协议的范围”“关于本服务”“软件的获取”“软件的安装与卸载”“软件的更新”“用户个人信息保护”“主权利义务条款”“用户行为规范”“知识产权声明”“终端安全责任”“第三方软件或技术”和“其他”共12部分。这个结构已经涵盖了用户和腾讯公司在微信软件许可及服务方面主要的实体权利义务和程序性规定,有关责任的界定和履行规定也比较明确。其中,“用户行为规范”共包括“信息内容规范”“软件使用规范”“服务运营规范”“对自己行为负责”和“违约处理”等5项内容。[①] 这些内容详细规定了腾讯公司对微信社群的行为要求,这些要求不仅为用户确立了行为标尺,而且还成为微信社群制定内部规范的重要依据。需要说明的是,《微信协议》还规定:“本协议内容同时包括腾讯可能不断发布的关于本服务的相关协议、业务规则等内容。上述内容一

---

① 参见《腾讯微信软件许可及服务协议》,2016年8月9日,http://weixin.qq.com/agreement?lang=zh_CN。

经正式发布，即为本协议不可分割的组成部分，你同样应当遵守。”这就意味着微信团队制定和发布的相关“规范”“公告”和“说明”等中层次规范都可以被看作是《微信协议》的补充性条款，这在技术发展超越规则产生、立法可能滞后的时代具有重要意义。由此可以看出，腾讯公司法务部的立法团队具有较高的立法技术水平。

（二）微信社群的中层次规范

包括《微信朋友圈使用规范》《微信公众平台认证服务协议》《微信公众平台运营规范》《财付通服务协议》和《微信支付用户服务协议》等规范，这部分规范相当于微信社群的部门法，由微信团队或者腾讯公司下属公司制定并公布实施。

从法律的效力等级上看，微信社群的中层次规范相当于国家法体系中的一般法律，一般由微信团队制定，有的如《财付通服务协议》等特殊规范则由腾讯公司的控股公司制定。从具体名称看，微信社群的中层次规范也在使用“协议”“规范”等语词，而且，微信社群的中层次规范的逻辑结构也与高层次规范没有明显区别。这一方面说明了腾讯公司没有在效力等级上对其颁行的规范进行形式区分，另一方面也从侧面反映出了技术权力表达方式的内在逻辑统一性。

从立法技术上分析，微信团队的立法也有自己的独到之处。我们以《微信公众平台认证服务协议》（以下简称《平台认证协议》）为例加以简要说明。与高层次规范不同的是，微信社群的中层次规范更加注重规范的具体化和操作性，对用户和腾讯公司的权利义务区别性规定更清晰，更有针对性。而且，就《平台认证协议》的情况看，还对“微信公众平台认证服务”“认证审核”“账号资质审核”“账号名称审核”“订单”和“新订单”等10个概念进行了“术语定义”，这对于减少协议在理解和执行过程中可能发生的歧义和偏差具有重要作用，也从侧面反映了国家法立法的严谨性、规范性对民间规范产出机制的深刻影响。

（三）微信社群的基础层次规范

包括“功能性规则”（如《微信公众平台注册步骤示例图说明》）和“禁止性规则”（如《微信公众平台关于整顿发送低俗类文章行为的公告》）两

种，由微信团队制定并公布实施，相当于微信社群部门法的实施细则或者补充性条款。

1.功能性规则

从表面上看，功能性规则像产品说明书，是微信团队为某一种微信社群设计的实体功能和获取功能的程序。我们以《微信公众平台注册步骤示例图说明》①(以下简称《注册说明》)为例对此进行简要介绍。《注册说明》主要包括“注册公众平台都需要准备哪些材料”“公众平台注册步骤”“如何选择信息登记类型”“订阅号和服务号的区别”“信息登记的审核时间多长”“证件登记次数限制”“审核期间哪些功能无法使用”等内容，每一项内容之下都有详细介绍。此类规则还有《公众平台门店信息填写规范》(2015 年 4 月 28 日)、《公众号文章新增语音功能》(2015 年 7 月 10 日)、《微信公众平台新增摇一摇周边功能》(2015 年 4 月 14 日)、《微信认证命名规则调整》(2014 年 12 月 25 日)、《公众平台增加违规处理申诉功能》(2014 年 12 月 25 日)、《公众平台简化注册流程，明确公众账号主体信息》(2014 年 8 月 27 日)等数十个规范性文件。功能性规则对于微信社群成员尤其是微信社群的组织者具有重要的指引功能。

2.禁止性规则

微信社群的禁止性规则数量比较多，微信公众号有关“功能说明性规则”和“禁止性规则”的题录有 6 页、140 件之多。如《微信公众平台关于整顿发送低俗类文章行为的公告》(2015 年 3 月 25 日)、《微信公众平台关于整顿违规互推行为的公告》(2015 年 4 月 29 日)、《微信公众平台关于整顿多级分销模式行为的公告》(2015 年 2 月 15 日)、《微信公众平台关于整顿侵犯影视作品知识产权行为的公告》(2015 年 12 月 30 日)、《微信公众平台关于整治账号“资本运作”欺诈的公告》(2015 年 2 月 11 日)、《微信公众平台关于抄袭行为处罚规则的公示》(2015 年 2 月 3 日)和《微信公众平台关于处理转发赚钱、刷分刷榜类行为的公告》(2016 年 3

① 参见《微信公众平台注册步骤示例图说明》，2016 年 8 月 8 日，http://kf.qq.com/faq/120911VrYVrA130619v6zaAn.html。

月 10 日)，等等。这些禁止性规则主要是针对某个具体问题而设定的解决问题的方案及相关整治的具体措施，是对前述几个层次微信规范的重要补充。微信社群的禁止性规则制定的主要目的是为了维护微信社群的良好的公共秩序，致力于为用户提供绿色、健康的生态环境。微信团队对于微信社群中出现的有违国家法律和微信相关规范规定的行为，一般采用的方法是“警告删除或屏蔽及直接删除或屏蔽相关违法内容”“警告封号或阶梯性封号”(如第一次 7 天封号，第二次 15 天封号，第三次 30 天封号，第四次永久封号)等强制性措施。

需要提及的是，如《微信公众平台关于禁止发布签类测试信息的公告》文后还附有“自律”公益宣传：“自律：人生就是和自己的欲望作斗争，尝试从小事情上开始自律，比如规律的睡觉、起床或者读书，你会从中获得巨大的满足。”①此类公益宣传对于净化互联网环境，自觉抵制违法等不良行为，形成良好的法治环境具有一定意义。

腾讯公司及微信团队等下属机构的立法还有一些共性的东西值得我们关注：一是微信社群的相关规范的语言具有抽象性与具体化相结合的特点，抽象性解决了语言内容的概括凝练，具体化解决了规范的理解和执行问题。二是微信社群的相关民间规范用插图等形式表达，如“阶梯式处罚机制”等内容，更直观，更通俗易懂。三是微信社群所有规范都有“遵守当地法律监管”和“尊重当地的道德和风俗习惯”的要求，这种规范性要求对于国家法的相关立法也具有一定的借鉴意义。四是微信社群的多数规范都有“动态文档”的说明，所谓“动态文档”是指相关规范虽然已经制定出来，但并非固定不变，用户应当随时反复查看相关的内容更新以便获得最新信息。②

---

① 《微信公众平台关于禁止发布签类测试信息的公告》，2016 年 8 月 9 日，https://mp.weixin.qq.com/cgi-bin/announce?action=getannouncement&key=1435761199&version=3&lang=zh_CN。

② 参见《微信公众平台运营规范》，2016 年 8 月 9 日，https://mp.weixin.qq.com/cgi-bin/readtemplate?t=business/faq_operation_tmpl&type=info&lang=zh_CN&token。

（四）微信社群的内部规范

由各个微信社群自己制定并实施，由于微信社群数量不断变化、难以计数，微信社群的内部规范的数量也无法统计。前述“传法群”部分已经介绍了微信社群的内部规范产生和运作的基本情况，不再赘述。

以上所述之微信社群的规范体系中四个层次的规范都属于民间规范。民间规范是相对于国家法而言的，国家法来自于国家立法，民间规范产出于非国家法之外的所有主体的规则制定活动。传统中国社会的民间规范包括习惯法、家法族规、乡规民约、禁忌风俗、宗教规范、社会组织规范等等。随着现代化进程的不断推进，尤其是市场经济的迅猛发展，公司企业制定的规范在现代民间规范体系中的地位越来越重要。腾讯公司的微信活跃用户已近 6 亿，通过技术权力连接起来的社会关系足以构成一个强大的“虚拟帝国”。“虚拟帝国”不是实体国家，其运行规范不属于国家法而属于民间规范，其所仰仗的权力不是国家权力而是属于社会权力范畴的技术权力。

四、微信社群的规范体系

微信社群是一个虚拟组织，但却是由实体的人构成的。技术自己不能成为控制社会的权力，技术只有跟人结合起来才能控制社会，才被称为“技术权力”。虽然微信社群足以动员数以亿计的公众参与其中，具有强大的社会动员力量，但微信社群准入门槛低、操作方便等技术优势也带来了微信社群的非理性群氓现象，带来了良莠并存、难以识别的信息泛滥问题，给用户带来了身处微信社群却身心俱疲的感觉，更有甚者甚至利用微信社群进行诈骗、卖淫嫖娼等非法活动。“网络时代是一个反智化时代，冷静理智的分析不被关注与赞扬；相反，投机者、诡辩家和文化流氓往往却更容易成功。这正是集体‘反智化’的表现，反映了群体素养的下降和道德的滑坡。同时，在这种反智化舆论场中，能够被接受的观点往往是偏执的、戏剧化的、极端的、激烈的。”①由此看来，微信社群仅仅依靠自己的民间规范系统无法解决面临的所有问题，微信社群还需要一个更加系统科学的规范体系。

首先，微信社群的运行离不开国家法支持。从广义的法律依据看，微信运营和管理的国家法包括《全国人民代表大会常务委员会关于维护互联网安全的决定》(2000 年 12 月 28 日)、《全国人民代表大会常务委员会关于加强网络信息保护的决定》(2012 年 12 月 28 日)、《最高人民法院最高人民检察院关于办理利用信息网络实施诽谤等刑事案件适用法律若干问题的解释》(2013 年 9 月 6 日)、《互联网信息服务管理办法》(2000 年 9 月 20 日;2011 年 1 月 8 日修订)、《互联网新闻信息服务管理规定》(2005 年 9 月 25 日)等法律法规。从狭义的法律依据看，国家为微信的专门立法只有国家网信办于 2014 年 8 月 7 日发布的《即时通信工具公众信息服务发展管理暂行规定》(被业界简称为《微信十条》)。《微信十条》第四条要求即时通信服务应当取得“互联网新闻信息服务资质”。第五条要求服务提供者应当落实“安全管理责任”“保护用户信息及公民个人隐私”“自觉接受社会监督”等法定义务。第六条要求服务提供者应当按照“后台实名，前台自愿”原则，要求使用者通过真实身份信息认证后注册账号。使用者注册账号时，应当与服务提供者签订协议，承诺遵守法律法规、社会主义制度、国家利益、公民合法权益、公共秩序、社会道德风尚和信息真实性等“七条底线”。第七条规定了服务提供者对使用者注册公众账号的审核义务。第八条规定了使用者遵守国家法律法规的义务。客观地说，属于政府行政规章的《微信十条》虽然还略显粗糙，但是已经基本确立了微信社群国家法制度的基本框架，其意义还在于《微信十条》开创了我国关于一款应用程序的专门立法之先河。

国家之所以重视微信不仅在于微信之强大的社会动员力，还在于国家权力对技术权力肆意扩张的高度警惕。现代科学技术的发展带来了

① 李志雄:《网络社群的变迁趋势和负效应——以微博为例的多维视角分析》,《新闻与传播研究》2013 年第 3 期。

许多不确定性因素，科技新贵与现代科学技术结缘而孕育的技术权力同样具有很多不确定性，“科学对于劳动来说，表现为异己的、敌对的和统治的权力”①。可以毫不夸张地说，面对凶猛无比的技术权力，现代社会的各种力量已经毫无招架之力，只有国家权力可以与技术权力过招。国家权力要积极而有效地应对技术权力的扩张，主要招数首先在于国家立法。国家立法可以从技术权力的适用性、范围以及利益衡平角度，从限制和规范同业不正当竞争角度规范和约束技术权力的边界，把技术权力关在国家法律制度的笼子里。从行政执法权角度看，政府除了可以制定如前文所述《微信十条》之类的行政法规、政府规章之外，更重要的是促进相关法律法规的贯彻实施，重点是加强对高科技企业的不正当竞争等违法行为的监督和查处。国家权力对技术权力的制约还在于通过司法权力引导技术权力的发展方向，使技术权力在实践中逐步进入良性发展轨道。20 世纪 90 年代末，美国诉微软的案子之所以持续十年之久，判决结果也是一波三折，本质上看是由于微软公司以强大的技术优势和资金优势为基础的技术权力对美国政府为代表的国家权力的激烈对抗所致，虽然最后微软折中了自己的企业价值目标并接受了一定的罚款，但人们普遍认为政府败给了微软，至多是技术权力与国家权力打成了平手。前车之鉴，我国法院在审判高科技公司代表的技术权力与公民、社会公益的维权诉讼中，应当更多地站在公民和社会公益角度考虑判决的正当性和社会价值，通过司法判决引领技术权力的发展方向，逐步形成国家权力与技术权力的良性互动。

其次，需要加强微信社群民间规范制定的民主化。前述已知，微信社群的民间规范已经具备了较大规模，体系也相对完备。但是，我们在研究中发现，微信的民间规范体系还存在着基础制度薄弱、腾讯公司与用户的权利义务平衡性不足、制度内监督阙如等大量问题。存在这些问题的原因一方面是微信迅猛发展暴露出来的腾讯公司的立法经验、立法准备不足，另一方面也与立法主体单一、立法民主性不足具有直接关系。

① 《马克思恩格斯全集》第 47 卷，人民出版社 1979 年版，第 571～572 页。

微信社群的民间规范制定主要是由腾讯公司的法务部门和微信团队完成的，这难以避免“自己为自己立法”带来的扩张自我利益、抑制他人权利的普遍性问题。曼海姆说过：“以效率为唯一目标的现代大规模组织创造了各种层层相依的科层，把所有的决定权都集中到高层手里，甚至把一些技术决定权也从基层剥离出去，集中到同生产不发生直接关系的专门部门。”[①]曼海姆对于技术权力扩张的提醒警示我们，技术权力越来越集中到少数人手中，也就是技术集权，会导致一系列的组织化弊端。由于技术集权是在科技新贵这个小圈子里静悄悄地发生和发展的，公众和社会不容易察觉，温水煮青蛙似地把公众集合到技术集权的麾下，对社会关系和整个社会形成巨大的影响。所以，民间规范制定的非民主化和技术集权是同一个问题的两个方面，要改变技术集权带来的社会问题，一方面是前文所述之国家权力对技术权力的规范和制约，另一方面还在于技术权力自身的民主化改革。技术权力的民主化不是一件容易推进的事情，但毕竟现代公司制度已经为我们推进技术权力民主化提供了可能性。

从微信社群的民间规范制定来看，不仅需要腾讯公司的法务部门和微信团队加大规则制定的调研投入力度，深入了解用户的权利诉求和社会公益的目的性价值，还需要腾讯公司的立法团队增强立法技术的学习和培训，从合规审查专家成长为真正的立法人才。更重要的是，微信的立法团队应当确立为同行业高科技公司制定技术标准和行为规范的立法态度，在立法上精益求精，制定出具有示范效应的民间规范文本。从衡平微信社群用户权利和腾讯公司利益角度出发，在加大立法调研力度的同时，应当吸收微信社群的代表参与微信社群规范体系的制定工作，尤其是“协议”类民间规范更应当如此。微信社群的高层次规范使用“协议”名称的不少。所谓“协议”应当是协议主体协商一致的妥协，而不应当是腾讯公司按照自己的意志和意愿制定的强制性格式规范。微信社群的规范体系在表面上即使再温馨、语言再柔和，但“霸王协议”的本质

---

① 转引自[美]丹尼尔·贝尔：《意识形态的终结——50年代政治观念衰微之考察》，张国清译，中国社会科学出版社2013年版，第7页。

还是无法改变的。比如，从规范名称看，《微信公众平台运营规范》（简称《运营规范》）应当是规范和约束腾讯公司和用户双方的权利义务关系的，但实际情况是，《运营规范》的主要内容却是规范和约束用户的。《运营规范》包括“原则”“使用规范”“投诉申诉机制”“遵守当地法律监管”“免责声明”“动态文档”及“相关协议链接”七大部分，这个结构的逻辑线索可以归纳为“用户义务”。《运营规范》条款基本上是围绕着“用户应当遵守……”“用户自己承担……”“用户已经了解……”等科以用户义务的形式展开的，就连用户如果不知腾讯公司修改《运营规范》而可能引发的法律责任，腾讯公司都把自己的告知义务用“动态文档”的形式推得一干二净。因此，加大微信用户参与微信社群的民间规范制定，扩大技术权力民主的范围和深度，使微信社群的“居民”们有一种主人翁的感觉，使微信社群的“居民”们成为真正的能够参与社群立法的主体，可能是解决目前微信社群民间规范制定的当务之急。

除了应当加强微信社群民间规范制定的民主化以外，微信社群应当确立一种对腾讯管理层的反向制约机制。在微信这个“虚拟帝国”里，微信管理层就是帝国的首都和官员，微信社群是帝国的社会和公众。现在的微信社群之规范形成和实施机制完全是一个自上而下的单向运行机制，微信社群向帝国管理者输送权利诉求的相关民间规范形成机制并不完善。因此，建立微信社群向微信之“虚拟帝国”管理者输送意见建议的规范性制度确有必要，也切实可行。

最后，应当加强互联网行业监管的行规立法工作。当代美国经济学家乔治·施蒂格勒指出，人们所说的“监管”或是“规制”，通常是指某一产业或是行业自己通过各种方式为自己争取而来的，监管或是规制的制度设计、制度实施和制度监督都是由监管或是规制主体为了监管自己产业本身的利益而服务的。所以说，对一个行业的监管除了政府之外，行业的自我监管也非常必要。对于互联网行业来说，行业监管比政府监管具有两个方面的独特优势：一是专业人才优势；二是先发优势，即行业有自己的敏感度，比政府能够早预知和发现行业问题。这两个方面的优势决定了行业监管可能比政府监管更有效率，更有针对性。英国的互联网监管主要由1996年9月成立的“网络观察基金会”负责，网络观察基金会与由50家网络服务提供商组成的联盟组织、英国城市警察署和内政部等共同签署了《安全网络：分级、检举、责任协议》，制定了相应的网络内容管理措施并在实践中贯彻实施，取得了较好的监管效果。[①] 2001年5月25日，中国互联网协会成立。中国互联网协会由国内从事互联网行业的网络运营商、服务提供商、设备制造商、系统集成商以及科研、教育机构等70多家互联网从业者共同发起成立，是由中国互联网行业及与互联网相关的企事业单位自愿结成的行业性的、全国性的、非营利性的社会组织。[②] 2010年爆发的腾讯和奇虎360之间的“3Q大战”，促进了中国互联网协会加快行业的立法工作。此后，中国互联网协会先后制定了《互联网新闻信息服务自律公约》(2011年8年13日)、《中国互联网协会抵制网络谣言倡议书》(2012年4月8日)、《互联网搜索引擎服务自律公约》(2012年11月1日)和《中国互联网行业自律公约》(2013年1月29日)等18部行业规范。[③] 从行业立法角度看，中国互联网协会做了大量工作。但从这18部行业规范的内容看，多数属于对互联网行业工作的自律性规范，而且也没有一部行业监管方面的专门规范，这就意味着行业监管就成为缺乏行业规范依据的空白。从英国等西方法治国家的非政府组织监管的经验看，中国互联网协会应当完善行业监管的实体和程序立法，尽快使行业监管成为自己作为非政府组织的一项重要职能，并尽快使行业监管落到实处。

“规范性体验涉及的不单单是实现可靠性和社会整合。我们已经阐明，不稳定并非坏事，而是符合日常生活需要的规范性条件，同时，也是法律发展的前提。每个社会都需要根据其各自的复杂性程度为规范期

① 参见罗静：《国外互联网监管方式的比较》，《世界经济与政治论坛》2008年第6期。

② 参见中国互联网协会网站，2016年8月10日，http://www.isc.org.cn/xhgk/。

③ 参见中国互联网协会网站，2016年8月10日，http://www.isc.org.cn/hyzl/hyzl/。

望的充分多样性创建空间。”[①]微信社群展示出了现代社会结构的多样性和复杂性，腾讯公司及其立法团队为现代民间规范的发展提供了一个成型的模板。微信社群的民间规范体系不仅为微信之“虚拟帝国”的秩序提供了基本的制度性规范，而且还倒逼国家权力制定了《微信十条》等国家法，形成了社会权力与国家权力的良性互动。现代社会的多样性和多元化并不是依靠一部法律就可以完成社会整合的，复杂社会的新型秩序需要复杂的规范体系作为制度保障。因此，腾讯公司的民间规范体系无法包打“虚拟帝国”之天下，国家法、行业规范都应当适时而有效地参与进来，形成更加科学完善的微信社群的规范体系。

① [德]尼可拉斯·卢曼：《法社会学》，宾凯等译，上海人民出版社 2013 年版，第 100 页。

第四章
法治社会的民间司法空间

法治社会是民间法与国家法共治共享的秩序空间，国家司法在实现法治社会的公平正义价值上居功甚伟，民间司法也起着不可或缺的作用。在一定意义上，与国家司法轰轰烈烈的“显功”相比，民间司法扮演着循循善诱、劝导教化的“潜功”角色。

民间法以社会权力为基础，包含了民间习惯法、宗教法、民族习惯法、民间组织规范和行规帮规等多种形式，有成文的、口耳相传的、行为的诸多表现形式。民间法的实效通过人的行为被表达、被表现，民间法的效力主要不是通过社会权力的强制性来实现，而主要是通过人的内心信念和行为自觉来实现。只有当民间纠纷产生的时候，民间法的强制力才被真实地呈现在社会公众面前，这个民间法的实现机制就是民间司法。因此，研究民间法离不开研究民间司法，离不开研究社会权力之中国表达——民间权力。

民间权力是社会权力的中国话语。民间权力是民间社会主体依靠掌控的社会资源通过“强制”“教化”等方式对相对人形成的支配力和影响力。民间权力产生于“家国同构”的传统中国社会，并因应社会结构的改变在主体、内容、机制等方面不断演化。民间权力包括主体、相对人、民间权力资源和运行机制等构成要素。民间权力具有秩序维护、规则创制、制度构造以及民间司法等功能。法治面向的民间权力必须从自由与秩序的价值衡平出发，确立独立自主的主体地位，创生"情、理、法"的民间权力运行机制。

行为和制度是法学研究民间信仰的两种进路，这两种进路的共性是定义了民间信仰的"事实性""动态性"和"开放性"。民间信仰是由民间规则、禁忌和习惯构成的以自然万物、鬼神灵异和祖先崇拜为信仰对象的非官方、非组织的制度性事实。从自然崇拜到图腾崇拜再到英雄崇拜，民间信仰和国家权力同步萌生；国家建立之后，国家权力成为民间信仰的构成性要素。民间信仰是一种民间权力，民间信仰的行为和制度又必须以民间权力为基础。面向法治社会的民间信仰必须正确处理政府主导和民间自治之间的关系，政府主导意味着政府必须从民间信仰的权利属性出发，运用法治思维和法治方式制定和实施民间信仰政策。民间信仰的自治不仅需要划定民间信仰的消极自由权领域，更重要的是因应社会发展制定民间信仰自治的章程和规约。

梁启超有关耆老和士绅裁判民间纠纷的记述引发我们思考民间司法问题，当代"社会法庭"等社会组织对秩序建构的重要作用促使我们关注和进一步诠释民间司法。民间司法是指以社会权力为基础的民间司法主体，依据国家法、民间法、道德伦理和风俗习惯等规则对民间纠纷进行判断和处理的行为和制度。民间司法以社会权力为基础；德性和威望是民间司法主体的合法性来源；民间司法的规则依据多元，并具有自己独特的适用方法和运行机制。

"情、理、法"是民间司法的基本原则。"情"是人最原始、最基本的需求，是行为和规则共同的家；"理"是对"情"的抽象和概括，也是对以"情"为基础的人际关系之规律性的认识和总结；"法"是具象的"情"和"理"，是"情"的诉求和"理"的应然在行为上的规范表达。民间司法的"合情""合理""合法"其实是在追求人际关系的稳定和社会秩序的和谐，而不是国家司法所追求的实现社会的公平正义。与国家司法"以法为主，辅之以情、理"的适用原则不同，民间司法的"情、理、法"适用总原则是：从情出发，讲理为主，辅之以法。

第一节
民间权力的概念

“社会是一个紧密结合的等级制组织，在这一组织中，人们的地位和彼此间的义务被限定和承认。”①

有人就有权力，权力是人类社会的伴生物；权力需要制度，制度是规范权力的笼子。人类社会产生之初，权力强势、形态单一；随着人类社会的发展，权力强势被逐步弱化、权力形态的多元化成为不可逆的发展趋势。在这个过程中，各种权力理论纷至沓来，强权论、主权论、民权论、权力分立论……在这些权力理论中，一般认为，马克思的“社会关系权力理论”和韦伯的“权力能力理论”具有代表意义，前者强调社会关系在权力中的重要地位；后者强调权力支配者意志和能力的贯彻实施。福柯在总结前人的权力理论基础上提出了“权力场理论”。福柯认为，权力是一种复杂的“场力结构”，权力是一种运转中的关系，权力是“各种力量关系，多形态的、流动性的场，在这个场中，产生了范围广远但从未完全稳定的统治效应”②。权力“致力于生产、培育和规范各种力量而不是专心威胁、压制和摧毁他们”③。福柯的“权力场理论”是对马克思的“社会关系权力理论”的深化和发展，其核心要义在于强调权力是一种生产、培育和规范各种力量的场力结构，而不是各种社会力量的摧毁性因素。

如果说马克思的“社会关系权力理论”和韦伯的“权力能力理论”对于国家权力解释具有重要意义的话，福柯的“权力场理论”则不仅对于国家权力的解释具有内在张力，对于包括民间权力、社会权力、乡村权力、

---

① [美]威廉·福特·怀特：《街角社会》，黄育馥译，商务印书馆 1994 年版，第 352 页。

② 侯均生：《西方社会学理论教程》，南开大学出版社 2001 年版，第 432 页。

③ [美]道格拉斯·凯尔纳、斯蒂文·贝斯特：《后现代理论》，张志斌译，中央编译出版社 2004 年版，第 64 页。

社区权力等各种权力的解释都具有重要理论价值。本节以福柯的权力场理论为分析工具,从权力起源和各种权力关系角度分析研究民间权力的内涵、外延、功能及其与国家权力的关系,提出民间权力面向未来的法治意义。

一、民间权力:社会权力的中国话语

以国家社会二元对立理论为基础,权力分为国家权力与社会权力。学界对国家权力、社会权力及其关系理论的研究可谓汗牛充栋,社会权力理论研究也已经初步形成体系,尤其是郭道晖教授的社会权力理论研究起步早、成果显著,形成了自己较为系统的理论体系。① 另外,还有如王宝治、魏治勋、王月峰等一批学者对于社会权力理论研究也颇有收获与心得。既然社会权力理论研究已经比较系统,"社会权力"概念在法学界也已初步形成共识,为什么还要提出"民间权力"概念呢?也可以问"民间权力"概念的独特性和意义何在呢?

(一)民间权力与社会权力产生于不同的社会结构模式

我们知道,"社会权力"是一个来自西方法治社会的概念,社会权力是以政治国家和市民社会二元对立为基础的,社会权力产生于契约平等、法律规则优先的契约型社会,离开这个社会结构及其规定性,社会权力就成为无源之水、无本之木。我国传统社会是一个典型的以血缘—宗法制为基础的"家国同构"的社会模式,市民社会在"家国同构"社会模式中是难以生成的。随着市场经济的发展,当代中国社会的"家国同构"社

---

① 郭道晖教授研究社会权力已经20多年,发表了系列论文,如《论国家权力与社会权力——从人民与人大的法权关系谈起》(《法制与社会发展》1995第2期)、《以社会权力制衡国家权力》(《法制现代化研究》第5卷,南京大学出版社1999年版)、《权力的多元化与社会化》(《法学研究》2001年第1期)、《社会权力与公民社会》[《山东科技大学学报》(社会科学版)2007年第2期]、《论社会权力——社会体制改革的核心》(《中国政法大学学报》2008年第3期)、《论社会权力的存在形态》(《河南省政法管理干部学院学报》2009年第4期)、《社会权力:法治新模式与新动力》(《学习与探索》2009年第5期)、《认真对待权力》(《法学》2011年第1期)等论文及2009年由译林出版社出版的专著《社会权力与公民社会》。

会模式似乎有所变化，但从本质上说，其社会基础和基本构造并没有从根本上得到改变。诚如邓正来先生所言："从功能上讲，市民社会与民间社会的最大区别在于，前者在自身独立自治的基础上以与国家形成良性交互关系为根本目的，后者则不曾与国家形成彼此分化的二元性结构，更谈不上良性互动了。"①中国的市民社会处于一个发生期，远没有呈现出市民社会自身的特点。试想，我们拿来西方法治社会的"社会权力"概念能否与中国特色社会主义法治体系相融相通是不是一个值得关注和思考的问题呢？也正是在这个意义上，我们提出"民间权力"概念，以期其与中国特色社会主义法治话语体系具有更强的契合性和解释力。

"民间权力"是一个以传统中国"家国同构"社会为基础的概念。"家国同构"讲的是家庭、宗族和国家的结构具有一致性，家是小国，国是大家。在法学理论看来，所谓"家国同构"主要是指"家""国"两种主体的行为规范及其形成的规范性制度具有共同性。《礼记·祭统》说："忠臣以事君，孝子以事其亲，其本也。"《孝经·广扬名》也说："君子之事亲孝，故忠可移于君。"以孝为核心的规范体系是家庭、宗族的，以忠为核心的规范体系是国家的。孝是民间社会的价值追求和行为依据，忠是官方社会的价值追求和行为准则。孝和忠的行为模式和内在机理相融互通，核心要义是强调"服从"和"教化"的作用。以孝、忠为核心的行为模式虽然在当代中国有所发展和演变，比如，民间权力从以孝、忠为核心的服从和教化开始向强调"人权""社会权利"的法治价值转变，这种转变虽然还主要停留在学理层面，但毕竟已经开始。而且由这种孝、忠向权利的社会价值面向的转变，也架起了民间权力与社会权力沟通的桥梁。

（二）民间权力的内涵

以上我们虽然重在分析民间权力与社会权力产生于不同历史文化和社会结构背景，但两者具有人际关系形成、社会秩序构建等多方面的类近点。在一定意义上，我们可以说，民间权力是社会权力的中国话语，民间权力是根植于中国社会、符合中国实际的社会权力形态。从内涵上

① 邓正来：《市民社会理论研究》，中国政法大学出版社2002年版，第11页。

说，民间权力是民间权力主体依靠其掌控的民间社会资源通过强制、教化等方式对相对人形成的支配力和影响力。在这里，我们首先重点分析一下民间权力的两类主要行为方式。

强制是所有权力的内在规定性，也是权力区别于权利的本质属性。不同于以军队、警察和监狱为标志的国家权力的强制性，民间权力的强制主要表现为对民间权威、民间传统以及道德评价的敬畏和服从，也表现为对民间组织章程、纪律等规范所体现出来的利益惩罚性强制的接受和服从。强制主要表现为支配力，与国家权力的"命令—服从"相类似。

教化是民间权力的一项重要权能。教化就是教育感化，民间权力意义上的"教育"是一个宽泛的概念，包括学校教育、家庭教育、社会教育等积极性教育方式，也包括道德谴责、纪律惩罚、犯罪改造等消极性教育形式，各种教育形式施加于人的结果不仅体现在掌握知识、技能，还表现在人生观价值观的内化塑造，更重要的是表现为人的行为的规范性和自我约束力，这也是民间权力教化功能的落脚点。所以，教化是一个润物细无声的长效机制，主要以"影响力"表现出来。民间权力的教化权能与福柯强调权力的生产、培育和规范权能具有一致性，两者都强调权力的正能量和积极意义，这也是我们强调民间权力教化权能的根本目的所在。

(三)民间权力与乡村权力的区别

为了更加明晰民间权力的内涵和外延，我们还需要把民间权力与杜赞奇提出的"乡村权力"进行区别。杜赞奇在"乡村文化权力网络"概念中分析了"乡村权力"概念，"在这里，权力是指个人、群体和组织通过各种手段获得的他人服从的能力，这些手段包括暴力、强制、说服以及对原有权威和法统的继承"①。传统中国社会的民间权力与乡村权力具有很多共性，但两者仍有区别：一是地域范围上，民间权力包括乡村权力和城市社会的民间权力；二是从社会历史条件看，杜赞奇的乡村权力是以农

① 魏治勋：《论乡村社会权力结构合法性分析范式——对杜赞奇"权力文化网络"的批判性重构》，《求是学刊》2004 年第 6 期。

村自然经济为基础的，而民间权力既可以分析传统农业社会的民间权力形态，也可以分析当前市场经济条件下中国社会的民间权力形态，只是需要我们对民间权力的法治面向进行再造。

二、民间权力的构成要素

无论是国家权力研究，还是社会权力研究，多数集中于权力属性研究上，很少从权力构成角度进行分析。法学视野中的民间权力是一个具有具体的构成要素、明确的结构形式的权力结构，这个结构主要包括四个构成要素：民间权力的主体、民间权力相对人、民间权力资源和民间权力运行机制。

（一）民间权力主体

民间权力主体是指民间权力的行使者，包括个人和组织两类主体。就个人主体而言，主要是指传统中国民间社会的耆老、长老、乡绅、家族长、帮会老大等具有一定身份、地位和权势的人，当代中国社会的家族长、企业家等经济能人、退休领导干部等威权型人、退休教师等知识型人，以及在某一领域具有较高影响和公信力的人物。不同时代的民间权力个人主体虽然表现形式不同，但都具有经济、政治或者家族、社会影响力大、支配资源多、公信力强等特点，这些特点恰恰是民间权力个人主体能够发挥持久影响力和支配力的民间权力资源。就组织类民间权力主体而言，主要是指传统中国民间社会中的宗族势力、帮会、行会、商会，也包括合会等赈灾类组织、安济坊等慈善机构、书院等学术社团和朋党、宪政会等政治社团。[①] 当代中国社会的民间权力组织主体基本与传统中国社会的民间权力组织主体类似，增加了环保组织、志愿者组织、体育组织、科技组织等各类现代民间组织[②]，当然也包括村民自治组织、居民委员会等群众自治组织。

---

① 参见贾西津：《历史上的民间组织与中国"社会"分析》，《甘肃行政学院学报》2005 年第 3 期。

② 参见国家民间组织管理局主办：中国社会组织网，2015 年 2 月 16 日，http://st.chinanpo.gov.cn/index.html。

以现代法治标准观之，民间权力主体在平等性、独立性等方面还存在着许多问题。传统中国社会的民间权力主体不具有法律意义上的平等性。民间权力是内生于依靠血缘—宗法制为基础的民间社会，无论是血缘关系还是宗法制度都强调身份和等级，个人消弭于家庭和宗族之中，所以民间权力主体更多的是强调身份等级高的个人以及家庭宗族等集合性势力，即使是身份等级高的个人也不是法律意义上的原子化个人，而是被冠之以权势、地位和权力的民间职位，因此职位就有高低贵贱之分，而无平等公平可言。与以身份等级高低划分为基础的个人主体相比，宗族、帮会、商会等组织具有相对平等的地位，但是其内部的组织架构及其与官方社会的交往关系体现出来的主体地位也是不平等的。

当代中国社会的社会组织、村民自治组织和城市居民委员会等民间权力主体的独立性也没有得到真正意义上的确立，无论是其主体地位还是社会职能，都在扮演着国家权力在民间社会的分支机构或者派出机构的角色。民间权力是官方权力在民间社会的权力"二传手"角色，不仅表现在民间权力因应官方权力要求而行为，还表现为民间权力必须随官方权力的变化而改变。我们以近现代中国商会为例来说明这个问题。清末新政产生商会，1927 年，南京国民政府成立后，各地方商会为了生存，把"议董制"改为"委员制"，地方商会的领导层级和权能结构都发生了变化。① 商会的民间权力形态和功能都随着民国政府的官方权力形态变化而迅速调整，自身权力主体的独立性较弱。20 世纪 80 年代以来，适应改革开放的需要，我国的商会组织又蓬勃发展起来。目前，我国商会所具有的服务、协调和对成员的管理等权能的权力来源主要是法律授权、政府授权和内部章程的规定。有学者调研当代兰州和芜湖的 12 家商会，有 2 家是"体制内"商会；10 家民间商会中，受当地工商联领导的 5 家，受民政厅和商务厅领导的 2 家，受经济委员会和民政厅领导的 2 家，受招商引

① 参见王仲：《民国时期商会自身的现代化（1927～1937）——以苏州商会为例》，《苏州大学学报》（哲学社会科学版）2006 年第 1 期。

资局和民政厅领导的1家。[①] 商会是民间组织的一种，我们从中国近现代商会权力演变的历史可以窥见民间权力主体地位的独立性孱弱之“一斑”。

（二）民间权力相对人

民间权力相对人是指民间权力的作用对象，也就是民间权力指向的个人、群体或者组织。在民间权力关系中，民间权力相对人既可能享受权利，也可能承担义务，总之是民间权力秩序构造中不可或缺的组成人员。

传统中国社会的民间权力相对人主要是秩序构造的被动承担者，难以形成与民间权力主体的平等沟通和交流，这既与民间权力主体的身份等级形成的权势有关，也与整个民间权力体系构造的运行机制具有内在关联性。比如近代中国的行会，就因为行会通过限制同业开店设厂、招收学徒，划一产品规格和价格等行规对行业内部形成巨大的经济势力。[②] 与欧洲中世纪行会相同的是，传统中国社会的行会“能够在不同商人集团之间建立广泛的信誉机制，并对行会会员产生诚信和道德强制，因而也就能够比较顺利地对会员实施惩罚机制”[③]。

当代中国民间权力相对人的范围不断扩大，地位也在悄悄地发生变化。伴随着我国经济政治社会文化事业的迅猛发展，当代中国民间社会的自主性、自治性也得到了一定的提升，人们自觉或不自觉地参与到如请家堂、续家谱和祭祖等家族活动之中，参加到一些喜闻乐见、有利可图的互助会、共济会、商会等民间组织之中，民间权力相对人的范围不断扩大，民间权力相对人与民间权力主体的关系也在悄悄发生变化。各种形式的变化都向着民间权力相对人独立性增强、与民间权力主体的地位更加平等转化，这种变化与现代法治的要求具有一致性。

---

① 参见张海银：《我国民间商会权力运行的困境调查及法律对策——以兰州和芜湖两地商会为例》，兰州大学硕士学位论文，2009年。

② 参见朱英：《中国传统行会在近代的发展演变》，《江苏社会科学》2004年第2期。

③ A. Greif, “Contract Enforceability and Economic Institution in Early Trade: The Maghribi Traders’ Coalition,” *The American Economic Review*, 1993, 83(3), pp. 525-548.

需要指出的是，随着民间权力主体独立性地位的提升，政府等国家权力机关是否可能成为民间权力相对人是一个值得研究的问题。这个问题涉及民间权力与官方权力和其他国家权力的互动关系，涉及民间权力对国家权力的监督职能的理论和制度确认问题，这是一个内容广延、涉及面宽泛的大问题，在此不展开分析。

（三）民间权力资源

民间权力主体掌控、运用民间权力必须依靠经济、政治、社会、文化等民间社会资源。按照郭道晖的解释，这些资源包括“物质资源（人、财、物、资本、信息、科技等）与精神资源（思想文化、道德习俗、社会舆论、人权与公民权利特别是政治权利等）”①。除此之外，我们认为，民间权力资源还包括优势地位、规则制定和威权形象及影响力等制度资源。

民间权力资源必须是民间权力能够控制和支配的物质、精神和制度资源，这个条件是以民间权力主体地位的独立性、稳定性和可靠性为基础的，这也是民间权力之所以成为民间社会秩序塑造者的重要基础。

民间权力资源必须达到足以影响和支配民间权力相对人的程度。如果民间权力主体掌握的物质精神和制度资源相对匮乏，其控制和教化相对人的能力就会弱化。所以，丰富的、足以影响和支配相对人的民间权力资源是民间权力得以实现的重要基础。

民间权力资源还必须被国家法或者民间法所认可才能发挥其应有的功用。在传统和当代中国社会，无论是家族长、家族势力、威权人物，还是行会、商会、环保组织等民间组织，所有民间权力主体掌控的资源都必须具有国家法或者民间法意义上的合法性和正当性，才可能发挥其作为民间权力资源的功能和作用，否则，无论资源的数量有多大都难以奠定民间权力主体的公信力。

---

① 郭道晖：《社会权力：法治新模式与新动力》，《学习与探索》2009 年第 5 期。

(四)民间权力的运行机制

民间权力的运行机制是民间权力结构的血液。传统中国社会的民间权力运行具有"情""理""法"三种内生机制。社会权力的运行规则主要是国家法律或者社会组织等制定的内部章程等准法律规范。民间权力运行则主要依靠"情""理""法"三种内生机制,而且三者在民间权力运行中被考虑的顺序通常也是"晓之以情"在先,"动之以理"在后,"法"往往是最后的、无奈的选择。从"情"机制看,人的意识行为或多或少受到情感要素的影响或支配,"'情'是规则和行为共同的家"①。所以,"情"成为民间权力运行的首要内生机制,符合作为一种人际关系纽带的"情"的属性和最初的民间社会之熟人社会的特点。从"理"机制看,"理"就是"道理""事理","理"在本质上是对规律性的认识,是对以"情"为基础的人际关系的规律性的认知和把握。② "理"在民间权力中的体现一方面是靠近"情"的"情理",另一方面是靠近"法"的"法理",因此,"理"是沟通"情"与"法"的桥梁。从"法"机制看,民间权力运行中的"法"是一个宽泛的规则体系,包括国家法、民间习惯法、民间组织章程、民间契约,甚至还包括具有一定强制力的民间礼仪和风俗习惯。法律的民间叙事主要通过"行动"完成,"所谓行动的法律民间叙事,是指民间主体在交往行为的秩序构造中,通过其行动选择具体的行为规则,并事实上在行动中表达对法律(民间法和官方法)的态度"③。在民间权力运行的规则体系中,"法"与"情"和"理"的关系十分紧密,甚至以前两者为基础。由此可以看出,民间权力的传统运行机制是一个自洽系统,这个运行系统与传统中国的社会模式相互依存、相互支持,巩固和维续着"家国同构"社会结构的稳定性和连续性。

---

① 吕廷君:《民间司法的"情理法"》,载谢晖、陈金钊主编:《民间法》第 12 卷,厦门大学出版社 2013 年版,第 142 页。

② 参见吕廷君:《民间司法的"情理法"》,载谢晖、陈金钊主编:《民间法》第 12 卷,厦门大学出版社 2013 年版,第 144 页。

③ 谢晖:《再论法律的民间叙事》,《甘肃政法学院学报》2016 年第 1 期。

三、民间权力的功能

从权力的主体地位、支配力、影响力等角度看，在实然意义上，民间权力似乎无法与官方权力相匹敌；但是在应然意义上，民间权力应当是构造民间社会不可或缺的基础性力量。

（一）民间权力的秩序维护功能

民间社会秩序的形成和维护需要官方权力和民间权力两种力量，表现为国家法与民间法两种不同的规范系统。民间权力的社会秩序维护功能主要通过教化影响人的思想和行为，通过强制阻止破坏社会秩序力量的形成和蔓延，以此形成良好的秩序格局。福柯的权力场理论启示我们，民间权力更应当是一种多形态的、流动性的力量形成的系统性权力。与社会权力排斥国家权力相比，民间权力能够接受来自官方权力的正确的、积极的引导和帮助，官方权力在民间权力场中具有一席之地，也可以说，官方权力是民间权力系统中的一个重要维度。与官方权力的"单一面孔"相比，民间权力的多面孔、多层次能够影响和带动民间社会不同领域的人和事，形成立体的、多层次的影响力和支配力。无论是传统民间社会的乡绅、现代民间社会的商界精英，还是各种商会、环保组织等民间组织，都在各自领域发挥着重要的影响力和支配力。各种民间权力主体正是在行动中形成了维护社会秩序的力量，"社会主体对民间法的运用，就是把民间法结构于正式秩序的具体行动，是把法定的权利行动化、活动化的具体展示"①。当面对破坏社会秩序的力量时，民间权力有时也倚重官方权力的强制力阻止破坏性力量的存在和发展。我们说"倚重"包括"借助"和"依靠"两种情况，如发端于河南省的社会法庭就是在河南省各级法院指导帮助下建立和运作的，社会法庭借助国家法庭的运作模式和办案流程对当事人形成影响，社会法庭无法解决的矛盾和纠纷则交由法院解决。河南省的社会法庭是典型的民间社会组织，在解决民间纠纷、维护社会秩序方面起着举足轻重的作用。

---

① 谢晖：《论民间法结构于正式秩序的方式》，《法学论坛》2016 年第 1 期。

（二）民间权力的规范创制功能

民间权力维护社会秩序的“情、理、法”机制往往通过规范形式表达出来，这就是民间权力的规范创制功能。无论是梁启超笔下的耆老会、乡绅参与的民间调解，还是现代民间组织、临时性民间社会机构的运作，都有章可循，有规范依据，这些规范我们统称为“民间法”。民间权力是民间法的权力基础，也是民间法效力的权力渊源。在法治意义上，民间权力要发挥在民间社会的功能，必须通过构造规范来建立、宣示和巩固自己的权力权威，而不应运用隐秘力量、非公开手段对社会秩序形成影响，进行支配。民间权力的规范创制主要表现在民间习惯法的成文化、民间组织章程和运行规则的制定以及与此相关的约法三章等民间法规范的创制方式。当代社会，民间权力的规范创制还包括了乡规民约的制定，居民委员会和村民委员会自治章程、选举规则、财务纪律等规范的制定。当然，民间权力的规范创制还包括对不成文民间规范的形成方面。比如，春节期间各地拜年的风俗习惯，多数都属于不成文规矩，但是受到宗族、乡社和一些民间组织的影响，拜年的风俗习惯也不断发展变化。总之，随着社会的法治化程度不断提高，民间权力无论是对成文的民间规范还是对不成文的风俗习惯的创制功能都会越来越强，对于成文民间规范的创制程序也越来越规范。

（三）民间权力的制度构造功能

规范创制本身就意味着制度构造，因为制度就是规范体系及其实现机制。民间权力在创制各种成文民间规范的同时，就是在塑造民间社会运行的各种不同民间正式制度，这些制度包括民间权力主体制度、民间权力运行制度等一般制度，也包括民间契约制度、订婚制度、丧葬礼仪制度、民间司法制度，等等。当然，民间权力及其规范的制度构造功能离不开官方权力及其规范的重要作用，在一定意义上，民间社会制度是民间权力与官方权力、民间法与国家法共同塑造的结果。不仅如此，民间权力的制度构造还表现在不成文规范和非正式制度方面。民间权力构造民间社会的非正式制度是一个长期的历史过程，往往表现为民间风俗、民间习惯、民间禁忌和民间信仰等许多方面。以民间禁忌为例，如春节禁忌中有大年初一刀具必须藏于橱柜等隐蔽之处，忌挂在刀架、墙壁上。从该禁忌起源上看，这可能与菜刀的武器起源、凶器起源等说法有关。[①]人们相信，只要大年初一不把菜刀藏好，就会受到来自某种神秘力量的惩罚，就可能成为武器或者凶器。正如韦伯所言："最古老、最普遍的秩序效力形式是以传统的神圣性为基础的。担心神灵报复的这种心理障碍使得传统习俗难以改变。某秩序一旦具有效力，便进一步被尊重传统的人们所加强。"[②]在一定意义上，我们可以说，造成人们内心恐惧的这种力量也是民间权力的一个维度。

（四）民间权力的民间司法功能

民间权力的民间司法功能是民间权力构造的民间司法制度在实践中的功能表现。民间司法是指以民间权力为效力基础的民间司法主体，依据国家法、民间法、道德伦理和风俗习惯等规则对民间纠纷进行判断和处理的行为和制度。民间司法以民间权力为效力基础，正是发挥民间权力的权力场属性，也是丹尼斯·朗所说的权力之控制权的"有意和有效的影响"作用。[③] 民间司法是对民间纠纷解决的一种判断和处理，从民间司法的主体来看，主要是耆老、家族长等民间权威型人物和传统的长老会、现代商会、社会法庭等民间组织，这些民间司法主体具有一定的社会影响力和支配力；从民间司法的运行过程看，虽然民间司法没有国家司法的严格程序，但是也拥有一定的程序控制。比如："每有纷争，最初由亲友曹老和解，不服则诉诸各房分祠，不服则诉诸叠绳堂，叠绳堂为一乡最高法庭，不服则讼于官矣。然不服叠绳之判决而兴讼，乡人认为不

---

① 参见吕廷君：《菜刀禁忌的起源与本质》，载谢晖、陈金钊主编：《民间法（2011）》，济南出版社 2011 年版，第 149 页。

② ［德］马克斯·韦伯：《论经济与社会中的法律》，张乃根译，中国大百科全书出版社 1998 年版，第 21 页。

③ 美国学者丹尼斯·朗把权力分为两种，行动权（power to）和控制权（power over）。控制权表现为一种强制力或者说暴力，行动权是一种特定的人或人群影响他人行为的直接的、有意的努力，"权力就是有意和有效的影响"。（参见：［美］丹尼斯·朗：《权力论》，陆震纶等译，中国社会科学出版社 2001 年版，第 1～4 页）

道德,故行者极稀。”①这段记述主要告诉我们民间纠纷解决的“三审终审制”:亲友耆老→各房分祠→叠绳堂。从民间司法的效果看,由于多数属于当事人之间的“情、理、法”为基础的调解,其处理结果往往具有较好的执行效力。从民间司法的主体、运行过程和处理结果三个主要方面看,民间司法功能的发挥离不开民间权力的沟通性、强制性和教化性,可以说,离开民间权力的民间司法是不存在的。

四、民间权力的法治面向

前文述及,民间权力是扎根于民间社会的强制和教化的权力,民间权力是社会权力的中国话语。社会权力生成于法治社会,对于中国特色社会主义法治建设具有理论意义,但在实然意义上我们很难把社会权力理论拿来主义为我所用。“市民社会主要依靠契约性法则来调整社会成员之间的关系,而民间社会则主要依靠亲情、血缘、侠胆义气关系来维系,所以,民间社会所依凭的各种支撑性条件都规定了它不可能脱离传统社会的性质而具有现代化导向。”②民间权力是根植于传统中国社会的权力形式,在依法治国的今天,我们需要对民间权力的法治面向进行梳理,以期在理论上发展和完善民间权力理论,实现民间权力对于构建现代法治社会的价值和意义。

(一)民间权力的价值追求:自由与秩序的衡平

自由与秩序的衡平应当成为现代法治意义的民间权力的主要价值追求。我国传统的“家国同构”社会结构模式决定着民间权力以秩序作为主要甚至是唯一的价值追求,消弭个人于集体之中,其实就是把自由湮没在身份等级秩序之中。个人的自由权利常常受到来自官方权力、民间权力的各种限制。“个人是否自由,并不取决于他可选择的范围大小,而取决于他能否期望按其现有的意图形成自己的行动途径,或者取决于

---

① 梁漱溟:《中国文化要义》,学林出版社1987年版,第277页。

② 王月峰:《社会的三元结构与民间法的命运》,《山东大学学报》(哲学社会科学版)2005年第1期。

他人是否有权力操纵各种条件以使他按照他人的意志而非行动者本人的意志行事。”[①]所以，法治社会对个人自由权利的限制必须是明确的、具体的，民间权力对个人自由权利的限制也必须明确、具体，这正是我们在前文分析指出的民间权力的规范创制、制度构造功能。只有对人的自由和权利进行具有正当性、合法性的限制所形成的秩序才是真正的法治意义上的社会秩序，才能实现自由与秩序衡平的法律价值，这样的社会才是依法治国所追求的法治社会。

（二）民间权力的主体地位：独立自主

传统中国社会的民间权力主体地位受制于“家国同构”的社会结构模式，民间权力主体不仅内部无法平等、独立和自主，而且在与官方权力交往中也难以形成独立自主的地位。福柯“权力场”中的各种权力之所以能够交互融合、平等沟通，依赖于各种权力主体地位的平等性、独立性和自主性。所以，现代法治意义上的民间权力内部主体应当具有平等性、独立性和自主性，民间权力主体与官方权力主体之间也应当形成平等关系。传统中国民间社会中的耆老、乡绅逐步向现代法治社会中的权威人物演变，权威人物在民间事务处理、纠纷解决过程中已经主要不是依靠控制权、强制权，而是依靠丹尼斯·朗所说的“行动权”，也就是特定的人或人群影响他人行为的直接的、有意的努力，“权力就是有意和有效的影响”。[②] 从民间权力主体的外部关系看，民间组织与政府之间要形成平等的沟通交流的渠道和机制，依附于官方权力的民间权力组织要依法正确处理其与政府的关系，政府对民间组织的指导、帮助要在合理合法的限度之内，不越权，不滥权，使民间组织等民间权力主体既具有独立的法律主体地位，也具有自主处理和解决内部事务的权力。

（三）民间权力的运作机制：依法为主，“情、理、法”并举

前文分析指出，实然意义上的民间权力运作机制是“情、理、法”并

---

① ［英］哈耶克：《自由秩序原理》，邓正来译，三联书店 1997 年版，第 6 页。

② 参见［美］丹尼斯·朗：《权力论》，陆震纶等译，中国社会科学出版社 2001 年版，第1～4 页。

举,"情"为首要考量因素,"理"次之,"法"最后。现代法治理论要求我们,法律及其实施应当成为民间权力运作的首要机制,"理"次之,"情"是适当考虑、最后考虑的因素。以民间组织的纠纷调解为例,传统民间纠纷调解,无论是权威人物的民间纠纷调解,还是民间组织的纠纷调解,讲法往往是在讲情、讲理无法取得效果时拿出的最后杀手锏,有时效果还未必好,这固然与百姓的法律意识有一定关联,但本质上还是"家国同构"社会结构模式决定的身份等级差异造成的。这也是为什么因应现代法治的要求,2011 年 1 月 1 日开始施行的《中华人民共和国人民调解法》明确规定了人民调解协议的法律效力的原因。《人民调解法》还规定可以通过司法确认方式赋予人民调解协议以法律强制力,这就完成了人民调解由过去的"情、理、法"向当代的"情、理、法"机制转换,使得人民调解具有更强的操作性和法治意义。当然,正如前文强调指出的,"情、理、法"中所说的"法"是民间权力意义上的法,包括国家法、民间法、具有强制力的风俗习惯;"理"指的是"法理""情理",是法与情的中间地带,是具有科学性、规律性和实践操作性的道理;"情"则主要是依附于特定事件和行为的夫妻情、父母子女情、手足情、邻里情等依附于特定法律关系的感情。所以,现代民间权力运作的"情、理、法"机制也具有一定的规定性,这种规定性必须与现代法治的品行相吻合。

第二节
民间信仰的权力分析

"一切问题原都出自人类生命本身而不在外面,但人们却总是向外面去寻求解决。"①

"信仰,是人们对极其信服和珍视的对象始终不移地信赖和执著不

① 梁漱溟:《人生的三路向——宗教、道德与人生》,当代中国出版社 2010 年版,第 16 页。

渝地追求，凝聚了认识、情感、意志和行为等多种要素。”[①]民间信仰在我国具有悠久的历史文化传承和持久的社会影响力。原因何在？民间信仰具有一种对人之内心的强制力，这种内心强制影响、支配着人的行为，塑造着民众的精神世界和民间信仰秩序，并从精神、观念和行为等层面渗透在家庭和社会秩序之中。

一、作为行为和制度的民间信仰

民间信仰是一种行为、一种文化现象、一种制度、一种意识形态、一种精神想象……在法学理论看来，分析民间信仰可以从行为和制度两个视角出发。我们先从行为视角分析一下民间信仰的内涵。

（一）作为行为的民间信仰

信仰是“对某人或某种主张、主义、宗教极度相信和尊敬，拿来作为自己行动的榜样或指南”[②]。这个定义传达了两个重要含义：一是“信”，而且达到“极度”的程度；二是“信”内含着“行动”要素，也就是把自己相信和尊敬的主张、主义、宗教拿来作为自己行动的榜样或指南。

以信仰的内涵来分析民间信仰，我们可以作出如下定义：民间信仰是民间对自然万物、鬼神灵异、祖先等的极度确信、崇拜和服从。这个定义强调四个要素：一是民间信仰具有地域性特征，且属于“民间”而非“官方”。二是信仰的对象是“人”和“物”，“人”是祖先；“物”是自然万物，所谓“万物有灵”，树有树神，山有山神，河有河神，水有水鬼……三是信仰的行为要素包括：“确信——坚定的相信”“崇拜——尊敬钦佩”“服从——遵照和听从”。四是行动要素要达到“极度”——程度极深。

所以说，行为视角的民间信仰定义重点在于研究民间信仰行为的地域范围、信仰对象和信仰的行为过程和方式。作为行为的民间信仰必须是分析研究能够具体化、明晰化的行为，是能够被人们观察、分析和评判

---

① 秦维红：《马克思主义信仰与宗教信仰的关系辨析》，《北京行政学院学报》2013年第5期。

② 中国社会科学院语言研究所词典编辑室编：《现代汉语词典》（第7版），商务印书馆2016年版，第1462页。

的行为。所以,行为视角的民间信仰是一种实然层面的具体问题研究,这种研究必然会产生对民间信仰行为规律的探讨、行为条件及障碍分析,还包括作为民间信仰主体的信众具有哪些行为动机、受什么样的意识支配等等一系列贯彻于民间信仰始终之行为的研究。由于人的行为是受思想意识支配而表现出来的活动,在这个意义上,行为视角的民间信仰也必然涉及民间信仰对人的思想、意识和精神影响的研究。

(二)作为制度的民间信仰

制度是“要求大家共同遵守的办事规程或行动准则”①。这里所说的“制度”是应然意义上的静态制度,即以“要求大家共同遵守”为前提,而且重点阐释了规则或准则构成制度这一事实。制度法学理论认为,法律制度“应被理解为意味着一些由成套的创制规则、结果规则和终止规则调整的法律概念,调整的结果是这些概念的实例被适当地说成是存在一段时间,从一项创制的行为或事件发生之时起,直至一项终止的行为或事件发生时为止”②。

制度既是一个静态的、由规则构成的形而上存在,也是一个动态的、一定时空的现实存在。因此,作为制度的民间信仰,既是一个由各种民间规则、禁忌和习惯构成的信仰制度,也是一个经由民间规则、禁忌和习惯塑造,并经常因应实践需要而由权宜之计整合的生动的信仰制度、机制和体系。前者重点强调民间信仰的规则性构成,后者重点强调这种构成在现实中的可能性、开放性和可接受性。因此,我们可以总结认为,民间信仰是由民间规则、禁忌和习惯构成的以自然万物、鬼神灵异和祖先崇拜为信仰对象的非官方、非组织的制度性事实。

制度视角的民间信仰概念强调了民间规则、禁忌和习惯在民间信仰中的构成意义,强调了信仰对象的广泛性,强调了非官方、非组织的非正式制度属性,强调了制度性事实所包含的制度含义和现实的制度表达。

---

① 中国社会科学院语言研究所词典编辑室编:《现代汉语词典》(第7版),商务印书馆2016年版,第1689页。

② [英]麦考密克、[奥]魏因贝格尔:《制度法论》,周叶谦译,中国政法大学出版社1994年版,第66页。

从方法上说，制度视角的民间信仰研究更侧重实质合理性研究，也就是注重对民间信仰的目的性、实效性研究，而不是程序性研究。制度视角的民间信仰的研究既注重制度事实自身的价值和意义研究，也注重民间信仰对于社会秩序维护的作用和功能研究。

（三）行为和制度两个进路定义民间信仰的共性

我们之所以选择行为和制度两个进路定义民间信仰，主要在于两个进路在认识和分析民间信仰问题上存在共性，并为我们的民间信仰的权力分析提供知识基础。行为和制度两个视角定义民间信仰的共性表现在以下几个方面：

1. 事实性

无论是行为还是制度，都在强调民间信仰的事实存在这个属性，事实研究是我们法学视角认识、分析和把握民间信仰的一个重要基点，这个基点不仅使我们的研究具有实证价值，而且还使研究的结果真正做到了返回民间信仰的形而下。

2. 动态性

作为事实的行为和制度，既可以从静态角度认识，更重要的是从动态过程、从流动中把握民间信仰，发现民间信仰的行为变化和制度变迁的原因及其结果，更好地引导民间信仰向着人们预设的理想目标发展。

3. 开放性

在当代，作为行为体系的民间信仰和作为制度事实的民间信仰都是一个开放性体系。这里所说的“开放性”既包括民间信仰的内容、程序和方法的开放，也包括作为一种民族信仰的价值理念的开放和包容。只有坚持民间信仰的开放性，才能博采各种信仰的合理性，才能逐步适应开放社会、开放政府对民间治理结构的需求。

二、民间信仰的国家权力分析

从民间信仰起源上说，最初的民间信仰和最初的宗教信仰是同源的，二者共同起源于原始的自然崇拜和图腾崇拜。

（一）自然崇拜和图腾崇拜中的国家权力

自然崇拜是人类把自然界的动物、植物和自然力量视为有生命、有意志、具备超级能量的对象加以信从和膜拜，自然崇拜是人类有自我意识之初的第一种具有信仰意义的原始制度。“图腾崇拜是把某种动物或者植物等有形物与本氏族（或者部落）的血缘和历史联系在一起，并经长期的历史发展逐步演变为本氏族（或者部落）的标志和象征，甚至成为本氏族及其成员的佑护神。”①“《后汉书·南蛮传》上说，南蛮人以狗为图腾；《后汉书·西南夷传》上说，哀牢山的少数民族以龙为图腾；《华阳国志·南中志》上说，夜郎人以竹为图腾。”②

首先，图腾崇拜因源于自然崇拜，所以比自然崇拜具有更强的制度形态。有了“图腾”这个符号，这可以说是人类第一次有了自己的符号性文字，也成为人类最初的制度化信仰表达。其次，图腾崇拜具有一定的组织形态和制度雏形，图腾依附于人类早期的氏族、部落和后来的民族。最后，图腾崇拜开始具有一定的仪式和规矩，开始产生了崇拜的禁忌等行为规则。基于图腾制度的外婚制“形成了一个由禁忌和在禁忌基础上确立的原始规范体系，这是人类存在和发展的必要条件。在此意义上，图腾制度是人类文明与秩序的历史起点”③。不仅如此，图腾制度对中国宗法国家制度的影响也是直接的、内在的、构成性的。

因此，作为民间信仰的原始形态的自然崇拜和图腾崇拜也是原始国家权力的最初形态，最初的国家权力正是萌发于从自然崇拜到图腾崇拜所表达出来的制度性力量，这种力量还因为具有某种神秘性、神圣性而具有更加强大、更加持久的影响力和生命力。今天世界各国的国徽、国旗，在一定意义上可以认为就是这个国家的图腾，因为它们传承的是能够为民族国家提供重大凝聚力、感召力和行动力的精神和信仰。

---

① 王月峰：《论法律的超验价值》，《临沂师范学院学报》（社会科学版）2007 年第 1 期。

② 胡晓靖：《从图腾崇拜到英雄崇拜——论图腾崇拜的起源、发展与衰落》，《天中学刊》2002 年第 4 期。

③ 魏治勋：《图腾制度对中国宗法秩序的塑造与影响》，《求是学刊》2009 年第 4 期。

（二）从图腾崇拜到英雄崇拜：民间信仰和国家权力同步萌生

图腾崇拜产生于母系氏族社会早期，随着生产力水平不断发展，人们对于自然恐惧的范围开始缩小、程度也开始降低，人们开始从臣服于自然的自然崇拜和图腾崇拜中解放出来，人开始成为自己的主人。

母系氏族社会后期，人类开始驯服各种动物为我所用，原始农业技术也不断发展，社会生产力水平提高的速度不断加快，体力更佳、精力更旺盛的男子开始在农业、畜牧业和手工业等主要的生产领域占据主导地位。父系氏族社会中开始不断涌现出史诗般的英雄人物，如开天辟地的巨人盘古真人（开天大帝），创造八卦和文字的伏羲氏（青帝），善于用火和农耕工具的神农氏（炎帝），制衣冠、建舟车、制音律、创医学的轩辕氏（黄帝），创制历法擅长征战和政治改革的颛顼（黑帝），探索天象、划分四时节令、博爱于民的帝喾……远古时代的人类开始从图腾崇拜转向了英雄崇拜，“土地耕种者的新生活导致新的信仰和新的神。过去狩猎者多崇拜的神灵和巫术这时已不合时宜。农夫们开始需要并设想了种种能照管他们的田地、牲畜和家庭的新的神灵”①。所以说，英雄崇拜不仅是人类信仰发展的新阶段，也是人类生产力水平发展的必然结果。

“对于那些处于较低进化阶段、更不可言喻的地方来说，一切忠诚难道不都同宗教的信仰相类似吗？信仰无非是忠于某个富有灵感的导师，忠于某个精神上的英雄。那么，在一切社会都必不可少的忠诚本身又是什么呢？不就是由英雄崇拜所衍生出的，对真正的伟大人物的敬佩诚服吗？社会就建立在英雄崇拜的基础之上。”②英雄崇拜意味着什么？从权力分析路径看，首先是国家权力开始在人类社会出场，英雄崇拜就是最早的对人的权力权威的崇拜，其次才是国家产生之后的遗存——民间权力或者叫“社会权力”。也正是适应强大的国家权力需要，才出现了很多远古中国时代的英雄被封为“帝”，“帝”是“宗教徒或神话中称宇宙的创

---

① [美]斯塔夫里阿诺斯：《全球通史——从史前史到 21 世纪》（上），吴象婴等译，北京大学出版社 2012 年版，第 37 页。

② [英]托马斯·卡莱尔：《论英雄和英雄崇拜》，张志民、段忠桥译，中国国际广播出版社 1988 年版，第 11 页。

造者和主宰者”[①]。《易纬坤灵图》中解释说：“德配天地，在正不在私，曰帝。”也就是说，一个人的道德修养达到了与天地同高并与天地相融相通，才可称之为“帝”。远古时代，如此英雄人物必然是智慧过人、能力过人、德高望重之人，也只有这样的人才能被大家公认为掌管公共事务、教化万众的最高管理者。

所以，我们可以说，史诗般英雄人物产生的时代，产生了英雄信仰，产生了最早的具有民间祭祀行为的民间信仰；英雄人物造就和传承了最早的国家，国家权力相伴而生。我们也可以得出这样的结论：从起源上看，最早的民间信仰和最早的国家权力如影随形，相伴而生。

（三）国家权力如何成为民间信仰的构成性要素

国家权力能够迅速集合社会资源进行生产、生活和对外战争，也就是说，英雄崇拜的信仰力量能够迅速转化为实践中的群体行为，信仰成为第一位的生产力。为了传承和维护如此强大的力量，以英雄人物崇拜为核心的民间信仰开始与国家建设的制度化同步发展，国家权力开始成为民间信仰的重要构成要素。

商周时期，祭祀门神、户神、井神、灶神、中溜（土地神和宅神）的“五祀”形成礼制，表面上看是国家权力尊奉民间信仰或者借助民间信仰的力量维护宗法制度，但在起源意义上“五祀”与国家权力是同根同源、密不可分的。当然，随着国家权力从民间权力中分化出来，国家权力不仅日益发展壮大成为西方法治理论所形象比喻的“利维坦”，更重要的是国家权力有了新的信仰外衣——宗教，宗教比英雄崇拜时代的信仰更加神圣化、理性化、制度化，更具有组织性，可以说，宗教是一种更讲究规则、行为更加符合礼仪、更富有智慧和技巧的信仰制度，国家权力从民间权力分化分离的过程，也是宗教从民间信仰分化分离的历史。

从民间权力分离出来的国家权力成为国家和社会的统治性力量并不意味着与民间信仰的关系就一刀两断、泾渭分明。恰恰相反，从人类

---

① 中国社会科学院语言研究所词典编辑室编：《现代汉语词典》（第 7 版），商务印书馆 2016 年版，第 287 页。

历史发展看，国家权力成为民间信仰传承和发展的构成性要素。所谓“国家权力为民间信仰的构成性要素”，是指国家权力不断影响和教化民间信仰，成为民间信仰之行为改变和制度变迁的重要力量。除了“五祀”礼制化事例之外，汉代以来的历代王朝都不同程度地建立了一套由天子或中央官员执行祭祀之礼的祭祀设施及相关祭祀礼仪，在地方州县也都有相应级别的祭仪及设施。唐宋以降，国家权力对民间信仰采取了恩威并举的管理手段：大量与主流价值观不相契合的祠庙当作淫祠而加以捣毁。其最有名的事例要数唐代狄仁杰毁坏吴楚地区1700所淫祠。对于各地影响较大的神灵及其祠庙进行了加封、赐额活动，对之实施奖励政策。[①] 中华人民共和国成立后，国家权力对待民间信仰经历了从“文化大革命”期间完全否定到改革开放以来的宽容政策，当代中国的民间信仰得以蓬勃发展起来。

不仅如此，国家权力制度化的民间信仰对于国家权力维护也起着一定的积极作用。周朝及其以后，礼制化的民间信仰曾经成为维护封建宗法等级制度的重要力量。如《礼记·祭法》中说，天子七祀，诸侯五祀，大夫三祀，士二祀，庶人一祀。“祀神”的等级制度既是封建宗法等级制度的一部分，也是维护封建宗法等级制度的重要力量。此后历朝历代的国家权力对于民间信仰的制度化措施不仅成为民间信仰传承和发展的重要力量，而且也反过来影响国家权力和社会秩序的巩固和发展。“文化大革命”期间完全否定民间信仰，也恰恰是国家权力难以正常运行的时期；改革开放以来，国家权力宽容民间信仰，也恰恰是国家权力运转良好的时代，这中间是不是具有某种内在关联性呢？

三、民间信仰的民间权力分析

民间信仰传承除了受到国家权力的深刻影响之外，还受到民间权力的奠基，或者也可以说，民间信仰本身就是一种民间权力。

---

① 参见朱海滨：《民间信仰——中国最重要的宗教传统》，《江汉论坛》2009年第3期。

(一)民间信仰:一种民间权力

福柯认为,权力是一种复杂的"场力结构",权力是一种运转中的关系,权力是"各种力量关系,多形态的、流动性的场,在这个场中,产生了范围广远但从未完全稳定的统治效应"①。权力"致力于生产、培育和规范各种力量而不是专心威胁、压制和摧毁他们"②。无论是作为行为的民间信仰,还是作为制度的民间信仰,都表现为一种动态的关系场域。《礼记·祭法》中说:王为群姓立七祀,诸侯为国立五祀,大夫立三祀,适士立二祀,皆有"门","庶士、庶人立一祀,或立户,或立灶"。也就是说,门神和灶神是上至达官贵人、下至平民百姓都信奉的家神。"贴门神"是传统中国家庭除夕日和"贴春联"共同进行的风俗习惯,人们相信"贴门神"有哪些功用呢？一般说来,民间信仰认为,门神具有驱邪避鬼、保护家宅平安和帮助家人富贵吉祥等作用。

"贴门神"如何成为一种民间主体之间的交流活动呢？首先,按照惯例,"贴门神"必须由家庭的家长③率领男性家庭成员共同完成,在这个过程中,家长具有发号施令的权威,其他人只有听命服从的份,在这个交往关系中,形成了"命令—服从"的权力结构。其次,"贴门神"过程中,路过"贴门神"现场的外人常常会驻足欣赏,在观赏门神④的质地、颜色、构图过程中,与主人进行有关门神寓意、质量、采购等内容的平等交流。除此之外,路人在一年中的任何时间都可能有一方在场的与门神的交流。这

---

① 侯均生:《西方社会学理论教程》,南开大学出版社 2001 年版,第 432 页。

② [美]道格拉斯·凯尔纳、斯蒂文·贝斯特:《后现代理论——批判性的质疑》,张志斌译,中央编译出版社 2004 年版,第 64 页。

③ 这里说的"家长"和今天法律意义上的家长不同,法律意义上的家长可以是女性,但传统中国的家长必须是男性。比如三代同堂中的爷爷是家长;如果两代人家庭中的父亲过世,长子是家长,而不是母亲。

④ 传统民家的门神是一种印制的木板年画。从内容上看,秦琼与尉迟恭二门神的神像在北京民宅中最多见,样式也最多;其次,还有《水浒传》里的解珍、解宝、吕方、郭盛;在北京的住宅里,还有一种专贴在后门的门神,多为捉鬼神钟馗和大唐丞相魏征。(参见《百度百科·门神》,2015 年 2 月 25 日,http://baike.baidu.com/link?url=WJhkKwTndoQEW6bf BGixe-wRs7TDugZt72b2VKHhCosJsZxpxzmDmfLAcOdqYK _ bU2BtcIVcTNDn8sVGDLBfLQ V-rY0TnvnnlGApgk4iJ1JG)

些场景构建的是一种平等的“权利—权利”关系。最后，家庭成员与门神之间的日常心理关系，这就触及了信仰的核心或者说本质。从现实行为关系看，家庭成员与门神之间不可能有双向交流的行为关系，但是存在着单向的“确信→崇拜→信赖”的心理活动过程，存在着具有非正式制度意义的信仰关系。

通过以上行为和制度两个视角的分析，我们可以得出结论：门神信仰是家长依靠权威地位、借重门神等形式对家庭成员及家庭之外的人形成的具有一定强制性的支配力和影响力。这个支配力和影响力既包括对家庭成员的命令性强制，也包括对家庭成员及外人的教化影响力。所以说，从门神信仰来看，作为一种民间权力的民间信仰，的确是一个包括门神、家长、家庭成员和外人等各种主体参与的动态的权力—权利关系场；这个权力—权利关系场是致力于生产、培育、规范和凝聚各种力量使其向着维护和传承制度传统的方向发展。这恰正是民间信仰的民间权力内涵及其意义。

（二）民间权力何以建构民间信仰的权威

民间信仰是一种具有一定强制性和教化力的民间权力，我们可以说，从逻辑上看，民间权力是构建民间信仰权威的基础，就像血液循环成为人体生命的重要基础一样。

首先，民间权力具有一定强制性。与国家权力相比，民间权力的强制性不是体现为监狱、警察和军队，而是表现在异于国家权力表现的四个方面：一是内心强制。民间权力对人的强制力往往是通过“接受→信任→自我约束”完成的。比如，直到今天，自然崇拜在民间信仰中还占据一席之地，无论是开山修路时祭拜山神、森林伐木时祭拜树神，还是过河搭桥时祭奠河神、开荒种地时祭奠土地神等等，都是人们自觉自愿的行为，这种行为其实是受到人们对各路神灵的接受、确信到支配自己行为的逻辑支配的。二是民间信仰制度中的权威主体对信众的强制力。一般表现为家族长对家庭成员行为的影响力和控制力，也表现为民间组织如会馆对馆员行为选择的强制力①，有时也表现为与民间信仰有一定关联的巫师、魔法师、占卜士、风水师、卦士等职业民间术士对他人行为的强制。三是运用“来世报”“一报还一报”和“不是不报，时候未到”等谶语实施的信仰性惩罚。四是民间信仰有时表现为借重国家权力实施的外在行为强制，这个问题比较复杂，不展开分析。

其次，民间权力具有教化性。教化是教育感化，强调教育中的情感默化、榜样引领和环境影响的作用。与国家权力对人的作用相比，民间权力更加讲求教育对象的接受性和内心服从，强调教育过程的感化和教育效果的实效。民间权力的这些特点恰恰符合信仰确立的要求。比如，民间信仰中的“一报还一报”谶语就不可能在国家权力场景中得以呈现，但却具有较强的民间权力的教化功能。“‘一报还一报’(tit-for-tat)，即以牙还牙和报李投桃，是反复互动的合理结果，也是《圣经》道德的基础，更是人类社会几乎放之四海而皆准的道德准则。”②

再次，民间权力不仅具有权力的刚性，更显示出权力的柔性。民间权力“润物细无声”的特点就是其柔性的最好表达。比如，在初民社会，作为民间信仰的祖先崇拜就成为动员族群应对自然和对付敌人的重要力量，直到今天，如孔姓、孟姓等名门家谱还得以传承延续，一个重要原因是作为一种民间权力的家谱制度不仅承载了家族的辉煌，更能成为动员几万、几十万甚至上百万的家族成员的力量。所以，文文弱弱的家谱、柔声细语的咒语谶语都会成为柔中带刚的强制力。我们从中华人民共和国成立初期几十年的民间信仰所展示出来的生命力可以窥斑见豹：“民间信仰毕竟已根植于中国乡土社会数千年，轰轰烈烈的土地改革运动、合作化运动、人民公社运动及社会主义教育运动并没有让农民完全放弃民间信仰。一些信徒偷偷地搭建简易神龛，求神拜佛。那时候，虽

① 江西的士商和移民在外地大多建“万寿宫”祭祀许真君许逊。四川德阳万寿宫的正殿供奉着江西籍杨、萧、刘、温、阙、章、张等姓氏祖先牌位。(参见张璇：《明清时期江西会馆神灵文化研究》，江西师范大学硕士学位论文，2008 年)

② ［美］弗拉西斯·福山：《政治秩序的起源：从前人类时代到法国大革命》，毛俊杰译，广西师范大学出版社 2014 年版，第 40 页。

然无钱也无处买到纸钱与香烛，但信仰活动仍在农村滋长，农民从默默求神念佛到偷偷摸摸地举行简单的仪式：白纸代替纸钱，油灯代替蜡烛，三根筷子成了供香。就这样，民间信仰断断续续地延续着。”[①]

另外，民间权力的“生产性”也是一个值得研究的话题。有学者指出，权力具有生产性功能。[②] 民间权力的生产性功能应当表现为对民间社会资源的动员力、整合力和塑造力等方面，在一定意义上，对于民间信仰而言，民间权力的生产性具有更强的表现力和解释张力。

（三）民间信仰中的民间权力结构

民间权力在民间信仰领域之所以体现出持久的生命力，与民间权力自身所拥有的合理结构具有重要关系。

首先，民间权力为民间信仰主体提供了良好的沟通交流平台。民间信仰主体包括三大类：信仰组织者、信众和信仰对象。一般情况下，信仰组织者、信众和信仰对象是分离的独立个体，在民间信仰中承担不同职能，扮演不同角色，但有时也出现实际主体合而为一而形式、主体还分离的情况。比如，秦朝末年，陈胜、吴广共同策划的“鱼腹帛书”和“篝火狐鸣”，就是利用同行民夫的神灵崇拜树立自己能“建功立业”的威望。作为组织者的陈胜、吴广不会相信两个所谓的“通灵”事件，但是整个起义过程中，作为信众的士卒却深信不疑。在这个案例中，民间信仰组织者和信仰对象却巧妙地合为一体，信仰对象就是狐鸣“大楚兴，陈胜王”中的陈胜。陈胜不仅扮演着具有神秘色彩的未来之“王”角色，现实中也是一名有胆有识、组织能力强、勇武兼备的英雄人物；更重要的是陈胜还是整个灵异事件的策划者、起义的鼓动者和实际领导者。因此，在这个短暂的民间信仰事件中，“组织者”（陈胜、吴广）、“信众”（士卒）和“信仰对象”（陈胜）三个角色之间能够比较好地沟通交流，组织者利用智慧和民夫（后来的士卒）的民间信仰惯习搭建了“陈胜王”这个信仰平台，组织者

---

① 张祝平：《当代中国民间信仰的历史演变与依存逻辑》，《深圳大学学报》（人文社会科学版）2009 年第 6 期。

② 参见王月峰：《社会纠纷解决中的国家权力与社会权力》，《北京行政学院学报》2014 年第 5 期。

和信仰对象利用神秘的灵异事件奠定了其在信众中的崇高威望，对信众所有的困难和疑问，信仰对象都能够及时有效地加以解决，以巩固自己作为信仰对象的崇高地位。当然，如祖先崇拜、“灶神”信仰、“玉皇大帝”信仰等，虽然在信仰平台的互动关系中各有特点和侧重，但是原理都是相同的，各类信仰主体都能够通过“祭拜仪式”“经验陈述”和“知识记述”等形式进行有效的精神世界的沟通和交流。

其次，民间信仰中的民间权力具有一个内部权力制衡机制。民间信仰中的民间权力内部制衡机制有以下几种情况：一是信仰对象与信仰组织者的实体合一，但扮演角色不同，两者共同构成民间权力主体来应对民间权力对象，也就是信众的种种问题。信众接受民间权力的强制并不是毫无条件的，一方面需要信众接受和确信民间信仰对象，另一方面需要在实践中不断检验这种信仰的可靠性。这就需要信仰对象和信仰组织者不断通过灵异事件或者实践经验检验这种信仰的可靠性，巩固信众对信仰对象（实际上就是信仰组织者）的忠诚度。二是信仰对象与组织者分离，比如灶神信仰中，灶神是信仰对象，家长是灶神信仰的组织者，家庭成员是灶神信仰的信众。灶神神威的灵验需要组织者不断地阐释，通过阐释灶神神威固化家庭成员对灶神的信仰，进而进一步巩固作为组织者家长的家庭权威地位。所以，此时家长权威这种民间权力与信仰对象的强制力就形成了相互制衡关系。为了深化信众对灶神神威的深信不疑，道家还为灶神制造了一个权力监督人：三尸神。位于人体内的三尸神每到庚申日就趁“宿主”（也就是三尸神寄宿的人）酣睡之时，升入仙界禀报玉皇大帝宿主的“罪错”[①]，而灶神只在每年的腊月二十三才升天汇报。这样，三尸神就成为灶神履职的监督者。三是只有信仰对象和信众的民间信仰。比如，在路神、树神、土地爷爷等“非家居神”的民间信仰中，只有信仰对象和信众，民间权力如何形成内部权力制衡机制呢？其实，任何一种鬼神崇拜都存在着组织者，只是“非家居神”信仰的组织者不是固定人物，而是临时客串型人物罢了。在一个森林伐木场景中，动

① 参见吕剑：《灶王爷与三尸神》，《清明》1981 年第 1 期。

刀动斧斩伐树木之前，伐木群体中总会有一名经验丰富的“头人”或者“长者”主持哪怕是极其简单的祭拜树神的仪式，这名仪式主持者就临时客串了民间信仰组织者的角色。甚至在一个连临时客串人都没有的民间信仰场景中，信众也是依靠记忆搜寻出谁谁曾经告诉自己祭拜神灵的重要性。在第三种情况中，民间权力的制衡机制显得不明显，但是无论是临时客串的组织者的权威，还是即便记忆中的经验传授者的权威，都在无形中与信仰对象的权威形成了相互依存、共同促进的权力关系。

再次，民间信仰中的民间权力具有与国家权力互动的良性机制。民间信仰中的民间权力不仅存在着内部权力制衡机制，还存在着与国家权力的外部互动机制。这种良性的互动机制主要表现在民间信仰能够弥补国家权力在民间社会信仰领域的许多空缺和不足。我国的宗教信仰受到法律政策、历史传承和民间习惯的影响，在民间社会还存在着许多信仰的真空地带，具有地域性、传统性和广泛性的民间信仰成为弥补信仰真空地带的最好选择。另外，民间信仰的教化影响力对于民间社会的文化建设、社会治理、经济建设也发挥着重要作用。“信仰搭台，经济唱戏”，民间信仰成为促进各地经济对外联系的平台之一。敬畏、感恩、有度、为忠、为善、为孝、惩恶以及与自然、植物、动物和谐相处的总体精神目标和理念，与国家倡导的主流价值观具有内在契合。①

四、面向法治社会的民间信仰

建设法治中国，必须坚持法治国家、法治政府、法治社会一体建设，法治社会建设需要我们创新社会治理的模式和方法，增加社会和谐因素，增强社会发展活力。从法治社会建设的这些基本要求出发，面向法治社会的民间信仰需要正确处理的法治关系很多，最重要的是要正确处理政府主导和民间自治的关系。

---

① 参见贾廷秀等:《论民间信仰对社会主义新农村建设的影响》,《理论月刊》2007年第7期。

(一)政府主导与民间自治相结合

民间信仰的政府主导与民间自治的关系其实是国家权力与民间权力在民间信仰问题上的具体化。历史地看,政府对待民间信仰的态度、政策直接影响甚至决定着民间信仰的生存和发展。中华人民共和国成立之初,政府对待民间信仰的政策措施一度使民间信仰沦落为"地下信仰"的悲惨境地。改革开放以来,政府对待民间信仰采取宽容和一定程度的支持态度,民间信仰又蓬勃发展起来。当前,在法治社会建设中,国家坚持"加强党委领导,发挥政府主导作用,鼓励和支持社会各方面参与,实现政府治理和社会自我调节、居民自治良性互动"①。这个政策坚持了国家权力与社会权力良性互动的原则,坚持政府治理和社会自治相结合的原则,符合法治社会建设的规律性。法治的品性是落实,是细化政府主导与民间自治的关系,使这种关系在实践中具有规范性和可操作性。

秦汉时代,就存在国家与民间祭祀共存的制度机制。"《史记》卷二十八《封禅书》载'郡县、远方神祠者,民各自奉祠,不领于天子之祝官',即国家的祭祀官员并不直接管理各地众多的祠庙,其建设、管理都由民间进行。"②相当于宗教的国家祭祀大典由政府主管,地方祠庙及祭祀行为都由地方和民间办理,属于民间自治范围,这种国家与民间分权管理模式对今天法治社会建设中的民间信仰管理具有借鉴意义。

国家权力垄断或者取缔民间信仰的危害是巨大的,不仅容易造成民间信仰萎缩、信众失去精神支柱,而且容易造成国家权力与民间权力的分裂和对立,直接影响社会秩序稳定。

(二)政府如何主导

首先,政府如何主导民间信仰是正确处理政府主导和民间自治关系的问题。政府主导不是政府决定、包办民间信仰的管理,而是通过法治思维和法治方式确立民间信仰的价值引领以及在法治渠道内建立民间

① 《中共中央关于全面深化改革若干重大问题的决定》,2013 年 11 月 12 日。

② 朱海滨:《民间信仰——中国最重要的宗教传统》,《江汉论坛》2009 年第 3 期。

信仰的制度机制。更重要的是，政府机关及其工作人员必须树立民间信仰的权利思维，把民间信仰作为民间社会的权利来认识和理解，从保障民间社会的信仰权利出发引领民间信仰的方向。

其次，政府主导民间信仰还意味着政府所有民间信仰政策的出台必须符合法律程序，决策必须具有科学性和民主性。政府的民间信仰政策关系千家万户的信仰权利，政府的每次决策都可能意味着民间信仰的形式和行为方式的改变，意味着民间信仰传统制度的变化，必须慎之又慎。法律程序规定的民间信仰决策必须经过广泛的民意调查和科学周密的论证，如果是涉及面广、影响面大的决策必须举行相关权利人参与的听证会，通过听证会的辩论和质证，获得最佳的决策方案。

再次，政府主导还要求政府对民间信仰采取一定的宽容政策。西方启蒙运动时期，曾经喊出了“宗教宽容”的口号，主要缘于思想解放、意志自由和人权保障的需求。宗教信仰自由是我国宪法规定的公民基本权利，这在一定意义上就是国家的宗教宽容政策。民间信仰虽然不属于宗教自由权范围，但是政府可以采取类似宗教信仰自由的政策对待民间信仰，保障民间信仰的物质形态——宗祠、祠庙的建设，保障民间信仰在公民、家庭和民间组织中的合法地位，保障民间信仰行为不受到来自政府、其他组织和不信仰民众的非法干涉。

最后，政府主导还意味着政府不能完全放任民间信仰的无序发展。政府对待民间信仰的宽容政策不意味着政府放任民间信仰的无秩序状态，政府应当对民间信仰的组织性、利益性和跨区域发展设定一定条件，也就是说，应当借鉴宗教管理的一些模式和具体做法，对民间信仰立法或者制定地方性管理措施。对于那些打着“民间信仰”的幌子而行诈骗经济利益、侵犯民众权利的违法犯罪行为要依法处置，保障民间信仰在健康有序的轨道内发展。

（三）民间信仰何以自治

在本质意义上，民间信仰属于民间，国家权力主导一定会表现出其与民间社会不适应的种种难题。“所谓法治不适是指：作为一种社会整合模式，法治在中国的运行实践中表现出的，与既有的文化惯性、思维方式以及价值判断等方面存在的不适应，乃至冲突。”[①]法治不适是法律局限性的行动表达，国家法治对于民间社会建设的不适应在民间信仰中也会不同程度地表现出来。

民间自治是一种自生自发秩序，属于哈耶克所说的“消极自由权”范围，民间信仰是这个自生自发秩序中的精神性权利制度。

首先，民间信仰的自治是一个消极自由权领域的界定，其目的不是为民间信仰划定权利边界，而是为试图侵入民间信仰领地的权力或者权利提出边界警示，任何非法干涉民间信仰自由权领域的想法和做法都违反消极自由权这一自然权利的非正当行为，应当被法律作出否定性评价。

其次，民间信仰的自治需要信众、家庭和社会组织制定具有地域性、开放性和公正性的民间自治章程或规约。传统民间社会自治主要依靠道德伦理，这与传统中国的农耕文明和封闭社会相适应；当代民间信仰面对的是市场经济和依法治国，民间信仰的自治必须依据这些条件进行行为方式和制度模式的调整，当然，这些调整仍然属于民间自治的范围。因为当代民间信仰的物质形态已经悄悄发生变化，与传统民间信仰相比，利益、权利关系更加复杂，面对的信众需求也更加多样化和多元化，民间信仰自治必须因应社会的新发展、新变化而呈现出新样态。

再次，民间信仰的自治还需要接受吸纳新的价值观补充民间信仰的精神血液。民间信仰的行为方式、制度形式调整实属不易，但是更为困难的是民间信仰精神内容的革新，任何一种民间信仰都被赋予特定的内涵，但是这些内涵尤其是价值观必须随着时代发展而变化。比如，最初的“门神”信仰是驱鬼辟邪，后来发展到保家庭平安的“武门神”阶段，其精神内涵更丰富了，再后来发展为文武门神并举的时代，其精神内涵既包括保家庭平安，又包括促家庭文明祥和幸福。由于民间信仰具有很强的地域性，这就要求民间信仰在发展过程中积极吸纳包括国家倡导的主流价值观在内的新价值观、新精神为我作用，丰富发展民间信仰的内涵，

---

① 衣家奇：《法治不适与民间自治》，《山东大学学报》（哲学社会科学版）2009 年第 3 期。

以适应日新月异的社会发展。

总之，民间信仰自治既是信仰行为方式、制度模式的自治，也是信仰内容、精神内涵的自治，自治并不排斥发展，自治并不排斥合作，这是法治背景下民间信仰自治应有的品格和发展趋势。

■ 第三节 民间司法的概念

"所谓'传统'，我指过去与未来之间那种延续性的意识，就如 Edmund Burke(伯克)所说的那种代际之间的合伙关系，返身向我们的祖先寻求向未来世代行进的启示。"①

近几年来，有关民间法司法适用的研究方兴未艾，这对于民间法的理论挖掘和民间社会的秩序构造皆具意义。但是，民间法的司法适用研究仍没有摆脱国家法视野的藩篱，仍然循着政府主导型的民间法制度构造模式探索前行。受此种思维模式支配，我们对国家司法之外长期存在的"民间司法"现象缺乏实质性关注，这与民间司法在社会秩序构造中举足轻重的地位和作用不相吻合。

如果用严格的宪政司法权标准衡量，民间司法无论在制度还是概念上可能都难以成立，正如用国家制定法标准可以否定民间法的存在一样。但是，"自文明时代以来，人类秩序，既因国家正式法而成，亦藉民间非正式法而就"②。正是在秩序形成的意义上，我们认为，相对于正式制度的国家司法，还存在一个非正式制度的民间司法。在一定意义上，司法的国家形态和民间样态并存不仅是一个历史存在，也是一个包含着历史传承的现代现象。因此，这急需我们从法治视角而不是国家法视角对

---

① [美]伯尔曼:《法律与宗教》，梁治平译，中国政法大学出版社 2003 年版，第 148 页。

② 谢晖:《民间法总序》，载谢晖、陈金钊主编:《民间法(2010)》，济南出版社 2010 年版，第 1 页。

民间司法的概念进行澄清和界定。

在这一部分，我们主要运用案例等事实存在描述民间司法，通过感性材料具象民间司法，在此基础上，提出并分析我们对民间司法的初步定义：民间司法是指以社会权力为基础的民间司法主体，依据国家法、民间法、道德伦理和风俗习惯等规则对民间纠纷进行判断和处理的行为和制度。

一、有关民间司法的三段记述

（一）梁启超关于民间司法的记述

耆老及值理皆名誉职，其特别权利只在祭祀时领双胙，及祠堂有宴饮时得入座。保长有俸给，每年每户给米三升，名曰“保长米”，由保长亲自沿门征收。

耆老会议例会每年两次，以春秋二祭之前一日行之。春祭会主要事项为指定来年值理，秋祭会主要事项为报告决算及新旧值理交代。故秋祭会时或延长至三四日。此外遇有重要事件发生，即临时开会。大率每年开会总在二十次以上，农忙时较少，冬春之交最多。

耆老总数常六七十人，但出席者每不及半数，有时仅数人亦开议，未满五十岁者只得立而旁听，有大事或挤至数百人，堂前阶下皆满。亦常有发言者，但发言不当，辄被耆老呵斥。

临时会议，其议题以对于纷争之调解或裁判为最多。每有纷争，最初由亲友耆老和解，不服则诉诸各房分祠，不服则诉诸叠绳堂，叠绳堂为一乡最高法庭，不服则讼于官矣。然不服叠绳堂之判决而兴讼，乡人认为不道德，故行者极稀。

子弟犯法，如聚赌斗殴之类，小者上祠堂申斥，大者在神龛前跪领鞭扑，再大者停胙一季或一年，更大者革胙。停胙者逾期即复，革胙者非经下次会议免除其罪，不得复胙。故革胙为极重刑罚。

耕祠堂之田而拖欠租税者停胙，完纳后即复胙。

犯窃盗罪者缚其人游行全乡，群儿共噪辱之，名曰“游刑”。凡曾经游刑者，最少停胙一年。有奸淫案发生，则取全乡人所豢之豕悉行刺杀，将豕肉分配于全乡人，而令犯罪之家偿豕价，名曰“倒猪”。凡曾犯倒猪罪者，永远革胙。[①]

(二)笔者亲历的赡养调停案

大概十年前，一次亲历曾促使笔者思考民间法的意义。今天想来，这件亲历体现的更多的是民间司法的意义：

我的二姑夫去世后，二姑的三个儿子在照顾二姑问题上分歧很大，经常产生矛盾。因此，作为一个没有任何经济来源且身体又不好的农村妇女，二姑的生活异常艰难。

我建议二姑去法院诉讼解决，父亲却自告奋勇去调停。母亲怕发生什么意外，让我陪着父亲去了二姑家。

在我的故乡山东省临朐县至今仍保留着这样一个传统，涉及母亲的家庭内部纠纷，母亲的兄弟也就是孩子们的舅父是最高裁判者和调停人。而且，舅父可以主动参与进来，不需要邀请。

我的父亲是独子，他有两个姐姐、一个妹妹，用父亲的话说他的这几个姐妹都让他很不省心，闹家庭矛盾是隔三差五，父亲很心烦。我也常想，是不是父亲管得太多，毕竟你是插手人家的家庭纠纷。因此，对于父亲去“调教”(父亲经常说二姑家他的那几个外甥“缺乏调教”)他的三个外甥，我还是心怀忐忑。不仅因为用现代眼光看，插手别人家庭纠纷是件不名誉的事，更重要的是那个二表哥在当地是个有名的不学无术、游手好闲的无赖，如果话不投机打起来怎么办。父亲对此却毫不在乎，当我说出我的担心时，父亲就说了两个字：“他敢！”

在二姑家堂屋(客厅)里，父亲坐在进门靠北墙窗下的长方桌右侧的高背椅子上(左侧椅子因为二姑夫的去世而虚位，当地风俗二姑夫的兄弟可以坐，但是由于二姑夫也是独子，位子因此只好空着。二姑是女人，是不可以坐这个位子的)，我陪着三个表哥围坐在方桌南侧大概两米左右的“当门”(山东临朐一带方言，是指进门的空场，

① 转引自张国基：《民间法的现代意义》，苏州市吴中区人民检察院网，2015 年 3 月 26 日，http://www.suzhouwz.jcy.gov.cn/wxyd/201008/t20100826_407840.shtml。

即客厅)的一张小圆桌边的矮凳子上,二姑坐在堂屋靠东墙的一张长条(高脚)板凳上。父亲的座位是高背高座,我和三个表哥坐的是无背矮座;父亲的桌子上摆着至少八个菜、一壶酒,供他一人享用;我和三个表哥的圆桌上只有六个菜,一壶酒。

落座后,大表哥对他的两个弟弟说:“咱舅来咱家不容易,咱们敬咱舅三杯酒(当地的敬酒风俗)。”

话音未落,父亲就面带怒容地打断了大表哥:“还轮不到你说话,今天没有你说话的份!你们兄弟仨好好想过没有,不好好孝顺老人是什么东西?是畜类!恁爹刚去世,你们就扬风炸毛(临朐方言,意思是肆无忌惮)!真变成不戴帽子的孙猴子了(临朐当地用这句话替代‘孙悟空摘了紧箍咒——无法无天’)?”

此言一出,二姑有些坐不住了,我更是吓得不敢抬头,时不时用眼睛余光瞄瞄二表哥的反应,生怕他跳起来。看来我的担心是多余的,二表哥就像一个霜打的茄子,眼睛盯着地面,阴沉着脸,低头不语。

父亲挨着把兄弟仨数落了一番,大概是老大没有带好头,老二还没有老大好,老三整个一花言巧语,只知道哄自己的老婆之类的非常难听的话。令我想象不到的是,父亲骂他们仨的过程持续了至少十几分钟,三个表哥竟然都低着头没有一个敢还嘴的。父亲教训表哥们的过程中,二姑几次说:“恁舅,别生气,喝酒!”父亲似乎充耳不闻。后来,二姑开始不停地抹眼泪。

父亲骂够了,问表哥们准备怎么办。大表哥赶快说:“舅,您放心!我们一定好好孝顺俺娘!”

父亲:“我要实的,不要跟我虚头滑脑(临朐方言,意思是只说不做,华而不实)!”

大表哥:“舅,要不俺仨轮着照顾俺娘?一人照顾一年?俺吃什么就叫俺娘吃什么,俺睡什么床就叫俺娘睡什么床,绝不叫俺娘掉了地下(临朐方言,专指老人无人照顾)!”

父亲:“一年太长了!半年!兴接不兴送(临朐方言,‘兴’是合适的意思。就是下一个照顾老人的儿子要把老人接到家里,而不是上一个儿子送)。每季子给恁娘买一身衣服('季子'就是季节。这里其实仅指冬衣和夏衣)。冬天轮到谁,家里要生炉子,恁娘的毛病(气管炎、关节炎)怕冻。还有,在谁家,逢年过节的迎来送往就由谁负责。你们看看中不中?谁做不到?现在就说话!"

大表哥:"没问题,没问题!"

三表哥:"舅,您看,我常年在外'放蜂'(临朐方言,养殖蜜蜂,需要全国跑,从南往北追逐花开),怕照顾不好俺娘,能不能……"

父亲:"这不是理由!婆婆跟媳妇还过不到一块去?离开了你就不能过了?自己的媳妇都管不好还是个男人?"

父亲又把脸转向老二:"老二,你怎么不说话?"

二表哥:"我没问题!"

父亲:"老二,我告诉你,你在外边也要小心点,别干那些偷鸡摸狗、见不得人的事!你们几个都听好了,好好孝顺恁娘,否则,就是我不打断你们的腿,也会遭天打雷劈!"

(三)河南社会法庭的一棵树纠纷案

在河南省禹州市梁北镇苏王口村,董大爷和董小健两家人因村里荒地上的一棵树"较上了劲"。20 年前,两家都说树是自家栽的,要砍了卖钱,为此还动了手,一个人头上还留了一道"豁子"(伤痕)。当时,在村领导的制止下,树砍了一半,暂时维持现状。

没想到,当年砍了一半的树如今长得枝繁叶茂,价值也由 700 元升到了 3000 多元,纠纷再起。

矛盾来到"社会法庭",秦翠芳等几名"社会法官"把两家人叫到一块儿说理,董大爷说前村支书可以作证,树是他栽的;董小健说他也有证人。"社会法官"问:"谁替你作证?"董小健说:"俺爸。"

听到这里,"社会法官"对董小健说:"你爸替你作证,别人能信吗?对方比你大几十岁,你年轻,少分一些。"他回过头又对董大爷说:"祖祖辈辈在一个村里生活,你占大头,给人家一些,就别结怨了。树虽然是你栽的,但地是村里的,再吵下去,谁都不给,归公家。"

一番调解下来，双方接受了这个处置方案。[①]

二、民间司法的社会权力基础

一般认为，狭义的“司法”就是人民法院依据法律对案件的审判，因此，司法和审判可以等同。人民法院的国家司法行为以国家机器所特有的强制力为后盾，因而国家司法权的强制力毋庸置疑。在这个意义上，民间司法由于缺乏国家强制力基础似乎难以被称为“司法”。但是，通过以上几段关于民间司法的记述我们可以发现，缺乏国家强制力并非否定民间司法的理由，民间司法有自己独特的权力基础。对此，我们可以作出如下描述：民间司法以社会权力为基础，并受到国家权力的间接影响。

“社会权力即社会主体以其所拥有的社会资源对国家和社会的影响力、支配力、强制力。社会资源包括物质资源与精神资源，还包括各种社会群体、社会组织、社会势力。这些社会资源可以运用来形成某种统治社会、支配社会进而左右国家权力的巨大影响力、支配力。”[②]虽然，我们在一般意义上并不认为社会权力能够左右国家权力，但是，说社会权力具有巨大的社会影响力和支配力，还是有一定道理的。前文记述材料中，传统中国乡村之耆老和士绅对民间纠纷和一些简单刑事案件处理的巨大权威、舅父对外甥的支配力、当代“社会法庭”和“社会法官”对民间纠纷的影响力，就是社会权力的一些外在表象。我们从这些民间司法主体对纠纷处理的过程、结果和执行情况看，是拥有巨大强制力的国家司法所难以比拟的。由此可以看出，在一定意义上，民间司法主体所拥有的一些特殊的社会资源可能比人民法院所掌控的监狱、法庭等国家机器具有更胜一筹的力量，这种力量就是社会权力。

与国家权力的刚性相比，社会权力具有柔性特点，是一种社会合作

---

① 转引自邓红阳：《河南社会法庭是如何摆脱身份争议的？》，《法制日报》2011 年 5 月 16 日。

② 郭道晖：《社会权力：法治新模式与新动力》，《学习与探索》2009 年第 5 期。

基础上的柔性权力。[①] 也就是说，社会权力更多地体现了以理服人、以情动人的说服力量，以及外在的社会舆论所形成的心理和精神压力。丹尼斯·朗把权力分为两种：行动权（power to）和控制权（power over）。控制权表现为一种强制力或者说暴力，行动权是一种特定的人或人群影响他人行为的直接的、有意的努力，“权力就是有意和有效的影响”。[②] 丹尼斯·朗的这种权力分类恰恰为国家权力和社会权力的分野提供了理论支撑：国家权力是一种具有暴力性的控制权，而社会权力则主要是一种具有“有意和有效影响”的行动权。社会权力是一种行动权，是一种用文化传统、道德行为和精神力量积累的权威。在此基础上，民间司法主体借用道德感化、情感影响和以理服人等行动促使纠纷双方在理解接受规则意义的基础上，自觉履行民间司法所形成的处理结果。

当然，我们应该看到，民间司法的社会权力基础背后仍然有国家权力的影子。无论是传统中国社会的耆老、士绅权威，还是舅父对外甥的支配力，都深受传统中国主流意识形态下纲常伦理的思想影响，在一些特殊地域，国家权力对民间司法的支配力更为明显。20 世纪 20～30 年代，我国西南地区乡村推行的“民间调解委员会”就是国民政府西南政务委员会通过立法推动的。[③] 河南省近几年来推行的“社会法庭”、厦门市的“农村家事纠纷援助中心”皆由当地人民法院筹划、指导和投资建立，西安市的“乡规民约评议会”则是当地政府推动完成的。而且，为了使民间司法具有更强的影响力，厦门法院还赋予了“农村家事纠纷援助中心”的调解书以民事合同的效力，只要经法院审查不违反法律的强制性规定，就具有法律效力，当事人一方可以申请人民法院强制执行。河南的“社会法庭”的调解协议也被赋予类似效力。我们不讨论这种对调解协

---

① 费孝通把权力分为社会对抗中的“横暴权力”和社会合作中的“同意的权力”，以及以文化为基础的“教化的权力”。（参见费孝通：《乡土中国 生育制度》，北京大学出版社 1998 年版，第 59～66 页）

② 参见［美］丹尼斯·朗：《权力论》，陆震纶等译，中国社会科学出版社 2001 年版，第1～4 页。

③ 参见徐秀丽：《中国近代乡村自治法规选编》，中华书局 2004 年版，第 323 页。

议赋权的合法性、合理性问题，但这些现象反映国家权力在推动民间司法发展的趋势问题上却毋庸置疑。这种趋势对于民间司法的发展是喜是忧值得我们关注。无论如何，当代民间司法组织具有明显的国家权力背景是一个不争的事实。

基于以上分析，我们对于民间司法组织的权力基础可以作出这样的区别：民间司法组织自身的成立和维系，国家权力起着重要的影响甚至支配力；民间司法组织的外部行为，即其对民间纠纷的判断和处理则主要依靠社会权力。比如，“社会法庭”对民间纠纷的判断和处理的权威仍然是舆论、内心压力和精神强制等社会权力要素，而不是国家司法的国家强制力。我们通过民间司法主体的分析还可以加深对该问题的认识。

三、民间司法主体：权威人物和社会组织

国家司法的主体是人民法院，司法者是职业法官。民间司法的主体一般分为两大类：“权威人物”和“社会组织”。如前文记述，传统社会的民间司法主体包括耆老、士绅等邻里纠纷的裁判者，也包括家族长、舅父等家庭内部纠纷的调停人，这些都可以被称为“民间司法的权威人物”。近代以来，随着商品经济的发展，民间组织在民间司法中扮演的角色越来越重要，诸如民间商会、救灾会、妇女会等，这些民间组织或多或少承担着一定的民间司法职能。前文所述之 20 世纪 20～30 年代的“民间调解组织”、河南省的“社会法庭”，则可以被认为是完全意义上的民间司法组织。

作为民间司法主体的权威人物往往德高望重，其言行在一定地域范围内具有较高的公信力、说服力和支配力。权威不同于权力，权力是一种单方的强制力，国家权力与权力对象之间就是一种压倒性服从关系。权威也是一种强制力，但是这种强制力是双向的，它需要权威拥有者用较长时间的付出作为代价以赢得人们的信任。“权威，具有一定的道德

规范，是使人信服的力量和威望。”[①]权威以权威主体的德性为前提，权威由于主体事先的道德付出而获得。比如士绅的乐善好施、社会组织的公益性服务，这种日积月累的德性就会产生一种令人信服的力量，这种力量是主体获得合法性的主要渊源。在一定意义上，对权威人物的信任和服从其实是对其合法性认知和认可的一种表现。“在人们服从权威的深层动机中，有一个最基本的精神因素，即相信支配者有某种合法性。只有基于对支配者合法性的信念之上的服从，才是稳定的服从。”[②]耆老和士绅属于公众型权威人物，其权威获得一方面是由于年龄和阅历，更重要的是因为其良好的德性和口碑；家族长和舅父的权威基础则主要基于身份，德性和口碑在其次。因此，现代社会中，家族长和舅父式的基于身份而产生的传统权威会逐渐淡出历史舞台，而耆老和士绅等基于德性和口碑的权威会遗存下来，会以一种新的面貌出现，也可以说，会有一种新的替代型权威人物。河南省许昌县邓庄乡的常驻“社会法官”、62 岁的段玉申就是一位德高望重的退休中心小学校长，常年的工作经历使其在周围十村八里的群众中享有很高的威望[③]，这就是我们所说的耆老士绅等传统权威的替代性人物。这些新的权威人物在处理民间纠纷问题上的发言权、公信力和威望甚至会超过国家权力背景下的人民法官，这可能是国家权力扶持社会法庭等民间司法组织的一个重要驱动力。也可以说，当国家权力的合法性在乡村受到质疑的时候，维系乡村秩序的替代性权威就会产生。也正是在这个意义上，我们认为，一些地方把村支部书记、乡镇驻村干部、村“两委”成员作为民间司法组织当然的“调解员”，就没有摆脱人民调解、行政调解、司法调解的国家权力运行模式的窠臼，其效果难以令人满意就在情理之中。

---

① 罗红光：《权力与权威——黑龙潭的符号体系与政治评论》，载王铭铭等主编：《乡土社会的秩序、公正与权威》，中国政法大学出版社 1997 年版，第 334 页。

② 李强：《对“民间权威、生活史与群体动力”的评议》，载王铭铭等主编：《乡土社会的秩序、公正与权威》，中国政法大学出版社 1997 年版，第 316 页。

③ 参见邓红阳：《河南社会法庭是如何摆脱身份争议的?》，《法制日报》2011 年 5 月 16 日。

社会组织作为当代民间司法的主体具有一定的合理性。社会组织之所以成为民间纠纷的裁判者，一方面基于前文所述社会组织自身的良好德行，更重要的是当代社会组织的成员多数由权威人物构成，也可以说，当代民间司法组织是一个权威人物组成的集合体。在一定意义上，我们也可以说，正是这些新型权威人物的存在，才使得民间纠纷的化解成为可能。我们从河南省“社会法官”的人员构成可以窥斑见豹。“这些‘社会法官’有的是年逾60岁的老党员，有的是经过部队锤炼的退伍军人，有的是曾长期从事基层工作的村干部，有的是年长的族长，在当地均有一定的威望，品行良好，公道正派，顾全大局，具有较强的调处纠纷的能力。”①

与职业法官相比，权威人物等民间司法者缺乏法律专业知识是一个不容回避的事实。当代，在国家推动的民间司法组织建设中，国家权力不断加强对民间司法主体的法律专业知识培训，是寻找解决问题的可行方案。但是，从民间法角度看，民间司法者缺乏专业法律知识并非影响民间司法质量的关键因素，虽说民间纠纷有民法之邻里关系等国家制定法规定，但是“法亦理”，民间司法依“理”来说服当事人，这些“理”往往内含着法的基本精神和要旨。更重要的是，民间司法主体调处民间纠纷有着自己独特的规则适用方法和运行机制，这是我们从国家司法角度难以推行的。

四、民间司法的规则依据与适用方法

民间司法的另一个重要构成要素是纠纷处理的规则依据，这也是民间司法与国家司法的一个显著区别。与国家司法相比，民间司法的规则依据具有多元性，既包括国家和地方的法律法规、政策等具有国家强制力的规范性文件，也包括道德伦理、风俗习惯、民间契约等民间规范。多元的规则依据反映了民间司法对国家权力秩序的服从和依赖，更体现出

---

① 邓红阳:《村民选出的“社会法官”为何“一言九鼎”》,《法制日报》2010年5月10日。

民间司法的传统性、民族性和地方性。

源自公权力的法律法规和政策是民间司法的规则依据之一，但是，民间司法的适用方法和运行机制却与国家司法大异其趣。从适用方法上说，国家司法严格按照程序法规定，把法律规则作为司法判断不可缺少的前提，而民间司法却常常把法律规则化解为一种道德原则或者情感需求，通过不间断的说服教育让司法对象理解、接受和认同。也就是说，国家司法注重法律适用的内在逻辑和程序，而民间司法注重规则的接受和理解，关注司法的结果而不是过程。我们从“调停”这个语词可以窥见其中的奥妙。按照《现代汉语词典》的解释，“调停”就是“调解”。其实，“调停”的内在机理和行为目标与“调解”有着很大不同，“调停”意味着调停人的权威性和调解行为内含的一定强制力，还意味着调停是以“纠纷和矛盾的停止”为目标。所以说，民间司法意义上的调解应该使用“调停”更准确，更能反映民间司法的运行机制和特点。

在一个三个儿子不同意单身父亲再娶的案例中，西安市“乡规民约评议会”的调解员说：“你家哥儿仨都在外打工，你爸整天见不上你们，连个说话的都没有。就算你们对老人再好，也没有人家老两口互相照顾好。作为晚辈，你们应该多为老人想一想才是。”①这个案例中，婚姻自由是国家制定法规定，但是调解员并没有讲国家法律的规定，因为在一个家庭纠纷中，潜意识中高高在上的国家制定法容易产生亲人之间的对立情绪，对于解决家庭纠纷的消极作用更为明显。因此，调解员用父子之情打动对方，用父子感情来阐释甚至取代“干涉婚姻自由”这个在否定性法律评价中的冰冷条款，更容易使对方接受老父再娶这个事实。在这里，还有一个很有意思的现象，“作为晚辈，你应该多为老人想一想才是”这句话是一个比较笼统甚至模糊的意思表达，其实大家都明白是指老人再娶这个事件，可是调解员自始至终都没有提老人婚姻自由或再婚自由等法律规定，不谈“再娶”，而是把儿子们放到一个比法律范畴更高的道

① 王军等:《让大家评评理——西安市乡规民约评议会案例选》，中共中央党校出版社 2010 年版，第 84 页。

德境界之中，把儿子们同意父亲娶老伴儿作为晚辈体谅父亲的举动而不是法定义务，用“孝敬父母就是让老人高兴”的道德规范来约束儿子们干涉父亲婚姻自由的行为。我们在搜集到的相关民间司法案例材料中，用亲情、道德、习俗替代法律打动和说服当事人的做法屡见不鲜。

国家司法的惩罚性裁决执行起来有时会遇到重重阻力，虽然国家司法裁判背后有国家强制力支撑。与此形成鲜明对比的是，民间司法是如何运用惩罚性裁判的呢？我们通过一个“灵前教子”的民间司法案例来分析民间裁判的惩罚性和执行力。对于一个不孝敬父母、不尽赡养义务的缺德违法者，西安市户县庞光镇东村的“乡规民约评议会”在对当事人批评、教育和感化的基础上，责成其写出具有“悔改”和“保证改过”内容的检讨书，并且在父亲殡葬当日，跪在灵前宣读检讨。“出殡那天，老人的儿子跪在灵前痛哭流涕，当众宣读了检讨和保证书，宣读完后一头扑在灵前大声痛哭，长跪不起，使在场的年轻人受到了一场生动的孝老爱亲教育。”①在这个案例中，民间司法主体的裁判具有一定的惩罚性，这个惩罚措施是“丢脸”，也就是不名誉，通过这个惩罚措施的实施使当事人重新获得足够支撑自己在这个熟人社会中的“面子”，从而促使当事人履行法定的赡养义务，尊重当地尊老爱亲的民间习惯。“面子是延伸社会关系与获得名誉的有利交际的载体，而道德面子是回应与承担名誉的义务。”②该案例中，民间司法裁判的执行力一方面来自当事人的心理认同，更重要的是来自一种在民间社会由来已久的外在强制：如果当事人不用实际行动表示悔改，乡党就不会帮助当事人在出殡时抬棺材，因为按照当地风俗，抬棺材必须由乡党来完成。如果出殡时没有乡党抬棺材，在当地是一件很没有面子的事情，当事人此后会无法融入这个熟人社会之中。

所以说，费孝通先生把民间司法调处纠纷看作是一个教育过程，把

① 王军等：《让大家评评理——西安市乡规民约评议会案例选》，中共中央党校出版社2010年版，第82页。

② ［英］王斯福：《面子的方位》，吴飞译，载王铭铭等主编：《乡土社会的秩序、公正与权威》，中国政法大学出版社1997年版，第403页。

乡土社会所特有的这种强制力称为“教化性权力”可以说深中肯綮。“文化的基础必须是同意的，但文化对于社会的新分子是强制的，是一种教化过程。”①前述第二段记述材料中，舅父在调处纠纷的开始并没有给予三个外甥任何辩解的机会，也没有给他们讲法律讲政策，而是开口就大骂，把他们比作“畜类”。这与费孝通先生亲历的几个民间司法案例非常类似。这个舅舅骂外甥的过程就是一个典型的教化过程，在这个过程中，外甥被强制性接受了“孝顺父母”“辈分等级有序”和“服从舅父权威”等道德伦理规则和民间习惯，这其实是变相贯彻了婚姻家庭法中“成年子女有赡养父母的法定义务”这个规则。当然，这种通过身份的强制性教育的方式在现代社会已经不多见，但是，如前文所述“晓之以理、动之以情的说服”亦是一个很好的教育教化过程，当事人在潜移默化中认识和接受了一些相关法律法规、政策、道德伦理和风俗习惯，与国家司法通过强制力进入乡土社会的模式相比，这种充满教育教化气息的社会秩序建构模式的效果可能更好。

当代民间司法的复苏是国家法治深化的必然结果，这种公权力推动的民间司法模式可能是“规划的社会变迁”（梁治平言）的一个现象。但是，中国民间社会注定是一个规则多元、规则运行机制多元和秩序多样的复合体，国家法及国家司法一统天下的思维习惯不仅会降低国家权力在民间社会的影响力，而且会直接冲击民间社会既有的秩序构造。回归本真的民间司法在挽救困局方面有自己独特的资源和机制优势，这需要我们进一步认识、接受和挖掘。

■ 第四节 民间司法的“情、理、法”

“中国人一般是在不用法的情况下生活的，中国人解决争端首先必

---

① 费孝通：《乡土中国 生育制度》，北京大学出版社1998年版，第66页。

须考虑‘情’，其次是‘礼’，最后是‘理’，只有最后才诉诸法。”①

“民间司法”是一个与国家宪政权力结构中的司法相对称呼的概念。依国家法视角看来，国家司法是一种正式制度，而民间司法则是一种非正式制度。国家司法的“情、理、法”适用，在一般意义上，“法”的考量因素占据主导地位，适当考量“理”和“情”。民间司法则“情、理、法”并重，“情”和“理”的因素考量更多，“法”的因素考量相对较弱。在笔者看来，我们耳熟能详的“情、理、法”其实是中国传统民间司法的一个原则性规范，而不应适用于我国现代的国家司法过程中。

本节在综合研究一些民间司法素材的基础上，在民间司法与国家司法、传统民间司法与现代民间司法的比较意义上，分析“情、理、法”在民间司法中的适用原则和方法，分析情的因素、理的因素和法的因素在民间司法适用中的地位和作用，以期探寻和挖掘民间司法对于生活化、平民化和原生态意义的社会秩序形成的意义。

一、民间司法的“情”

民间司法中的“动之以情”主要是指民间司法者通过运用“情感因素”促使纠纷当事人的内心产生触动，从而影响、感化当事人的心理和行为。民间司法的“以情感人”不仅为纠纷双方当事人的沟通和交流奠定了基础，而且在一定意义上能够直接化解当事人之间的怨气和对立情绪，从而实现化解矛盾、解决纠纷的民间司法之目的。

“情”为什么能够影响人的行为选择，还需要从“情”的本质说起。我们常说人有七情六欲，但是，“情”和“欲”是不同的。“欲”表达的是人的主观诉求，“它更多的是索求，以占有和满足为目的，以‘利己’为特质”②。而“情”则主要表达的是人与人之间的关系，无论是“手足情”“师生情”“夫妻情”“父子情”，还是“奸情”“私情”“情人”“情夫（妇）”，都是在表达

① ［法］勒内·达维德：《当代主要法律体系》，漆竹生译，上海译文出版社 1984 年版，第 486 页。

② 张卫国：《德性人格与情、理、法》，《益阳师专学报》（哲学社会科学版）2002 年第 1 期。

以情感为基础的人际关系。也正是在这个意义上,我们常说,离婚判决常常要以夫妻感情破裂为前提。人与人的交往规则——法律的或道德的,其实都体现着人的情感要素,或者说人的交往规则是以情感要素为基础的。我们正是在这个意义上说,没有情感要素渗透的规则就缺少了基本的人道基础,对人的指导意义和引领作用就有局限性。所以,情感一定是人们制定规则的基础要素,当然也是自生自发秩序中自发性规则的基础要素。规则产生于人的交往行为。如果我们仔细观察和品味人的具体行为就可以发现,其实,每个有意识的具体行为都是情感支配或者情感影响的结果。也就是说,主体的有意识的行为与情感也是密不可分的。所以,我们可以形象地说,"情"是规则和行为共同的家。如果这个判断能够成立的话,我们就为情的因素在民间司法中的适用找到了心理层面的原因,这可能也是最原点意义上的原因。

其实,抽象和理性的规则、制度只有得到效力范围内的主体的认同,才可能具有实际意义。这里所说的"认同",可能包括情感认同、身份认同、政治认同等多种元素,但是情感认同一定是最基础、最原始和最具有人道意义的。"没有情也就不会有道德,情是德性人格构成的第一要素。正是因为情所表现出来的利他本质,恰恰是道德所追求的精神实质所在。"①在一个熟人社会,"情"的交互性和利他性决定着人的行为必须合乎法律、道德的规范性。从这个基本认识出发,我们去理解民间规则和民间纠纷的时候,就不会首先考虑规则的适用,而是首先考虑规则的基础——情感要素的适用。比如,有些邻里纠纷虽然在法律意义上表现为经济利益的纷争,但其实感情瓜葛却常常占据主导地位。因此,对于解决矛盾和纠纷来说,唤起和修复正常的情感关系有时比厘清利益纠葛更重要。在河南省许昌市的一起赡养老人的纠纷中,大儿子、大儿媳不允许 80 岁的老母亲住自己的房子,从行为表现上看,似乎房子的价值和利益是儿子、儿媳行为的出发点。当社会法庭的法官们认真了解案情后才发现,这其中的原因不是房子、养老费等经济利益纠葛,也不是兄弟三人

---

① 张卫国:《德性人格与情、理、法》,《益阳师专学报》(哲学社会科学版)2002 年第 1 期。

在养老问题上存在利益纷争。最根本的原因是20多年前婆婆对大儿媳生孩子不闻不问，甚至都不正眼看儿媳的积怨所致。由此大儿媳对婆婆耿耿于怀，婆媳之间的感情裂痕一直没有得到修复。[①] 发现问题的症结比解决问题还重要，社会法官们针对这个情感积怨，不是去解决房屋问题、赡养费问题，而是去修补婆媳的感情裂痕，问题很快得到了解决。

我们常说民间纠纷打官司就是为了“出口气”，这里所说的“出口气”有“理”的成分，但主要还是“情”的要素。可以说，“为了一口气”其实主要是情感要素驱使的结果。一位老先生为了5块钱多次跑法院打官司，官司打赢后一定要申请执行。法官本着息事宁人的态度对老先生说：“老先生，这5块钱由我给你，这事算完，行不行？”老先生愤愤地回答：“不中，非让他（被告）掏出来，要不我在村上抬不起头来。”[②]老先生的话涉及一个熟人社会中的“面子”问题，其实，“面子”一般是指“体面”“情面”，在很大意义上就是属于情感范畴的主观心理感受。

当我们明白了“情”的本质和在人际关系中的重要地位后，也就理解了民间司法为什么主打“感情牌”或者首先打“感性牌”的原因，也就理解和接受了民间司法“动之以情”的行为方式。其实，当我们分析民间司法案例时会发现，“动之以情”也不是很容易做到的，其中也充满着技巧和方法。

“情”的民间司法适用主要表现为通过亲情、友情、爱情等各种情感要素触动、感化当事人。“东街村一对同胞兄弟茹祥喜、茹祥明，为宅基地边界打架、诉讼，反目成仇。新乡县法院的判决长期执行不了，一方不断上访。不久前，茹祥喜因病去世，‘社会法官’段德旺借机让茹祥明之子参加葬礼，双方关系大为缓和。段德旺趁热打铁，三番五次给双方调解。三十载‘坚冰’，一朝融化。”[③]通过一个看似与宅基地纠纷无关的“葬

① 参见《开“偏方”的社会法庭》，CCTV-12“社会与法”，2012年8月29日。

② 李晓乐：《社会法庭的无形作用》，2012年10月6日，河南法院网，http://hnfy.chinacourt.org/public/detail.php?id=120926。

③ 曲昌荣：《河南法院推出“社会法庭”探索化解矛盾“乡土模式”》，《人民日报》2010年5月4日。

礼行为”使纠纷双方的矛盾得以缓和，真可谓是典型的主打“情感牌”的民间智慧。前文讲到的“赡养纠纷案”中，民间法官面对老太太和三个儿子的时候，不是首先讲法律和道理，始终在强调母子情、兄弟情，述说母亲抚养三个儿子成人的心酸和艰辛。母亲一流眼泪，其中一个儿子也开始流着眼泪安慰母亲，此时，在场的所有人，包括电视机前的观众也一定会相信，纠纷会得到圆满处理。果然如此，儿子们的立场和态度开始发生变化，面对母亲、面对兄弟再也不是那样一种形同陌路的冰冷表情。这也是为什么农村调解赡养纠纷一般不会把儿媳妇集合到现场的原因，不仅因为婆媳之间感情纠葛不好协调，更重要的是，儿媳妇与公婆之间缺乏血缘意义上的感情基础，难以做到“以情动人”。

“情”的民间司法适用还表现为通过富有感情的说教影响和感化当事人。在笔者的父亲教训他的三个外甥的案例中，笔者父亲一开始就营造了一个庄严肃穆的说教气氛，然后开口骂他的三个外甥“畜类”“扬风炸毛(临朐方言，意思是肆无忌惮)”“不戴帽的猴子”。严格意义上，这些辱骂外甥的话还不能算作是说教，因为说教属于说理范畴，是“理”的要素。这些骂人的话只能算作感情发泄，但这种感情发泄中间也暗含着“理”的成分，比如“不好好孝顺老人是什么东西，是‘畜类’”这种说教属于“情理并用，以情为主”。

“情”的民间司法适用还表现为通过民间司法者的亲和力甚至亲力亲为影响和感化纠纷当事人。与国家司法庄严肃穆的法庭气氛相比，现代民间司法塑造的是一个充满亲和力的纠纷解决氛围。一个相对轻松、充满感情和人性化的环境容易打消纠纷当事人的抵触情绪，容易搭建起平等友善的沟通和交流平台。人是感情动物，又是能够理性对待感情的动物。民间司法在注意感情氛围塑造的同时，也注意民间司法者的情感形象和亲和力。情感认同并不仅仅是纠纷双方的情感认同，也包括了当事人与民间司法者的情感认同。这也是为什么民间司法者常常具有地域性、熟识度的原因。熟悉和认同的民间司法者对于纠纷双方更有亲和力和影响力，更容易促使双方达成谅解。“‘社会法官’用亲情、乡情、友情加法律心平气和地调解，没了对簿公堂的‘火药味’，从源头上有效防止了矛盾的激化。”[①]

二、民间司法的“理”

“理”，即“道理；事理”[②]。“道理”即“事物的规律”；“事情或论点的是非得失的根据；理由；情理”。[③] “事理”即“事情的道理”[④]。语言词汇为什么有时只能采用循环解释的方法？主要在于被解释的词汇本来就很简单，已经属于通俗易懂的词汇范畴。“理”就是这样，一个很小的孩子有时都会质问成年人：“你讲不讲理？”因为在语言世界中，“理”就是“道理”，就是“事理”，无他。但是，对于民间司法而言，这种循环解释似乎于事无补，我们需要知道的是“理”的本质是什么？它为什么成为中国传统司法的适用原则，而且还居于“情”和“法”之间？

“理”在本质上是对规律性的认识。从民间司法角度看，应该是对以“情”为基础的人际关系的规律性的认识。有学者指出：“‘情’具有法律之情意与情感两个面向，‘理’则表现为法律的原理、定理、公理与道理这四个身位。”[⑤]这种对“情”和“理”的认识仍然是一种国家法视角。如果从民间法视角审视“理”的话，我们认为，应该是这样一个逻辑顺序与架构：情→情理→道理→法理→法。“情”是“情、理、法”的出发点，是人际关系和交往行为的基础要素，从“情”出发的“理”首先是“情理”，这里所说的“情理”不仅仅指“事情的道理”，更包含着“情的道理”或“理性的情感”。“理”的第二站才是“道理”，道理反映着包含“情”在内的事物的规律性，也是对事物是非得失的根据和理由的一种解释和判断。“理”的第三站

① 《河间市“社会法庭”全省首创民间调解新模式》，2012 年 10 月 16 日，http://www.he.xinhuanet.com/news/2011-02/22/content_22114707.html。

② 中国社会科学语言研究所词典编辑室编：《现代汉语词典》（第 7 版），商务印书馆 2016 年版，第 799 页。

③ 中国社会科学语言研究所词典编辑室编：《现代汉语词典》（第 7 版），商务印书馆 2016 年版，第 270 页。

④ 中国社会科学语言研究所词典编辑室编：《现代汉语词典》（第 7 版），商务印书馆 2016 年版，第 1194 页。

⑤ 汪习根等：《论情理法关系的理性定位》，《河南社会科学》2012 年第 2 期。

是“法理”，也就是具有法意的规则所应该蕴含的规律和道理。从“法理”出发的“法”才是真正意义上的法，才是可能被人们所认同和遵从的法。从“情”到“法”，是一个不断抽象、不断剥离情感要素的过程，也是一个符合“感性→知性→理性”认识理路的过程。

还需要指出的是，“天理”是一个具有自然法意义的超验价值，“天理”也就是“天然的道理”，它不需要理论论证，也不需要经验证明，它是超越人的认识和经验之上的。在古代中国，作为一种形而上的探求，将情理作为“法之原本”“法之本原”是一种意义的追寻，人们发现了法律之上或法律之外的价值。在这个意义上，“天理”既是从“情”到“法”的价值尺度，也是“理”的最高境界和最高适用原则。

“理”的民间司法适用主要表现为以情为基础的“讲理”行为。所以说，“以情为基础”也意味着没有任何感情基础的民间司法是不存在的，还在于民间司法只有塑造了良好的情感氛围，“理”才可能出场，“理”才能被心平气和地讲出来。什么是“讲理”？“讲理”即“评是非曲直”①。民间司法的“讲理”是纠纷双方当事人就是非曲直进行的辩论。“民怨来自何处？笔者的直感是因社会正义的缺失。简单讲，就是不讲理。古语说有理走遍天下，可在中国，有些人不跟你讲理，所以有理没用，有时武力倒是有用的。”②大家都讲理，矛盾通过说理来解决，这是一个先进社会的基本标志。

民间司法如何正确适用“理”原则呢？

首先，“理”的适用需要一个讲理的法治氛围。国家司法通过法庭的庄严肃穆、法官的权威等符号体现法律的强制力，为讲理提供一个安静的氛围；传统威权型民间司法通过个人威权和家族祠堂等符号塑造近似国家司法的庄严氛围；当代民间司法则主要通过亲和力营造一种便于沟通交流的讲理氛围。河南“社会法庭”被称为“讲理铺子”，这一方面反映

---

① 中国社会科学语言研究所词典编辑室编：《现代汉语词典》(第 7 版)，商务印书馆 2016 年版，第 646 页。

② 茅于轼：《全社会必须恢复讲理的风气》，《中国工人》2010 年第 6 期。

了国家司法指导的民间司法注重“讲理”而不是“说法”，另一方面也说明了更具有乡土气息的“社会法庭”在营造讲理的氛围方面与国家司法有很大不同。从河南“社会法庭”、北京电视台的“第三调解室”以及厦门的“家事纠纷援助中心”[①]等当代民间司法活动的运作机制看，“笑脸相迎”“平心静气”“促膝交谈”“和蔼可亲”等对民间司法者的描述词语从侧面反映出了民间司法讲理氛围的宽松和平和。

其次，充分运用“情理”“道理”和“天理”等各种“理”，并把握“讲理”的时间和分寸。比如，在一起交通事故纠纷中，一位社会法官把正在激烈争吵的受害人家属拉到一个僻静处说：“你别听人家七嘴八舌地乱说，有些看热闹的是唯恐天下不乱，你冷静下来想想，咱的小孩不小心撞上了人家的车，咱也不能不讲一点理，咱有没有责任？咱该负什么责任？不能一味都怨别人，事情到这种地步，谁也不愿看到，咱们换位思考一下，你也干过司机，颠倒过来怎么看这个问题？”[②]当双方当事人平静下来之后，这位社会法官对双方说：“退一步海阔天空啊，谁也不要再争了，辉县很小，以后还会经常见面的，都忍让一些，冤家宜解不宜结。”[③]这两段话很简短，但其中却包含着几个大道理：“局外人参与的目的不一定纯正”，“交通事故是双方都不愿意看到的”，“换位思考”，“退一步海阔天空”，“冤家宜解不宜结”。这位社会法官讲的都是我们耳熟能详的道理，而且是站在双方立场上讲的，不偏不倚，很容易被双方接受和理解。更重要的是，社会法官讲理的时机和地点选择恰到好处，为调解创造了良好的环境和氛围。

最后，“理”是“情”和“法”的桥梁，“讲理”离不开“情”和“法”。从内容上说，情、理、法是独立的个体，有自己独立的内涵。情、理、法的民间

---

① 参见廖桂金等：《有烦心事，找家事纠纷援助中心说》，《厦门晚报》2006 年 2 月 12 日。

② 中原法院：《须水镇社会法庭调解案例》，2011 年 7 月 29 日，河南法院庭审直播网，http://tv.hncourt.org/video/detail/court/0/id/7410。

③ 中原法院：《须水镇社会法庭调解案例》，2011 年 7 月 29 日，河南法院庭审直播网，http://tv.hncourt.org/video/detail/court/0/id/7410。

司法适用却不能完全把三者割裂，尤其是“理”的适用，既需要用充满真诚、恳切的态度和语气“讲理”，也需要不时夹杂着情感的触动和感化。在一定意义上，纯粹地讲理、干巴巴地讲理，纠纷当事人很难认同和接受。还应注意的是，在讲理过程中，要为当事人留“面子”，如果当事人感觉受到侮辱、无地自容，也可能产生与预期目的相反的结果，有的当事人甚至抬腿就走。因此，“讲理”，既要“融情”，更要“容情”。

三、民间司法的“法”

民间司法话语体系中的“法”不仅指国家法，还包括民间习惯法、民间组织的章程规则、民间契约、具有一定强制力的民间礼仪和民风民俗等广义的民间法规范，在一定意义上，只要具有一定强制性的规则都涵盖在民间司法的“法”范围中。民间司法之“法”为什么具有如此广阔的领域？这个广延的“法”范畴与“理”是一种什么样的关系？这是我们首先需要厘清的问题。

简单说来，民间司法之“法”是指具有一定强制性的规则。国家法当属此列，不存争议。但是否所有具有一定强制力的规则都属于民间司法的“法”呢？比如，山东等地有句有关喝酒的俗语：“感情深一口闷，感情浅舔一舔。”这句俗语是否属于民间司法之“法”呢？我们认为，这句俗语也具有一定意义上的强制性，但这句俗语主要还是依靠人的内心自觉来实施。如果一个人违反了这句俗语，一般不会受到外在的强制性处罚。但是，同样是违反酒局中的规则，由于规则的属性不同，结果可能就大不一样。比如，山东临朐等地有一种酒桌上关于“斗酒”的“君子契约”，就是一种关于斗酒的口头契约。比如，两个人约定“斗酒”，按照划拳行令的方法，谁输了谁喝酒，每次喝三杯。结果，其中一人连输三局，就开始违反约定了。此时，酒桌上的“酒陪”就会采用“灌酒”的外在强制方法强制执行。这是不是属于一种民间司法呢？从民间司法的构成要件上看，有具有口头效力的“君子协定”，也就是协定双方当事人之间的法律，有协议主体，有主持公道的常常履行“监酒”职责的“酒陪”。笔者曾亲眼所见几位“酒陪”给违约的斗酒者灌酒的场面，第一杯灌进去了，第二、三杯顺着违约者的脖颈灌了进去，这种灌法也属于当地的习惯法。所以说，在笔者看来，这是一个小型的民间司法场景，“斗酒协定”应该被看作是民间司法之“法”。

如果我们把民间司法之“法”划定如此大的范围，它与“理”又有什么区别呢？其实，在很大意义上，民间司法之“法”和“理”有一个相当大的共享区域，也就是说，两者在一个很大的范围内是不分彼此的。我们既可以说，“酒宴礼仪”是一种民间法规则，也可以说“酒宴礼仪”是一个长期以来人们共同遵守的“理”。因为“酒宴礼仪”既有一定地域范围内的强制力，也内含着人们共同认可的“秩序构造模式”这个“道理”。但是，与国家法鲜明的强制力不同的是，“酒宴礼仪”的效力显然主要依靠人们的自觉遵从，外在强制也仅限于道德舆论、熟人社会对违反礼俗人士的排斥等社会力量；如果说“酒宴礼仪”纯粹属于“理”的范畴，显然又与一般的民间司法之“理”如“冤家宜解不宜结”不同，其“事物的规律性”和“是非曲直的理由”这些特点并不充分。因此，诸如“酒宴礼仪”等礼仪规范、民风民俗处于民间司法的“法”和“理”之间的交集地带，只是由于其规范性特征而被划到民间司法的“法”范畴之中罢了。

这种“法”的大范围划界方法与民间司法的特殊性具有内在关联性。与国家司法追求“明辨是非”有所不同，民间司法更倾向于维护社会秩序和人与人之间的和谐关系。“民间调解是以妥协而不是以法律为主，它的目的不在于执行国法，而在于维护社会的和睦人情关系。”①因而，民间司法就弱化了对“是非曲直”的规则判断和价值判断，而更多的是考虑人的情感、情理和社会公众的期望。“习惯法既生于人群之中，且用于调整人际关系，靠人之行为体现和维持，自然在任何时候都不能够脱离人，人的思虑、人的欲望、人的理性和人的情感。”②在这个意义上，扩大民间司法之“法”的范围，或者说模糊民间司法的“情、理、法”的疆界可能是民间

---

① 黄宗智：《清代的法律、社会与文化：民法的表达与实践》，上海书店出版社 2001 年版，第 9 页。

② 梁治平：《清代习惯法：社会与国家》，中国政法大学出版社 1996 年版，第 58 页。

司法的一种内在需求。

范围如此广泛的“法”，在民间司法适用过程中是否会遇到障碍呢？民间司法如何正确适用“法”呢？

首先，民间司法必须恪守国家法，不能违反国家法的禁止性规定和强制性规范。民间司法也是国家法治的一个重要构成要素，不应该也不可能背离国家法而独行其是。就民间司法的规范适用而言，国家法占据主导地位是没有疑问的。比如，在一起夫妻感情纠纷中，厦门“家事纠纷援助中心”的调解员主要是规劝丈夫不要酗酒闹事，规劝妻子不能随意提出离婚。丈夫要多体谅妻子，不能无端增加妻子的家庭负担；妻子要充分考虑孩子，不能让孩子生活在一个单亲家庭之中。[①] 这些调解的思路和具体做法是建立在维护婚姻法对一个家庭的秩序架构基础之上的，调解员不会突破婚姻法的规定而非法干涉他们的婚姻关系，只是在“情”“理”和婚姻法所规定的夫妻的责任和义务范围内行为。而且，民间司法最大的特点就是，在讲到丈夫的家庭责任和妻子的抚养责任时，不是拿法条说话，而是用具有人情味的“讲理”来说服当事人。

其次，民间司法不仅恪守国家法的法条，还要适用国家法的原则和精神。国家法的原则和精神与民间司法所适用的其他规则虽有不同，甚至冲突，但共通性和契合点更多。比如，“法律面前，人人平等”原则，在民间司法中是被经常适用的“理”。在这个意义上，民间司法对国家法的原则和精神的适用就是对社会善良风俗和基本价值观的肯任，也是对维护社会秩序所必需的其他规则的一种肯定和保护。说到底，一个国家的主流意识形态和价值观不仅塑造着国家法，也深刻影响着民间法和其他社会行为规范。也就是说，一个国家的主流意识形态是其所有规则生成的共同土壤。

最后，民间司法的规则适用在不违反国家法禁止性规定的前提下，应以适用“软法”为主，“硬法”作为补充。“软法”是指不需要适用国家强

---

① 参见廖桂金等：《有烦心事，找家事纠纷援助中心说》，《厦门晚报》2006 年 2 月 12 日。

制力而实施的法规范；“硬法”是指必须依靠国家强制力保证实施的法规范。“软法”对法的内涵界定与民间司法的“法”的适用范围和属性相契合。民间司法主要使用一些具有倡导性、指引性的法规范，对于具有“硬法”属性的法规范只具有提醒义务，没有适用的权力。也因此，民间司法应主要关注“软法”规则的适用方法和技术，不断开拓民间司法规则适用中“软法”的视域和范围。

四、“情、理、法”的民间司法适用总原则

前文虽然对“情、理、法”的内涵和一般适用原则分别进行了描述，但就三者的关系而言，我们还没有给出一个具体而准确的定位。如果把“情、理、法”看作一个整体的话，我们认为，“情”是人最原始的需求，是人的行为的动机，是“情、理、法”中最基础的要素；“理”源于“情”，是对“情”的抽象和概括，也是对以“情”为基础的人际关系之规律性的概括和总结；“法”是具象的“情”和“理”，是把人的“情”和人与人之间的关系的“理”的应然层面具体化为行为方式，也就是规则，并辅之以国家的或者其他形式的强制力。通过被固化的“法”来评判人的交往行为之“是非曲直”，并最终通过稳定人际关系来实现人的权利诉求。所以说，“法律是情理的固化与强化，情理是法律的优化与进化。从古至今，中国的法文化历来都是天理、国法、人情三位一体的多元文化”①。

以追求人际关系稳定和社会和谐为目标的民间司法，在“情、理、法”适用上也具有自己的特殊性。“中国人解决争端首先必须考虑‘情’，其次是‘礼’，再次是‘理’，只有最后才诉诸‘法’。”②其实，达维德所说的“礼”，在现代社会，已经被分解到“理”和一些民间法规范之中了。因此，民间司法的“情、理、法”适用总原则是：从情出发，讲理为主，辅之以法。也就是说，民间司法是从人的感情需要和维护基本人情出发，用“情”的

---

①　周博文等：《情理法：调解的法哲学思维解析》，《湖北社会科学》2012年第11期。

②　[法]勒内·达维德：《当代主要法律体系》，漆竹生译，上海译文出版社1984年版，第486页。

要素触动感化当事人，促使其认同“理”所传达的“情理”“道理”和“法理”，并最终接受“法”所具体化的权利和义务。

当然，正如前文所述，民间司法视角的“情、理、法”在外延上都有交集，很难划定一个明确的界限。在具体的司法适用中也同样存在着这个特点。再以山东民间的“酒宴规则”为例说明这个问题。酒桌坐席的位置是山东省“酒宴规则”中的一项主要内容。比如，“主陪”“副陪”“主宾”“副宾”的坐席位置和次序明确严谨，现代酒店酒桌上的餐巾叠放都严格按照这个次序设置而有所区分。可以说，这是一个次序分明、秩序井然的规则安排。但是，我们设想一下，如果一个人不按照酒宴规则既定的安排就座，会产生什么样的后果呢？一般说来，酒宴主办者会提醒来宾坐到自己应该坐的位置上去，如果来宾执意不从，酒宴主办者是不会采取强制措施的。但是，这位来宾可能会因为如此“出格”的行为而遭受普遍的舆论谴责。这就是人们通常所说的“道德法庭”的力量。我们进一步假设，如果因为来宾坚决不服从规则秩序而引发纠纷的话，民间司法又该如何处置呢？在传统中国社会，这种违反酒桌礼仪的行为会受到民间司法的否定和处罚。现代社会，民间司法对违反酒宴规则的人的处理可能会变通性地适用“理”来解决。把酒宴坐席次序的民间法转变为“情理”或“道理”讲给当事人听，通过“讲理”规劝当事人改正“错误”。这个小案例告诉我们，民间法规则这个广义的“法”在民间司法中已在不经意间被转换成“理”了，这反映出了“法”和“理”在民间司法适用中的模糊性和可转换性。

所以说，行走在民间司法场域中的“情、理、法”常常穿行于、存在于事实之中，我们虽然在形而上的世界中能够厘清它们的形象和面貌，但却很难在一个具体事实中把它们截然分开。我们只能通过设定原则和规则的方法来抽象和运用它们，这可能也是语词、语言等文明形式自身所具有的贫困性吧！

第五章
民间法文化

文化就是以文教化，是指人类在生产生活中产生的全部精神产品。法治文化是法律产生、运行到消亡的整个过程及其细节的制度机制、价值理念和思维方式的总和，法治文化是法律及其治理的立体文化样态。从国家法与民间法的分类角度看，法治文化包括国家法文化和民间法文化。民间法文化与国家法文化具有许多共性，但民间法文化不是国家法文化，也不是国家法文化的补充，民间法文化有其独特的个性，这些个性决定着其能够与国家法文化并驾齐驱的法治文化之维。民间法文化的个性主要表现在价值、理念和思维三个层面。具体说来，民间法文化的个性表现为：道义价值、社会秩序优先于个人自由、作为一种规则机制的“面子”，以及重实体公平轻程序正义、“情、理、法”原则等等。当然，民间法文化与国家法文化也有共性，主要表现在权利与权力关系、公平正义的价值追求和社会和谐的法治目标几个方面。

理念是理性的理想信念，民间法理念就是有关民间法的理想信念。民间法理念就应当是民间法形而上的最高形态，是民间法的活的灵魂，民间法理念应当具有体现民间法精神实质和价值追求的思想内涵。从这些规定性出发，民间法的基本理念包括以下要点：公平和谐是民间法的基本价值追求，“社会本位”是民间法治的基本出发点，“情、理、法”并重是民间法治的基本原则，国家权力与社会权力互动是民间法的基本运行机制。

与法律思维相比，法治思维强调思维依据的多元多样，强调思维的多向和空间的多维。法治思维视角的民间法思维必然是一个规则依据多元化、权利义务关系复杂化的多维立体系统。在长期的社会实践中约定俗成的习惯权利是民间法制度的核心概念，习惯权利思维重在强调民间法制度的权利本位属性。民间权力源于习惯权利，服从并服务于习惯权利，其教育感化的“软权力”属性比外在的强制力属性更加显著。民间权力思维着眼于民间权力与习惯权利的关系来塑造民间权力制度。民间规范是对习惯权利和民间权力的规范和约束，是习惯权利和民间权力共同的家，民间规范的效力实现就是民间主体权利义务关系的落实，民间规范的实效离不开民间权力主体对民间法制度的固化和坚守。“道义”为习惯权利、民间权力和民间规范提供价值基础，“道”主要是形而上的符合万事万物之自然规律的价值追问，“义”则侧重于形而下的符合人际关系的社会规律考量。

■ 第一节 民间法文化的共性与个性

“经由仪式，或者是在更普泛的意义上——通过文化——我们不仅理解了身边的世界，而且使得我们相信所见到的秩序并非出自我们自身（文化）之手，而是为了这个永恒的世界所有。”①

从法律文化到法治文化是当代法治发展的一个具有符号意义的认知进步，与法律文化只强调法律现象的平面文化样态不同，法治文化则强调法律及其治理的立体文化样态。立体的法治文化样态既包含静态的法律制度机制、稳定的法律意识和法律精神，更强调法律制度机制的动态性、法律意识和法律精神的发展性和开放性。更重要的是，与法律文化侧重国家法面向不同的是，法治文化具有了法律多元性多样性面

① ［美］大卫·科泽：《仪式、政治和权力》，王海洲译，江苏人民出版社 2015 年版，第 98 页。

向。法治文化在关注国家法的同时,也在关注民间法及其在社会治理中的作用,这就使得法治文化的形式更立体丰满,内容更多元多样。

民间法文化与国家法文化具有许多共性,但民间法文化不是国家法文化,也不是国家法文化的补充,民间法文化有其独特的个性,这些个性决定着其能够与国家法文化并驾齐驱的法治文化之维。民间法文化与国家法文化共同构成一个国家的法治文化。

一、民间法文化的定义

国内学者在论及法治文化时,多以"制度—观念—行为"三层次内涵为基础再添加相关内容形成定义,有的加入"价值"要素,有的加入"秩序"要素,有的加入思想要素,但在"制度—观念—行为"三层次方面多无异议。"法治文化是包括法律制度结构和法律观念结构以及自觉执法、守法、用法等行为方式,是包含民主、人权、平等、自由、正义、公平等价值在内的人类优秀法律文化类型。"①"社会主义法治文化其要义是以社会主义法治精神理念为导引,以社会主义法律制度为主干,以依法办事和自觉守法为基础,以构建社会主义法治秩序为目标的法治文明状态。"②另外一些学者大同小异的"法治文化"概念,就不一一列举了。

刘作翔教授则另辟蹊径:"法治文化是指包含民主、人权、平等、自由、正义、公平等价值在内的人类优秀法律文化类型;法治文化由表层结构和深层结构组成,前者包括法律规范、法律制度、法律组织机构、法律设施等,后者包括法律心理、法律意识、法律思想体系。法治文化就是法律的意识形态和与其相适应的社会制度和组织机构。"③在这个有关法治文化的概念中,刘作翔教授有两个创造:一是优秀的法律文化类型才算法治文化,"非优秀"的法律文化不是,这就为法治文化作了一个价值归属的判断。二是把法治文化分为表层和深层,表层是看得见的制度机制设

① 龚廷泰:《建设社会主义法治文化论纲》,《金陵法律评论》2015 年第 1 期。

② 李林:《社会主义法治文化概念的几个问题》,《北京联合大学学报》(人文社会科学版)2012 年第2 期。

③ 刘作翔:《法治文化的几个理论问题》,《法学论坛》2012 年第 1 期。

施，深层是心理、意识和思想。这样就把法律行为排除在法治文化之外。

广义地说，法治文化是人类有关法律现象的所有物质形态和意识形态的总和。也就是说，广义的法治文化就是法治本身，法治文化可以涵盖法治的所有内容。因此，广义层面的法治文化定义显然不能成为法学教义学的标准答案。

狭义的法治文化应当只包含法律现象的意识形态部分，制定法和法院本身不是法治文化的内容，但制定法、法院设施、司法的精神理念则属于法治文化的内容。狭义的法治文化主要关涉价值、理念和思维方式，其核心是以法治价值为元点的法治理念和法治思维如何塑造人的行为方式，进而影响甚至决定立法、执法、司法和守法等法治实践。

本章论及的民间法文化就是狭义层面上的，因此，狭义的民间法文化就是民间法现象的意识形态部分，主要包括民间法的价值、理念和思维方式。

(一)民间法价值

民间法的价值是指民间法维护和追求的价值。价值具有最高的概括性和普遍性，反映了事物自身的有效性、有用性及积极意义。从认识论角度出发，价值反映的是客体对主体的关系，所以，民间法的价值则主要表现在民间法对民间社会的作用和积极意义。

“平等、自由、公正”是社会主义法治的核心价值，这是一种国家法文化角度的核心价值观，这种认识也有西方法治文化的烙印。民间法文化所倡导的价值与“平等、自由、公正”的国家法治文化价值并不冲突，可以说，民间法是认可“平等、自由、公正”等法治价值的。但民间法有其自身的价值追求和价值体系，我们认为，“公平、和谐、理和义”是民间法的主要价值。

“公平”是一种目标和结果意义上的对公正的理解和追求，公平在一定意义上我们可以理解为公正的平等。因此，为了实现公正的平等，就要求对实现公平的过程进行一定的程序控制。在这个意义上，国家法与民间法的认识并无二致，但在实现公平的手段或者说控制方式上，二者还是有区别的。

“和谐”作为一种属性是指人与人关系的融洽性，作为一种状态是指人与人的和睦相处。人与人的关系可以分为三个不同程度的等级：对抗、非对抗、和谐。人类社会从原始时代到蒙昧时代再到文明时代，人与人关系的对抗性因素在不断降低，和谐因素在不断提升。

“理”有“道理”“事理”和“情理”几层意思。“道理”既有“事物的规律”之意，也有“事情或者论点的是非得失的根据”之意。[①] 总之，“道理”的主旨是强调事物的客观性和规律性，防止主观性片面性。“事理”是指事情的道理，与“道理”在本质上具有大致相当的内涵。“情理”是指“人的常情和事情的一般道理”[②]，比“道理”和“事理”在“理”上要逊色一些，程度上弱一些，比“道理”“事理”更接近“情”。而“情”又常常跟“义”放在一起使用，所谓“情义”。《现代汉语词典》把“情义”解释为“亲属、同志、朋友相互间应有的感情”[③]，这个总结是值得商榷的。“情义”之“情”和“义”是一种并列关系，“情”是指人与人之间应有的“感情”；而“义”则包含了“道理、正义”的意蕴，含有了“道义”之“义”，内含着某种正义感和道德感。因此，“情义”应当是指含有一定正义感的感情和一种包含感情的正义感。

通过以上简要分析可知，民间法的“公平、和谐、理和义”主要是在人与人关系层面上对民间法进行的价值分析，而国家法的“平等、自由、公正”则更多的是从个体的人的角度来分析归类国家法的价值属性。其次，民间法重在强调人与人关系这个秩序状态，而国家法重在强调个体的人的权利的内容及其实现。最后，民间法价值既重规律性、客观性，也重人的主观性和感情需求；国家法则更加强调规律性、客观性等理性要素，对人的主观性和感情需求基本不予考虑。

---

① 中国社会科学院语言研究所词典编辑室编：《现代汉语词典》（第 7 版），商务印书出版社 2016 年版，第 270 页。

② 中国社会科学院语言研究所词典编辑室编：《现代汉语词典》（第 7 版），商务印书出版社 2016 年版，第 1068 页。

③ 中国社会科学院语言研究所词典编辑室编：《现代汉语词典》（第 7 版），商务印书出版社 2016 年版，第 1069 页。

（二）民间法理念

民间法的“公平、和谐、理和义”的价值追求决定着民间法具有自己独到的理念。民间法理念就是指民间法所具有的理性的思想和信念，“理念”之“信念”和“思想；观念”[①]含义也应当包含着理性的、理想的，具有较强设计性的内涵。

从以上分析逻辑出发，民间法理念就应当具有体现民间法精神实质和价值追求的思想内涵，民间法理念就应当属于民间法形而上的最高形态，就应当是民间法的活的灵魂。那么，民间法理念有哪些呢？我们认为，民间法理念应当包括以下基本要素：首先，和谐公平是民间法的基本价值追求。其次，“情、理、法”并重是民间法的基本原则。再次，“社会本位”是民间法的基本出发点。最后，国家权力与社会权力互动是民间法的基本运行机制。

这一部分有专节论述，在此不赘述。

（三）民间法思维

民间法思维是根据民间法的思维，包括民间法的生成、运行和消亡之生命过程的思维，重点在于运行过程的思维，也就是如何将民间法运用到社会实践中的思维。在这个意义上，我们也可以把民间法思维称为“民间法治思维”。民间法的生成是指民间法规范的产生，与国家法的制定及修改相比，民间法的产生渠道和方式更复杂、更多样，更具有地方性特点。有些民间法规范是民间社会长期发展的产物，属于自生自发规范；有些民间法规范是民间社会主体因为需要而制定的，比如社团章程、公司纪律等等；有些民间法规范则是民间社会为适应国家法治发展而制定修改完善的，比如新时代的乡规民约、社区公约等等。民间法的渊源众多，依据民间法的行为方式也必然多种多样。但是，民间秩序思维、道义思维、民间权力思维、民间权利思维、社会身份思维等民间法思维仍然具有重要地位。

---

① 中国社会科学院语言研究所词典编辑室编：《现代汉语词典》（第7版），商务印书出版社2016年版，第799页。

总之，民间法文化的价值、理念和思维构成了民间法文化的三个主要维度，使民间法文化内涵丰富、外延明确，充实和完善了民间法文化概念。

二、民间法文化的共性

民间法文化与国家法文化共同构成了一个国家的法治文化，从一个主权国家及其民族精神角度出发，民间法文化与国家法文化必然具有很多共性。这些共性是作为共同体的民族国家赖以存在和发展的前提和基础。

（一）权利与权力的关系是民间法文化的基本问题

权利与权力的关系是国家法治的基本问题，也是国家法文化的基本问题，同样，也是民间法文化的基本问题。权利是主体拥有的利益或者获得利益的资格，法律权利是法律规定的主体拥有的法定利益或者获得法定利益的资格。民间法意义上的权利，我们可以简称为“民间权利”，民间权利是民间法赋予民间主体拥有的利益或者获得利益的资格。

权力是权力主体通过威胁或者威慑向权力对象单向施加的强制力，民间权力就是民间社会主体通过威胁或者威慑向社会权力对象施加的强制力。按照彼得·布劳的说法，权力包括三个要素：权力是指一个人或者群体反复地将其意志强加于他人的能力，而不仅仅是影响一项决定；用来对反抗进行威胁的惩罚，使权力成为一种强制性力量；权力是不对称的，是单方面的依赖。① 权力有多种形态，有国家权力、社会权力（民间权力），波特兰·罗素还概括说，有教权、王权、暴力、革命的权力、经济权力，酋长有权力，骑士有权力，财阀有权力，绅士有权力，僧侣有权力，知识分子有权力，总经理有权力，政党有权力，政客有权力。② 布劳的权力要素论和罗素的权力种类理论对于我们理解民间权力具有重要理论价值。

---

① 参见[美]彼得·布劳：《社会生活中的交换和权力》，李国武译，商务印书馆 2012 年版，第 191 页。

② 参见[英]波特兰·罗素：《权力论——新社会分析》，吴友三译，商务印书馆 1991 年版，第 27～33 页。

民间权利与民间权力的关系是民间法文化的基本问题，一方面是指民间权利与民间权力的关系之于民间法治的重要意义，另一方面是指两者关系是民间法文化不可或缺的基本内容。民间权利是民间法治的出发点和归宿，民间权力存在的主要价值是维护和保障民间权利的实现。换言之，民间权利是本源，民间权力是派生，前者决定后者，而不是相反。在这一方面，民间法文化与国家法文化具有高度的一致性。

厘清民间权利与民间权力的关系是民间法文化基本问题的主要价值，在于指明民间法治的发展方向，确立民间法治的权利保障理念、原则和行为方式。更重要的是，厘清民间权利与民间权力关系有助于我们在两者产生矛盾时正确选择我们的立场和态度，在一般情况下，应当从保障民间权利实现的角度考虑我们的抉择，而不是相反。只有这样，我们才能够使民间法治与国家法治的发展方向和路径相一致，才能为现代社会治理提供更有价值的制度机制保障，为国家治理体系和治理能力现代化做出贡献。

（二）公平公正是民间法与国家法共同的价值追求

平等自由是人与生俱来的，是自然法意义上的法律价值，属于法的价值体系中的超验价值。公平公正不属于法的超验价值，但属于法的价值体系中非常重要的价值。公平公正是人为理性的价值，主要是为人类社会的制度设计的，包括非正式的民间法制度在内的国家法律制度应当以公平公正为价值标准进行设计和运行，否则，法律制度将无法为人类社会提供基本的秩序需求。

公平、公正和正义在内涵上具有很大的同一性，都指向公平合理、公正无私、不偏不倚、正当正直等意思。公平，就是公正的平等，是指公正无私、不偏袒、合情合理的。公正是指“公平正直，没有偏私：为人～｜～的评价。”[①]正义是指“公正的、有利于人民的：～感｜～的事业｜～的战

① 中国社会科学院语言研究所词典编辑室编：《现代汉语词典》（第7版），商务印书馆2016年版，第453页。

争”[①]。在“公平”“公正”和“正义”三个概念中,正义是最接近自然法意义上的超验价值的。

与公平、公正不同的是,自然哲学提出了“宇宙正义原则”,将宇宙正义原则描述为支配和主宰宇宙万事万物的第一原则,“正义是指自然的秩序,是指命运,是指不可抗拒的必然性,这种必然性、命运的自然秩序是正义的体现”[②]。在伦理学看来,宇宙正义就是神法、自然法或理性法,这种正义不止于实在法意义上的正义,而是高于实在法并赋予实在法以合法性的“天条”,它在内容上表现为一些普适性的道德法则。因此,正义是一种人类社会普遍认可的价值,其内涵包含着公正性、正当性、合理性,也包含着某种程度的神性理性和超验性。

英文表达“公平”“公正”和“正义”用同一个词“justice”,同时,“justice”还有审判、法官的意思,“正义女神”的英文表达是“Goddess of Justice”。“Justice”的近义词是“fair”,我们有时把“fair”也翻译为“公平、公正”,但其在法律意义上最贴切的翻译应当是“合理”。因此,如果从语词的抽象到具体逻辑对这三个词进行排序的话,应当是:正义(justice)——公正(justice/fair)——公平(fair)。

从正义的语词分析可知,“正义”之“义”含有“公正合宜的道理”[③]之说,也就是说,正义本身就包含着道理、义理等抽象的理论要素和理论价值。因此,与公平、公正相比,正义更接近于超验价值,更具有理想性,更具有形而上的属性。也正因为如此,民间法治难以把正义作为主要的价值追求,而是把公正、公平作为主要的价值追求。从国家法治角度看,公平、公正是法律制度的内在价值,尤其是司法制度机制及其运行过程中追求的主要价值,司法不仅要求有公平、公正等正当性,还要有合理性和

① 中国社会科学院语言研究所词典编辑室编:《现代汉语词典》(第7版),商务印书馆2016年版,第1673页。

② 雷红霞:《正义与秩序——论古希腊的正义思想及其意义》,《人文杂志》2012年第6期。

③ 中国社会科学院语言研究所词典编辑室编:《现代汉语词典》(第7版),商务印书馆2016年版,第1550页。

可接受性，这正是上接正义、下接平等的公平公正所具备的基本属性。另外，我们从汉语语词分析中可知，与“正义”相比，“公平”“公正”都有“公”的因素，这正好与法、法律、法治的公共属性相匹配，与民间法治和国家法治的要求不谋而合。

当然，国家法治的价值追求对民间法治的影响是不容低估的。中国共产党的十八大报告指出：“公平正义是中国特色社会主义的内在要求。”党的十九大报告也提出了“不断促进社会公平正义”的要求。中国共产党对社会公平的重大关切是对当前社会问题的积极回应，是从中国实际出发的重要政治判断，是未来国家法治和民间法治需要研究落实的重要的价值理念。

（三）社会和谐是民间法与国家法共同的法治目标

一般意义上，社会和谐是指人与人关系的和谐，在法律意义上，就是人在权利与权力、权利与权利、权力与权力三个维度上的协调和融洽。可以说，社会和谐是人与人关系的理想状态，追求社会和谐是民间法与国家法共同的法治目标。

2002 年，中国共产党的十六大从“全面建设小康社会，开创中国特色社会主义事业新局面”出发，明确提出“社会更加和谐”奋斗目标。中国共产党的十六届四中全会明确了构建和谐社会的任务：“引导群众以理性合法的形式表达利益要求，解决利益矛盾，自觉维护安定团结。”党的十六届六中全会通过的《中共中央关于构建社会主义和谐社会若干重大问题的决定》提出了和谐社会的总要求：“民主法治、公平正义、诚信友爱、充满活力、安定有序、人与自然和谐相处。”党的十七大指出：“构建社会主义和谐社会是贯穿中国特色社会主义事业全过程的长期历史任务，是在发展的基础上正确处理各种社会矛盾的历史过程和社会结果。”党的十八大提出了“社会和谐人人有责，和谐社会人人共享”。党的十八届四中全会通过的《中共中央关于全面推进依法治国若干重大问题的决定》在法治层面上细化了“法治社会”的战略安排，“增强全民法治观念，推进法治社会建设”，“引导全民自觉守法、遇事找法、解决问题靠法”。所以说，和谐社会逐步成为国家法治的重要战略安排。

社会和谐是传统中国社会长期孜孜以求的目标。和谐是指“和睦协调：～的气氛｜和谐社会”。和谐社会是“指体现民主法制、公平正义、诚信友爱，充满创造活力，人与人、人与自然和睦相处的稳定有序的社会”。[①] 从《诗·周南·关雎》“关关雎鸠”郑玄的注解“后妃说乐君子之德，无不和谐”开始，中国传统文化对和谐的解读就是人与人关系的和睦相处。民间法治中的“各打五十大板”“和事佬”“情、理、法”原则等体现的都是和谐的理念和价值。

从内涵上看，“和谐”与“秩序”价值具有同一性。秩序是指有条理、不混乱的状态。在程度上，和谐不仅指有条理、不混乱，而且还指人与人、人与物的关系的和睦、融洽，也就是说，“和谐”比“秩序”表达的状态在程度上更高。也正是在这个意义上，我们认为，社会和谐是一个比较理想化的高层次的标准和要求，是民间法与国家法共同追求的法治目标。

三、民间法文化的个性

民间法治的内容和形式不同于国家法治，民间法文化必然也不同于国家法文化。民间法文化的个性是指民间法所具有的独特的价值、理念和思维方式。

（一）道义是民间法的重要价值

道义是指道德和义理，道德是在长期社会生活中自发形成的准则和规范，义理是“符合正义的行为准则和道理”[②]。所以，道义既是一种行为准则，也是一种道理。这就意味着，民间法的道义价值包含着“道理”的理论理性，也包含着“准则”的实践理性，是一个具有中国传统文化智慧的哲理价值。

“道义”的英语表达通常有两种方式：morality and justice; moral

---

① 中国社会科学院语言研究所词典编辑室编：《现代汉语词典》（第7版），商务印书馆2016年版，第527页。

② 中国社会科学院语言研究所词典编辑室编：《现代汉语词典》（第7版），商务印书馆2016年版，第1551页。

principle。"Morality and justice"可以看作是"道德和义理"的直译;"moral principle"是"道义"的意译,表达的是道义的原则性和价值性。英语语词的这两种翻译方法都有缺陷,前者没有表达出"义理"的准确含义,把"义理"翻译为"justice"(正义、公正)只能说比较接近,但没有表达出"义理"之"符合正义的行为准则和道理"①的含义。后者则把"义理"翻译为"moral principle"(道德原则),就失去了"义理"的准则、规范含义。虽说语言是存在的家,但在表达存在的意义时却常常捉襟见肘,这也从另一个侧面反映出作为传统文化价值的"道义"的独特内涵。

我们可以从以下几个方面来认识作为民间法重要价值的"道义":

首先,道义是一种道理,规制民间法治的方向和道路。社会主义法治理念决定着中国特色社会主义法治的发展方向和道路,民间法治的发展方向和道路也需要一定的理念指引。当下我国的民间法治,除了社会主义法治理念的宏观指引之外,还需要深入挖掘我国传统文化中的积极因素。道义是中国传统文化所独有的价值理念,道义之理性首先表现为长期社会生活形成的符合人际关系规律的价值、原则和准则。道义作为一种民间法规范的价值标准,不仅对民间法规范的产生和发展具有重大影响,而且对于民间法治实践也具有重要的价值引领作用。当代民间法治的发展持续不断地吸纳现代国家法治的合理因素,人的权利在民间法治中的地位日益彰显,道义理念居功甚伟。"它(道义论——笔者注)主张行为的正当性取决于其内在本质或道德原则,而不能完全以结果为判准。在道义论者看来,权利以人的尊严为基础,具有道义的力量。权利本身构成了行为的正当依据。"②所以说,道义对于民间法治的发展具有重要意义。

其次,道义是评价和规制其他法律价值的价值标准。一般法学理论认为,法律的价值体系可以分为"超验价值"(自由、平等)、"基本价值"

---

① 中国社会科学院语言研究所词典编辑室编:《现代汉语词典》(第7版),商务印书馆2016年版,第1551页。

② 张伟涛:《从功利到道义:当代中国权利观念道德基础的构建》,《法制与社会发展》2012年第1期。

（公平、公正、正义、秩序、和谐、道义）和“一般价值”（权利、权力、责任、义务等等）。法律价值的这种分类也不是泾渭分明的，比如，当自由和平等作为一项权利的时候，就归属于一般价值。当我们强调正义、道义的无须证明的正当性的时候，它们又具有了超验价值的属性。作为基本价值的道义，由于包含着很强的道德性、很高的道德标准，常常成为衡量评判其他法律价值的价值标准。文天祥感叹的“三纲实系命，道义为之根”其实是对道义价值基础的颂扬和肯定。现代法治视域中，当我们说“弱势群体的权利具有很强的道义基础”，“政府权力的道义性”，“国际关系的道义原则”时，其实是在对“人权”“权利”“权力”和“主权”等法律价值的权衡和论证。

再次，道义是约束、规范人们行为的准则。道义是民间法的行为准则，是对人们行为的一种规范性要求，对人们的行为起着提醒、约束和示范性作用。《易经》的“成性存存，道义之门”的意思是，一个人要明天性、成人性并行稳致远，必须从学习积累崇高的德行和修养开始，厚德方能载物。这是最早的有关道义准则的记载，此后中国传统社会不断对道义进行阐释和发扬光大，成为一个具有普适性的民间行为规范。为人忠厚宽容的“厚道”、尊敬奉养父母的“孝道”、君主以仁义治天下的“王道”、遵从“三从四德”的“妇道”都相继出世，甚至“盗亦有道”，这些行为准则都有明确的规范标准，相关行为主体都会严格遵从这些以道义为价值基础的“道”，这对于维护家庭稳定、社会和谐和国家长治久安都起了重要作用。

最后，道义是评价裁判他人行为的尺度。“所谓伦理道义论指这样一种道德推理思路：人们行为或活动的道德性质和意义，最基本的不在于其所达成的目的（或者其所体现的内在价值），而首先在于它所具有的伦理正当性。”①道义的伦理正当性恰恰为评价他人的行为奠定了价值基础。同时，道义的规范性为道义成为评价裁判他人行为提供了具体标准和尺度。当我们说一位皇帝、一位国王遵守“王道”的时候，不仅仅是评

① 万俊人：《论道德目的论与伦理道义论》，《学术月刊》2003年第1期。

价其行为的正当性，而且还在评价其行为的道德性，这一切都为皇帝、国王的统治权提供了合法性基础。同样，我们评价一位妇女遵守“妇道”，也是在肯定这位妇女在家庭和社会关系中的地位的合法性，这些仍然是以其行为的正当性和道德性为前提的，只是这个评判的过程和结果是在我们心中，而不是在法庭上、在众目睽睽之下，这正是民间法治的独特魅力所在。

（二）社会秩序优先于个人自由

社会秩序是指人与人、人与物之间关系的稳定状态，个人自由是指个人不受约束、不受限制的状态。一般情况下，社会秩序的稳定与个人自由的不受约束是矛盾的，在本质上是两种截然不同的趋向。法治的良好状态是在社会秩序和个人自由之间寻求动态平衡，使两者在相反相成中达到平衡有序的状态。

秩序是人类社会发展的必然状态，“人类从没有作为隔离的个体而存在；现代人类出现之前，社交和融入亲戚团体已成为人类行为的一部分。人类的社交性，不是因历史或文化而取得的，而是人类天生的”①。霍布斯说，在自然状态下，人对人就像狼对狼一样。理性使人放弃自然属性，通过社会契约形成社会秩序。亚里士多德说得更直接，人天然是政治动物。也就是说，社会秩序是人类理性构建的，但社会秩序起源于人的自然属性，用福山的话说，人类的合作行为有两个自然来源：亲戚选择（kin selection）和互惠利他（reciprocal altruism）。“就人类而言，现实世界的裙带关系，不仅基于社会缘由，更基于生物学缘由。将资源传给亲戚的欲望是人类政治中最持久的常态。”②

人天然是群居动物，社会秩序起源于人的本性，并随着人类理性的发展而不断建构和完善，这其中包括人类对“习惯→习惯法→成文法”社会秩序规范的认识进程。个人自由虽然被赋予了崇高的自然法地位，但

---

① ［美］弗朗西斯·福山：《政治秩序的起源：从前人类时代到法国大革命》，毛俊杰译，广西师范大学出版社 2014 年版，第 37 页。

② ［美］弗朗西斯·福山：《政治秩序的起源：从前人类时代到法国大革命》，毛俊杰译，广西师范大学出版社 2014 年版，第 34 页。

作为理论的提出是人类理性和科学技术发展之后的事情。社会秩序在保障了人类社会相对稳定的发展之后，个人自由的欲望被重新呼唤出来。自由主义理论成为西方国家法治的主流意识形态的原因很多，其中一个重要原因是法治权力与专制王权斗争的需要。自由主义理论强调的个人自由至上、权利至上并没有解构既有的社会秩序，而是在尊重和维护既有社会秩序基础上的规则、制度进化。

维护社会秩序的稳定是民间法治的持久目标，无论是传统中国的身份等级伦理秩序，还是当代市场经济条件下的家庭关系、人际关系，都是在秩序中寻求个人自由的实现，而不是通过破坏秩序以实现个人自由。当然，历史上也曾出现过陈胜吴广揭竿而起的砸烂旧秩序建立新秩序的事件，但这些短暂的历史时期之后新生权力必然以社会秩序构建为主要目标，虽然此时的社会秩序已经今非昔比。

社会秩序对于个人自由都具有优先性是民间法的一个重要的价值选择，这不意味着否定个人自由和权利，恰恰相反，民间法治强调社会秩序的优先性正是为了个人自由更加充分地实现。哈耶克认为，人类所以需要自由，乃基于人们的理性有限性和社会秩序的自发性。在自生自发的自由传统中，保证自由的制度不是设计的结果，而是产生于诸多并未明确意识到其所作所为会有如此结果的人的各自行动。它依赖于对传统、习惯、业已发展起来的制度和规则的尊重，是社会进化的结果。所以，个人自由来源于自生自发秩序的有效约束。哈耶克的这个判断为民间法治意义下的社会秩序对个人自由的优先性提供了理论支持，个人自由不是自然状态下的为所欲为，是受到包括民间法规范在内的法律规范约束下的秩序中的自由。

当然，在法治状态下，社会秩序与个人自由很难出现二选一的极端情况，动态平衡是两者关系的常态，社会秩序对个人自由只是法律规范下的约束，不是专制意义上的强制；个人自由是在尊重秩序和他人自由的前提下的自我决定、自我规划，是排除各种专制的消极自由领域。

（三）作为一种规则机制的“面子”

“面子”是我国具有悠久历史传承的社会现象，又是每个人都自觉不自觉地实践着的处事规则。“面子”不是我国独有，一些西方国家的人际交往中也存在着“面子”问题。国内学界有“面子”的心理机制、文化现象、人际交往规则等心理学、文化学、社会学研究。西方学界有“面子交往”(face work)、“面子—礼貌”、“身份、面子、不礼貌/礼貌”(identity, face, im/politeness)、“交际互动中的面子”(face in interaction)等概念和理论。

笔者以为，学科化研究的优势在于理论分析框架和工具的独特性，劣势也在此。法学对面子的分析研究，必将是具象化的、具有操作性的。在法学看来，面子不仅仅是一种具有强制力的规则，更是一种由主体、规则、效力和强制力等要素共同构成的规范性机制。

首先，面子的主体决定着面子的规则和运行机制。面子在熟人社会和陌生人社会具有完全不同的规则和运行机制，熟人社会是一个身份等级明确的人际关系结构，每个人按照自己的身份等级定位自己的位置，清楚自己有多大面子，有多少资源可以支配自己的面子。在陌生人社会，人与人关系具有平等性，人们按照利益关系形成交往规则，每个人的面子受到其他人的影响相对较小，面子的大小不决定一个人在陌生人群中的地位和社会评价。但是，互联网、微信技术加快了信息的传播速度，人的“数据形象”的不断具象化使许许多多从未谋面的陌生人之间形成了“网络熟人社会”，因而，大数据时代的陌生人之间的面子也越来越具有熟人社会的特点。

其次，面子的功能是激励和约束。作为规则的面子，有些类似倡导性规范，面子本身不是义务，但也很难说它是权利。我们说面子是倡导性规范的主要理由是，面子可以选择要还是不要。要与不要以及要得多少，完全取决于个人的内心感受和情感需求。面子的激励功能主要表现为其为个人带来的愉悦的心理感受和积极的社会评价，这能够激励一个人为了面子而积累更多的精神和物质资源，积累更多的道德评价和社会口碑。面子的约束功能主要表现为丢面子的心理挫伤和消极的社会评价带来的负面心理感受，以及可能的合作伙伴、机会权利的丧失，这些都形成对个人的心理约束，进而表现为人际交往中的行为约束。“羞耻机制是一般社会规范的权威透过他人之眼实现的自我约束和自我控制，以羞耻为主导的社会是文明化进程的结果。面子机制依赖于日常交往的参与者间所形成的等级秩序和支配者控制，以羞辱作为主要的惩罚手段，是以威势构型为特征的社会权威结构在日常交往中的表达和实现。"①

再次，面子的效力不是规则决定的，而是主体的情感因素决定的，具有很强的主观性。"这个人不要脸不要皮的""死要面子活受罪"是面子机制的两个极端描述。"不要脸不要皮"类型的人属于"死猪不怕开水烫"性格类型的人，面子不会成为个人行为选择的参照因素，这类人要么心理承受力异常强大，要么价值观和常人有很大不同。"死要面子活受罪"类型的人视面子为生命，"宁要人前面子，不要人后里子"，"富面子穷里子"，这类人也属于人格极端型。多数人的面子是以自己的心理感受为主要依归，有时丢了面子就用自我解嘲、自我安慰的方式来化解，也说明面子具有较强的主观性特点。当然，社会评价也是面子的一种重要的强制力，"正是这一重要和强势的舆论氛围，才使得面子机制的运行不至于突破社会规范为人们行为所设定的基本框架和底线，面子本该具有的道德维度也不容易被剥离，以及进一步地，面子对人们行为的激励作用才可能充分发挥"②。

最后，面子的本质是人格尊严。法治面向的"面子"研究，还需要我们对其进行法律术语层面的归类，这其实就需要我们对面子的法律本质进行分析。

宪法把人格尊严规定为公民的基本权利，我国的《宪法》第 38 条规定："中华人民共和国公民的人格尊严不受侵犯，禁止用任何方法对公民进行侮辱、诽谤和诬告陷害。"《刑法》《民法总则》《侵权责任法》等相关法律也对自然人的人格权尊严及相关具体权利的法律保护进行了规定。国家法对人格尊严的规定是面子中比较重要、侵权程度比较严重的行为

---

① 赵锋：《面子、羞耻与权威的运作》，《社会学研究》2016 年第 1 期。

② 黄金兰：《面子、人情的秩序功能及其当下变异》，《文史哲》2017 年第 1 期。

的规定。面子包括了人格尊严及相关具体权利的内容,但还有更加宽泛的外延。更重要的是,国家法对人格尊严的界定具有很强的客观性,而民间法治意义上的面子的主观性更强。

人格尊严就是以人格独立为前提的,是指个人对自己的尊重(即自尊自重)和受到他人的尊重,人格尊严是对个人价值主客观评价的有机统一。人格尊严的英语表达是“personal dignity”,它包含着“尊严”和“自尊”两层含义:“Dignity“的第一层意思是“庄重、庄严、尊严”(a calm and serious manner that deserves respect),第二层意思是“自豪、自重、自尊”(a sense of your own importance and value)。面子包含着自尊自重,由于其内容更广泛,情感体验的主观性也更强;面子还包括受到他人尊重,即尊严,这是面子的社会评价所由产生的根源,也是面子的人际交往关系属性决定的。

民间法文化的个性还包括“结果重于程序”“情、理、法而不是法、理、情”等内容,由于在其他章节中有论述,在此不一一赘述。

四、结语:民间法治文化是一门艺术

我们在法学研究中常常纠结于论证是否具有科学性,常常为自己的论证过程及结论诚惶诚恐。其实,法学研究追求科学性是一个误区,社会科学叫“科学”,其实它不是真正意义上的科学,而是一门艺术,法治更是如此。

民间法治是一门艺术,端在于民间法治具有更强的不确定性。与国家法治相比,民间法治没有明确具体的价值导向,没有那么严格的程序控制的规则产出、规则实施和规则矫正,没有国家法的法教义学基础。因而,民间法就像一个不按照套路出牌的武林高手,又像文学表达的散文诗,需要我们认真地去认识、理解和读懂它。也因此,学习研究民间法不是一件容易做的学问,需要勇气、耐心和持久的努力。

民间法治是一门艺术,还在于民间法文化的多样性、多元性。民间法是一种典型的地方性知识,它散发着法治的清香、地气的芬芳,又有着五颜六色、各具特色的个性魅力。民间法治的内容和形式永远有发现不完的新问题，有挖掘不完的法资源宝藏，就像五彩斑斓的画卷需要我们去欣赏和绘就。

民间法治是一门艺术，更在于民间法文化是民间法治和国家法治的活水源头。民间法文化不仅滋养着民间法治，也为国家法治提供着永不枯竭的营养。一个国家的法治现代化，不仅仅是国家法治的现代化，更是民间法治的现代化。民间法治的现代化是国家法治的反哺，也是民间社会的自我救赎。

作为一门艺术，民间法治不仅需要我们有国家法治之维的顶层设计，更应当有民间社会之维的基础设计，运筹帷幄方能决胜千里。

作为一门艺术，民间法治需要在新时代进行基本的自我定位，寻找适合自己发展的方向和道路。

作为一门艺术，民间法治需要在不确定性中探索确定性，在多样性中寻找同一性，在灵活性中确立原则性，运用具有更高标准的艺术手法来经营。

■ 第二节 民间法理念的基本要素

“人的行为有着传统的礼管束着，儒家很有意思想形成一个建筑在教化权力上的王者；他们从没有热心于横暴权力所维持的秩序。‘苛政猛于虎’的政是横暴性的，‘为政以德’的政是教化性的。‘为民父母’是爸爸式权力的意思。”①

民间法的产生机理和运行机制决定和反映着民间法理念的特殊性，决定着民间法理念与国家法理念的差异性。分析、认识和挖掘民间法理念的内涵、属性和基本要素，对于我们认识民间法、正确处理民间法与国家法的关系、更好地发挥民间法在国家法治建设中的作用具有重要意义。

---

① 费孝通：《乡土中国　生育制度》，北京大学出版社 1998 年版，第 67 页。

在一定意义上，我们可以说，“理念”就是理性的思想信念，非理性的胡思乱想、不成体系难以自圆其说的观念等想法不在理念范畴之内。民间法理念就是指民间法所具有的理性的思想和信念。“理念”的英文表达是“idea”，“idea”具有“构思”“主意”“打算”之意，还具有“信念”之意。“构思、主意、打算”表达的是“idea”的理性和设计性；“信念”在一定意义上可以看作是表达“构思、主意、打算”的理想性和前瞻性。英文中，形容词“ideal”所具有的“完美的”“理想的”“最合适的”意思，“idealism”所表达的“理想主义”，在一定意义上都是在诠释“idea”所具有的理想性。语言是相通的，中文的“理念”之“信念”“思想；观念”也包含着理性的、理想的、具有较强设计性的内涵。所以，民间法理念一定是排斥那些非理性的、糟粕类的思想观念，排斥那些不合时宜的陈规陋俗，排斥那些只顾解决眼前问题不具有行稳致远特点的权宜之计。

从以上分析逻辑出发，民间法理念就应当是民间法形而上的最高形态，是民间法的活的灵魂，民间法理念就应当具有体现民间法精神实质和价值追求的思想内涵。从这些规定性出发，我们认为，民间法理念应当包括以下基本要素。

一、公平和谐是民间法的基本价值追求

公平是公正的平等。“不患寡而患不均”“王侯将相宁有种乎”体现出来的平等观，这些都属于原始的、自然法意义上的平等理念，属于朴素的平等价值观。朴素的平等观与法治意义上的平等价值存在着较大差异。朴素平等观对于平等的原始价值具有朦胧好感，其价值就在于突出强调人人平等是与生俱来的，不是哪个人、哪个团体、哪个政府恩赐的。朴素的平等观的缺点也显而易见，即缺乏对平等价值实现途径和手段的理性诉求、设计和实现能力，也可以说，朴素平等观没有从抽象到具体、没有从纯粹的形而上转化为具体的平等权。法治意义上的平等价值则不仅弘扬平等价值的感召力，而且对平等价值如何在实践中落地生根进行很多富有价值的制度设计。我国提出的社会主义核心价值观体系所倡导的“自由、平等、公正、法治”就具有很强的设计感，“自由”和“平等”

是文明制度追求的最基本价值，也是每个人生来具有的基本权利，但是“自由、平等”如果失去了公正的方向，失去了具有公正性的制度机制的约束和矫正，“自由、平等”就会迷失，就可能走向人们所希望、所追求的价值的反面，因此，“法治”是实现自由、平等价值唯一的途径和制度性桥梁。

民间法对于“平等”价值的认识也具有同样理路，但不同之处在于，民间法强调“平等”少，强调“公平”多。我们常常听到“这么办公平合理”“这是公平合理的”“这样处理不公平”等表达方式，很少听到“这是不平等的”“这样处理不平等”等说法。为什么呢？因为不加限定的“平等”就容易走向绝对平均、完全一样、无差别对待，其结果可能是绝对平均主义的盛行。与“公正”紧密连接在一起的“平等”，即“公正的平等”则对朴素平等观进行了纠偏：平等需要公正以待。所以说，为了理解和运用的缘由，也可能长期以来固化的认识习惯，民间法直接用“公平”取代抽象意义上的“平等”，这虽然可能失去了自然法意义上的原始平等观，但强调了平等的限制性和获得感，通过“公平”使平等更具有了实践性和操作性。当我们需要还原自然法意义上的平等，需要在社会实践中实现“平等”价值的时候，一定要对“平等”进行限定，用另外一个法律价值去约束它、限定它，才可能使“平等”回到制度可控、理性文明的轨道上来，这可能是“公平”作为法治、作为民间法基本价值追求的前提性设计和基本初衷吧！

“公平”作为民间法的基本价值还有一个重要的学理上的原因，公平不仅表达着平等的公正性和制度性，还表达着“情理”的民间法价值要素。“公平”是指“处理事情合情合理，不偏袒哪一方面：～合理|～交易|～裁判”[①]。公平与情理、与“合情合理”的这种天然连接，使得公平角色中不仅内含着平和冰冷的理性，还有了温情亲情的情分，这正是法治尤其是民间法治所应有的理性和温情。在这个意义上，公平是一个上通自

① 中国社会科学院语言研究所词典编辑室编：《现代汉语词典》（第 7 版），商务印书出版社 2016 年版，第 452 页。

然理性、下接人间温情的民间法基本价值。

"和谐"作为民间法的基本价值，具有悠久的历史传承和重要的新时代价值。汉代郑玄解释《诗·周南·关雎》的"关关雎鸠"时说："后妃说乐君子之德，无不和谐。"唐代李商隐在《杂纂》中说："诸妇和谐，不嫌龘辣。"明代高明在《琵琶记·寺中遗像》中说："敢天教我夫妇再和谐，都因这佛会。"这些"和谐"的语词表达的都是人与人关系的融洽。民间有种说法："和谐"之"和"就是人人"有饭吃"，"和谐"之"谐"就是"人人能讲话"。依法治角度，这种诙谐性解释是一种行政法学的解释，是站在公权力对私权利的关系角度而言的。这种角度其实只反映了"和谐"价值的一个面向，但指出了"和谐"价值是立基于人与人关系这个重要基础。"和谐"是在人与人关系中体现出来的，因此，"和谐"就具有了"秩序"价值的属性。笔者一直认为，我国具有历史传承的"和谐"价值与西方法治社会的"秩序"价值有异曲同工之妙，在法治意义上表达着基本相同的价值观。从这个角度看，我们可以说，"和谐"就是"秩序"的中国话语，但两者又略有不同。"和谐"包含着融洽、非对抗性，是从人的角度看制度，有很强的人本特征；而"秩序"则重在强调客观性、有序性，是从制度角度看人，有很强的物本特征。美国人博登海默认为，秩序意指在自然进程和社会进程中都存在着某种程序的一致性、连续性和确定性。[①] 这从一个侧面印证了作为价值的秩序在西方法治中的物本主义属性。

"和谐"作为民间法的基本价值，也与社会主义核心价值体系所强调的"和谐"高度契合。从另一个侧面也可以说，民间法价值必须与国家核心价值相一致，这是一个国家法治统一的必然要求。和谐是中国传统文化的基本理念，集中体现了学有所教、劳有所得、病有所医、老有所养、住有所居的生动局面，具有稳定、效益、整合、协调、监督和保障等功能。[②] 也是在这个意义上，我们认为，和谐价值具有更强的社会指向，而社会是

---

① 参见[美]博登海默：《法理学：法律哲学与法律方法》，邓正来译，中国政法大学出版社 2004 年版，第 75 页。

② 参见仉建北：《法的和谐价值论纲》，《新学术》2008 年第 2 期。

民间法的主要作用领域。和谐作为一种价值，既是国家法治的价值追求，更是民间法治的价值追求，国家法和民间法在和谐价值上得到了有机统一和融合。

一般说来，法的价值可以从“有用性”和“理想性”两个维度来衡量。法的基本价值是指在有用性和理想性两个方面都能够贯穿法的产生、运行和消亡始终的价值。因此，民间法的基本价值就是指贯穿民间法运行整个过程，对人、对社会产生实际影响的价值。公平、和谐是民间法治追求的一种理想信念，也是贯穿民间法运行过程并对民间法具有重要引领作用的基本价值。公平既是民间法治的出发点，也是民间法治运行的控制性原则；和谐是民间法的归宿，是民间法治运行实现的目标。公平、和谐与民间法和民间法治如影随形，离开公平、和谐的价值目标和价值追求，民间法治就可能走弯路、邪路，就可能与人们的期望相背离，民间法治就可能失去主体性。

二、社会本位是民间法治的基本出发点

一般意义上，法治的基本出发点无非“个人本位”“社会本位”和“国家本位”三种观点。个人本位是起源于西方自然法的主流观点，强调个人自由、个人权利至上，当国家、社会和个人三者利益发生冲突的时候，个人权利至高无上。“国家本位”是国家主义法学的基本观点，这种观点认为，集体主义、权力至上和国家理性构成了国家主义的核心特征。法社会学认为，抽象的个体权利是不存在的，人是社会的一部分，真正的个人是不存在的，只有人类才存在，因为不管从哪方面看，我们个人的一切发展，都有赖于社会。[①] 社会是法治的出发点，社会公共利益居于各种利益的首要地位。这些认识构成了“社会本位”理论的基本观点。

历史地看，人类从蒙昧到文明，通过强调“个人本位”完成人类社会的自我启蒙和思想解放，个人本位在排斥专制权力、保障个人权利方面起了重要作用，奠定了现代法治的自由精神和权利保障原则，并缔造了

---

① 参见丁轶：《国家主义的两重维度》，《政治与法律》2017 年第 1 期。

最早的限制公权力的宪法主义理论及宪法制度。随着个人自由和权利的发展和膨胀,社会秩序逐步失衡,新的社会问题不断涌现,国家权力参与、主导甚至僭越法治成为一种常态,其基本标志是行政权的不合理扩张,国家本位开始成为法治的基本出发点。国家权力主导法治的国家本位必然导致权利与权力的不平衡,国家本位在一定意义上就是国家权力本位,国家权力处于优势地位的结果不仅仅是个人权利受到排挤,社会权力也被挤出法治舞台。所以,经过个人本位到国家本位的历史发展,社会本位成为平衡个人权利与国家权力的有效而有力武器就成为历史的必然选择。这也是我们在新时代不断倡导社会治理,把社会作为"五位一体"的重要维度,把和谐作为社会发展的价值目标的重要原因。

社会本位是法治的基本出发点,决定着社会本位也必然是民间法治的基本出发点。

首先,市民公约、乡规民约、行业规章、团体章程等成文民间法的制定需要从社会自身的需要出发,为社会治理的制度机制建设奠定规范基础。从当前的一些市民公约、乡规民约等成文民间法文本看,规范制定存在着明显的忽视社会现实需求的问题。我们调研收集的不少乡规民约、村规民约文本宏观抽象、千篇一律,缺乏针对性和操作性。这些文本没有从本乡、本村、本社区、本社团实际出发,没有从自己的特殊性和基本要求出发,没有照顾到本地区、本行业、本部门的实际需求,拿国家标准、地区标准、行业标准裁剪本地实际,削足适履,背离了民间法制定的社会本位这个基本要求。对这些文本分析研究我们还发现,这些文本多数是从教育、约束、规范和制裁村民、社区居民角度出发制定的,很少从规范、约束乡村、社区、单位的领导者、带头人、管理者角度制定,也就是说,这些文本的基本出发点是乡村、社区单位的秩序需求、维稳需要,而不是这些地方的权利与权力、权利与权利关系的实现及其相互关系的和谐角度出发。所以说,民间法制定需要明确社会本位这个基本出发点,只有这样才可能使成文民间法符合乡村、社区和部门实际,才可能在实践中真正行之有效。

其次,民间法实施需要以社会本位为基本出发点。与国家法相比,民间法实施更加凸显了于无声处、润物无声的特点，也就是说，民间法实施具有更强的自觉性、自洽性和自治性。民间法实施的这些特点反映的也是社会运行的特点，如果民间法运行不从社会本位出发，不从社会公共利益出发，就无法承载民间法治的基本价值和意义。当前，无论是乡村社会还是社团企业，在自体运行中承载了过多的本不属于自身需求、自身利益的附加义务，忙于应对、应付国家、民众给予民间法主体附加了过多责任和义务，这不仅造成民间社会主体自洽性、自治性的丧失，也失去了国家法对民间法的积极引导和正向影响力，失去了国家法与民间法良性互动的理想关系。所以说，民间法的贯彻实施有自己内在的规律和运行机制，必须以社会为本位，必须符合社会自身的规律和需求，不能用国家法实施的制度机制生搬硬套，更不能在民间法实施中以国家本位取代社会本位。

最后，建构社会本位的民间法治文化。民间法治文化是民间法治的活水源头，长期以来，我国的民间法治文化被国家法治文化所垄断和取代，民间法治没有属于自己的文化载体和灵魂所系，这不仅不利于民间法治的发展，也不利于新时代中国法治的形成和发展。民间法治文化是新时代中国法治文化大家庭的一员，必然具有新时代中国法治文化的基本属性和主要特点，比如党的领导、社会主义的政治属性，再比如自由、平等、公正的价值属性。但同时，民间法治文化必然具有自己的特殊性，这些特殊性是民间法治文化之所以是民间法治文化而不是国家法治文化，不是美国的、欧洲的法治文化的基本规定性。比如，与国家法的自由、平等、公正、法治的基本价值不同，民间法的基本价值追求是公平、和谐，自由从来不是民间法的基本价值，平等必须是经过公正规制之后的公平。这些民间法治文化的内容决定着民间法治的方向和道路，决定着民间法治的前途和未来。

我们说社会本位是民间法治的基本出发点，从另外一个角度，也可以看作是在阐释民间法治的主体性。民间法治的主体性既包含着民间法治运行的自治性和自洽性，还包含着民间法治与国家法治的关系，包含着民间法治对国家法治的可能贡献。只有保证民间法治的主体性，才有民间法治与国家法治平等合作、两翼齐飞、良性互动的理性关系，国家治理体系和治理能力现代化的法治基础会更深厚、更牢固。这也正是我们分析研究民间法治理念基本要素的主要落脚点。

三、“情、理、法”并重是民间法治的基本原则

与国家法治的“法、理、情”原则相对应，民间法治的基本原则是“情、理、法”并重。国家法治把“法”摆在首位，无论是立法、执法、司法，还是法律监督，都将“法”置于至高无上的地位，这符合现代国家法治的基本精神和理念。但民间法治不同，民间法治首先不是讲法的冰冷理性，而是首先将“情”摆在民间法治运行的首位，“理”作为情的理性提升，通过强调情理、事理和道理来转移“情”的成分、连接“法”的内容，因此，“情、理、法”之“法”也不是国家法之冰冷理性，而是有温度的法、含情脉脉的法。

首先，“情、理、法并重”意味着民间法治是有温度的法治，是讲温情的法治。在一般意义上，我们所理解的“法治”是“法律规则之治”，也就是依据法律规则的治理，法律规则是法治的基本要素和决定性要素。但民间法治常常把“情”和“理”置于法律规则之前，在“动之以情”“晓之以理”解决不了问题的情况下，再考虑运用法律规则，法律规则是不得不用的解决问题的最后选择。即使在不得不运用法律规则的时候，也常常伴随着说教和劝导等情感要素，而不是直接地把具有强制力的法律规则当作大棒来挥舞。河南社会法庭是民间法实施中比较成型的民间组织，运行十几年来取得了很好的社会效果。其中，河南某“社会法庭”办理的一个赡养案就是贯彻“情、理、法并重”民间法基本原则的典型案例。社会法庭的法官接手父亲状告儿子不尽赡养义务的案子后，特意把儿子叫到“社会法庭”，指着墙上张贴的“亲情、乡情、友情，互教、互谅、互让”“退一步海阔天空，让三分心平气和”等字幅，连着念了3遍，然后说：“老人已经80多岁了，你就是尽孝还能尽几年？”社会法官没有明确告知成年子女对父母的赡养义务，而是用感情打动、以理说服“被告”，在情理面前，被告

含着眼泪说:“我下岗在家,没有收入,老父亲年龄大,又爱发脾气……”① 在社会法官主持下,双方签订了公平合理的赡养协议。矛盾纠纷在眼泪和理解中得到圆满解决,儿子觉得愧对了父亲,父亲也理解了儿子,两人的亲情裂痕又重新得到了弥补,感情得到了进一步升华,父子的情感疙瘩被解开,家庭关系恢复了和谐状态。因此,这种类似西方法治所讲的ADR(非诉解决机制)处理社会纠纷方式,在某种程度上更容易弥合矛盾和冲突造成的社会裂痕,起到了国家法治之诉讼无法达到的理想效果。在一定意义上,“情、理、法并重”更能符合社会实际和人际关系需求,具有更强的生活性和社会性,具有更顽强的感召力和生命力。

其次,“情、理、法并重”意味着民间法治注重实体公平,而不是程序正义。程序正义是国家法治追求的重要价值目标,程序正义在一定意义上指向的是形式法治,也就是追求看得见的、容易被人认识和理解的、可控的制度价值,这是西方法谚——“正义不仅要实现,还要以看得见的方式实现”的具体体现。实体正义在国家法治价值目标体系中占据次要位置,实体正义依靠程序正义保障。当实体正义和程序正义发生冲突的时候,法治首先站在程序正义一边。民间法治却不是这样,民间法治在实体正义和程序正义中作出了不同于国家法治的选择:实体公平优先。所谓实体公平是指当事人的实体权利得到公正合理对待。也就是说,民间法治优先选择当事人实体权利的实现和保障,当实体正义和程序正义发生冲突时,实体正义优先。比如,在一个传统民间社会的“奸情案”审判中,负责审问的族人通过拷打取得的证据,只要被族人认为证据说明的问题符合常情常理,这个证据就是有效的,而不管取得这个证据的方式是否符合程序正义的要求。“被告”有没有被冤屈的可能性?当然有。但是,只要从符合常情常理的认知规则看,被冤屈的可能性比较小就可以了,这就是一种实体正义高于程序正义的思维模式和行为方式。在这里,还需要注意的是,民间法治追求的是实体公平而不是实体正义,这在前文已有论述,公平是指公正的平等,不仅包含着公正正义的价值权衡

① 邓红阳:《河南欲以“社会法庭”构建“无讼社会”》,《法制日报》2009年8月6日。

(但又比公正正义内涵更丰富),还包含着我国传统社会一直追求的平等价值。“情、理、法并重”没有把法放在首位,而是置于“情、理”之后,体现的也是注重实体公平的属性,因为“情、理”不具有很强的证据性特点,主要依靠说教和辩驳,因此,民间法治往往对程序正义考虑较少。前文引述的河南“社会法庭”审理案件的过程也足以说明这个问题,“社会法庭”的“法官”们首先考虑的不是程序是什么、怎么按照程序正义的要求办案,他们重在考虑该个案的养老问题怎么解决,怎么既让矛盾双方心平气和地解决了问题,又能使责任方心服口服地履行责任。因此,开庭伊始,“社会法官”们不是宣布法庭纪律、核对当事人身份、告知当事人权利义务,而是直接指着墙上的“亲情、乡情、友情,互教、互谅、互让”“退一步海阔天空,让三分心平气和”等字幅连念 3 遍,然后又动之以情:“老人已经 80 多岁了,你就是尽孝还能尽几年?”这些摆事实讲道理、“情、理”在先的民间“审判”方式,其实就是一种特殊的说教方式,这种纠纷解决方式对于解决民间社会的矛盾纠纷特别是家庭纠纷具有很重要的意义。

最后,“情、理、法并重”与民间法治形式多元、内容多样相匹配。民间法治不同于国家法治严格的程序控制,民间法治的“情、理、法并重”与其类型、形式和内容的多元多样相匹配。民间法治的“情、理、法”具有很强的地域性、个体性差异,而且会随着时间推移、情境变化而悄无声息地变迁。“情、理、法并重”与民间法规则的形式多样性相互影响,民间法既有不成文的、口耳相传的“虚规则”,也有越来越多的文本“实规则”,还有仅仅依靠肢体语言进行交流的“行动规则”。民间法效力向实效的转换,不仅依靠国家权力的强制性,更依靠社会权力(民间权力)的强制性。社会权力的强制性主体也是五花八门,家族长、乡村士绅、农村能人、退休干部、社会组织,都可能成为民间法规则贯彻实施的社会权力主体。而不同的社会权力主体在实施民间法的方式方法、规则意识和标准等各方面,也千差万别、百花齐放,有的注重以情动人、以理服人,有的注重规则的权威性,还有的可能更关注权威魅力的威慑和影响。总之,“情、理、法并重”为民间法治这个大舞台提供了更大的想象和演练空间,为民间法治提供了更大的创造性和可能性。由此,民间法治的形式多元内容多样、百花齐放百家争鸣样态与“情、理、法并重”原则互为因果、相得益彰。

需要强调指出的是，“情、理、法并重”虽然强调“情、理”在先、规则在后，但不意味着无原则的忍让和迁就。传统的“和事佬”被诟病的原因是不讲原则，但现实情况可能是“和事”过程中“情、理”实施过度罢了。只要把“情、理、法并重”原则拿捏恰当，“情、理、法”比重、分寸掌握合适，“和事佬”定会成为当代民间法治的重要载体和机制。近几年来，以浙江杭州的“和事佬协会”①为代表的民间法治形式渐成风气，其中一个重要原因就是这些民间组织充分发挥了“情、理、法并重”的民间法原则。域外也有恢复和重建“情、理、法”原则的民间法机制的成功经验。美国印第安地区司法系统的“和事佬（peace chief）法院”也是一种追求和谐、注重情理说服的修复式司法模式，是恢复印第安传统、注重本民族传统和习惯规则的地方性、民族性司法形式，其程序是“集合、祈祷——畅所欲言，查明事实——和事佬动之以情、晓之以理的教化——达成协议，重建和谐”②。

所以说，“情、理、法并重”原则、追求社会和谐的价值是民间法治的重要机制，也是民间法文化的基本要素，需要我们在新的历史条件下重视、挖掘和发扬光大。

四、国家权力与社会权力互动是民间法的基本运行机制

正如国家法运行需要依靠警察、法庭、监狱和军队等国家机器作为后盾一样，民间法运行也需要一定的强制力保障。我们认为，国家权力与民间权力互动是民间法的基本运行机制。

首先，国家权力是国家法和民间法共同的权威基础。国家产生之后，国家权力的威慑力、覆盖面遍及主权国家领域范围之内，一般情况下，国家领域内的所有主体都受到国家权力的影响、控制甚至决定。国

① 参见董敬畏：《和解理性与社会共识——杭州“和事佬”协会的思考》，《观察与思考》2013 年第 4 期。

② 参见杨光明：《修复式司法与和谐社会的构建——以美国印第安人和事佬法院为视角》，《西部法学评论》2012 年第 2 期。

家对领域范围内主体影响力的主要形式就是以警察、法庭、监狱、军队为代表的国家权力。丹尼斯·朗认为:“政治权力依靠对物质武力的垄断,但是,使用这种武力来对付向国家合法性提出挑战的人们,在接受国家法律以及一般指令合法性的其他公民看来,这件事本身就是合法的。”① 当然,国家权力的暴力面目并非时时处处伴随我们身边,也就是说,国家权力并不必然地体现在国家法治和民间法治的各个环节和具体方面,而是作为保障力和威慑力支撑着国家法和民间法的贯彻实施。尼克拉斯·卢曼把国家权力的作用形式比作“特别加工过的表演”“宣示性表达”②,也就是说,国家权力的暴力后果和后续影响并非其追求的结果,也不是其意义所在,恰好相反,国家权力的目的是为了避免发生暴力实施的后果。比如,“喝酒不开车,开车不喝酒”已经成为多数人的行为习惯,这个习惯的养成主要还是由于 2011 年 5 月 1 日开始实施的《刑法修正案(八)》“醉驾入刑”的强制力及其后来连续发生的醉驾判刑典型案例的指引性带来的。

民间法效力的实现也离不开国家权力的保障。随着“醉驾入刑”等国家法实施,民间酒桌礼仪中存在已久的劝酒之风也逐步衰退,一些有违人的意志、可能产生严重后果的劝酒规则也逐步退出历史舞台。文明劝酒礼仪逐步在民间社会推广开来,这背后有民间社会的自我转型因素,但更多的是国家法及其强制力发挥的重要影响力。村规民约、社区公约、民间组织章程,甚至民风民俗、伦理习惯背后也都有国家权力的强大身影,也可以说,离开国家权力的强制力后盾,任何民间法规则都难以独善其身。我们说,国家权力是民间法运行的权威基础,还有一层重要含义,即国家权力还为社会权力提供重要的权力支撑。社会权力有自己的权力主体、权力资源和运行机制,但是,任何社会权力都不能游离于国家法治之外。社会权力不能与国家权力相背离甚至冲突,这是社会权力运行的第一位要求。而且,社会权力所谓“强制力”的最后保障还在于国

① [美]丹尼斯·朗:《权力论》,陆震纶等译,中国社会科学出版社 2001 年版,第 137 页。
② [德]尼克拉斯·卢曼:《法社会学》,宾凯等译,上海人民出版社 2013 年版,第 142 页。

家权力。河南社会法庭之所以能够独当一面，成为民间法治的典范，就在于包括河南省高院在内的各级人民法院在人力、资源和技术上的大力支持，还在于社会法庭解决不了的问题最后由各级人民法院来进行正式审判作为保障。可以说，河南各级人民法院是河南社会法庭“腰杆能挺直”的制度性动力。

其次，社会权力是民间法运行的主要权力形式。法社会学家欧根·埃利希认为，“活法”是国家法的起源，是国家秩序的主体，“与法律规定相对应的是‘活法’，即人类组织——商会、教会、工会、学校等的‘内在秩序’。它们支配着实际的社会生活，是人类行为的真正的决定因素”①。埃利希所说的“活法”“内在秩序”其实就是指民间法，指民间法自体运行形成的秩序状态。在一定意义上，我们可以把埃利希的“活法”理论看作是埃利希运用社团主义理论对传统国家主义理论的解构，社团主义理论的目的就是强调社团在社会发展中的作用，强调社团取代国家的政治决策方法。社团主义理论虽然把社团组织、公司企业、工会的地位和作用无限拔高到令人难以理解的程度（因而具有了一定的空想性），但其重视非国家权力因素、强调社会权力对于社会秩序构建的意义还是深具启发意义的。诚然，民间权力不可能成为社会发展的主导性力量，但其可以成为民间法运行的主要权力形式，由此而成为社会发展的基础性力量。社会权力为民间法运行提供直接的权力支持，前文所述河南社会法庭的运行是以国家权力作为权威后盾，但社会法庭运行的直接权力支持还是社会法庭这个社会组织本身所具有的组织权威、社会法官权威及其裁判原则及方法带来的影响力、支配力。同样的，费孝通在分析我国传统乡村社会中的长老权力时也曾经指出：“长老权力是建立在教化作用之上的，教化是有知对无知，如果所传递的文化是有效的，被教化的自没有反对的必要，如果所传递的文化已经失效，根本也就失去了教化的意义。”②

---

①　张文显：《西方法社会学的发展、基调、范围和方法》，《社会学研究》1988 年第 3 期。

②　费孝通：《乡土中国　生育制度》，北京大学出版社 1998 年版，第 79 页。

费孝通所说的“教化”就是一种社会权力，这种社会权力不像国家权力那样有形有体，而是无形无踪，深潜于我们的血脉之中。民间法效力的实现所依靠的社会权力形式多种多样，内容也千差万别，作用机理也不尽相同。但权力作用的结果却与国家权力具有一致性：形成某种心理的或者行为的强制，迫使人们遵从或者服从既定规则。从权力作用的效果看，与国家权力相比，民间权力具有更加稳定持久且更容易被人们内心认同的力量。正如费孝通先生所言：“乡土社会的信用并不是对契约的重视，而是发生于对一种行为的规矩熟悉到不假思索时的可靠性。”①

最后，国家权力与社会权力互动是民间法的基本运行机制。从民间法治运行实践看，国家权力和社会权力都不可能单独成为民间法运行的权力形式，二者相互作用、紧密配合，构成了民间法的基本运行机制。国家权力为民间法治提供权力资源也不同于国家法治的强制性，国家权力采用的更多的是一种对国家权力权威的认同，“成功的合法不会完全从权威关系中消灭强制因素，虽然已经减弱或成为精神上的而不是肉体上的强制。即使没有武力威胁或利益冲突，屈从于权威这件事本身也是令人不愉快的”②。国家权力是民间权力的后盾，国家权力为民间权力提供坚强的权力支撑。虽然从发生学意义上，国家权力产生于社会权力，社会权力是本源性权力，国家权力是派生性权力。但是，国家权力产生之后，就逐步发展成为所有权力的最高形态，国家权力的最高权威性、暴力性和全覆盖性，决定着其对社会权力的深刻影响。与国家权力的国家机器暴力性不同，社会权力是社会主体运用社会资源实施的强制力，这种强制力成为社会自治的基础性权力，也可以说是社会自治的主要权力资源。一般情况下，社会权力不会与国家权力形成冲突，虽然有时社会权力的内容和形式会滞后于国家权力，并偶尔存在与国家权力不兼容的情况。社会权力对国家权力的影响主要表现为对国家权力的补充和修正。所谓“补充”是指社会权力延伸到国家权力难以触及的人际关系空间，比

---

① 费孝通：《乡土中国》，上海人民出版社 2007 年版，第 7 页。

② [美]丹尼斯·朗：《权力论》，陆震纶等译，中国社会科学出版社 2001 年版，第 138 页。

如村民自治、社区自治和家庭秩序,河南“社会法庭”存在和不断发展的一个重要原因就在于很多社会纠纷是人民法院难以立案、难以按照国家法律解决的。所谓“修正”是指社会权力对国家权力形式和内容的建议和矫正,主要表现为社会权力自我发展的经验和做法可能直接影响到国家权力的相关决策和制度安排。改革开放以来,特别是进入新世纪以来,全国各地在探索社区治理方面有很多成功的经验和做法,一些社区自治模式既继承和发展了传统中国社区的自治经验,又吸取了西方国家社区治理的好经验、好做法,形成了一种自我组织、自我教育、自我管理、自我发展的创新型社区自治模式。这些模式对于国家有关社会治理的战略安排有着重大影响和推动。社区自治是民间法运行的一个典型样本,社区自治主要依靠社区公约、社区规约和社区自治的其他民间规范,而这些民间规范的制定都是以遵从《中华人民共和国城市居民委员会组织法》等国家法律为前提的。当然,社区自治的民间法规范及其经验和做法也对相关国家制定法形成重大影响,成为相关国家制定法制定和修改的重要渊源。社区自治的民间法运行离不开国家权力的指导和影响,比如深圳市桃源居社区自治案例中,政府通过颁发奖状肯定桃源居经验、下放社会组织审批权、积极培育桃源居社区组织等行为,引导、鼓励和支持社会自治模式的发展①,从而充分发挥国家权力的引领性和影响力。

我们分析研究民间法治理念的基本要素,在于强调这样一个基本事实:民间法治是国家法治的重要组成部分,但又是一个独立的法治单元。这个独立的法治单元具有很强的自生自发性和地方知识属性,这些特点不仅表现在民间法治的制度机制层面,更表现在精神理念层面。民间法治需要我们的关注和支持,需要国家权力的精心呵护,需要民间法治主体持续不断地努力和付出!唯有如此,民间法治的独特魅力才能呈现,民间法治对现代法治的贡献才可能被发现、挖掘和释放。

---

① 参见《桃源居:中国社区基层民主自治与和谐建设的典范》,2018年8月14日,中共中央党校(国家行政学院)网站,http://www.ccps.gov.cn/ccps_news/zydxxw/201209/t2012 0911_24658.html。

■ 第三节 民间法思维

“法律之所以能构造主体的规范生活，端在于法律自身对主体生活的照应、提炼与回护。这一由生活到法律，再由法律到生活的回环型命题，彰显着一国的法治建设，如果决然抛开自家的文化传统，割断自己的法制经验，我们收获的可能是法治的外观，我们失去的，则是法治赖以生存的文化基础和生活事实。”①

与法律思维强调根据法律的思维不同，法治思维除了强调根据法律的思维之外，更强调所根据的法律的多元性和多样性。也就是说，法律思维所根据的法律主要是指国家制定法，而法治思维所根据的“法律”则是一个包括国家制定法、政策、党的纪律规范和民间习惯法等主体多元、形式多样的规则体系。与法律思维的单向度、单维度相比，法治思维还强调思维空间的多向度和多维度。也可以说，法律思维指向国家法律如何贯彻到社会实践之中的单一向度和单一维度，但法治思维不仅包括法律思维这个向度和维度，还包括某些重要的国家政策，如国家的《“十三五”规划纲要》和《促进大数据发展行动纲要》等国家战略如何在社会各界贯彻实施，包括党的纪律规范如何在党员领导干部和普通党员中加以落实，还包括产生于民间组织、社会自身的民间法规范如何在相应的效力范围内发挥应有效力，等等。更重要的是，法治思维还强调在贯彻实施这些多元多样规则过程中，社会如何形成对规则的反馈机制，以及多元多样规则在法治实践中的彼此影响和相互作用。总之，法治思维是一种奠基于形式多样、内涵丰富的规则体系之上的交叉互动、立体多维的思维形式，因而，与法律思维相比，法治思维是一个内涵更丰富、外延更宽泛的概念。

---

① 谢晖：《主体中国、民间法与法治》，《东岳论丛》2011年第8期。

也正是在这个意义上，我们说，在法治国家、法治政府和法治社会一体化建设方面，法治思维更加符合运用法治方式认识、分析和解决问题的一般规律。因为法治思维的立体化、多维度正好与法治国家、法治政府和法治社会的综合性不谋而合。

法治思维认识事物的全新视角和方法为民间法思维开启了方法论之门。民间法思维不再是简单的根据民间法规则的思维，而是依据民间法精神、原则和规范的多元化思维，民间法思维也不仅仅是单一的民间社会指向的思维，而是国家、政府、社会和民众交互作用的立体化思维。具体说来，我们可以从以下几个方面来认识民间法思维。

一、习惯权利思维

“习惯权利是人们在长期的社会生活过程中形成的或从先前的社会传下来的，或由人们约定俗成的，存在于人们的意识和社会惯常中，并表现为群体性、重复性自由行动的一种权利。”①“习惯权利针对法定权利而言，它是指一定社区内社会主体根据包括社会习俗在内的民间规范而享有自己为或不为，或者对抗（请求）他人为或不为一定行为的社会资格。”②以上关于习惯权利的定义或多或少是以国家法为参照系、以理论法学的权利义务为标准展开的，并着重强调了习惯权利产生于社会（而非国家）、依靠民间法规范（而非国家法）运行、具有群体性特征、具有自由意志性等属性。从这些基本的认知出发，我们可以从习惯权利起源上的习惯性、内容上的利益性、价值上的正当性，以及运行上的规范性等几个方面对习惯权利进行分析研究。

从起源上说，习惯权利起源于某个群体对利益表达方式的约定俗成，并表现为一个逐步习惯和固化的渐进过程，在这个过程中，权利的内容和形式被群体逐步客观化、客体化，并最终形成人们的认知习惯和思维模式。在起源意义上认识习惯权利，这不仅昭示着习惯权利先在于国

① 张文显:《法哲学范畴研究》，中国政法大学出版社 2001 年版，第 313 页。
② 谢晖:《民间规范与习惯权利》，《现代法学》2005 年第 2 期。

家制定法意义上的法定权利，而且还意味着习惯权利先在于后起的社会权力。[①] 这有助于我们厘清习惯权利、法定权利、社会权力和国家权力之间的关系，并形成习惯权利本源，法定权力、社会权力和国家权力派生的基本的法治思维框架。

习惯权利在内容上具有利益性。利益性是权利的本质属性，是指主体享有的对某种好处的诉求。因此，权利的利益性包含着好处和对好处的诉求两层含义。"权利"中的"权"有权衡利弊之意，表达的是对利益、好处的衡量；而"权利"中的"利"则是好处、利益等对主体有正向价值的核心内涵。我们可以想象，蒙昧时代的权利指向的"好处"可能仅指人们赖以生存的物质财富，后来逐步演化到包括身份、等级、地位和权力等非物质财富。而且，有学者认为，在中西方文化中，权利的利益性表现也具有不同侧重。与我国传统文化更加强调权利的利益性、忽视权利的正当性相比，西方法治文化则更加强调权利的正当性与利益性的统一。[②] 也正是在这个意义上，我们认为，权利的利益性所包含的利益诉求恰恰是利益、好处上升为法治意义上的权利的最根本规定性。我国传统文化中，"权利"之利益诉求的权衡，可能更多的是考虑利益好处的人际关系，也就是我要得到这个好处会影响到谁、谁会提出异议甚至反对；而西方法治文化中，"权利"之利益诉求更加强调的是权利的正当性，即我要得到的这个权利是否具有正当性，如果具有正当性，我就义无反顾地获取，否则就可能受到违反正当性的处罚。因此，西方权利文化之利益好处的权衡由于贯穿了正当性而具有更强的客观性，更容易产生法律等规则。

习惯权利的人际关系思维比较适合以熟人为基础的社群，而且会受到人数的限制。管理学研究表明，150 人是熟人社群的上线。"只要在 150 人以下，不论是社群、公司、社会网络还是军事单位，只要靠着大家都

---

① 当然，习惯权利更先在于国家权力，国家权力是从社会权力派生而来。（参见吕廷君：《消极自由的宪政价值》，山东人民出版社 2007 年版）

② 参见郑虎潼：《利益性与正当性：试析中西方对"权利"的认识差异》，《广西政法管理干部学院学报》2011 年第 2 期。

认识、彼此互通消息，就能够运作顺畅，而不需要规定出正式的阶层、职称、规范。不管是 30 人的一个排，甚至 100 人的一个连，几乎不需要有什么正式纪律，就靠着人际关系而运作正常。”①但是，为什么中国传统社会的家族人口有时远远低于 150 人，却也形成了严酷的家法族规呢？这个问题的答案不在家族本身，而在家族权力与国家权力的互动关系之中。所以，150 人的神奇数字只在陌生人构成的社群中有效，而西方法治的权利正当性思维恰恰是基于陌生人之间的行为关系而产生的，这为我们分析研究习惯权利的正当性提供了一个新的视角。

基于习惯权利内容的分析，习惯权利在价值上具有正当性或者说应当具有正当性就显得毋庸置疑，也可以说，只有具有正当性的权利才逐步被约定俗成为习惯权利。“正当”的意思是“合理合法的”②，因此，正当性与合理性、合法性具有较强的内在统一性。我们说习惯权利的正当性不是从理论法学上用符合法律或者道德规则角度讲的“合理性”和“合法性”，而是从发生学意义上看习惯权利在产生之初是否获得了群体内部所有相关利益主体的接受和认可，某种利益表达方式如果获得了群体内所有或者多数主体的接受和认可，我们认为，该权利就具有正当性，反之，则没有正当性。当然，习惯权利如果获得了群体性的广泛接受和认可，在一般意义上，也就具有了符合道德之理的合理性，和符合后起的法律规范的合法性。只是，我们要强调的是，习惯权利的正当性要先在于合理性和合法性。这也是习惯权利区别于法律权利的主要属性。在熟人社群——比如家庭、家族、邻里、同学、战友等群体中，习惯权利往往不需要约定，因为你只要是这个群体的一员，习惯权利就当然地获得，如婚姻家庭的法定权利只能作为最后的保障。但在陌生人社群中，比如公司、工厂、机关、大学等工作环境中，习惯权利往往以潜规则（另类的民间规范）形式表达出来，需要主体的领会与感悟；主体之间的权利义务关系

---

① ［以色列］尤瓦尔·赫拉利：《人类简史：从动物到上帝》，林俊宏译，中信出版社 2014 年版，第 28 页。

② 中国社会科学院语言研究所词典编辑室编：《现代汉语词典》（第 7 版），商务印书馆 2016 年版，第 1671 页。

还需要显规则为载体的法定权利义务来完成。

习惯权利在运行上具有规范性。虽然“习惯权利因为内生于主体交往行为的实践，内生于主体的生活必需，因此，它的实现主要靠主体对习惯权利本身的自觉自愿，靠一定社会共同体对民间规范的自觉依赖”①。但就如法定权利运行需要规范性一样，习惯权利也离不开规范性指引。规范性就意味着习惯权利的运行必然受到一定的约束和限制，习惯权利必须符合一定的规范性要求，才能在道德、习俗和习惯法共同构筑的轨道上运行。虽然我们说，习惯权利先在于道德、习俗和习惯法而存在，主要是从内容上而言的，也就是说，在实践层面上，一定是先有了肉，才有了吃肉的权利，并逐步产生了如何吃肉的规则。道德、习俗和习惯法构筑的规范体系是习惯权利从人的实际利益中分离出来、逐步被客体化的重要条件。习惯权利最初运行的规范体系中，道德、习俗和习惯法的作用范围和强制力必然存在一定的差异性，而且表现形式也具有不同的特点。与国家法意义上的法定权利相比，习惯权利规范体系中的禁忌性规则的数量、地位和作用可能更为突出。因此，习惯权利的规范性不仅表达着权利的利益诉求，而且也具有了权力强制的某些属性，习惯权利的外在强制性正是我们要谈的民间权力思维。

二、民间权力思维

权利与权力的关系是法律、法治和法学的基本问题。习惯权利是法律权利的渊源，民间权力则是国家权力的最初形态。“民间权力是民间社会主体依靠掌控的社会资源通过‘强制’与‘教化’等方式对相对人形成的支配力和影响力。”②民间权力具有某些公权力的强制力属性，但更显示出其教育感化、润物无声的“软权力”特点，这正是我们民间权力思维所必须把握的民间权力的重要属性，即民间权力的温情面向。因为民间权力与习惯权利具有更加紧密的关系。这也昭示我们，从民间权力的

① 谢晖:《民间规范与习惯权利》,《现代法学》2005 年第 2 期。

② 吕廷君等:《论民间权力的概念》,《原生态民族文化学刊》2016 年第 1 期。

产生和目的等方面看，民间权力思维必须基于习惯权利思维，并以习惯权利实现为宗旨。

首先，民间权力源于习惯权利。比如“社”，其最初含义是祭祀土神的时间和地点，祭祀土神是一种原始宗教权利，在这个权利实现的过程中，对祭祀时间、祭品、参加人员和祭祀仪式等诸多问题的安排就逐步从享受权利的利益中分离出来，而逐步形成了最原始的社会权力。我们也可以说，祭祀土神的安排管理权是从祭祀土神的原始宗教权利中分离出来的公权力。英国米尔恩指出：“习俗之成为权利来源，在于它是一种制度。它的构成性规则赋予共同体的每个成员以遵从既存习俗的义务，同时授予每个人以相应的使习俗得以遵从的权利。”[①]米尔恩的“构成性规则”包含了权利与义务的双重内涵，也就意味着习俗在赋予共同体成员权利的同时，也赋予其义务，权利义务同时存在，缺一不可。从这个意义上说，与习惯权利伴生的义务（我们暂且称之为“习惯义务”）是通过社会成员履行而实现习惯权利的条件。正如前文所述，这种习惯义务的履行主要靠社会成员的内心服从和自觉为之，但制度的自我完善性决定着其必须有兜底的保障机制，这个保障机制就是民间权力。因此，我们可以说，“习惯权利→习惯义务→民间权力”是民间权力源于习惯权利的基本证成逻辑。

其次，民间权力服从并服务于习惯权利。从以上分析逻辑可以看出，民间权力来源于习惯权利，习惯权利是民间权力的出发点和归宿，因而，民间权力必须服从并服务于习惯权利。民间权力服从于习惯权利，不仅意味着民间权力会因应习惯权利的发展而变化，而且，在抽象意义上，还意味着民间权力会因应习惯权利的需要而存在、不需要而消亡。比如，家族祭祀权是一种传统的习惯权利，家族祭祀权在不同时代有不同的内容和仪式。在传统中国，对家族祭祀权内容和仪式的保障主要依靠家族长的权威和家法族规的强制力，这是民间权力体现的主要方式。

① [英]米尔恩：《人的权利与人的多样性——人权哲学》，夏勇译，中国大百科全书出版社 1995 年版，第 151 页。

改革开放以来,家族祭祀权在民间社会仍然占有一席之地,但家族祭祀权行使中的家族长权威和家法族规的作用在逐步降低,民间权力的表现形式或者说载体则向家族议事会、家族中的精英人士转移,传统的家法族规也逐步被新的不成文的家族祭祀规范所取代。在城市中,家族祭祀权几乎消失匿迹,而相应的民间权力也已经无影无踪。明清至民国时期,存在于云南等地的协助政府核定私盐数量及征税标准的民间组织"灶公会",私下协助各家盐户减轻盐税,增加盐户收入,成为盐户消极对抗政府、实现自我权利的重要保障。① 现代科技时代,微博、微信给人们的工作和生活带来极大便利,微信使用权就成为新时代的习惯权利。随着微信使用的普及,微信使用规则悄然出现在了微信和网络之中,腾讯公司制定的《微信公众平台运营规范》《微信公众平台认证服务协议》《微信公众号推送信息规则》《微信电子商务服务协议》和《微信支付用户服务协议》等行业规则应运而生,一些企事业单位也先后制定了本单位、本部门的《微信公众号使用管理办法》,在比较容易建立的微信群内部也有五花八门的《微信群自律规范》《微信群运营章程》等民间规则。微信构筑的是一个虚拟世界,虚拟世界必然有自己的生存价值和运行规则。新的习惯权利的出现引发的民间权力的新形式、新载体和新的运行方式必然带来习惯权利与民间权力的新型互动模式。

再次,民间权力是一种"软权力"。托马斯·霍布斯、马克斯·韦伯、丹尼斯·朗等一些经典名家的"权力"定义重在强调权力的强制力,传统理论法学所说的公权力也基本秉持了政治哲学的定义方法。应该说,强制力的确是权力的重要特征,也正是因此,法治才具有了约束和规范权力的价值。这些经典名家之所以强调权力的强制性,一方面是由于受到他们站在国家权力角度认识权力的视角所决定;另一方面,唯有强调权力的强制性才能展示权力的面目狰狞,才能论证通过宪政法治规制"利维坦"的制度合理性。但问题是,当我们从发生学意义上观视权力的时

① 参见朱霞:《私盐、国家垄断与民间权力——以云南诺邓井的私盐问题为例》,《广西民族大学学报》(哲学社会科学版)2007 年第 2 期。

候，也就是当我们把权力放在“婴儿期”进行分析研究时就会发现，原来权力没有那么血腥与傲慢，权力仍然具有基本的柔和与温情。最初产生于祭祀权力的祭祀管理权这种最初的民间权力，表现出来的是服从和服务于祭祀权力实现的目的，其对权力范围内所有主体的温顺和服从我们可以在很多经典历史巨著中找到踪迹。人类社会发展到今天，强制性权力已经难以解决社会面临的所有问题，尤其是权利多元多样的历史条件下，规制权力的制度无法适从所有的权利诉求，因而，权力的表现形式必须也因应时代而多元多样。因此，权力之软权力属性的认识和制度回归，在一定意义上，既是适应当代社会发展的无奈之举，也是权力的返璞归真。与强制性的“硬权力”相比，软权力是“使其他人想要你想要的后果——诱惑，而不是强制他人去做”的能力，软权力具有“吸引和诱惑”“认同性”“仁慈”等特点。① 民间权力的软权力属性，除了其所表现出来的服从与服务于习惯权利的特点之外，还表现在民间权力的“教化”属性上。不可否认，民间权力具有一定的强制性，我国历史上的族长、古罗马的家父都曾经拥有对族人、家人的生杀予夺大权。但是，从民间权力的运行机制看，无论是传统社会还是当代社会，与国家权力的运行相比，都呈现出较高程度的认同性。这一方面是教育感化之后的心理认同，另一方面，也可能与民间权力和习惯权利的高度一致性具有某种内在关联。

最后，民间权力具有更强的可持续性和传承性。国家权力的主要物质形态是政府、军队、法庭和监狱，在一定意义上，这些表达着国家权力的暴力工具并非牢不可摧，这已经被历史上发生的无数次战争或者革命所印证。但是，被摧毁了的国家权力往往以新面目再现，虽然在本质上新旧权力并没有多少区别，但是新的国家权力往往会相对温和、亲民，以温情脉脉的软权力面目出现。与此不同的是，即使国家权力发生了天翻地覆的变化，一般情况下，民间权力的内容和形式多数还会以传统形式传承下来。这是因为，与国家权力不同，民间权力赖以存在的物质基

① 参见周琪等:《约瑟夫·奈的软权力理论及其启示》,《世界政治与经济》2010 年第 4 期。

础——社会组织、民间权威和宗教团体,精神基础——传统文化、意识形态和道德力量,是不容易被战争或者革命所摧毁和涤荡的,这些物质的、精神的基础具有较强的稳定性、连续性和可持续性。比如,自明末清初开始出现的民间慈善组织,到民国时期已经规模很大,在被调查的18个省566个县中,慈善团体兴办的救济设施就有1621个。抗战和解放战争时期,仍然维持在200～300百个慈善组织的规模。① 中华人民共和国成立后,民间慈善机构虽然受到来自国家权力的强烈冲击。但改革开放以来,民间慈善组织又迅速发展起来,截至2010年,全国共有各种慈善组织近30万家。② 虽然当代的慈善组织有些已经具有了国家权力背景,但是民间慈善组织所展现出来的强大的民间动员力等社会权力仍然值得我们重视。除了民间组织等载体赋予民间权力以强大的物质基础之外,传统文化、意识形态和道德力量的精神支撑也成为民间权力之连续性和传承性不可或缺的要素。美国政治学家莱因霍尔德·尼伯尔认为,权力是多种力量构成的,权力是"一种复合体,其中物质力量,无论是经济力量还是军事力量,只是组成部分之一"。许多美国学者和政治家"完全不理解适当地尊重道德力量可以带来政治威望;而政治威望本身就是不可缺少的权力源泉"。③ 所以说,产生于习惯权利、服从并服务于习惯权利,且具有深厚的物质、精神基础的民间权力会在民间社会得以延续和传承,成为维续民间社会秩序的基础性力量。

三、民间规范思维

在这里之所以用"民间规范"而不是"民间规则",主要原因在于"规范"与"规则"存在的内涵上的些许区别。"规范"和"规则"的共性显然很多,但也存在差异。"规范"是"约定俗成或明文规定的标准","规则"是

---

① 参见蔡勤禹:《民国慈善团体论述》,《东方论坛》2001年第4期。

② 参见林卡等:《官办慈善与民间慈善:中国慈善事业发展的关键问题》,《浙江大学学报》(人文社会科学版)2012年第7期。

③ [挪威]托布约尔·克努成:《国际关系理论史导论》,余万里等译,天津人民出版社2004年版,第247页。

“规定出来供大家共同遵守的制度或章程”。[①] 从定义上看，二者的差异主要表现为三点：一是“规范”具有形成的自生自发性，“规则”的建构理性更强。二是“规范”没有“规则”那么强的约束力和强制力。比如，我们一般说“道德规范”，但很少说“道德规则”，就在于道德规范对人的约束力、拘束力和强制力弱于法律规则。三是“规范”是一种标准，类似原则性规定或者说制定法中的法律原则，其内涵的解释性更广延，而“规则”就是明晰的制度或章程，其内涵的解释性相对较小。正是基于以上考虑，我们使用“民间规范”取代法律思维中“法律规则”。

规则思维是法律思维的重要一维，规则思维是指认识、分析和解决问题以法律规则作为标准和尺度的思维方式。规则思维不仅强调思维的规则依据，更重要的是强调规则思维的自觉性，强调依据规则思维的习惯。

民间规范思维是基于习惯权利和民间权力思维基础上的思维。习惯权利需要规范性，民间权力也需要规范和约束，因而，民间规范成为习惯权利和民间权力共同的家。也因此，民间规范思维是习惯权利思维和民间权力思维的必然逻辑呈现，并构成了民间法思维的不可或缺的重要维度。

从外在表现形式看，与法律思维之规则思维的规则不同，民间规范思维所依据规范可以说是多种多样，但以形式为标准归结起来，“民间规范既可能是成文的（文字文本），也可能是口耳相传的（语言文本），还可能是行动示范——模仿的（行为文本）”[②]。我们不妨把这三种民间规范称为“民间成文规范”“民间语言规范”和“民间行为规范”。民间成文规范是最常见的一种民间规范形式，主要通过民间立法方式制定成文规范，无论是传统的家法族规、乡规民约、婚丧礼仪、行业规范，还是现代社会的村规民约、社会组织章程、行业规范、企业规范，多数以民间成文规

---

① 中国社会科学院语言研究所词典编辑室编：《现代汉语词典》（第 7 版），商务印书馆 2016 年版，第 490、491 页。

② 谢晖：《民间规范与习惯权利》，《现代法学》2005 年第 2 期。

范方式呈现出来。民间成文规范的优势不仅在于昭告效力范围内的主体遵从规范，还在于使相关事务的规范和标准依据明确，不容易产生歧义，以增强民间规范的公开性和确定性，因而更容易产生规范的效力目的。口耳相传的民间语言规范，主要通过主体横向和纵向的代际之间的语言交流固化和传承，比如生产生活禁忌、交易习惯、民族习惯法、民间信仰规范，等等。民间语言规范的主要优势是人们有较强的自觉遵从意愿，效力到实效的成本低，不需要或者很少依靠外在强制力保证实施。民间行为规范，也被称为“行动中的民间法”“生活中的民间法”，是指未经语言文字表达、仅存于人们行为中的民间规范。与民间成文规范和民间语言规范相比，民间行为规范是出现场景较少的一种民间规范形式。比如，祭拜礼仪中，磕头的动作规范，既没有民间成文法规定，也没有口耳相传的动作标准，而是在共同的磕头仪式中的行为模仿被延续和传承下来。

除了以上三种民间规范外，我们认为，人们的“内心确信”也应属于民间规范的一种表现形式。由于“内心确信”不具有确定性的内容和严格的具象而被人们长期忽略，但“内心确信”却常常伴随在我们的行为之中，并依凭其较强的内心强制力而指引人们的行为。作为规范人们行为、形成社会秩序的“活法”，我们常常会遇到某种经验中无先例可以遵循、无规则依据、左右为难又必须抉择的矛盾处境。此时，我们的行为依据不是任何成文的、不成文的客观规则，而是依凭我们的内心确信的某种理念，也就是我们常说的“信念”。在这个意义上，我们难以否认的事实是，信念常常成为指导、规范和约束我们行为的标尺。“法律规范的社会的有效性和事实上的遵守，是随法律共同体的成员对合法性的信念而发生变化的。”①在这里，哈贝马斯所说的“信念”是指影响人们遵守法律规则的要素，而不是法律规则本身。因为哈贝马斯讲的是国家制定法规则的遵守，不涉及制定法之外的民间法规范。但哈贝马斯这句话给我们一个提醒，信念会影响甚至支配一个人的行为，那么，在没有国家制定法

① [德]哈贝马斯：《在事实与规范之间——关于法律和民主法治国的商谈理论》，童世骏译，三联书店 2003 年版，第 36 页。

和民间法规范为依据的情况下(立法和民间规范形成的滞后性决定着这种情况会时有发生),信念就起着和国家制定法、民间规范相同的作用。因此,在这个意义上,我们把“信念”作为民间规范的一种形式或者说一种特殊形式应该具有理论合理性和实践意义。

民间规范的外延为民间规范思维提供了基本依据,接着的另一个重要问题是如何实现民间规范的效力到实效的转变,也可以从主体角度说,如何运用民间规范作为自己行为的指引。从法律实现角度上看,就是如何使民间规范变为现实的民间社会关系,这是一个从规范到事实、从抽象到具体的过程。规范法学认为,法的实效就是法律规则在实践中被遵守,也即人们的行为是否符合法律规则的要求。如果法律规则被遵守,人们的行为符合了法律规则的要求,不仅权利得以实现,而且义务也得以落实,那么,法律的实效就实现了,反之,则没有实现。在民间规范思维看来,民间规范从效力到实效还有更加复杂的关系,这是因为,民间规范是对习惯权利和民间权力的规范化,这种规范化不能等同于国家制定法对法定权利义务和国家权力职责的强制性和约束力,这种规范化具有前文所述之软权力的软化、弱化特点。更重要的是,民间规范的非体系化、碎片化和形式的多元多样决定着效力到实效途径的多元化和制度意义上的松散性。因此,民间规范从效力到实效的过程注定是一个复杂而效率低下的漫漫长路。但同时,我们也应当看到,民间规范之所以被遵守,实效之所以实现也有其优势,即民间规范的实效会因为其绵软悠长的过程而具有更持久的生命力和传承性。

我们可以从内在动力、外在动力两个方面来分析民间规范效力的实现过程。从内在动力看,民间规范的内生性带来的人们对规范的广泛认可,以及遵守民间规范的利益增长或者损害减少的驱动,成为民间规范效力实现的主要内在因素。与国家制定法不同的是,民间规范由于其生成机制的内生性决定着其具有广泛的认可度和可接受性,其效力范围内的主体对民间规范基本保持肯定、认可的积极态度。“当一些习惯、惯例和通行的做法在相当一部分地区已经确定,被人们所公认并被视为具有法律约束力,像建立在成文的立法规则之上一样时,它们就理所当然可称为习惯法。"[①]民间规范的利益驱动一方面是指遵守民间规范能够促进如家族、社区、企业、社会组织等群体的利益，或者利益损害得较少；另一方面是指遵守民间规范能够维护或者促进行为人本身的个人利益。比如，一个微信群中每名"信友"在群里发表的文章、评论必须符合"微信群规"或者"微信群管理办法"，如果违反群规或者管理办法，不仅自己可能被群主踢出微信群，而且甚至可能因为涉及过激言论被腾讯公司主管封群、撤群，从而失去微信群这个新型的社交平台。因此，维护和促进群体和个人利益成为民间规范效力实现的一个重要因素。

从外部动力看，民间规范所具有的一定程度的强制力是民间规范效力实现的重要外部保障因素，这种因素主要通过民间规范所特有的奖惩机制来完成。民间规范的奖励机制主要表现为对遵守民间规范的主体的名誉褒奖甚至物质奖励，惩罚机制则主要表现为对违反民间规范行为人的毁誉和利益减损。达尔文曾经说过："爱誉和恶毁之情在草昧时代的重要性是再说得大些怕也不会言过其实的。在这个时代里的一个人，即便不受到任何深刻的出乎本能的感觉所驱策，来为同类中人的利益而牺牲生命，而只是由于一种光荣之感的激发而作出了这一类的利人损己的行为，这种行为会对其他的人提供示范作用，并在他们身上唤起同样的追求光荣的愿望，而同时，通过再三的习练，在自己身上，也会加强对别人的善行勇于赞赏的那种崇高的心情。"[②]除了达尔文说到的名誉奖惩之外，遵守或者违反民间规范的物质利益、身份、名分奖惩机制在民间规范效力实现中也发挥着重要作用，成为民间规范效力实现的重要的外在驱动力。

其实，民间规范效力实现的过程也是民间利益主体的利益博弈、民间规范再造的过程。如国家立法的本质是权利义务的分配或者再分配一样，民间规范的形成和发展其实也是权利义务的分配和再分配过程，

---

① [英]沃克:《牛津法律大辞典》，北京社会与科技发展研究所译，光明日报出版社1988年版，第236页。

② [英]达尔文:《人类的由来》上册，潘光旦等译，商务印书馆1986年版，第204页。

这个命题反过来说也同样成立。民间规范的效力实现过程充斥着民间主体的利益诉求和利益博弈，传统的家法族规虽然刻板严酷，但是它固化了几千年来形成的家族内部的身份等级及每个家人、族人的权利义务关系。这种权利义务关系时刻受到来自不同利益个体的价值权衡，某种新生个体，比如传统家庭中某个接受现代理念的晚辈，就可能会成为挑战家法族规的重要力量。像巴金小说《家》中的觉慧藐视传统等级观念、厌恶严酷家法、与丫头鸣凤的跨越等级的恋爱等行为，无不对彼时的以家法族规为代表的民间规范形成强烈的冲击。这种冲击源自新生民间主体对应然之习惯权利的渴望、对束缚自己的旧式义务规范的深恶痛绝。因此，以觉慧为代表的新生力量就会与高老太爷代表的固有权利义务关系形成的家族权力势力形成利益博弈，从而影响固有家法族规的效力实现，并最终可能再造适应新时代的家法族规。

四、道义思维

习惯权利是某个群体在长期的社会实践中约定俗成的权利，是整个民间法制度的核心概念。习惯权利思维重在强调民间法制度的权利本位属性，这不仅有助于民间法思维与法治思维的高度融合，而且更有助于民间法制度融入当代法治社会建设的时代大潮。

民间权力源于习惯权利，服从并服务于习惯权利，其教育感化的“软权力”属性比外在的强制力属性更加显著。民间权力思维要着眼于民间权力与习惯权利的关系来考量民间权力，并以此为基础，运用民间权力认识、分析和解决问题。在新的历史条件下，民间权力思维应当关注新型社会组织、新技术对人的行为选择的深刻影响甚至控制，选择运用不同的民间权力形式保障民间社会权利义务关系的落实。

民间规范是对习惯权利和民间权力的规范和约束，是习惯权利和民间权力共同的家。民间规范的效力实现表面上是民间主体权利义务关系的权衡，其本质仍然是习惯权利与民间权力的博弈，因为民间主体的权利义务的设定和维持离不开民间权力主体对民间法制度的固化和坚守。

在一般意义上，我们对习惯权利思维、民间权力思维和民间规范思维都重在事实判断，极少关涉价值分析。这不仅是规范法学研究的一种刻板和教条，更重要的是深受中国传统制度文化淡化价值分析的影响。但是，在民间法思维看来，无论是习惯权利、民间权力，还是民间规范、民间法制度，都离不开一定的道义基础，因此，道义成为民间法制度的一个重要价值，道义思维也因此成为奠基民间法制度的一种价值思维。

根据维基百科全书的解释，西方哲学所说的“deontology”（道义）一词起源于古希腊的“δεον”（正确的）和“Λογια”（知识），是指“什么是正确的和适当的知识；在这里，特别适用于道德主体，或行为并非公众立法领域的那一部分。作为一门艺术，它是指什么是适合做的；作为一门科学，是指知道在什么的场合适合做什么”。“道义或道德科学，是指对责任和个人利益（duty and self-interest）、美德和幸福（virtue and felicity）、审慎和仁慈（prudence and benevolence）等和谐或共生现象的解释和举例说明。”①这个“道义”的定义主要内容有四点：一是“道义”的本意是指正确的、适当的知识；二是“道义”的外延主要限定在道德领域；三是“道义”是一种对人的行为是否具有适当性的考量；四是道义常常发生于纠结和矛盾的价值选择之中。这里的纠结和矛盾包括行为选择，也包括动机选择，更有责任和利益的取舍。

在西方政治哲学看来，功利主义和道义论是对立的，二者的对立在一定意义上能够揭示“道义”的确定性内涵。“功利主义强调的是个人利益，认为社会利益是个人利益的总和；道义论强调的是整体利益，忽视、甚至扼杀个人利益和个性发展。”②功利论认为，人的行为是否道德，需要看其行为的结果，行为结果给行为者及相关人带来好处或利大于弊，行为就是道德的。道义论则认为，人的行为是否道德，不看行为结果，而看行为本身或行为依据的原则，即行为动机正确与否。如果行为本身是正确的或行为依据的原则是正确的，则不论结果如何都是道德的。“道义

① Wiktionary，the Free Dictionary，2016-07-29，https://en.wiktionary.org/wiki/deontology.

② 方毅：《功利论和道义论的对立及其超越》，《学术交流》2008年第8期。

论亦可分为行为道义论与规则道义论。所谓行为道义论，是说不一定有什么规则，只要行为本身是合乎道德的，那么行为就是正当的。规则道义论是说行为遵循的规则必须是合乎道德的，否则便不是道德行为。"①

由此可以看出，功利主义与道义论的主要区别在于四点：一是功利主义强调个人利益，道义论强调集体主义。二是功利主义通过衡量行为结果是否有利判断人的行为是否道德，道义论则看人的行为动机是否符合德性。三是功利主义根据是否对自己有利选择行为方式；道义论则从符合德性的动机或者规则出发，而不计行为结果是否对自己有利。四是，功利主义是"利益"当先，道义论是"正当性"当先。

西方的道义论(deontology)在产生之初具有知性和理性的内涵，其后的演变越来越倾向于道德性(morality)，并逐步淡化甚至摒弃道义论中的理性成分。在中国传统文化中，道义有着与西方政治哲学不同的内涵，而且其内涵一直比较恒定。"道义：道德和义理：给人以～支持。"②我国的道义论包含了"道"和"义"两部分内容。我们可以删繁就简地理解"道"就是"道德"，但"道"的内涵要比道德更加丰富。"道"不仅包括道德，"道"还有"万事万物的运行轨道、轨迹"，"世间万物应当遵循的发展方向和规律性"等内涵。因此，"道"不仅仅是一种行为规范，而且还是影响甚至决定行为规范的规律和价值。"义"是指"公正合宜的道理；正义：道～｜大～灭亲｜～不容辞"；"合乎正义或公益的：～举｜～演"。③ 虽然《现代汉语词典》对字词的解释有许多是后来演变发展的新意，但是，"公正、正义"和"道理"等含义应当是"义"之基本内涵。被董仲舒称为"常道"的"仁义礼智信"之"义"就包含了做事合理、助人济困等意思。由此可知，我国的"道义论"既包含西方政治哲学的"道德"等规范认知和"道理""规律"等理性认知，又有西方政治哲学所不能涵盖的"公正""正

---

① 魏英敏：《功利论、道义论与马克思主义伦理学》，《东南学术》2002 年第 1 期。

② 中国社会科学院语言研究所词典编辑室编：《现代汉语词典》(第 7 版)，商务印书馆 2016 年版，第 270 页。

③ 中国社会科学院语言研究所词典编辑室编：《现代汉语词典》(第 7 版)，商务印书馆 2016 年版，第 1550 页。

义”等价值判断以及“公益”等功利考量。

基于以上分析，我们认为，中国民间法制度的建构应当以道义为价值基础，通过道义思维之结构编织民间法思维之网。

首先，“道义”为习惯权利提供正当性。前文述及了习惯权利的正当性，在这里，我们再从道义思维角度分析习惯权利的合理性、合法性。西方法学通过“自然法→自然权利→法律权利”的叙述逻辑阐释人的权利的正当性，这个正当性基础是假设的自然法前提。一般意义上，我们说，民间法意义上的习惯权利产生于人们在长期社会实践中的约定俗成，但约定俗成就具有价值判断上的正当性吗？因此，习惯权利的正当性基础必须通过价值理论予以证成。

“道”是万事万物的运行轨道，可以理解为形而上的、抽象意义上的自然规律。所谓“形而上者谓之道”①，“万物以生，万物以成，命之曰道”②。如果说习惯权利是约定俗成的话，则是对符合规律而自然生成的另一种表达方式，其根本规定性还在于习惯权利是符合人与人关系模式之规律，并能够成为构筑人们之间互动行为之核心的规律性认知。

“义”之“公正、正义”更多的指向人与人之间的关系，主要是指形而下、具象意义上的社会规律。孔子指出：“君子之于天下也，无适也，无莫也，义之与比。”③意思是说，君子之所以能够立足于天下，就是因为天下没有不适合君子的生存环境，没有君子所不能做的事情，君子处世不是以人为标准，也不是以事为标准，而是以道义为准则。孟子也说：“大人者，言不必信，行不必果，惟义所在。”④意思是说，位尊之人说话不一定句句守信，做事不一定事事有结果，只要言行合乎道义就行。所以，我们不仅可以把“义”理解为“公正、正义”的社会规律，还可以理解为为人处世的标准或原则。在这个意义上，习惯权利的约定俗成就包含了人类社会实践中所产生的对“公正、正义”的理解，以及按照“公正、正义”指引的对利益的合理诉求。

---

① 《易经·系辞》。

② 《管子·内业》。

③ 《论语·里仁》。

④ 《孟子·离娄下》。

所以说,“道义”为习惯权利提供了符合自然正义和社会正义的正当性,并使习惯权利获得了凌驾于其他民间法制度要素的价值特权。

行文至此,还有一个值得反思的问题:“道义”包含“公益”,但“道义”包含“私利”吗? 如果不包含“私利”,何以成为习惯权利的价值基础呢? 我们认为,现代社会的“道义”价值应当包含“私利”,只是这里所说的“私利”必须具有正当性、合理性。正如马克思和恩格斯所说:“‘思想’一旦离开‘利益’,就一定会使自己出丑。”[①]这里所说的“利益”应当包括了“公益”和“私利”。还需要强调一点,与功利主义不同的是,我们把“私利”扩展到“道义”价值之中,并非“私利”具有了道义意义上的优先性,其应当位居“公益”之后,或者,在某种情况下,“私利”与“公益”具有平等性。

其次,“道义”奠定民间权力的合法性基础。民间权力的合法性包括形式合法性和实质合法性。所谓形式合法性主要是指民间权力在何种情况下、通过什么程序获得群体性的认可和支持。所谓实质合法性则是说民间权力是否符合“道”以及公正、正义等基本的制度性价值。

从实质合法性看,“道义”内含的“道”之自然规律性和“公正、正义”之社会规律性不断考问着民间权力的合法性。从自然规律性角度看,人类是天然的群居动物,人类的社交性,不是因历史或文化而取得的,而是人类天生的。进化生物学的研究表明,即使是大猩猩群体也具有群居和社交的能力。更重要的是,为了种群的生存和繁衍,在长期的进化过程中,大猩猩会形成自己的政治,包括“种群老大”的产生、“等级组织”的“发明”和“结盟以赢得合作”等内容。“雄性或雌性黑猩猩在等级组织中,一旦取得各自的统治地位,便行使权威,即解决冲突和设定等级规则的权力。”“在黑猩猩社会建立同盟,不是直截了当的,需要有评判他人品质的能力。像人一样,黑猩猩擅长欺骗,所以需要评估潜在同盟者的可信度。”[②]动物群落的权威产生不仅需要相互厮杀而证明的强大统治力,

---

① 《马克思恩格斯全集》第 2 卷,人民出版社 1957 年版,第 103 页。

② [美]弗朗西斯·福山:《政治秩序的起源:从前人类时代到法国大革命》,毛俊杰译,广西师范大学出版社 2014 年版,第 36～37 页。

而且还需要对其是否欺骗等品行的考察和验证，以赢得多数同伴的道义支持。在这个意义上，作为民间权力的权威是否符合“道”之自然规律应属于生存竞争法则，是生物演化过程中大自然赋予高等动物的物竞天择的生存方案。至于对民间权力之公正、正义的价值追问，或多或少还依赖于一种价值目标或者价值理想图景作为参照系。“把理想的政治原则和最高政治权力紧密联在一起，使道与圣王互为论证。一方面，道之所以具有神圣性和权威性，就在于它是圣人（王）制定的；另一方面，圣人（王）的权威性在于他能制用道。圣王与道共同构成了传统政治蓝图中的权威性根源，成为历代士人向往中的盛世标准，‘圣王以道治天下’既是最符合儒家文化设计的政治实施模式，又是形成太平盛世的必要条件和盛世标志。”①在“家国同构”的传统中国社会，圣王的价值理想图景与家族长的价值理想图景具有共性，圣王之实质合法性的互为论证逻辑完全适用于民间权力权威。所以，在一定意义上，我们可以说，传统中国的民间权力的实质合法性与道义价值是一个互为论证的关系。当代，对民间权力价值追问的实质合法性问题，其实就是一个民间权力及其表现形式是否符合“民心”的问题，“民心”成为衡量民间权力公正、正义的尺码。从法治思维角度出发，对民间权力是否符合“民心”的度量已经具体化、程序化，那就是民主选举带来的“民心”考量，也就是“道义”价值的考量，这种转换，就使得对民间权力的实质合法性追问转化为形式合法性考察。

民间权力的形式合法性就是指民间权力及其主体产生的程序是否合理合法，民间权力执掌者得到其权力范围内主体的认可度和可接受性。在传统中国，民间权力及其主体产生的程序并没有现代法治的程序控制意蕴，比如家族权力及家族长的产生在一般情况是通过身份继承完成的，我们说，由身份继承取得家族长权力是具有形式合法性的（至于实质合法性考问那就应另当别论），因为家法族规的效力而取得。但是，这种继受取得的家族长权力是否符合道义，是否能够获得家族内全部或者

---

① 葛荃：《论传统中国“道”的宰制——兼及“循道”政治思维定式》，《政治学研究》2011 年第 1 期。

多数族人的接受、认可和支持，是一个值得思索又难以考证的问题。在一般意义上，在社会秩序稳定时期，类似家族长的民间权力及其主体的维持和更替能够平稳进行，但在社会剧烈变动时代，传统民间权力及其权威主体受到的挑战会更多，情况变得会更复杂。明清时代的民间社会组织的权力权威，比如商会总理、协理等职位，一般由“公推”（也叫“公举”，共同推荐、举荐某人担任某职位）产生。清末民初，商会的重要职位开始转变为“票决”（投票表决）。[①] 现代社会的民间权力及其主体产生的程序也多种多样：任命、公推、票决、自然产生，等等。有些具有官方背景的社会组织负责人是通过任命或者“半任命、半选举”产生；微信群主则是自然生成，谁发起建立微信群，谁就是当然的群主（当然，微信群主可以任命微信好友接任）。总之，当代社会组织权力主体的产生已经基本具备了现代法治的程序控制理性，符合了最基本的形式合法性。

最后，“道义”是民间规范的内在价值。民间规范的自生自发特点以及与民间、民生的紧密相关性决定着其与国家制定法具有迥异的属性。国家制定法的理性建构特点决定着其有时会出现罔顾社会需求、强加规则于社会的情况发生，当前一些国家制定法制定出来不久就沦落为“死法”（僵尸法）就说明了这一点。“道义”价值决定着民间规范，民间规范又反过来体现并促进着“道义”价值。

民间规范必须符合或体现“道义”价值，不符合“道义”价值的民间规范终被社会所淘汰。无论是传统民间社会还是现代民间社会，民间规范的产生、发挥作用都离不开“道义”价值的支撑。比如，家族长继承制的合理性就源于道法自然的元价值，“就人类而言，现实世界的裙带关系，不仅基于社会缘由，更基于生物学缘由。将资源传给亲戚的欲望是人类政治中最持久的常态”[②]。随着社会结构的变迁，家族已经不是现代社会尤其不是城市社区的主要基层组织，因而，家族及家族长也逐步退出历

---

① 参见朱英：《从“公推”到“票举”：近代天津商会职员推选制度的曲折演进》，《近代史研究》2007 年第 3 期。

② ［美］弗朗西斯·福山：《政治秩序的起源：从前人类时代到法国大革命》，毛俊杰译，广西师范大学出版社 2014 年版，第 34 页。

史舞台,这是由物竞天择的优胜劣汰法则所决定的。从公正、正义角度看,传统中国社会的超稳定结构需要每个家族的稳定,而家族长的身份继承对于家族结构和社会结构的稳定显然具有重要作用;但现代社会是一个开放性、多元化结构,因而家庭的开放性、多元化决定着家庭成员的流动性很强,传统的家族式家庭结构中成员关系不可能再被照搬硬套,符合现代家庭及其成员的结构形式必然是多元的、开放的、流动的,从家庭成员的权利义务关系看,这也是符合公正、正义的选择。再比如,“表亲结婚,亲上加亲”是曾经在我国很多地区广为流传的传统民间婚姻规范,但是当这个规范被科学理论证明其愚昧性之后,很快就被民间法规范所淘汰。

“道义”价值的变迁促进民间规范的演进和再造。前文分析可知,“道义”的价值内涵也是随着科学技术等人类认知水平的进步而不断被发展,比如“义”最初的含义是指救危济贫,主要是指“义气”(由于私人关系而敢于承担风险或牺牲自己的利益的气概),后来逐步扩展为“义举”(为正义或公益事业而采取的行为)、“义理”(符合正义的行为准则和道理)等含义,这样就把“道义”的内涵扩大到了公益、正义等领域,使“道义”价值成为整个民间规范的普适性价值。近代商会负责人最初有过多私人关系、裙带关系因素的“公推”“公举”就逐步被含有公平、正义的“票决”制度所取代,这与“道义”价值内涵不断扩展之间具有某种价值暗合的特征。

“道义”在一定场景下会成为特殊的民间法的具体规则,但在一般意义上主要表现为民间法原则。如同国家制定法一样,民间法规范也存在着规范缺席的尴尬场景,这里所说的“缺席”可能存在两种情况:一是民间规范阙如;二是行为人对某种民间规范一无所知。此时,“道义”价值会作为一种内心确信,会成为行为人的一种重要的原则性规范选择。

附录
国家司法对民间法效力的认可与规范
——案例选编

民间法运行于民间，作用于民间社会关系中的人，其作用方式主要依靠人的内心强制与自觉，当然，传统乡村社会的耆老、现代社会的“调停人”以及民间组织在民间法实施中的作用也不可低估。我们也看到，民间法的强制力是有限的，当民间社会穷尽了所有救济力量也无法发挥民间法的应有效力时，国家法就适时介入“救场”，以补强民间法的强制力不足，最终维护民间法的权威。与此同时，当民间法作用不能正确发挥时，国家司法也会及时有效地进行规范和纠偏。

2019年2月23日，以“婚约”“民事案由”“一审”为关键词在最高人民法院主办的中国裁判文书网(http://wenshu.court.gov.cn/)[①]搜索到16358份裁判文书。这是一种民间法研究的大数据方法，每份裁判文书未必都具有准确无误的补强民间法效力的内容与作用，但是大数据的“模糊性”“相关性”告诉我们，国家司法对民间法效力的补强作用显而易见，并且是民间法研究所不能低估的。我们再缩小数据搜索范围，以“婚约”“彩

① 以下法律文书皆从中国裁判文书网(http://wenshu.court.gov.cn/)下载，不再特别注明。本“附录”引用这些法律文书时，对涉及的当事人、审判人员姓名作了技术处理，对法院名称未作处理，特此说明。

礼”“一审”“判决书”“刑事案由”来发现通过刑事司法补强民间法效力的司法判决情况，共搜索到10起相关案件，分别为：诈骗5起，故意伤害2起，抢劫1起，非法侵入他人住宅罪1起，非法处置查封、扣押、冻结财产罪1起。以“婚约”“行政案由”为关键词搜索到相关行政诉讼裁判文书4份。

以下从中国裁判文书网下载了民事、刑事和行政三类相关法律文书作为本书的附录，以供民间法学者研究使用。其中，相关民事类法律文书4份，是“严某与钱某甲、钱某乙等婚约财产纠纷”的一审、二审、再审判决书、裁定书和强制执行书，反映了三级法院对民间婚约及其财产关系的认可与规范，也反映了包含婚约内容的生效判决执行的国家强制力。这几份法律文书在论证中多次涉及对“风俗习惯”的尊重和认可，这在一定意义上是对民间法规范效力的补强。有关“婚约”的刑事案件以“彩礼”引发刑事犯罪为多，本附录选择的是由订婚“看家钱”引发的故意伤害案件，行政诉讼是当事人对法院婚约财产纠纷案判决不服而非法信访被行政拘留处罚提起的行政诉讼。客观地说，有关民间法的相关刑事和行政诉讼不是国家司法审判的核心和主体，笔者之所以把这两类案例也列举在这里，主要目的是使民间法研究者明白一个简单的道理：国家司法并不仅仅是认可和补强民间法的效力，还在不断引导相关当事人运用正确合法、能够被国家法治所认可的方式解决民间纠纷，而不是离开国家法治轨道率性而为。

■ 一、民事判决对民间法效力的认可与补强

1. 严某与钱某甲、钱某乙等婚约财产纠纷一审民事判决书

绍兴市柯桥区人民法院民事判决书

(2014)绍柯民初字第2669号

原告：严某

委托代理人：何某某

被告：钱某甲

委托代理人：郑某某

被告：钱某乙

被告：祁某

原告严某诉被告钱某甲婚约财产纠纷一案，本院于2014年7月7日立案受理后，依法由审判员寿宝泉独任审判，公开开庭进行了审理。在审理过程中，根据原告严某申请，依法追加钱某乙、祁某为本案共同被告参加诉讼，再次公开开庭进行了审理，原告严某及其委托代理人何某某到庭参加诉讼，被告钱某甲及其委托代理人郑某某（参加第一次庭审）、被告钱某乙、祁某经本院合法传唤，无正当理由拒不到庭参加第二次庭审。本案现已审理终结。

原告严某诉称：原告曾与被告钱某甲建立过恋爱关系，被告钱某乙、祁某系被告钱某甲的父母。现因原告与被告钱某甲终止恋爱关系，故要求解除原告严某与被告钱某甲之间的婚约关系；由三被告共同返还聘金208888元、黄金2块60克价值17154元、黄金手镯1只38.25克价值12163元、现金7512元，合计245717元。

被告钱某甲辩称：被告钱某甲未收到原告所称的彩礼、金器。被告钱某甲在购买车辆时，原告垫付车辆购置税7512元事实，但系原告的自愿行为，且被告钱某甲与原告已按习俗办理婚礼后共同生活5个月，故不同意原告要求被告钱某甲返还上述财物，同意与原告解除婚约。

被告钱某乙、祁某未作答辩。

经本院审理查明：原告与被告钱某甲曾建立恋爱关系。2013年9月20日，原告及介绍人王某、陈某等到被告家给付三被告财礼188888元、黄金2块；被告钱某甲及亲属于当日再到原告家，原告给付被告钱某甲黄金手镯1只。2014年1月8日，原告严某与被告钱某甲按习俗举办婚礼。2014年2月28日，被告钱某甲在购买车辆时，原告为被告钱某甲垫付车辆购置税7512元。2014年6月，原告与被告钱某甲因故发生矛盾，被告钱某甲回娘家居住，双方终止恋爱关系。原、被告现因财礼返还问题未能达成一致意见，原告遂向本院提起诉讼。

以上事实，由原告提供的证人王某、陈某当庭所作的证人证言、订婚书、车辆购置发票、车辆购置税缴款书，被告钱某甲提供的照片光盘、柯桥区柯岩街道路南村委会出具的证明及双方当事人的陈述等证据所证实。

本院认为：公民的合法财产应受法律保护。原告提供订婚书并申请介绍人王某、陈某作为证人出庭作证，用以证明其与被告钱某甲在恋爱过程中给付三被告彩礼188888元、黄金2块、黄金手镯1只的事实。本院认为，原告提供的订婚书上明确载明，原告与被告钱某甲的婚姻介绍人为王某、陈某，与原告申请的两位证人王某、陈某的身份一致。该两位证人当庭证实，2013年9月20日，原告及介绍人王某、陈某等到被告家给付三被告财礼188888元、黄金2块，被告钱某甲及亲属于当日再到原告家，原告给付被告钱某甲黄金手镯1只的事实。三被告未到庭发表质证意见，应视为其放弃抗辩与质证之权利。上述证据，本院结合原告陈述，认为符合证据三性要求，其证明力应予认定。被告钱某甲否认收到原告给付的彩礼188888元、黄金2块、黄金手镯1只，与本院查证的事实不符，本院不予采信。原告主张其与被告钱某甲在恋爱过程中另给付三被告聘金20000元，仅凭其自己的陈述，未提供其他证据佐证，本院不予认定。原告又主张其与被告钱某甲在恋爱过程中为被告钱某甲垫付车辆购置税7512元，被告钱某甲无异议，本院予以确认。原告与被告钱某甲经恋爱后，于2014年1月8日按当地习俗设宴举办婚礼的事实清楚，应予认定。被告钱某甲在本院审理过程中，以邮政快递形式递交证据时附有二份打印的民事答辩状，但没有三被告签名确认，其真实性无法确认，故对二份民事答辩状上记载的抗辩事由，本院不予评判。原告要求法院判令解除其与被告钱某甲的婚约关系，不符法律规定，本院不予理涉。

原告给付三被告上述财物是以缔结婚姻关系为目的，该行为不单纯是青年男女双方的事情，而往往涉及两个家庭之间的来往。本案三被告系共同生活的家庭成员，均系该财物的受益人，现原告与被告钱某甲已经终止恋爱关系，依据权利义务相一致的基本原则，本案三被告对上述财物均有返还的义务，故原告要求三被告返还给付的财物，符合法律规定。关于返还财物的数额问题，本院根据三被告在原告给付彩礼后购买嫁妆、举办婚宴以及被告钱某甲曾与原告共同生活一段时间的具体情况，并综合当地风俗习惯，酌情确定由三被告返还原告财物（包括彩礼、金器、车辆购置税）折计人民币107512元；原告要求三被告全额返还财物不当，本院予以调整。被告钱某甲主张原告为其垫付车辆购置税7512元系原告自愿行为，不同意返还，缺乏事实和法律依据，本院不予支持。三被告经本院合法传唤无正当理由拒不到庭，由此可能引起对其不利的法律后果应由三被告承担。

据此，依照《中华人民共和国民事诉讼法》第一百四十四条，《最高人民法院关于适用〈中华人民共和国婚姻法〉若干问题的解释（二）》第十条第一款之规定，判决如下：

一、被告钱某甲、钱某乙、祁某应返还给原告严某人民币107512元。

二、驳回原告严某的其他诉讼请求。

上述款项限于本判决生效后十日内付清，如果未按本判决指定的期间履行给付金钱义务，负有金钱给付义务的当事人应当依照《中华人民共和国民事诉讼法》第二百五十三条之规定，加倍支付迟延履行期间的债务利息。

案件受理费4986元（预缴），减半收取2493元，由原告严某负担1403元，被告钱某甲、钱某乙、祁某共同负担1090元，于本判决生效后十日内向本院缴纳。

如不服本判决，可在判决书送达之日起十五日内，向本院提交上诉状，并按对方当事人的人数提出副本，上诉于浙江省绍兴市中级人民法院。

审判员　寿××

二〇一四年九月二十四日

书记员　谢××

2. 严某与钱某甲、钱某乙等婚约财产纠纷二审民事判决书

浙江省绍兴市中级人民法院民事判决书

(2014)浙绍民终字第1553号

上诉人(原审被告):钱某甲

委托代理人(特别授权):郑某某,绍兴市某法律服务所法律工作者

被上诉人(原审原告):严某

委托代理人(特别授权):何某某

原审被告:钱某乙

原审被告:祁某

上诉人钱某甲因婚约财产纠纷一案,不服绍兴市柯桥区人民法院(2014)绍柯民初字第2669号民事判决,向本院提起上诉。本院于2014年11月24日立案受理后,依法组成合议庭进行了审理。本案现已审理终结。

原审判决查明:原告与被告钱某甲曾建立恋爱关系。2013年9月20日,原告及介绍人王某、陈某等到被告家给付三被告财礼188888元、黄金2块;被告钱某甲及亲属于当日再到原告家,原告给付被告钱某甲黄金手镯1只。2014年1月8日,原告严某与被告钱某甲按习俗举办婚礼。2014年2月28日,被告钱某甲在购买车辆时,原告为被告钱某甲垫付车辆购置税7512元。2014年6月,原告与被告钱某甲因故发生矛盾,被告钱某甲回娘家居住,双方终止恋爱关系。原、被告现因财礼返还问题未能达成一致意见,原告遂向法院提起诉讼。

原审判决认为:公民的合法财产应受法律保护。原告提供订婚书,并申请介绍人王某、陈某作为证人出庭作证,用以证明其与被告钱某甲在恋爱过程中给付三被告彩礼188888元、黄金2块、黄金手镯1只的事实。该院认为,原告提供的订婚书上明确载明,原告与被告钱某甲的婚姻介绍人为王某、陈某,与原告申请的两位证人王某、陈某的身份一致,且该两位证人当庭证实,2013年9月20日,原告及介绍人王某、陈某等到被告家给付三被告财礼188888元、黄金2块,被告钱某甲及亲属于当日再到原告家,原告给付被告钱某甲黄金手镯1只的事实。三被告未到

庭发表质证意见，应视为其放弃抗辩与质证之权利。上述证据结合原告陈述，符合证据三性要求，其证明力应予认定。被告钱某甲否认收到原告给付的彩礼188888元、黄金2块、黄金手镯1只，与查证的事实不符，不予采信。原告主张其与被告钱某甲在恋爱过程中另给付三被告聘金20000元，仅凭其自己的陈述，未提供其他证据佐证，不予认定。原告又主张其与被告钱某甲在恋爱过程中为被告钱某甲垫付车辆购置税7512元，被告钱某甲无异议，予以确认。原告与被告钱某甲经恋爱后，于2014年1月8日按当地习俗设宴举办婚礼的事实清楚，应予认定。被告钱某甲在审理过程中，以邮政快递形式递交证据时附有二份打印的民事答辩状，但没有三被告签名确认，其真实性无法确认，故对二份民事答辩状上记载的抗辩事由，不予评判。原告要求法院判令解除其与被告钱某甲的婚约关系，不符法律规定，不予理涉。

原告给付三被告上述财物是以缔结婚姻关系为目的，该行为不单纯是青年男女双方的事情，而往往涉及两个家庭之间的来往，该案三被告系共同生活的家庭成员，均系该财物的受益人。现原告与被告钱某甲已经终止恋爱关系，依据权利义务相一致的基本原则，该案三被告对上述财物均有返还的义务，故原告要求三被告返还给付的财物，符合法律规定。关于返还财物的数额问题，根据三被告在原告给付彩礼后购买嫁妆、举办婚宴以及被告钱某甲曾与原告共同生活一段时间的具体情况，并综合当地风俗习惯，酌情确定由三被告返还原告财物（包括彩礼、金器、车辆购置税）折计人民币107512元；原告要求三被告全额返还财物不当，予以调整。被告钱某甲主张原告为其垫付车辆购置税7512元系原告自愿行为，不同意返还，缺乏事实和法律依据，不予支持。三被告经该院合法传唤无正当理由拒不到庭，由此可能引起对其不利的法律后果应由三被告承担。

据此，依照《中华人民共和国民事诉讼法》第一百四十四条、《最高人民法院关于适用〈中华人民共和国婚姻法〉若干问题的解释（二）》第十条第一款之规定，判决：

一、被告钱某甲、钱某乙、祁某应返还给原告严某人民币107512元。

二、驳回原告严某的其他诉讼请求。

上述款项限于判决生效后十日内付清，如果未按判决指定的期间履行给付金钱义务，负有金钱给付义务的当事人应当依照《中华人民共和国民事诉讼法》第二百五十三条之规定，加倍支付迟延履行期间的债务利息。案件受理费为4986元（预缴），减半收取2493元，由原告严某负担1403元，被告钱某甲、钱某乙、祁某共同负担1090元，于判决生效后十日内向法院缴纳。

上诉人钱某甲不服原审判决，提起上诉称：

一、一审法院认定事实不清楚，一审第一次开庭时，被上诉人明确承认未将钱物交付给上诉人，故一审法院判令上诉人归还被上诉人相应钱物属认定事实错误。

二、一审法院适用法律不当，上诉人在与被上诉人共同生活过程中，发现被上诉人具有严重的生理障碍，被上诉人在双方举行结婚仪式前故意隐瞒其身体状况，存在欺骗上诉人一家的情形，存有过错，应承担过错责任。

三、上诉人与被上诉人在共同生活期间所购买车辆，属于双方共用，而一审法院认定被上诉人支付的车辆购置税属于垫付行为，明显与事实不符，应认定为被上诉人对上诉人的赠与行为。

综上，请求二审法院撤销原判，依法改判驳回被上诉人的诉讼请求，一、二审诉讼费用由被上诉人承担。

被上诉人严某答辩称：

一、一审中被上诉人确实承认没有将彩礼交给上诉人，但在事后澄清彩礼是交给了两原审被告。

二、被上诉人身体存在的问题是可治愈的，并不存在欺骗上诉人之情形，正由于上诉人的不理解，才导致了现今的状况。

三、上诉人认为车辆购置税是一种赠与行为，没有提供相应的证据，而且由于上诉人在一审中没有对证据进行质证，一审判决书中已经明确视为放弃质证的权利，其应当承担相应的法律后果。

综上，请求二审法院驳回上诉，维持原判。

原审被告钱某乙、祁某共同答辩称：认同上诉人的上诉意见。两原审被告并未收到过上诉人给付的彩礼，原审法院认定事实错误。两原审被告在一审中提供的书面答辩状，因未签名按印，一审法院在未告知两原审被告的情形下，径行认定该两份答辩状属无效文书，程序不当。综上，请求二审法院支持上诉人的上诉请求。

各方当事人在二审中均未提供新的证据。

本院经二审审理查明的事实与原审判决认定的事实一致。

本院围绕上诉请求和理由审理认为，《最高人民法院关于适用〈中华人民共和国婚姻法〉若干问题的解释（二）》第十条规定："当事人请求返还按照习俗给付的彩礼的，如果查明属于以下情形，人民法院应当予以支持：（一）双方未办理结婚登记手续的；（二）双方办理结婚登记手续但确未共同生活的；（三）婚前给付并导致给付人生活困难的。"本案中，上诉人与被上诉人经王某、陈某介绍，建立恋爱关系并按习俗举办婚礼，但双方未办理结婚登记手续，现双方间恋爱关系已终止，故被上诉人请求上诉人返还彩礼于法有据，本院予以支持。首先，关于婚约彩礼。被上诉人在原审中申请介绍人王某、陈某出庭作证，并提供订婚书等证据，证据间相互印证，已形成较为完整的证据链，上诉人及两原审被告对此虽持有异议，但未提供足够充分有效之证据予以反驳，应承担相应不利后果，故本院对于上诉人及两原审被告收取彩礼（礼金、金器）之事实亦予以确认。其次，关于车辆购置税 7512 元。经审查，该款项属于被上诉人支付，且被上诉人在一、二审中均主张支付该车辆购置税之行为并非赠与而系垫付，原审法院综合本案案情将该笔款项列入婚约财产分割范围，本院在此亦予以照准。最后，关于本案程序。经审查，两原审被告经原审法院传票传唤，未到庭参加第二次庭审，且其在之后提交的答辩状未有当事人签字，原审法院对其答辩状不予理涉，程序并无不当。据此，原审法院综合本案案情并结合婚约习俗，酌情确定由上诉人返还被上诉人婚约彩礼及车辆购置税计 107512 元，应属正确、合理。

综上，原审法院认定事实清楚，适用法律正确。上诉人的上诉理由不足，本院依法不予采纳。依照《中华人民共和国民事诉讼法》第一百七

十条第一款第(一)项之规定,判决如下:

驳回上诉,维持原判。

二审案件受理费4986元,由上诉人钱某甲负担。

本判决为终审判决。

审　判　长　金××
审　判　员　楼××
代理审判员　冯　×
二〇一四年十二月十九日
书　记　员　陈××

3. 严某与钱某甲、钱某乙等执行裁定书

绍兴市柯桥区人民法院执行裁定书

(2015)绍柯执民字第724-2号

申请执行人:严某

被执行人:钱某甲

被执行人:钱某乙

被执行人:祁某

本院依据已经发生法律效力的(2014)绍柯民初字第2669号民事判决书,于2015年2月6日向被执行人发出执行通知书。责令其自觉履行生效法律文书所确定的义务,但被执行人至今未予履行。在执行过程中,本院依法委托杭州中正二手车鉴定评估有限公司对被执行人钱某名下的车牌号为浙D×××××别克小型轿车一辆进行评估,司法处置价为5038元(详见杭中正鉴评2015第16-B002号评估报告书)。之后在司法拍卖网络平台上进行公开拍卖。2015年8月13日,买受人卢某以16538元最高价竞得。依照《中华人民共和国民事诉讼法》第二百四十四条、第二百四十七条和《最高人民法院关于适用〈中华人民共和国民事诉讼法〉的解释》第四百九十三条之规定,裁定如下:

一、被执行人钱某名下的车牌号为浙D×××××别克小型轿车一辆(详见杭中正鉴评2015第16-B002号评估报告书)所有权归买受人卢某(公

民身份证号××)所有。其财产权自本裁定送达买受人卢某起转移。

二、买受人卢某可持本裁定书到车辆管理部门办理产权过户手续。

本裁定书送达后即发生法律效力。

审判长　戴××
审判员　章××
审判员　周　×
二〇一五年十月八日
书记员　朱××

4. 严某与钱某甲、钱某乙等婚约财产纠纷再审复查与审判监督民事裁定书

浙江省高级人民法院民事裁定书

(2015)浙民申字第918号

再审申请人(一审被告、二审上诉人):钱某甲

被申请人(一审原告、二审被上诉人):严某

一审被告:钱某乙

一审被告:祁某

再审申请人钱某甲因与被申请人严某及一审被告钱某乙、祁某婚约财产纠纷一案,不服绍兴市中级人民法院(2014)浙绍民终字第1553号民事判决,向本院申请再审。本院依法组成合议庭对本案进行了审查,现已审查终结。

钱某甲申请再审称:(1)严某在本案诉讼过程中认可并未将钱物交付钱某甲,原审判令钱某甲归还钱物是错误的;(2)严某存在严重的男性生理障碍是导致双方未能登记结婚的主要原因,原判在确定返还比例时未考虑严某这一过错是错误的;(3)严某自愿支付车辆购置税,且所购车辆为双方共用,故该部分费用无需返还。钱某甲依据《中华人民共和国民事诉讼法》第二百条第(六)项之规定申请再审。

本院认为:本案婚约介绍人王某和陈某的证言足以表明严某已将彩

礼 188888 元、黄金 2 块及黄金手镯 1 只交付给钱某甲父母钱某乙、祁某，而严某支付上述财物系以与钱某甲缔结婚姻关系为目的，钱某甲作为婚约一方当事人及与其父母共同生活的家庭成员，系婚约财产的受益人，理当共同承担返还财物之义务。故钱某甲以其未直接接收婚约财产为由提出无需承担返还责任的主张，缺乏依据，难以成立。关于严某为钱某甲所支付的 7512 元车辆购置税，与上述彩礼及黄金制品等婚约财产性质相同，均以缔结婚姻关系为目的，亦属婚约财产。故钱某甲关于上述车辆购置税无需返还的主张，亦缺乏依据，难以成立。至于钱某甲申请再审时提出的严某存有生理障碍过错之主张，缺乏相应证据证实，况且原审确定婚约财产返还比例时已经考虑了当地风俗习惯、双方当事人共同生活情况及本案具体案情，不存在明显不当之处。故钱某甲该项再审申请理由亦不能成立。

综上，钱某甲的再审申请不符合《中华人民共和国民事诉讼法》第二百条第（六）项之规定。据此，根据《中华人民共和国民事诉讼法》第二百零四条第一款之规定，裁定如下：

驳回钱某甲的再审申请。

审　判　长　孙　×

代理审判员　谭××

代理审判员　叶××

二〇一五年九月十八日

书　记　员　赵　×

■ 二、刑事判决对民间法的规范与纠偏：订婚“看家钱”引发的故意伤害案

甘肃省漳县人民法院刑事判决书

（2016）甘 1125 刑初 31 号

公诉机关：漳县人民检察院。

被告人邓某强，曾用名邓某，男，1990年12月30日出生，甘肃省漳县人。无前科。因涉嫌故意伤害罪，于2015年10月1日被漳县公安局刑事拘留，同年10月14日经漳县人民检察院批准，于同日被漳县公安局逮捕。现羁押于漳县看守所。

辩护人袁某，甘肃某律师事务所律师。

漳县人民检察院以漳检公诉刑诉[2016]15号起诉书指控被告人邓某强涉嫌故意伤害罪，于2016年4月27日向本院提起公诉。本院受理后，依法组成合议庭，公开开庭进行了审理。漳县人民检察院指派助理检察员梁某出庭支持公诉，被告人邓某强及辩护人袁某到庭参加了诉讼。本案现已审理终结。

漳县人民检察院指控：2015年2月26日11时许，因被告人邓某强妹妹邓某1与被害人漆某1儿子漆某2谈恋爱后分手，漆某1、漆某2及媒人邓某2三人便到邓某强家商量漆某2与邓某1的婚事并想要回给邓某1的"看家钱"及借给邓某强的3万元借款，在此期间双方因还钱的事情发生争吵，被邓某2拉劝开。当双方走到邓某强邻居邓某3家大门外的土路上时，邓某强与漆某1再次发生争吵，后邓某强与漆某1、漆某2三人相互厮打，并用脚踢对方，导致三人摔倒，致使漆某1左腿部受伤。经漳县公安局司法鉴定中心鉴定，漆某1的损伤程度属重伤二级。

公诉机关对上述指控当庭宣读了书证、证人证言、被害人陈述、被告人的供述与辩解、鉴定意见、现场勘验检查笔录、辨认笔录等。

公诉机关认为，被告人邓某强故意非法伤害他人身体健康，导致被害人漆某1受重伤，其行为触犯了《中华人民共和国刑法》第二百三十四条，犯罪事实清楚，证据确实、充分，应当以故意伤害罪追究其刑事责任。被告人的量刑情节：被告人邓某强与被害人漆某1互相厮打，双方都有伤害对方的故意，被害人漆某1有一定的过错。请综合以上情节，予以量刑。

被告人邓某强辩解："起诉书指控属实。但我们只是撕扯在一起，没有打。正月初八，漆某1、漆某2、媒人来我家，我父母去挖药，我就把他们叫了回来，他们说把我妹妹不要了，双方开始发生争吵，我让他们出去，他们不出去，我就把媒人带了出去，走了三四百米后，他们也跟了上来，又开始争吵，我、漆某1、漆某2三人撕扯在一起，漆某1跌入了水渠中，上来后他说他的腿断了。”

辩护人袁某辩护意见：“检察机关据以指控的犯罪事实不清、证据不足。(1)根据本罪构成要件并结合案件事实，被告人在遭到漆某1、漆某2父子撕扯时也只是实施了撕扯行为。(2)漳县公安司法鉴定中心的鉴定分析说明，仅仅证明漆某1的损伤符合钝性外力作用所致，最终鉴定意见为漆某1的损伤程度属重伤二级，但无法说明行为人的行为与漆某1重伤损害之间的因果关系。结合本案具体情形，在没有证据能够证明被告人犯故意伤害罪、现有证据无法形成证据链条、间接证据亦无法相互印证的情形下，根据“疑罪从无”原则，不能认定被告人邓某强有罪。”

经审理查明：2015年2月26日11时许，因被告人邓某强妹妹邓某1与被害人漆某1儿子漆某2谈恋爱后分手，漆某1、漆某2及媒人邓某2三人到邓某强家，商量漆某2与邓某1的婚事，并想要回给邓某1的“看家钱”及借给邓某强的3万元借款，双方因还钱的事情发生争吵，被邓某2拉劝开。当双方走到邓某强邻居邓某3家大门外的土路上时，邓某强与漆某1再次发生争吵，后邓某强与漆某1、漆某2三人相互厮打，导致三人摔倒，致使漆某1左腿部受伤。经漳县公安局司法鉴定中心鉴定，漆某1的损伤程度属重伤二级。后经甘肃省公安厅物证鉴定中心法医学人体损伤致伤方式意见书认定，被害人漆某1的损伤符合在与他人撕扯过程中摔倒的同时受到外力挤压所致。经本院主持调解，被告人邓某强赔偿被害人漆某1医疗费等各项经济损失人民币90000元，且已实际支付。

认定上述事实的证据有：

1. 接警记录、二份受案登记表、立案决定书证明，本案的案件来源、初查、立案侦查等情况。

2. 证人邓某2证言证明：其看见邓某强、邓某4、漆某1、漆某2四人撕扯在一起，相互用拳头乱捣，脚乱踢，其没有拉开，四人就翻倒在了邓某3家大门口出来的坡上，翻倒后，漆某1被压在最下面，邓某强和漆某2在漆某1身上趴着，其就将邓某强拉了起来，去拉漆某1时，漆某1说，他的腿子断了。

3. 证人邓某1证言证明:2015年2月26日其赶集后回到家中,听家里人说,漆某1、漆某2来要礼钱,漆某1与其哥哥邓某强发生厮打,后漆某1报了案。

4. 证人陈小兰证言证明:2015年2月26日早上10点左右,漆某1与其儿子漆某2、媒人邓某2到其家中,商量其女儿邓某1与漆某1儿子漆某2的婚事。其儿子邓某强与漆某1吵了起来,在漆某1与漆某2离开家门时,漆某1与邓某强厮打在一起。在厮打的过程中,漆某1就过去把邓某强的头发撕住了,漆某2三人抱在一起,漆某1和漆某2用脚踢着邓某强。邓某强也用脚踢着他们,他们三人倒地,漆某1说他的腿子断了,后漆某1就报案的案件事实。

5. 证人文大妹证言证明:2015年2月26日早上,其听见外面有人吵架,出门后看到漆某2父亲撕住了邓某强的头发,漆某2也撕住邓某强,三个人就撕到了一起,然后三个人就倒在地上了,后来被人拉开了。

6. 证人漆某2证言两份证明:2015年2月26日其与父亲漆某1、媒人邓某2到邓某强家中商量其与邓某1的婚事,并准备退婚时,因谈论"看了家"的礼钱、给邓某1哥哥借的钱,双方发生了争吵,邓某强就将媒人邓某2撕扯到外面,其就与父亲漆某1跟出去。在邓某强家门口,邓某强就把其父亲撕住,他们两人都倒地了。邓某强又把其父亲压在底下,其跑过去看起父亲时,父亲说他腿子断了,就打"110"报警。

7. 证人邓某4证言证明:2015年2月26日早上11点左右,漆某1与其儿子漆某2、媒人邓某2到其家中商量其女儿邓某1与漆某1儿子漆某2的退婚的事,两家产生矛盾。其儿子邓某强与漆某1、漆某2撕扯在一起,后来三人倒地,漆某1倒地后说他的腿子断了。

8. 证人邓军成证言证明:其看见漆某1倒在邓某3家大门外的坡上,躺在坡中间的位置。

9. 被害人漆某1两次陈述证明:2015年2月6日被害人漆某1到邓某强家商量其儿子漆某2与邓某1的婚事,因彩礼与邓某强发生争吵并厮打。在厮打的过程中,邓某强在其左膝盖踢了一脚,致其左膝部受伤。

10.被告人邓某强五次供述证明：被告人邓某强因其妹妹邓某1与漆某2彩礼和漆某1发生口角，继而两人互相厮打，在厮打过程中其朝漆某1腿部踢了几脚，致漆某1腿部受伤。

11.鉴定委托书、(漳)公(法医)鉴(临床)字[2015]149号法医学人体损伤程度鉴定意见证明：被害人漆某1的受伤程度属重伤二级。

12.鉴定意见通知书、漆某1住院病历证明：漆某1受伤的情况及治疗情况。

13.现场勘验检查笔录证明：案发现场的基本情况，现场位置以及现场概貌。

14.指认现场笔录及指认现场照片证明：经辨认，被告人邓某强指认自家门前的路就是其与漆某1、漆某2相互厮打的地方。

15.邓某强事发当天所穿上衣照片证明：在案发当天被告人邓某强与被害人漆某1发生撕扯，致使被告人邓某强衣服被撕破，从衣服撕扯的程度来看，双方主观上都有伤害对方的故意。

16.漳县中医院体格检查表证明：办案人员无违法办案的事实。

17.被害人漆某1户籍证明证明：被害人漆某1的基本情况。

18.办案说明证明：漳县公安局于2016年2月26日出具的办案说明对本案中受案登记表中的时间及现场勘验笔录未装订在起诉卷中的原因等情况进行说明。

19.甘肃省公安厅物证鉴定中心鉴定意见书、鉴定意见通知书证明：被鉴定人漆某1的损伤符合在与他人撕扯过程中摔倒的同时受到外力挤压所致。

20.被告人邓某强照片、被告人邓某强户籍证明证明：被告人邓某强犯罪时已达到刑事责任年龄，具有控制和辨认的能力，符合构成故意伤害罪的主体要件。

21.到案经过证明：被告人邓某强于2015年9月30日被漳县公安局抓获，无主动投案自首情节。

上述事实，邓某强辩护人袁某对公诉人所举邓某2证言、被害人漆某1证言部分存在异议，对其他证据无异议。对以上无异议的证据可作为定案的依据予以认定，对邓某2、漆某1的证言结合本案案情部分予以认定。

本院认为：被告人邓某强与被害人漆某1发生争吵，邓某强与漆某1、漆某2三人相互厮打，导致三人同时摔倒在地，致使漆某1左腿部受伤。经鉴定，漆某1的损伤程度属重伤二级。邓某强致被害人漆某1重伤的行为已构成故意伤害罪，公诉机关指控成立，本院予以支持。当因婚约及彩礼等问题发生纠纷时，双方都不能冷静对待，妥善处理，导致相互厮打，造成被害人漆某1重伤的伤害后果，被害人漆某1及儿子漆某2对本案的发生均有一定过错。被告人邓某强能如实供述，认罪态度较好。被告人邓某强的犯罪行为使被害人遭受经济损失，经本院主持调解，对本案民事赔偿双方达成调解协议，并已实际支付。故依法可对被告人从轻处罚。综上，根据《中华人民共和国刑法》第二百三十四条第二款、第六十七条第三款、第七十二条第一款、第七十三条、第六十一条之规定判决如下：

被告人邓某强犯故意伤害罪，判处有期徒刑三年，缓刑四年（缓刑考验期自判决确定之日起计算）。

如不服本判决，可在接到判决书的第二日起十日内，通过本院或者直接向甘肃省定西市中级人民法院提出上诉。书面上诉的，应当提交上诉状正本一份、副本三份。

审　判　长　杨××
审　判　员　颉　×
人民陪审员　常××
二〇一六年九月二十九日
书　记　员　汪××

■ 三、行政判决对民间法的规范与纠偏：婚约财产纠纷引发的行政处罚和行政诉讼

——于某与濉溪县公安局行政处罚一审行政判决书

安徽省濉溪县人民法院行政判决书

(2016)皖 0621 行初 84 号

原告：于某，农民

被告：濉溪县公安局，住所地安徽省濉溪县

法定代表人：胡某，该局局长

委托代理人：张某，濉溪县公安局法制大队民警

原告于某不服被告濉溪县公安局于 2016 年 6 月 10 日作出的濉公(五)行罚决字(2016)第 403 号《行政处罚决定书》(简称《403 号处罚决定书》)于 2016 年 8 月 1 日向本院提起行政诉讼。本院于同日受理并向濉溪县公安局送达了起诉状副本及应诉通知书。本院依法组成合议庭，于 2016 年 9 月 21 日公开开庭审理了本案。原告于某、被告濉溪县公安局的委托代理人张某到庭参加诉讼。本案现已审理终结。

被告濉溪县公安局于 2016 年 6 月 10 日作出 403 号处罚决定书：2016 年 6 月 8 日下午 14 时许，濉溪县五沟镇界沟村村民于某因对五沟法庭案件办理不满，遂到北京市中南海地区进行上访，且不听劝阻，扰乱了公共场所秩序。根据《中华人民共和国治安管理处罚法》第二十三条第一款第(二)项之规定，决定给予于某行政拘留十日的处罚。

原告于某诉称，于某之子婚约财产纠纷一案，因濉溪县人民法院五沟法庭庭长不作为，2016 年 6 月 7 日，于某去北京有关单位反映情况，后被镇领导接回。

2016 年 6 月 10 日，濉溪县公安局以扰乱公共秩序为由，拘留于某十日。

于某不服，为此诉至法院，请求撤销 403 号处罚决定书。

于某为证明其诉讼请求所依据的事实向本院提交如下证据材料：

1.于某身份证复印件。证明原告基本身份情况。

2.403号处罚决定书。

3.淮北市拘留所解除拘留证明书。证据2、3，证明濉溪县公安局对于某拘留十日。

被告濉溪县公安局辩称，濉溪县公安局作出的403号处罚决定书，事实清楚，证据确实充分，定性准确，适用法律正确，办案程序合法，于某起诉既无法律依据又无事实依据，请法院依法驳回其讼诉请求。

被告濉溪县公安局在法定期限内向本院提交了拟证明其作出的被诉行政行为合法性的以下证据、依据。

主要证据：

1.2016年6月10日对于某询问笔录一份，任某、王某情况说明两份，北京市公安局西城分局训诫书一份。证明2016年6月8日，于某在中南海周边非正常上访，扰乱该地区秩序，被北京警方带离训诫的违法事实。

2.于某的户籍信息、前科查询记录。证明于某的身份及前科情况。

3.报警情况登记表、受案登记表、行政处罚告知笔录、行政处罚审批表、行政处罚决定书、行政拘留执行回执。证明濉溪县公安局对于于某处罚履行法定程序。

法律依据：《治安管理处罚法》节选。证明对于于某处罚符合法律规定。

经庭审质证，濉溪县公安局对于某所举证据均无异议。于某对濉溪县公安局所举证据质证认为，只有证据1中对其本人的问话笔录是真的，其余证据都是假的。

本院对上述证据认证如下：濉溪县公安局所举证据1中对于某的问话笔录，于某无异议，予以认定；任某、王某情况说明及训诫书，证明于某到北京信访，在中南海周边滞留，被北京市公安局西城分局府右街派出所予以训诫的事实，予以认定。证据2，证明于某的身份及前科情况，真实合法，予以认定。证据3，除行政处罚决定书，系被诉行政行为的载体，不作证据审查外，其余均系濉溪县公安局行政行为的程序依据，真实合法，予以认定。对于某提供的证据1、3，濉溪县公安局无异议，予以认定；证据2，系被诉行政行为的载体，不作证据审查。

经审理查明，于某认为其儿子婚约财产纠纷一案，濉溪县人民法院五沟法庭庭长不作为，为此多次信访。2016年6月8日，于某到北京中南海上访，被北京市公安局西城分局府右街派出所予以训诫；2016年6月9日被五沟镇人民政府带回，6月10日被濉溪县公安局行政拘留十日。拘留期满，于某不服提起行政诉讼。

本院认为：依照法律规定，行政机关作出行政行为，应当证据确凿，适用法律、法规正确，程序合法。本案中，于某对其儿子婚约财产纠纷一案，可通过合法途径解决，但其未能正确行使自己的权利，自行到北京中南海上访，扰乱了中南海地区的秩序，被北京市公安局西城分局府右街派出所予以训诫。濉溪县公安局在其职权范围内，依据法定职责，按照法定程序，在法律规定的幅度内对于某作出403号处罚决定书，给予行政拘留十日的处罚。该处罚决定事实清楚，证据确实充分，适用法律正确，程序合法。故于某要求撤销濉溪县公安局作出的403号处罚决定书的诉讼请求，本院依法不予支持。依照《中华人民共和国行政诉讼法》第六十九条之规定，判决如下：

驳回原告于某的诉讼请求。

案件受理费50元，由原告于某负担。

如不服本判决，可在判决书送达之日起十五日内提起上诉，向本院递交上诉状，并按对方当事人的人数递交上诉状副本，上诉于安徽省淮北市中级人民法院。

审　判　长　朱　×
审　判　员　张　×
人民陪审员　秦××
二〇一六年九月二十二日
书　记　员　杨××

附相关法律条文：

《中华人民共和国行政诉讼法》第六十九条：行政行为证据确凿，适用法律、法规正确，符合法定程序的，或者原告申请被告履行法定职责或者给付义务理由不成立的，人民法院判决驳回原告的诉讼请求。

主要参考文献

一、专著

1.《马克思恩格斯全集》第 47 卷，人民出版社 1979 年版。

2. 杨伯峻译注：《论语译注》，中华书局 2009 年版。

3. 杨伯峻译注：《孟子译注》，中华书局 2006 年版。

4. 李山译注：《管子》，中华书局 2009 年版。

5. 郭彧译注：《周易》，中华书局 2006 年版。

6. 谢晖：《价值重建与规范选择》，山东人民出版社 1998 年版。

7. 谢晖：《法学范畴的矛盾辨思》，山东人民出版社 1999 年版。

8. 谢晖：《法律的意义追问》，商务印书馆 2003 年版。

9. 谢晖等：《法理学》，高等教育出版社 2005 年版。

10. 谢晖：《民间法的视野》，法律出版社 2016 年版。

11. 费孝通：《乡土中国　生育制度》，北京大学出版社 1998 年版。

12. 钱锦宇：《法体系的规范性根基》，山东人民出版社 2011 年版。

13. 刘作翔：《法律文化理论》，商务印书馆 1999 年版。

14. 刘作翔：《法理学视野中的司法问题》，上海人民出版社 2003 年版。

15. 钱弘道：《英美法讲座》，清华大学书版社 2004 年版。

16. 徐显明:《法治社会之形成与发展》(上),山东人民出版社 2003 年版。

17. 郭道晖:《社会权力与公民社会》,译林出版社 2009 年版。

18. 桑本谦:《私人的监控与惩罚》,山东人民出版社 2005 年版。

19. 邓正来:《关于中国社会科学的思考》,上海三联书店 2000 年版。

20. 邓正来:《市民社会理论的研究》,中国政法大学出版社 2002 年版。

21. 瞿同祖:《中国法律与中国社会》,中华书局 1981 年版。

22. 萧公权:《中国政治思想史》(二),辽宁教育出版社 1998 年版。

23. (明)张卤辑:《皇明制书》卷九,上海古籍出版社 1995 年版。

24. 王铭铭、王斯福主编:《乡土社会的秩序、公正与权威》,中国政法大学出版社 1997 年版。

25. 梁治平:《清代习惯法:社会与国家》,中国政法大学出版社 1996 年版。

26. 田成有:《乡土社会中的民间法》,法律出版社 2005 年版。

27. 刘和海:《中国法制史》,山东大学出版社 1995 年版。

28. 乔伟:《乔伟文集》卷三,山东大学出版社 2000 年版。

29. 蔡定剑:《历史与变革——新中国法制建设的历程》,中国政法大学出版社 1999 年版。

30. 前南京国民政府司法行政部:《民事习惯调查报告录》下册,中国政法大学出版社 2000 年版。

31. 尹力主编:《今日说法》(2001 年第 2 期),中国人民公安大学出版社 2001 年版。

32. 夏吟兰:《美国现代婚姻家庭制度》,中国政法大学出版社 1999 年版。

33. 萧榕:《世界著名法典选编(民法卷)》,中国民主法制出版社 1998 年版。

34.《德国民法典》,郑冲、贾红梅译,法律出版社 1999 年版。

35. 中国法学会婚姻法学研究会编:《外国婚姻家庭法汇编》,群众出版社 2000 年版。

36. 沈宗灵:《现代西方法理学》,北京大学出版社 1992 年版。

37. 淡乐蓉:《藏族“赔命价”习惯法研究》,中国政法大学出版社 2014 年版。

38. 王士立:《中国古代史》上册,北京师范大学出版社 1991 年版。

39. 谢晓萍:《微信思维》,羊城晚报出版社 2014 年版。

40. 李学兰:《中国商人团体习惯法研究》,中国社会科学出版社 2010 年版。

41. 侯均生:《西方社会学理论教程》,南开大学出版社 2001 年版。

42. 梁漱溟:《中国文化要义》,学林出版社 1987 年版。

43. 梁漱溟:《人生的三路向——宗教、道德与人生》,当代中国出版社 2010 年版。

44. 徐秀丽:《中国近代乡村自治法规选编》,中华书局 2004 年版。

45. 魏治勋:《民间法思维》,中国政法大学出版社 2010 年版。

46. 王军等:《让大家评评理——西安市乡规民约评议会案例选》,中共中央党校出版社 2010 年版。

47. 黄宗智:《清代的法律、社会与文化:民法的表达与实践》,上海书店出版社 2001 年版。

48. 罗豪才:《软法的理论与实践》,北京大学出版社 2010 年版。

49. 张文显:《法哲学范畴研究》,中国政法大学出版社 2001 年版。

50. 吕廷君:《消极自由的宪政价值》,山东人民出版社 2007 年版。

51. 黄金兰:《法律移植研究——法律文化的视角》,山东人民出版社 2010 年版。

52. [美]丹尼斯·朗:《权力论》,陆震纶等译,中国社会科学出版社

2001 年版。

53.[英]梅因:《古代法》,沈景一译,商务印书馆 1959 年版。

54.[美]路易斯·亨利·摩尔根:《古代社会》上册,杨东莼等译,商务印书馆 1977 年版。

55.[英]汤因比:《历史研究》(上),曹未风等译,上海人民出版社 1997 年版。

56.[美]莱斯利·里普森:《政治学的重大问题》,刘晓等译,华夏出版社 2001 年版。

57.[德]马克斯·韦伯:《论经济与社会中的法律》,张乃根译,中国大百科全书出版社 1998 年版。

58.[德]尼可拉斯·卢曼:《法社会学》,宾凯等译,上海人民出版社 2013 年版。

59.[德]黑格尔:《历史哲学》,王造时译,上海书店出版社 1999 年版。

60.[德]黑格尔:《法哲学原理》,范扬等译,商务印书馆 1979 年版。

61.[美]伊恩·罗伯逊:《社会学》,黄育馥译,商务印书馆 1990 年版。

62.[日]川岛武宜:《现代化与法》,申政武等译,中国政法大学出版社 2004 年版。

63.[美]诺内特、塞尔兹尼克:《转变中的法律与社会:迈向回应型法》,张志铭译,中国政法大学出版社 2004 年版。

64.[德]恩斯特·卡西尔:《人论》,甘阳译,上海译文出版社 1985 年版。

65.[英]J. G. 弗雷泽:《金枝——巫术与宗教之研究》上册,汪培基等译,商务印书馆 2015 年版。

66.[英]约翰·密尔:《论自由》,程崇华译,商务印书馆 1959 年版。

67.[美]奥尔波特:《谣言心理学》,刘水平等译,辽宁教育出版社 2003 年版。

68.[英]马丁·洛克林:《公法与政治理论》,郑戈译,商务印书馆2002年版。

69.[德]汉斯—约阿希姆·诺伊鲍尔:《谣言女神》,顾牧译,中信出版社2004年版。

70.[英]迈克尔·曼:《社会权力的来源》,刘北成等译,上海人民出版社2007年版。

71.[英]波特兰·罗素:《权力论——新社会分析》,吴友三译,商务印书馆1991年版。

72.[美]彼得·布劳:《社会生活中的交换与权力》,李国武译,商务印书馆2012年版。

73.[意]彼德罗·彭梵得:《罗马法教科书》,黄风译,中国政法大学出版社1992年版。

74.[英]弗里德利希·冯·哈耶克:《法律、立法与自由》,邓正来等译,中国大百科全书出版社2000年版。

75.[英]弗里德利希·冯·哈耶克:《自由秩序原理》,邓正来译,三联书店1997年版。

76.[英]霍布斯:《利维坦》,黎思复等译,商务印书馆1996年版。

77.[美]博登海默:《法理学:法律哲学与法律方法》,邓正来译,中国政法大学出版社1999年版。

78.[英]大卫·休谟:《人性论》,关文运译,商务印书馆1980年版。

79.[美]塞谬尔·亨廷顿:《变化社会中的政治秩序》,李盛平等译,华夏出版社1988年版。

80.[美]卡罗尔·佩特曼:《参与和民主理论》,陈尧译,上海人民出版社2006年版。

81.[美]赫伯特·马尔库塞:《工业社会和新左派》,任立译,商务印书馆1982年版。

82.[美]赫伯特·马尔库塞:《单向度的人:发达工业社会意识形态研究》,刘继译,上海译文出版社2008年版。

83.[法]埃德加·莫兰:《复杂思想:自觉的科学》,陈一壮译,北京大学出版社2001年版。

84.[美]马克·波斯特:《第二媒介时代》,范静哗译,南京大学出版社2005年版。

85.[英]罗伯特·罗素:《权力论》,吴友三译,商务印书馆2008年版。

86.[美]丹尼尔·贝尔:《社群主义及其批评者》,李琨译,三联书店2002年版。

87.[美]丹尼尔·贝尔:《意识形态的终结——50年代政治观念衰微之考察》,张国清译,中国社会科学出版社2013年版。

88.[美]阿拉斯戴尔·麦金太尔:《德性之后》,龚群等译,中国社会科学出版社1995年版。

89.[美]菲利浦·塞尔兹尼克:《社群主义的说服力》,马洪等译,上海人民出版社2009年版。

90.[美]威廉·福特·怀特:《街角社会》,黄育馥译,商务印书馆1994年版。

91.[美]道格拉斯·凯尔纳、斯蒂文·贝斯特:《后现代理论》,张志斌译,中央编译出版社2004年版。

92.[英]麦考密克、[奥]魏因贝格尔:《制度法论》,周叶谦译,中国政法大学出版社1994年版。

93.[美]斯塔夫里阿诺斯:《全球通史——从史前史到21世纪》(上),吴象婴等译,北京大学出版社2012年版。

94.[英]托马斯·卡莱尔:《论英雄和英雄崇拜》,张志民、段忠桥译,中国国际广播出版社1988年版。

95.[美]弗拉西斯·福山:《政治秩序的起源:从前人类时代到法国

大革命》，毛俊杰译，广西师范大学出版社 2014 年版。

96.[美]伯尔曼：《法律与宗教》，梁治平译，中国政法大学出版社 2003 年版。

97.[法]勒内・达维德：《当代主要法律体系》，漆竹生译，上海译文出版社 1984 年版。

98.[美]大卫・科泽：《仪式、政治和权力》，王海洲译，江苏人民出版社 2015 年版。

99.[以色列]尤瓦尔・赫拉利：《人类简史：从动物到上帝》，林俊宏译，中信出版社 2014 年版。

100.[英]米尔恩：《人的权利与人的多样性——人权哲学》，夏勇译，中国大百科全书出版社 1995 版。

101.[挪威]托布约尔・克努成：《国际关系理论史导论》，余万里等译，天津人民出版社 2004 年版。

102.[德]哈贝马斯：《在事实与规范之间——关于法律和民主法治国的商谈理论》，童世骏译，三联书店 2003 年版。

103.[英]达尔文：《人类的由来》上册，潘光旦等译，商务印书馆 1986 年版。

二、论文

1.梁治平：《“礼法”还是“法律”？》，《读书》1986 年第 9 期。

2.梁治平：《论礼法文化》，《天津社会科学》1989 年第 2 期。

3.梁治平：《中国法律史上的民间法——兼渝中团古代法律的多元格局》，《中国文化》1997 年 Z1 期。

4.梁治平：《从“礼治”到“法治”？》，《开放时代》1999 年第 1 期。

5.梁治平：《“礼法”探原》，《清华法学》2015 年第 1 期。

6.谢晖：《政治家的法理与政治化的法》，《法学评论》1999 年第 3 期。

7.谢晖：《论当代中国官方与民间的法律沟通》，《学习与探索》2000

年第1期。

8. 谢晖:《总序》,载谢晖、陈金钊主编:《民间法》第1卷,山东人民出版社2002年版。

9. 谢晖:《当代中国的乡民社会、乡规民约及其遭遇》,载谢晖、陈金钊主编:《民间法》第3卷,山东人民出版社2004年版。

10. 谢晖:《民间规范与习惯权利》,《现代法学》2005年第2期。

11. 谢晖:《民间法》年刊总序,载谢晖、陈金钊主编:《民间法(2010)》,济南出版社2010年版。

12. 谢晖:《主体中国、民间法与法治》,《东岳论丛》2011年第8期。

13. 谢晖:《再论法律的民间叙事》,《甘肃政法学院学报》2016年第1期。

14. 谢晖:《论民间法结构于正式秩序的方式》,《法学论坛》2016年第1期。

15. 王月峰:《民间社会权威演变初论》,载谢晖、陈金钊主编:《民间法》第2卷,山东人民出版社2003年版。

16. 王月峰:《社会的三元结构与民间法的命运》,《山东大学学报》(哲学社会科学版)2005年第1期。

17. 王月峰:《论法律的超验价值》,《临沂师范学院学报》(社会科学版)2007年第1期。

18. 王月峰:《社会纠纷解决中的国家权力与社会权力》,《北京行政学院学报》2014年第5期。

19. 魏治勋:《论乡村社会权力结构合法性分析范式——对杜赞奇"权力文化网络"的批判性重构》,《求是学刊》2004年第6期。

20. 魏治勋:《图腾制度对中国宗法秩序的塑造与影响》,《求是学刊》2009年第4期。

21. 徐晓光:《从苗族"罚3个100"等看习惯法在村寨社会的功能》,

《山东大学学报》(哲学社会科学版)2005 年第 3 期。

22. 徐晓光:《歌唱与纠纷的解决——黔东南苗族口承习惯法中的诉讼与裁定》,《贵州民族研究》2006 年第 2 期。

23. 徐晓光:《贵州"锦屏文书"的整理与研究》,《原生态民族文化学刊》2009 年第 1 期。

24. 徐晓光:《黔东南占里侗族村与大瑶山瑶族三个支系传统节育观及规划研究》,《广西师范学院学报》(哲学社会科学版)2016 年第 4 期。

25. 钱锦宇:《民间法理论的法律多元主义根脉——维柯的〈新科学〉及其文化多元论对民间法研究的贡献》,载谢晖、陈金钊主编:《民间法(2011)》,济南出版社 2011 年版。

26. 冯磊:《订婚应存在法律必要性》,《经营管理者》2010 年第 24 期。

27. 纪建文:《谣言:一种实现知情权的非制度性路经》,载谢晖、陈金钊主编:《民间法》第 7 卷,山东人民出版社 2008 年版。

28. 董建辉:《"乡约"不等于"乡规民约"》,《厦门大学学报》(哲学社会科学版)2006 年第 2 期。

29. 张明新:《从乡规民约到村民自治章程——乡规民约的嬗变》,《江苏社会科学》2006 年第 4 期。

30. 张中秋:《乡约的诸属性及其文化原理认识》,《南京大学学报》(哲学人文社科版)2004 年第 5 期。

31. 张广修:《村规民约的历史演变》,《洛阳工学院学报》(社会科学版)2000 年第 2 期。

32. 张明新:《中国古代乡约三则》,载谢晖、陈金钊主编:《民间法》第 3 卷,山东人民出版社 2004 年版。

33. 李彬:《山西民俗大观》,中国旅游出版社 1993 版。

34. 马建靖:《"村规民约"的制定要规范》,《农家之友》2003 年第 12 期。

35. 张颐:《微信传播问题及对策研究》,《新闻战线》2015 年第 21 期。

36. 张建邦:《精神权利保护的一种法哲学解释》,《法制与社会发展》2006 年第 1 期。

37. 刘宏:《微信的三大传播功能》,《青年记者》2014 年第 10 期。

38. 易继明:《财产权的三维价值——论财产之于人生的幸福》,《法学研究》2011 年第 4 期。

39. 赵正群:《情报公开法制化的世界潮流与政府上网工程的意义》,载夏勇主编:《公法》第 2 卷,法律出版社 2000 年版。

40. 王一:《微信症候群正袭来:不在微信中进化就在微信外落伍?》,《创新时代》2016 年第 2 期。

41. 凌寒:《新型精神控制》,《世界科学》2016 年第 5 期。

42. 王伯鲁:《技术权力问题解析》,《科学技术哲学研究》2013 年第 6 期。

43. 聂磊等:《微信朋友圈:社会网络视角下的虚拟社区》,《新闻记者》2013 年第 5 期。

44. 谈克华:《权力视域内的技术》,《自然辩证法研究》2011 年第 2 期。

45. 宫留记:《布迪厄的社会实践理论》,《理论探讨》2008 年第 6 期。

46. 周程:《陈志武:科技新贵为什么少?》,《国际金融》2006 年第 10 期。

47. 王小平:《"微时代"微文化的"文化政治"阐释阅读》,《文学与文化》2014 年第 3 期。

48. 张俊峰:《"规则"与"德性"的统一——社群主义背景下对董仲舒伦理政治思想的重新审视》,《中山大学学报(社会科学版)》2002 年第 6 期。

49. 东来:《对社群概念的进一步讨论——与许纪霖先生对话》,《开放时代》2003 年第 3 期。

50. 喻中:《论习惯法的诞生》,《政法论丛》2008 年第 5 期。

51. 陈比:《虚拟社群组织动员机制与政府应对机制研究》,电子科技大学硕士学位论文,2011 年。

52. 李志雄:《网络社群的变迁趋势和负效应——以微博为例的多维视角分析》,《新闻与传播研究》2013 年第 3 期。

53. 王晓丹:《我国互联网不正当竞争行政监管问题研究》,首都经济贸易大学硕士学位论文,2015 年。

54. 罗静:《国外互联网监管方式的比较》,《世界经济与政治论坛》2008 年第 6 期。

55. 郭道晖:《论国家权力与社会权力——从人民与人大的法权关系谈起》,《法制与社会发展》1995 第 2 期。

56. 郭道晖:《以社会权力制衡国家权力》,载公丕祥主编:《法制现代化研究》第 5 卷,南京大学出版社 1999 年版。

57. 郭道晖:《权力的多元化与社会化》,《法学研究》2001 年第 1 期。

58. 郭道晖:《社会权力与公民社会》,《山东科技大学学报》(社会科学版)2007 年第 2 期。

59. 郭道晖:《论社会权力——社会体制改革的核心》,《中国政法大学学报》2008 年第 3 期。

60. 郭道晖:《论社会权力的存在形态》,《河南省政法管理干部学院学报》2009 年第 4 期。

61. 郭道晖:《社会权力:法治新模式与新动力》,《学习与探索》2009 年第 5 期。

62. 贾西津:《历史上的民间组织与中国“社会”分析》,《甘肃行政学院学报》2005 年第 3 期。

63. 王仲:《民国时期商会自身的现代化(1927～1937)——以苏州商

会为例》,《苏州大学学报》(哲学社会科学版)2006 年第 1 期。

64. 淡乐蓉:《刍论民间法对法律方法的可能贡献》,载张海燕主编:《山东大学法律评论》第 5 辑,山东大学出版社 2007 年版。

65. 朱英:《中国传统行会在近代的发展演变》,《江苏社会科学》2004 年第 2 期。

66. 朱英:《从"公推"到"票举":近代天津商会职员推选制度的曲折演进》,《近代史研究》2007 年第 3 期。

67. 吕廷君:《菜刀禁忌的起源与本质》,载谢晖、陈金钊主编:《民间法(2011)》,济南出版社 2011 年版。

68. 吕廷君:《论民间司法的概念》,载谢晖、陈金钊主编:《民间法(2012)》,济南出版社 2012 年版。

69. 吕廷君:《民间司法的"情理法"》,载谢晖、陈金钊主编:《民间法(2013)》,厦门大学出版社 2013 年版。

70. 吕廷君等:《论民间权力的概念》,《原生态民族文化学刊》2016 年第 1 期。

71. 秦维红:《马克思主义信仰与宗教信仰的关系辨析》,《北京行政学院学报》2013 年第 5 期。

72. 黄金兰:《民间规则的认同模式及其意义》,《山东大学学报》(哲学社会科学版)2007 年第 3 期。

73. 黄金兰:《面子、人情的秩序功能及其当下变异》,《文史哲》2017 年第 1 期。

74. 胡晓靖:《从图腾崇拜到英雄崇拜——论图腾崇拜的起源、发展与衰落》,《天中学刊》2002 年第 4 期。

75. 朱海滨:《民间信仰——中国最重要的宗教传统》,《江汉论坛》2009 年第 3 期。

76. 张璇:《明清时期江西会馆神灵文化研究》,江西师范大学硕士学位论文,2008 年。

77.李学兰等:《法治的民间社会基础:浙江民间商会发展考察》,《宁波大学学报》(人文科学版)2009 年第 1 期。

78.吕剑:《灶王爷与三尸神》,《清明》1981 年第 1 期。

79.贾廷秀等:《论民间信仰对社会主义新农村建设的影响》,《理论月刊》2007 年第 7 期。

80.衣家奇:《法治不适与民间自治》,《山东大学学报》(哲学社会科学版)2009 年第 3 期。

81.张卫国:《德性人格与情、理、法》,《益阳师专学报》(哲学社会科学版)2002 年第 1 期。

82.汪习根等:《论情理法关系的理性定位》,《河南社会科学》2012 年第 2 期。

83.茅于轼:《全社会必须恢复讲理的风气》,《中国工人》2010 年第 6 期。

84.周博文等:《情理法:调解的法哲学思维解析》,《湖北社会科学》2012 年第 11 期。

85.龚廷泰:《建设社会主义法治文化论纲》,《金陵法律评论》2015 年第 1 期。

86.李林:《社会主义法治文化概念的几个问题》,《北京联合大学学报》(人文社会科学版)2012 年第 2 期。

87.刘作翔:《法治文化的几个理论问题》,《法学论坛》2012 年第 1 期。

88.雷红霞:《正义与秩序——论古希腊的正义思想及其意义》,《人文杂志》2012 年第 6 期。

89.张伟涛:《从功利到道义:当代中国权利观念道德基础的构建》,《法制与社会发展》2012 年第 1 期。

90. 万俊人:《论道德目的论与伦理道义论》,《学术月刊》2003 年第 1 期。

91. 赵锋:《面子、羞耻与权威的运作》,《社会学研究》2016 年第 1 期。

92. 丁轶:《国家主义的两重维度》,《政治与法律》2017 年第 1 期。

93. 董敬畏:《和解理性与社会共识——杭州"和事佬"协会的思考》,《观察与思考》2013 年第 4 期。

94. 杨光明:《修复式司法与和谐社会的构建——以美国印第安人和事佬法院为视角》,《西部法学评论》2012 年第 2 期。

95. 张文显:《西方法社会学的发展、基调、范围和方法》,《社会学研究》1988 年第 3 期。

96. 仉建北:《法的和谐价值论纲》,《新学术》2008 年第 2 期。

97. 张祝平:《当代中国民间信仰的历史演变与依存逻辑》,《深圳大学学报》(人文社会科学版)2009 年第 6 期。

98. 郑虎潼:《利益性与正当性:试析中西方对"权利"的认识差异》,《广西政法管理干部学院学报》2011 年第 2 期。

99. 葛荃:《论传统中国"道"的宰制——兼及"循道"政治思维定式》,《政治学研究》2011 年第 1 期。

100. 朱霞:《私盐、国家垄断与民间权力——以云南诺邓井的私盐问题为例》,《广西民族大学学报》(哲学社会科学版)2007 年第 2 期。

101. 周琪等:《约瑟夫·奈的软权力理论及其启示》,《世界政治与经济》2010 年第 4 期。

102. 蔡勤禹:《民国慈善团体论述》,《东方论坛》2001 年第 4 期。

103. 林卡等:《官办慈善与民间慈善:中国慈善事业发展的关键问题》,《浙江大学学报》(人文社会科学版)2012 年第 7 期。

104. 方毅:《功利论和道义论的对立及其超越》,《学术交流》2008 年第 8 期。

105. 魏英敏:《功利论、道义论与马克思主义伦理学》,《东南学术》2002 年第 1 期。

106. 张只干:《社群主义法律观研究》,武汉大学博士学位论文,2011 年。

107. 张海银:《我国民间商会权力运行的困境调查及法律对策——以兰州和芜湖两地商会为例》,兰州大学硕士学位论文,2009 年。

108. [日]鸟居广:《论马克思关于技术的概念》,丘成译,《哲学译丛》1978 年第 1 期。

109. [美]罗纳德·德沃金:《认真对待权力》,《法学》2011 年第 1 期。

110. [德]叔本华:《一个人只有在独处时才能成为自己》,《晚报文萃》2016 年第 1 期。

111. Andreas Rahmatian, "Psychological Aspects of Property and Ownership," *Liverpool Law Review*, 29(3), 2008.

112. Robert Nisbet, *The Social Philosophers: Community and Conflict in Western Thought*, New York: Thomas Y. Crowell Company, 1973.

113. A. Greif, "Contract Enforceability and Economic Institution in Early Trade: The Maghribi Traders' Coalition," *The American Economic Review*, 83(3), 1993.